K-IFRS를 반영한 원가회계

COST ACCOUNTING

이석영
유상열
정휘영

KOREAN - INTERNATIONAL FINANCIAL REPORTING STANDARDS

도서출판 청람

머리말

우리는 초등학생들도 기본적인 경제교육을 받아서 경제에 대한 개념을 가져야 한다는 주장이 공감되는 시대에 살고 있다. 나아가 예전엔 전공자들만이 익숙했던 회계 용어들이 매스컴에서 자연스럽게 소개·논의되고 있다. 그만큼 많은 사람들이 회계에 대해 관심을 갖게 되었다. 최근에는 회계정보의 중요성이 날로 부각되고 있다. 급격한 경영환경의 변화와 더불어 치열해진 경쟁적 글로벌시장에서 생존해 나가기 위해서, 더 나아가 기업의 목적을 효율적으로 달성하기 위해서는 회계학적 사고의 필요성이 절실해졌기 때문이다.

본서는 회계의 한 분야인 원가회계를 다루고 있다. 원가회계는 기업이 생산한 재화나 용역의 제조원가를 계산하는 제품원가계산과 제품원가정보를 의사결정에 이용하는 관리회계로 나누어지는데, 본서는 원가회계의 제품원가계산 측면을 다룬다. 기업의 경영자는 제품원가를 제대로 계산해야 이익이 보장되는 판매가격을 결정할 수 있으며, 소비자 또한 제품원가에 대한 정보를 알아야 자신이 지불하는 재화나 용역의 대가가 적정한 것인지를 판단할 수 있다. 요즘 사람들은 본인들이 구입하는 물품의 가격적정성을 따져볼 만큼 똑똑한 소비자가 되었는데, 주식이나 채권에 투자하는 투자자들도 그 기업의 수익성이나 현금흐름을 분석하기 위해서는 제품원가가 어떤 항목들로 구성되어 있고, 향후 원가상승이나 하락이 수익성에 어떤 영향을 미치는지를 알아야 한다. 제품원가에 대한 이해가 필수적이게 된 것이다.

저자들은 평소에 원가회계를 처음 공부하고자 하는 독자들이 쉽게 접할 수 있는 눈높이 교재의 필요성을 느끼고, 이번에 수년간의 실무경험과 강의자료를 바탕으로 본서를 출간하게 되었다. 본서의 특징은 다음과 같다.

첫째, 원가회계를 처음 공부하고자 하는 독자들에게는 기본개념을 이해하는 것이 무엇보다도 중요하기 때문에 본문에 많은 계산사례와 예제를 수록하였다.

둘째, 본서에 수록된 많은 예제나 연습문제는 대부분 과거 회계관련 자격시험(공인회계사나 세무사)에 출제되었던 문제들을 적절히 수정한 것으로, 충분히 반복하여 학습한다면 회계관련 시험에도 대비할 수 있게 하였다.

셋째, 원가회계를 공부하는 궁극적인 목적은 원가정보를 다양한 의사결정에 활용하기 위한 것이다. 이를 위해 재무제표 작성을 목표로 한 제품원가계산을 다루었다. 뿐만 아니라, 원가관리와 통제목적의 제품원가계산을 다룸으로써 본서를 공부하는 과정에서 자연스럽게 관리회계적인 사고의 틀을 갖출 수 있게 하였다.

넷째, 본서는 주로 원가회계의 재무회계 측면에서 매출원가와 재고자산의 평가를 위한 원가정보에 초점을 맞추고 있기 때문에 이와 관련하여 현재 상장기업 등이 적용하는 '한국채택국제회계기준(K-IFRS)'과 그 이외의 기업이 적용하는 '일반기업회계기준'을 최대한 반영하고자 노력하였다.

우리는 본서에 많은 것을 담기보다는 기본개념과 원리를 가능한 한 알기 쉽게 설명하기 위하여 노력하였다. 이러한 노력이 회계를 공부하고자 하는 이들에게 회계지식을 한 차원 더 높이고 기업을 이해하는데 도움이 되기를 기대한다.

2016년 2월

저자들 씀

■ 차 례 ■

Part 1 원가회계의 기초

Part 2 외부보고목적의 원가회계

Chapter 3. 제품원가계산

Chapter 4. 제조간접원가의 배부

Chapter 5. 보조부문원가의 배부

Chapter 6. 개별원가계산

Chapter 7. 종합원가계산

Part 3 관리적 목적의 원가회계

Chapter 10. 평준화원가계산

Chapter 11. 표준원가계산

Chapter 12. 변동원가계산

Part 1

원 가 회 계
Cost Accounting

원가회계의 기초

Cost Accounting

Chapter 1

원가회계의 의의

Cost Accounting

제1절 원가회계의 발전과정

고대 선사시대의 원시인들은 수렵과 채취를 통하여 필요한 물품을 얻었고, 오늘 소비할 것과 내일 소비할 것을 구분하여 내일 소비할 것을 저장하였으며, 다른 사람이 가지고 있는 것과 자기 것을 교환하면서 생활하였다. 문자가 없던 시대의 사람들은 이러한 모든 행위를 기억에 의존하였을 것이다. 이 당시 사람들의 소비할 것과 저장할 것에 대한 기억, 필요한 물품을 교환하는 행위에 대한 기억 등도 넓은 의미에서 회계행위라고 볼 수 있다. 이후 물물교환의 시대를 거쳐 화폐가 등장하면서부터 경제활동에 있어 평가(valuation)의 문제가 대두되었다. 즉, 내가 가지고 있던 물품을 화폐로 바꾸어서 보관하고 있다가 필요한 물품이 있으면 가지고 있던 화폐와 교환하는 것이다. 이때 물품을 얼마로 평가하여 화폐와 교환할 것인가가 중요해진 것이다.

14세기 무렵에 지중해를 중심으로 상업, 특히 무역이 발달하면서 사람들의 경제활동은 더욱 복잡해지고 활발해졌다. 그 당시의 상업은 주로 다른 나라의 특산물을 사다가 팔고 남은 이익을 상인들 간에 분배하는 형태이었고, 이제는 경제활동을 단순한 기억이나 기록에 의존하기가 어려워졌다. 상인들은 자신의 사업과 관련된 재산현황과 이익을 정확하게 파악하기 위하여 좀 더 복잡하고 체계적인 방법으로 거래를 기록하기 시작하였는데, 이것이 바로 복식부기(double-entry bookkeeping)이다.[1]

이후 18세기 중엽 영국에서 시작된 산업혁명은 제조업의 발달을 가져왔고, 공장에서 제품이 연속적으로 대량생산되어 판매되기 때문에 언제부터 언제까지의 이익을 계산할 것인가의 문제가 대두되었다. 즉, 일정한 기간을 정하여 기간별로 수익과 비용을 귀속시켜 기간손익을 계산하는 발생기준(accrual basis)개념이 나타나기 시작한 것이다. 또한, 적정한 이익을 얻을 수 있도록 판매가격을 결정하기 위해서는 제품생산에 얼마만큼의 자원이 투입되었는지를 정확하게 계산해야 한다. 제품을 생산하기 위해서는 원재료, 노동력, 생산설비 등의 자원이 투입된다. 이렇게 투입된 자원의 가격을 집계하여 제품 1단위의 제조원가를 계산하는 원가계산(costing)도 이때부터 중요하게 다루어졌다.

전통적으로 원가회계(cost accounting)는 제조기업이 생산하는 제품 1단위에 얼마만큼의 자원이 투입되었는지를 계산하여 이익계산기간 동안에 팔린 제품과 이익계산기간 종료시점에 팔리지 않고 남아 있는 제품의 가치를 평가하는 것에 초점을 두었다. 즉, 생산된 제품의 가치를 정확하게 계산하는 원가자료의 산출 측면을 강조하였다.

그런데 현대의 원가회계는 원가계산 자료가 이익계획을 수립하거나 영업활동에서 발생되는 원가를 통제하는데 이용되면서, 원가정보를 분석하고 활용하는 측면을 더 많이 강조한다.[2] 예를 들어, 연간 이익계획을 수립하기 위해서는 이 기간 동안 얼마만큼의 자원을 투입하여 얼마만큼의 이익을 낼 것인가를 추정해야 하며, 얼마만큼의 자원을 투입할 것인가는 과거에 발생된 원가계산 자료를 분석함으로써 알아낼 수 있다. 또한, 계획된 이익과 실제이익 간에 차이가 생겼다면 그 원인을 규명하고 적절한 조치를 취하여야 한다. 이때에도 실제 투입된 자원에 대한 정확한 원가계산 자료가 필요하다. 우리가 앞으로 공부하게 될 원가회계는 원가정보의 관리적 활용 측면보다는 제품원가의 정확한 계산 측면에 중점을 두고 있다.

---

1) 복식부기는 1494년 이탈리아 수학자인 '루카 파치올리(Luca Bartolomes Pacioli)'의 저서 『대수·기하·비율 및 비례총람』을 통하여 체계화되고 널리 알려지게 되었다.

2) 저자들의 별책 『관리회계』는 원가자료가 기업의 계획수립과 원가통제, 성과평가에 어떻게 활용되는지를 다루고 있다.

제2절 회계, 재무회계와 관리회계

1. 회계

회계(accounting)는 기업에서 일어나는 경제활동을 측정·요약하여 정보이용자에게 전달하는 일종의 정보시스템이다. 회계의 대상은 '기업(enterprise)'에서 일어나는 경제활동이고 회계정보의 주된 이용자는 경영자, 투자자, 대여자 등이다.[3) 4)]

기업의 사전적 의미는 '영리를 목적으로 제품이나 서비스의 생산·판매활동을 계속적으로 행하는 조직체'이다. 투자자나 대여자는 기업의 영리활동에 필요한 자금을 공급해주며, 경영자는 그러한 자금을 기업운영에 제대로 사용하여 이익을 창출할 책임을 진다. 경영자는 투자자나 대여자로부터 기업에 제공된 자금을 효율적으로 관리할 책임을 위임받게 되는데, 이를 경영자의 수탁책임(stewardship)이라 한다. 경영자는 수탁책임을 성실하게 이행하기 위해 영리활동에 대한 계획을 수립하고, 계획을 달성하기 위해 기업의 자원을 통제하며, 계획과 실제 결과의 차이를 분석하여 차기의 계획수립에 반영한다. 경영자의 이러한 활동을 통틀어 경영(management)이라 하는데, 경영자는 경영에 필요한 수익, 비용, 제품원가 등에 관한 정보의 대부분을 회계시스템으로부터 얻는다.

한편, 현재 투자자인 주주가 납입한 자금인 자본(capital)에 대하여는 기업이 상환할 의무는 없지만 이익의 일부가 투자자에게 배당금으로 지급된다. 따라서, 투자자는 기업의 이익창출능력을 평가하여 배당금수익을 누릴 수 있는 기업에 자금을 공급한다. 대여자가 기업에 공급한 자금인 부채(debt)에 대해서는 만기일에 원금을 상환하여야 하고, 차입기간 동안 자금사용의 대가로 이자를 지급하여야 한다. 대여자가 자금을 공급할 때는 그 기업이 정상적인 영리활동을 통하여 원금과 이자를 제때에 지급할 수 있는지를 평가하게 되는데, 대여자 스스로 평가하기도 하고 신용평가기관에 의뢰하기도 한다. 투자자나 대여자는 기업의 이익창출능력과 원리금 상환능력을 평가하기 위하여 많은 정보를 수집한다. 그 중 가장 중요한 것이 기업의 회계시스템으로부터 산출된 재무제표이다. 일반적으로 회계정보는

---

3) 물론 회계의 대상에는 비영리단체나 정부 등의 경제활동도 포함되나, 여기서는 기업의 경제활동에 국한하기로 한다.

4) 회계정보의 이용자는 경영자, 투자자, 대여자 이외에도 종업원, 정부기관(감독기관, 국세청 등), 신용평가기관, 소비자단체 등이 있으나, 여기서는 경영자, 투자자, 대여자에 대해서만 언급하기로 한다.

다음 세 가지 목적을 위해 활용된다.

- 내부경영자가 일상적인 영업활동을 계획・통제하고, 조직의 인원・활동에 대한 성과를 평가하기 위하여 회계정보를 활용한다.
- 내부경영자가 제품의 수익성평가, 조직의 기본정책과 장기계획수립, 신제품개발, 설비투자 및 특별주문과 같은 전략적 의사결정을 수행하기 위하여 회계정보를 이용한다.
- 투자자, 대여자, 정부기관과 기타 외부이해관계자들에게 재무보고를 하기 위하여 회계정보를 활용한다. 재무보고에는 일반적으로 인정된 회계원칙에 따라 손익과 재고자산원가에 대한 보고가 포함된다.[5)]

위의 세 가지 목적 중 첫 번째와 두 번째 목적은 주로 관리회계에서 다루고, 세 번째 목적은 재무회계에서 다룬다.

2. 재무회계와 관리회계

회계정보의 주된 이용자인 경영자, 투자자, 대여자 중 기업내부 경영자의 의사결정에 유용한 정보를 제공해 주는 회계분야를 관리회계(management accounting)라 하고, 기업외부의 투자자나 대여자가 경제적 의사결정을 하는데 유용한 정보를 제공해 주는 회계분야를 재무회계(financial accounting)라 한다. 관리회계는 경영자가 경영의사결정을 하는데 필요한 정보를 회계시스템으로부터 요약하여 수시로 제공하지만, 재무회계는 투자자나 대여자 이외에도 다양한 정보이용자를 대상으로 하기 때문에 일반적으로 인정된 회계원칙에 따라 주기적으로(1년, 반기 또는 분기) 일정한 양식의 재무제표를 작성하여 정보를 제공한다. 재무회계와 관리회계의 주요한 차이점을 비교하면 [도표 1-1]과 같다.

재무회계와 관리회계는 여러 가지 차이점이 있으나, 둘 다 동일한 회계시스템에 의존하며 수탁책임을 강조한다는 공통점이 있다. 관리회계정보는 재무회계정보를 바탕으로 분석과 예측이 추가된 정보이다. 재무회계가 기업 전체의 수탁책임에 중점을 두는 반면

5) 일반적으로 인정된 회계원칙(Generally Accepted Accounting Principles: GAAP)이란 기업이 재무제표 작성 및 보고과정에서 준거할 지침이나 규칙이다. 현재 우리나라의 일반적으로 인정된 회계원칙은 상장기업 등이 적용하는 「한국채택국제회계기준」(K-IFRS)과 그 이외의 기업이 적용하는 「일반기업회계기준」 등이 있다.

에, 관리회계는 기업 전체 및 부문의 수탁책임을 강조하여 기업의 효율적 운용을 가능하게 한다.

도표 1-1 | 회계의 분류

구분	재무회계	관리회계
회계정보이용자	외부정보이용자(투자자, 대여자 등)	내부정보이용자(경영자)
보고수단	재무제표 및 재무보고	일정한 형식이 정해져 있지 않음
준거기준	일반적으로 인정된 회계원칙(GAAP)	없음
보고주기	1년, 반기, 분기	수시로 보고
정보의 성격	기업의 과거활동에 대한 정보임	미래 예측정보도 생산됨

제3절 원가회계

1. 원가회계

원가회계는 재무회계와 관리회계의 목적에 적합한 원가정보를 제공해 주는 회계시스템이다.

기업이 생산한 제품은 일정기간 동안 판매되기도 하고, 기말에 창고에 남아 있기도 한다. 판매된 제품의 원가는 손익계산서의 매출원가항목으로 매출액에 대응되며, 창고에 남아 있는 제품은 재무상태표의 재고자산항목으로 보고된다.[6] 손익계산서의 매출원가와 재무상태표의 재고자산 금액을 결정하기 위해서는 제품생산에 얼마만큼의 원재료, 노동력, 생산설비가 소비되었는지를 계산하여야 한다. 이러한 제품원가계산에 필요한 정보는 원가회계시스템에서 얻을 수 있다.

한편, 경영자가 고객별, 판매지역별, 부서별로 수익성을 분석하기 위해서는 제품원가

6) 한국채택국제회계기준(K-IFRS)에서는 전통적 손익항목만을 표시하는 경우에 손익계산서를 작성하게 하고, 전통적 손익항목 이외에 기타포괄손익이 있으면 이를 포함하여 포괄손익계산서를 작성하도록 규정하고 있다. 따라서 본서에서 포괄손익계산서 대신에 손익계산서라는 용어를 사용할 때에는 수익과 비용 및 당기순손익만을 표시하는 전통적인 손익계산서를 지칭한다.

뿐만 아니라 고객별, 판매지역별, 부서별 원가정보도 필요하다. 또한, 원가에 대한 예산을 수립하고 예산을 달성할 수 있도록 통제하기 위해서는 이미 발생된 원가와 앞으로 발생할 원가에 대한 추정도 필요하다. 이처럼 원가를 추정하고 분석하는데 필요한 정보 또한 원가회계시스템에서 얻을 수 있다.

원가회계가 제공하는 원가정보의 재무회계 및 관리회계 측면을 요약하면 다음과 같다.

도표 1-2 | 원가회계

원가회계가 제공하는 원가정보	재무회계 측면	매출원가와 재고자산의 평가(제품원가계산)를 위한 원가정보
	관리회계 측면	경영의사결정(계획과 통제)을 위한 원가정보

원가회계는 재무회계 측면과 관리회계 측면에 적합한 원가정보를 제공해 주는 회계시스템이다. 앞서 언급하였듯이 본서는 주로 원가회계의 재무회계 측면인 제품원가계산을 다루고 있다.

2. 원가회계의 목적

미국회계학회(American Accounting Association)의 원가위원회는 원가회계의 목적을 다음과 같이 세 가지로 구분하여 정의하였다.

- 재무제표 작성에 필요한 원가의 집계
- 경영자의 원가관리에 필요한 원가정보의 제공
- 경영자의 각종 의사결정과 정책수립에 필요한 원가정보의 제공

위의 목적 중 첫 번째는 재무회계 측면(제품원가계산)의 목적이고, 두 번째와 세 번째는 관리회계 측면(계획과 통제)의 목적이다. 요컨대, 원가회계의 목적은 제품원가계산과 관리회계목적으로 대별될 수 있으며, 관리회계목적이란 제품원가계산 이외의 모든 다른 목적들을 포괄하는 것이라 할 수 있다.

3. 제품원가계산의 일반원칙

기업이 제품원가를 산정함에 있어서 준거해야 할 기준으로는 한국채택국제회계기준(K-IFRS)을 구성하는 기업회계기준서 제1002호(재고자산)와 일반기업회계기준 제7장(재고자산)이 있다.[7) 8)] 이들 기준서는 재고자산을 자산으로 인식하고 이와 관련된 수익이 인식될 때까지 장부에 표시하는 원가금액을 적절하게 결정하는 것을 목적으로 한다. 이들 기준서는 재고자산의 원가결정과 후속적 비용인식에 대한 지침을 제공하며 재고자산의 원가를 배분하는 원가공식에 대한 지침을 제공하고 있다. 종전의 기업회계기준 제90조(업종별 회계처리준칙)의 규정에 근거하여 제정된 원가계산준칙은 보다 구체적으로 제품원가를 수집·측정·배분·보고하기 위한 제반사항을 규정하고 있는데, 원가계산준칙은 일반기업회계기준으로 대체되었다. 따라서 현행 원가계산실무에서는 종전의 원가계산준칙에 따라 회계처리하되 원가계산준칙의 내용이 한국채택국제회계기준(K-IFRS)이나 일반기업회계기준의 내용과 상충되는 경우 한국채택국제회계기준(K-IFRS)이나 일반기업회계기준을 적용한다.

원가계산준칙에 제시된 제품원가계산의 일반원칙은 다음과 같다.[9)]

- 제품원가는 일정한 제품의 생산량과 관련시켜 집계하고 계산한다.
- 제품원가는 신뢰할 수 있는 객관적인 자료와 증거에 의하여 계산한다.
- 제품원가는 제품의 생산과 관련하여 발생한 원가에 의하여 계산한다.
- 제품원가는 그 발생의 경제적 효익 또는 인과관계에 비례하여 관련제품 또는 원가부문에 직접부과하고, 직접부과가 곤란한 경우에는 합리적인 배부기준을 설정하여 배부한다.

기업은 상기의 4가지 일반원칙에 따라 원가회계시스템을 확립하고, 원가계산기간마다 계속 적용하며 정당한 이유 없이 변경할 수 없다.[10)]

---

7) 한국채택국제회계기준(K-IFRS)은 「주식회사의 외부감사에 관한 법률」에서 정하는 한국채택국제회계기준 의무적용대상 주식회사의 회계처리에 적용된다. 한국채택국제회계기준 의무적용대상 주식회사는 상장법인과 금융지주회사, 은행, 보험회사, 카드회사 등의 금융회사이다.

8) 일반기업회계기준은 「주식회사의 외부감사에 관한 법률」의 적용대상기업 중 한국채택국제회계기준(K-IFRS)에 따라 회계처리하지 아니하는 기업(비상장법인 등)에 적용된다. 그 밖에 중소기업회계기준(시행 2014.1.1)은 상법에 따라 법무부 장관이 금융위원회 및 중소기업청장과 협의하여 고시하는 회계기준으로서 「주식회사의 외부감사에 관한 법률」의 적용대상이 아닌 비교적 규모가 작은 주식회사에 적용된다.

9) 원가계산준칙 제6조(원가계산의 일반원칙)

10) 원가계산기간은 회계연도와 일치하여야 한다. 다만, 필요한 경우에는 월별 또는 분기별 등으로 세분하여 원가계산을 실시할 수 있다(원가계산준칙 제5조).

연습 문제

| 주관식 문제 |

01. 회계의 목적

한국음료의 경영자는 회계담당자로부터 다음과 같은 보고서를 받았다. '가~라'의 보고서를 회계의 목적에 따라 분류하시오.

가. 경주공장과 대전공장에서 생산한 '아침햇살'의 수익성에 대한 보고서(각 공장의 책임자는 수익성에 근거하여 보너스를 지급받는다)
나. 투자자에게 보고하는 연결재무제표
다. 필리핀 합작투자회사의 수익, 비용, 이익에 대한 10년간의 예측보고서
라. 대전공장의 월간 제조원가내역

| 풀이 |

제시된 보고서를 본문 p.6에 설명된 세 가지 회계의 목적에 따라 분류하면 다음과 같다.

보고서	회계의 목적
가, 라	내부경영자가 일상적인 영업활동을 계획·통제하고, 조직의 인원·활동에 대한 성과를 평가하기 위하여
다	내부경영자가 제품의 수익성평가, 조직의 기본정책과 장기계획수립, 신제품개발, 설비투자 및 특별주문과 같은 전략적 의사결정을 수행하기 위하여
나	투자자, 대여자, 정부기관과 기타 외부이해관계자들에게 재무보고를 하기 위하여

02. 원가회계와 재무회계 및 관리회계

원가회계와 재무회계 및 관리회계의 관련성을 설명하시오.

| 풀이 |

재무회계는 투자자나 대여자가 기업에 대한 경제적 의사결정을 하는데 유용한 정보를 일반적으로 인정된 회계원칙에 따라 작성된 재무제표 등에 요약하여 제공하는 회계분야이고, 관리회계는 경영자의 의사결정(계획, 통제)에 필요한 정보를 특정 목적의 보고서 형태로 전달하는 회계분야이다. 원가회계는 재무회계 및 관리회계의 목적에 적합한 원가정보를 측정·보고한다.

03. 원가회계정보

원가회계가 제공하는 정보를 세 가지로 요약하여 설명하시오.

| 풀이 |

원가회계는 제품원가를 계산하기 위한 원가정보, 경영자의 원가관리를 위한 원가정보, 각종의 의사결정과 경영정책을 수립하는데 필요한 원가정보를 제공한다.

Chapter 2

원가의 개념 및 분류

Cost Accounting

제1절 원가의 개념

원가(cost)란 재화나 용역을 얻기 위해 희생된 경제적 자원을 화폐가치로 측정한 것으로 정의된다. 피자 1판을 구매하기 위하여 ₩10,000을 지급하였다면, 구입가격 ₩10,000이 피자의 원가가 되고, 삼성전자가 노트북 컴퓨터 1대를 생산하기 위하여 원재료 ₩500,000, 노동력 ₩200,000, 생산설비 ₩300,000을 소비하였다면 노트북 컴퓨터 1대의 원가는 ₩1,000,000이 된다. 또한, 1년간 세무용역을 제공받기 위하여 세무사와 용역계약을 체결하고 ₩3,000,000을 지급하였다면 1년간 세무용역의 원가는 ₩3,000,000이 된다.

원가를 치르고 얻은 재화는 미래의 수익창출을 위해 사용될 수도 있고, 즉시 소비될 수도 있다. 삼성전자가 노트북 컴퓨터 1대를 생산하기 위하여 치른 원가는 ₩1,000,000인데, 이는 장차 고객에게 ₩1,500,000에 판매될 수 있고, ₩10,000에 취득한 피자는 종업원의 간식거리로 즉시 소비될 수 있다.

원가 중 미래의 수익창출을 위해 사용될 부분은 미소멸원가(unexpired cost)라 하여 재무상태표에 자산(asset)으로 계상되고, 미래의 수익창출능력이 없는 부분은 소멸원가

(expired cost)라 하여 손익계산서의 비용(expense)으로 계상된다.[1] 삼성전자가 생산한 노트북 컴퓨터의 원가 ₩1,000,000은 미소멸원가로서 재무상태표의 자산항목인 재고자산으로 계상되지만,[2] 종업원의 간식으로 소비된 피자의 원가 ₩10,000은 손익계산서의 비용항목인 복리후생비로 계상된다.

도표 2-1 ▌ 소멸원가와 미소멸원가

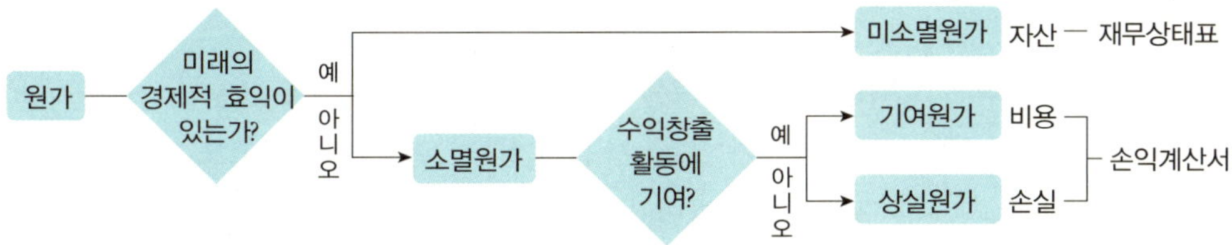

제2절 원가의 분류

원가는 사용되는 목적에 따라 다양하게 분류될 수 있다.

1. 발생시점

원가는 특정 거래가 발생한 시점을 전후로 역사적 원가와 예정원가로 구분된다.

(1) 역사적 원가

과거의 특정 거래(economic event)가 발생한 시점에 결정된 원가를 역사적 원가

1) 기본재무제표에 속하는 포괄손익계산서는 일반적으로 단일의 보고서로 작성된다. 기업회계기준서(제1001호)는 기업이 포괄손익계산서를 두 개의 보고서로 분해하여 공시하는 것도 허용하고 있다. 즉, 당기순이익의 구성요소를 배열하는 보고서(손익계산서) 그리고 당기순이익에서 시작하여 기타포괄손익의 구성요소를 배열하는 보고서(포괄손익계산서)를 모두 작성하여 공시하는 것이다. 본서에서 손익계산서는 앞으로 별다른 언급이 없는 한 당기순이익의 구성요소를 배열한 보고서를 의미한다.

2) 재무상태표에 자산으로 계상된 노트북 컴퓨터의 원가는 판매될 때 매출에 대응되어 비용(매출원가)화된다.

(historical cost)라고 하며, 실제원가 또는 사후원가(*ex post* cost)라고도 한다. 역사적 원가는 거래가 발생한 시점에 거래 당사자가 주고받은 대가에 의하여 결정되고, 거래증빙(계약서, 세금계산서, 영수증 등)에 의하여 객관적으로 검증이 가능하다. 예를 들어, 2년 전에 토지를 취득하기 위하여 1억원을 지급하였다면 1억원이 토지의 역사적 원가이며, 1억원은 계약서와 영수증 등에 의하여 확인이 가능하다.

(2) 예정원가

특정 거래가 발생하기 전에 분석과 예측을 통하여 결정된 원가를 예정원가(predetermined cost)라고 한다. 예정원가는 미래원가 또는 사전원가(*ex ante* cost)라고도 한다. 예정원가는 분석과 예측에 사용된 자료, 분석기법, 분석자의 판단 등에 의하여 영향을 받으므로 주관적이나 예산편성, 의사결정 등 관리회계분야에서 주로 활용된다.

2. 추적가능성

원가는 특정한 원가대상(cost object)에 직접 관련시킬 수 있는지, 직접 추적할 수 있는지의 여부에 따라 직접원가와 간접원가로 구분된다. 원가대상이란 발생된 원가를 파악하고자 하는 대상으로 제품, 서비스, 부문, 활동 등이 있다.[3)]

(1) 직접원가

직접원가(direct cost)는 특정 원가대상에 얼마의 원가가 발생했는지를 경제적인 방법으로 알 수 있는 원가를 말한다. 야구방망이를 만드는 경우 야구방망이 1개당 목재가 얼마나 투입되었는지는 쉽게 파악할 수 있으며, 이때 야구방망이 1개에 투입된 목재의 원가는 야구방망이의 직접원가가 된다. 또한, 자동차 1대를 만들기 위해서는 엔진과 트랜스미션이 1단위씩 투입되어야 하고, 엔진과 트랜스미션의 원가는 자동차 1대의 직접원가가 된다. 여기서 한 가지 유의할 것은 특정 원가가 직접원가로 분류되기 위해서는 그 원가와 원가대상을 관련시키는 것이 '경제적인 방법'으로 가능해야 한다는 것이다. 야구방망이 1개를 완성하기 위해서는 마무리 도색작업으로 페인트 0.2리터가 투입된다고 하자.

3) 원가대상은 이외에도 고객, 유통채널, 브랜드, 프로젝트 등이 있으며 원가를 집계하고자 하는 대상을 말한다.

페인트 0.2리터의 원가를 야구방망이의 직접원가로 분류하고 관리하는데 들어가는 시간과 노력(cost)이 그로 인해 얻을 수 있는 효익(benefit)보다 클 것이다. 자동차 1대를 완성하기 위해서도 수많은 나사(볼트와 너트)가 소요될 것이나 이를 일일이 추적하여 직접원가로 분류・관리하는 것도 어렵다. 이 경우 야구방망이의 도색작업에 소요된 페인트의 원가나 자동차 1대를 생산하는데 투입된 나사의 원가는 다음에 설명되는 간접원가로 분류하여 관리하는 것이 타당하다.[4)]

(2) 간접원가

간접원가(indirect cost)는 여러 원가대상에 공통적으로 발생된 원가로서 특정 원가대상에 경제적인 방법으로 직접 추적하는 것이 어려운 원가를 말한다. 간접원가는 공통원가(common cost)라고도 하며, 직접원가를 제외한 모든 원가는 간접원가이다. 예를 들어, 봉제회사에서 재봉틀 1대로 7가지 의류품(남성용 제품 4가지, 여성용 제품 3가지)을 생산한다면, 재봉틀의 감가상각비는 이들 7가지 제품에 대한 간접원가이다.

(3) 원가추적과 원가배부

원가대상별로 원가가 얼마나 발생되었는지 파악하는 것을 원가할당(cost assignment)이라고 한다. 원가할당은 직접원가를 원가대상에 부과하는 원가추적(cost tracing)과정과 공통원가인 간접원가를 원가대상에 할당하는 원가배부(cost allocation)과정으로 구분된다. 의류회사에서 한 달 동안 신사복 열 벌을 만들었는데 직접원가(옷감)는 한 벌당 ₩100,000, 간접원가(재봉틀의 월간 감가상각비)는 ₩500,000이 발생하였다고 하자. 이때 신사복 한 벌의 원가를 계산하기 위해서는(즉, 신사복 한 벌에 원가를 할당하기 위해서는) 먼저, 원가추적과정을 통해 직접원가 ₩100,000을 부과하고, 원가배부과정을 통해 간접원가인 ₩500,000의 일부를 배부하여야 한다.[5)]

4) 정보처리기술의 발달은 직접원가와 간접원가의 분류에 영향을 미친다. 최근 많은 공장에서 원재료나 제품에 바코드(bar code)를 부착하여 관리하고 있다. 이 바코드는 예전에는 간접원가이었던 것(예: 나사, 접착제, 스프링 등)을 직접원가로 분류할 수 있게 한다..

5) 간접원가를 원가대상에 할당하는 원가배부는 원가회계에서 대단히 중요하다. 이에 관해서는 제4장과 제5장에서 자세히 다루기로 한다.

도표 2-2 ▌원가할당

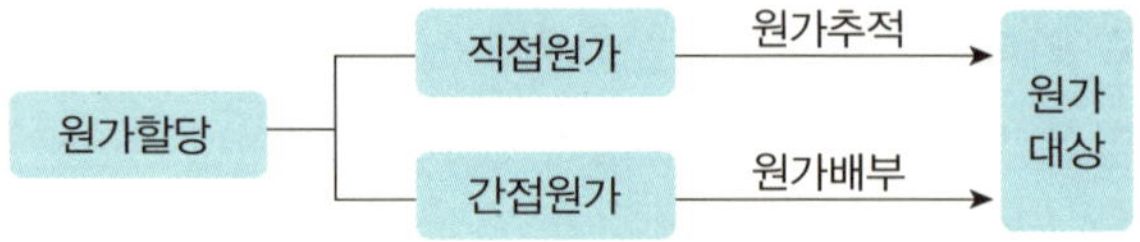

3. 원가행태

원가행태(cost behavior)란 원가동인의 변동에 따라 관련되는 원가총액의 변동하는 모양을 말한다. 원가동인(cost driver)이란 원가를 발생시키는 가장 주된 요인을 말한다. 제조원가의 원가동인은 생산량, 판매원에게 지급되는 수수료의 원가동인은 판매량(또는 매출액), 운반비의 원가동인은 운반거리 등을 예로 들 수 있다.

(1) 변동원가

원가동인 수의 변동에 따라 원가총액이 비례하여 증감하는 원가를 변동원가(variable cost)라 한다. 만일 삼성전자가 노트북 컴퓨터 1대를 생산하기 위해서 인텔로부터 마이크로프로세서를 단위당 ₩500에 구입해야 한다면, 마이크로프로세서의 원가총액은 노트북 컴퓨터 생산량에 ₩500을 곱한 금액이 된다. 이처럼 변동원가 총액은 원가동인 수에 단위당 원가를 곱한 금액으로 결정된다. 이러한 변동원가를 총원가와 단위당 원가로 나누어 표시하면 [도표 2-3]과 같다.

도표 2-3 ▌변동원가의 예

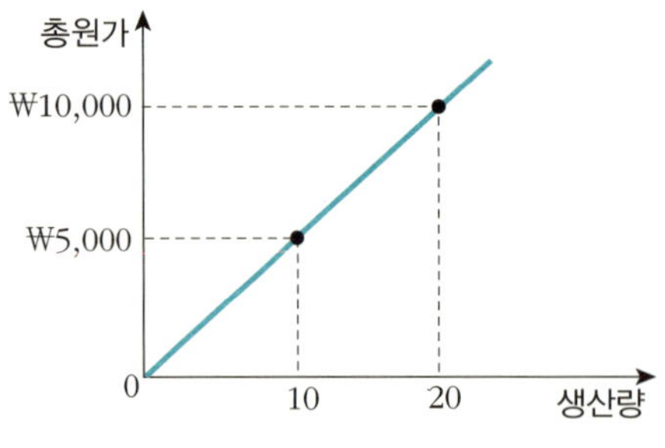

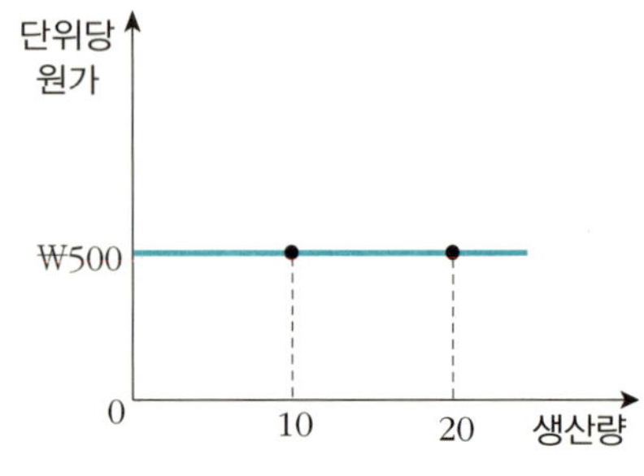

(2) 고정원가

일정기간 동안 일정한 원가동인 범위 내에서는 원가총액이 일정하게 발생되는 원가를 고정원가(fixed cost)라 한다. 삼성전자 수원공장의 노트북 컴퓨터 생산라인은 한 달에 최대 10,000단위의 제품을 생산할 수 있으며, 정액법에 의하여 매월 ₩300,000의 감가상각비가 발생한다고 하자. ₩300,000은 '한 달 동안' '0단위~10,000단위 생산범위(원가동인 범위) 내'에서 일정하게 발생하는 고정원가이다. 만일 생산범위가 10,001단위에서 20,000단위 사이로 증가된다면 추가적인 설비투자에 의하여 감가상각비도 증가한다.

고정원가는 원가총액이 일정하므로 원가동인이 증가할수록 단위당 원가는 감소하는데, 이러한 관계는 [도표 2-4]에 나타나 있다.

도표 2-4 ▮ 고정원가의 예

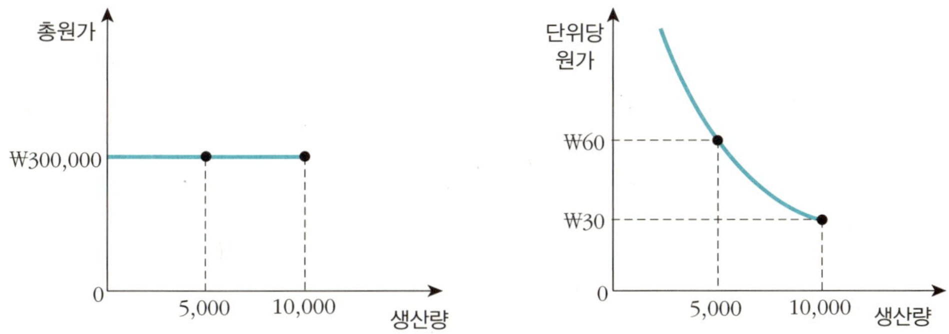

(3) 관련범위

일정한 원가행태가 유지되는 원가동인의 범위를 관련범위(relevant range)라 한다. 모든 원가행태는 관련범위 내에서 정의된다. 고정원가는 일정기간 동안 관련범위 내에서 고정원가이고, 변동원가도 관련범위 내에서 변동원가이다.

삼성전자 수원공장의 노트북 컴퓨터 생산라인에서는 한 달 동안 최대생산능력인 10,000단위의 노트북 컴퓨터를 생산하고 있고, 매월 발생되는 감가상각비가 ₩300,000이라고 하자. 그런데 노트북 컴퓨터의 수요가 증가하여 생산라인을 추가하였다. 만일, 10,001단위부터 20,000단위까지의 생산에 대한 감가상각비가 생산라인 추가로 인하여 ₩600,000이 되었다고 하자. 이 경우 한 달 동안 0단위부터 10,000단위까지의 범위 내에

속하는 노트북 컴퓨터 생산과 관련하여 발생되는 매월 감가상각비 ₩300,000은 이 관련범위 내에서 생산량의 수준과 관계없이 일정한 고정원가이지만, 이 범위를 벗어나면 원가행태가 달라진다. 즉, 한 달 동안의 생산량의 범위가 10,001단위부터 20,000단위까지인 새로운 관련범위 내에서는 고정원가 총액이 ₩300,000에서 ₩600,000으로 증가한다. 즉, [도표 2-5]는 생산량의 범위가 0단위~10,000단위에서 10,001단위~20,000단위로 확대되는 경우 그로 인해 고정원가 총액이 어떻게 변동하는지를 보여준다. 이와 같이 일정한 관련범위 내에서는 생산량과 관계없이 총원가가 일정하지만, 그 관련범위를 벗어나면 총원가의 크기가 변동하는 원가를 '계단식 고정원가'(step fixed costs)라고 한다.[6]

도표 2-5 | 관련범위에 따른 상이한 고정원가 행태

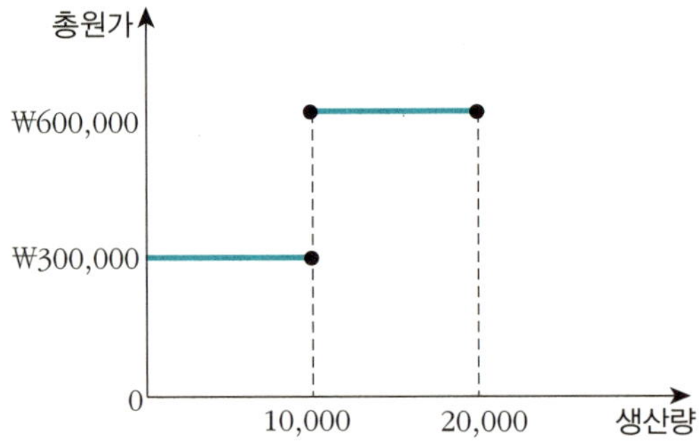

고정원가와 마찬가지로 변동원가에서도 상이한 관련범위 내에서는 상이한 변동원가 행태를 보일 수 있다. 예를 들면, 삼성전자가 노트북 컴퓨터의 생산량이 10,000단위일 때까지는 인텔로부터 마이크로프로세서를 단위당 ₩500에 구입하지만, 생산량이 10,000단위를 초과하게 되면 수량할인을 받기 때문에 마이크로프로세서를 단위당 ₩400에 구입한다고 하자. 이 경우 10,000단위를 초과하는 제품에 투입되는 마이크로프로세서 원가총액은 노트북 컴퓨터 생산량에 ₩400을 곱한 금액이다. 이처럼 단위당 변동원가도 생산량(원가동인)의 범위에 따라 달라질 수 있다.

6) 계단식 고정원가는 준고정원가(semi-fixed costs) 또는 단계원가(step costs)라고도 한다.

도표 2-6 | 관련범위에 따른 상이한 변동원가 행태

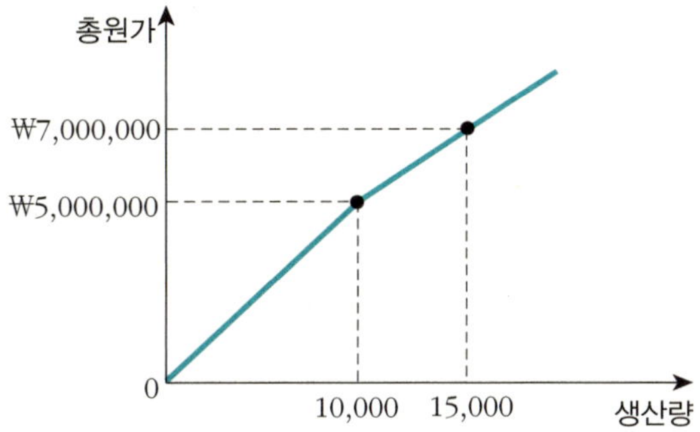

(4) 혼합원가

혼합원가(mixed cost)는 변동원가와 고정원가의 두 부분으로 구성된 원가를 말한다. 혼합원가에서 변동원가가 ₩0이면 고정원가를, 고정원가가 ₩0이면 변동원가를 나타낸다.

혼합원가 = 변동원가 + 고정원가

삼성전자 수원공장의 전력요금은 기본요금 ₩1,000에 전력사용 단위(kWh)당 ₩10으로 결정된다고 하자. 전력사용량과 전력요금의 관계는 [도표 2-7]과 같다. 전력사용량이 0kWh인 경우 전력요금은 기본요금 ₩1,000이나, 전력사용량이 50kWh, 100kWh일 때의 전력요금은 각각 ₩1,500(=₩1,000+10×50kWh), ₩2,000(=₩1,000+10×100kWh)으로 증가하게 된다.

도표 2-7 | 혼합원가: 전력요금

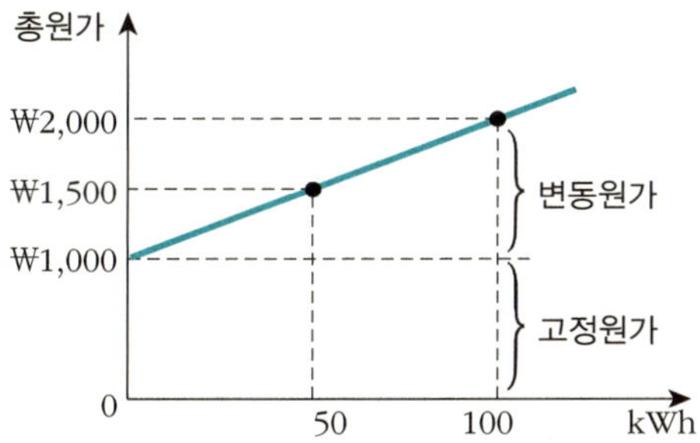

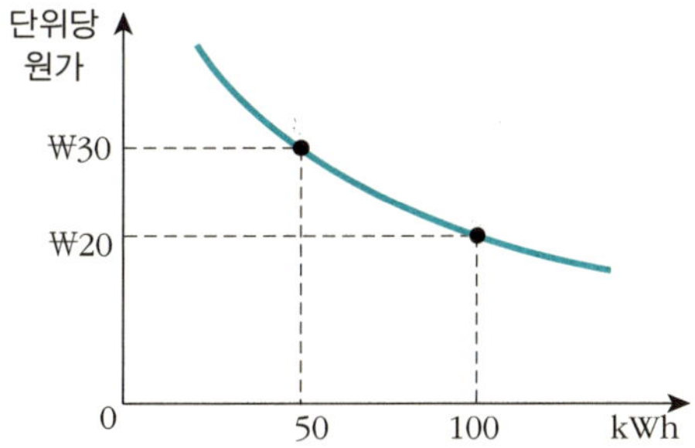

예제 2-1

한국컴퓨터는 개인용 컴퓨터를 생산하고 있다. 회사는 연간 100개~500개의 조업도 범위 내에서 제품을 생산하는데, 200개를 생산할 때 발생하는 원가는 다음과 같다.

변동원가	₩10,000
고정원가	50,000
계	₩60,000

제품을 (1) 200개, (2) 400개, (3) 500개 생산할 경우 총원가와 단위당 원가를 계산하시오.

| 해답 |

각각의 생산량에서 총원가와 단위당 원가는 다음과 같다.

생산량	변동원가		고정원가		계	
	총원가	단위당 원가	총원가	단위당 원가	총원가	단위당 원가
(1) 200개	₩10,000	₩50①	₩50,000	₩250	₩60,000	₩300
(2) 400개	20,000②	50	50,000	125	70,000	175
(3) 500개	25,000	50	50,000	100	75,000	150

① ₩10,000÷200개=₩50

② ₩50×400개=₩20,000

생산량에 관계없이 변동원가는 단위당 원가가 일정하고, 고정원가는 총원가가 일정함을 확인할 수 있다.

4. 제조활동과의 관련성

원가는 제조활동과의 관련성에 따라 제조활동에 소비된 제조원가와 판매나 일반관리 활동에 소비된 비제조원가로 구분된다.[7)]

7) 제조원가는 제품의 생산과 관련하여 소비된 경제적 자원의 가치만을 포함한다. 비정상적으로 발생한 경제적 자원의 소비는 제조원가에 포함하지 아니한다(원가계산준칙 제4조).

(1) 제조원가

제조원가는 제품생산활동에 소비된 원가로 재고자산인 제품의 원가를 구성하기 때문에 재고가능원가(inventoriable cost) 또는 제품원가(product cost)라고도 한다. 제품을 생산하기 위해서는 원재료,[8] 노동력, 생산설비가 투입되며, 재료원가, 노무원가, 제조경비를 제조원가의 3요소라 한다.

재료원가는 제품을 생산하기 위하여 구입한 원재료의 소비액을 말하고, 생산에 참여하는 정도에 따라 주요재료원가, 보조재료원가, 부품원가로 구분하기도 한다. 노무원가는 생산직 종업원의 노동에 대한 대가인 급여, 임금, 상여금, 퇴직급여를 모두 포함한다. 제조경비는 재료원가와 노무원가에 해당되지 않는 일체의 기타 제조원가(other manufacturing costs)로 공장에서 발생되는 복리후생비, 보험료, 특허권사용료, 수도광열비, 외주가공비, 임차료, 공장건물 및 기계설비에 대한 감가상각비 등이 해당된다.

(2) 추적가능성에 따른 제조원가의 구분

재료원가, 노무원가, 제조경비는 원가대상(특히, 제품)에 대한 추적가능성에 따라 직접원가와 간접원가로 구분할 수 있다.

도표 2-8 | 추적가능성에 따른 제조원가

생산요소	제조원가	추적가능성에 따라	
		직접원가	간접원가
원재료	재료원가	① 직접재료원가	간접재료원가
노동력	노무원가	② 직접노무원가	간접노무원가
생산설비(용역)	제조경비	제조경비	
		↓	
		③ 제조간접원가	

직접재료원가와 직접노무원가는 특정 원가대상(제품)에 얼마가 발생되었는지를 직접 추적할 수 있는 재료원가와 노무원가이고, 간접재료원가와 간접노무원가 및 제조경비는

8) 원재료 중 화학적인 변화에 의하여 제품이 되는 것을 원료(예: 치즈를 만들기 위한 우유), 물리적인 변화에 의하여 제품이 되는 것을 재료(예: 가구를 만들기 위한 목재)로 구분하기도 하나, 원가계산목적으로는 이와 같은 구분이 무의미하다. 따라서, 본서에서는 원재료, 재료, 원료를 굳이 구분하지 않기로 한다.

한데 묶어서 제조간접원가라 한다.[9] 우리는 앞으로 제조원가를 직접재료원가, 직접노무원가, 제조간접원가로 구분하여 원가계산과정을 공부할 것이다.[10]

제조원가 중 직접재료원가와 직접노무원가를 합하여 제조직접원가 또는 기본원가(또는 기초원가: prime cost), 직접노무원가와 제조간접원가를 합하여 전환원가(또는 가공원가: conversion cost)라 한다.[11] 전환원가는 원재료인 직접재료원가를 제품으로 전환하는데 소비된 원가를 의미한다.

도표 2-9 | 기본원가와 전환원가

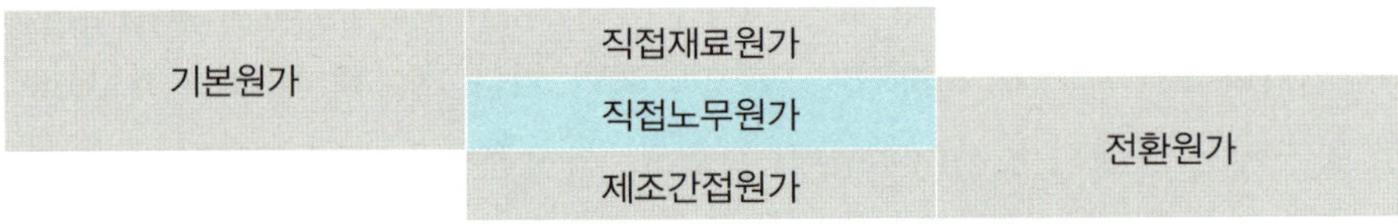

예제 2-2

다음 자료에 의하여 기본원가와 전환원가를 계산하시오.

- 직접재료원가 ₩300,000 • 직접노무원가 ₩400,000
- 제조간접원가
  - 변동원가 ₩80,000
  - 고정원가 ₩50,000

| 해답 |

가. 기본원가 = 직접재료원가 + 직접노무원가
= ₩300,000 + 400,000 = ₩700,000

나. 전환원가 = 직접노무원가 + 제조간접원가
= ₩400,000 + (80,000 + 50,000) = ₩530,000

9) 제조경비도 직접제조경비와 간접제조경비로 나눌 수 있다. 우주왕복선 1대를 만들기 위해 지급된 특허권사용료나 기술사용료, 설비의 임차료 등은 우주왕복선 1대에 대한 직접제조경비가 된다. 그러나 일반적인 원가계산 실무에서는 직접제조경비의 발생 사례가 거의 없기 때문에 제조경비를 모두 제조간접원가로 간주한다.

10) 제조원가는 재료원가, 노무원가, 제조경비로 분류하거나, 회사가 채택하고 있는 원가계산방법에 따라 직접재료원가, 직접노무원가 및 제조간접원가로 분류할 수 있다(원가계산준칙 제7조 제①항).

11) 전환원가는 생산량과 직접 관련된 직접노무원가뿐만 아니라 원재료를 완제품으로 전환하는데 발생하는 변동 및 고정제조간접원가의 체계적인 배부액을 포함한다(K-IFRS 기업회계기준서 제1002호 문단12).

예제 2-3

직접노무원가는 기본원가의 50%이고, 이는 전환원가의 40%에 해당한다. 전환원가가 ₩4,000 일 때 기본원가는 얼마인가?

| 해답 |

가. 직접노무원가 = 전환원가 × 40%
= ₩4,000 × 40% = ₩1,600

나. 기본원가 = 직접노무원가 ÷ 50%
= ₩1,600 ÷ 50% = ₩3,200

(3) 원가행태에 따른 제조원가의 구분

제조간접원가는 간접재료원가, 간접노무원가, 제조경비 등 다양한 원가요소로 구성된 원가이며, 원가행태 또한 변동원가와 고정원가가 혼합된 혼합원가이다.

제조원가를 원가행태에 따라 구분하면, 직접재료원가, 직접노무원가, 변동제조간접원가는 원가동인(생산량)이 증감함에 따라 원가총액이 비례하여 증감하는 변동원가이나, 고정제조간접원가는 일정기간 동안 원가동인의 변동에 관계없이 원가총액이 일정하게 발생하는 고정원가이다. 따라서 제조원가는 변동원가와 고정원가가 혼합된 혼합원가의 원가행태를 갖는다.

도표 2-10 | 원가행태에 따른 제조원가

제조원가	직접재료원가	변동원가
	직접노무원가	
	변동제조간접원가	
	고정제조간접원가	고정원가

(4) 비제조원가

비제조원가는 판매활동이나 일반관리활동에 소비된 원가로 제품생산과 관련이 없기 때문에 제품원가에 포함시키지 않고, 발생한 기간에 손익계산서의 판매비와관리비로 처리한다.[12] 판매비와관리비는 공장이 아닌 본사 또는 영업부문에서 발생한 판매원 급여, 복리후생비, 보험료, 임차료 등으로 제조간접원가에 포함되는 제조경비와 유사하다. 그러나 판매비와관리비는 판매 및 일반관리 활동과 관련하여 발생된 원가이고, 제조간접원가의 제조경비는 제조활동과 관련하여 발생된 제조원가라는 점에서 구별된다.[13] 이 두 가지를 비교하면 [도표 2-11]과 같다.

판매비와관리비를 원가행태에 따라 구분하면, 판매량이나 매출액에 비례하여 지급되는 판매수당과 같이 원가동인(판매량)이 증감함에 따라 원가총액이 비례하여 증감하는 변동원가와 광고선전비 등과 같이 일정기간 동안 원가총액이 일정하게 발생하는 고정원가로 구분할 수 있다. 따라서 판매비와관리비도 제조원가와 마찬가지로 변동원가와 고정원가가 혼합된 혼합원가의 원가행태를 갖는다.[14]

도표 2-11 ▌판매비와관리비와 제조간접원가(제조경비)

판매비와관리비	제조간접원가(제조경비)
본사건물에 대한 감가상각비, 보험료, 수선비	공장건물에 대한 감가상각비, 보험료, 수선비
판매원 교육훈련비, 복리후생비	생산직 종업원의 교육훈련비, 복리후생비
판매 및 관리부서의 운영비, 임차료, 소모품비, 수도광열비	공장의 운영비, 임차료, 소모품비, 수도광열비

예제 2-4

다음 자료의 각 항목을 제조원가와 비제조원가로 구분하시오.

가. 화재손실	나. 공장건물 감가상각비
다. 본사건물 임차료	라. 기계장치 화재보험료
마. 공장 토지분 재산세	바. 기부금
사. 판매수수료	아. 외주가공비
자. 이자비용	차. 광고선전비
카. 사채이자	타. 법인세비용

12) 이런 의미에서 비제조원가는 재고불능원가(noninventoriable cost) 또는 기간원가(periodic cost)라고도 한다.

13) 제조원가요소와 판매비와관리비요소는 구분하여 집계한다. 다만, 그 구분이 명확하지 아니한 경우에는 발생원가를 비목별로 집계한 후 일정한 기준에 따라 제조원가와 판매비와관리비로 구분하여 배부할 수 있다(원가계산준칙 제7조 제②항).

14) 본서에서는 변동제조원가(직접재료원가, 직접노무원가, 변동제조간접원가)와 변동판매관리비를 합하여 '변동비', 고정제조간접원가와 고정판매관리비를 합하여 '고정비'라 부르기로 한다.

| 해답 |

구분	항목
제조원가	나, 라, 마, 아
비제조원가	가, 다, 바, 사, 자, 차, 카, 타

5. 원가구성도

지금까지 살펴본 원가개념과 이익 및 판매가격의 관계를 살펴보면 [도표 2-12]와 같다. 직접재료원가와 직접노무원가를 합하여 제조직접원가 또는 기본원가라 하며, 이는 제품생산에 기초(또는 기본)가 되는 원가를 의미한다. 제조원가에 판매비와관리비를 더하면 영업활동에서 발생된 총원가가 되고, 판매가격은 총원가에 적정 이익을 가산하여 결정된다.[15]

도표 2-12 | 원가구성도

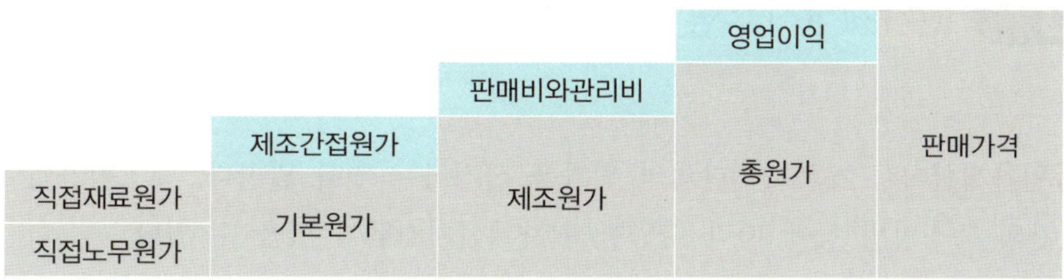

예제 2-5

다음 자료에 의하여 원가구성도를 완성하시오.

가. 기본원가는 ₩250,000
나. 판매비와관리비는 총원가의 40%
다. 영업이익은 총원가의 10%
라. 제조간접원가는 기본원가의 20%

15) 여기서는 회계학적 원가가산 가격결정(cost-plus pricing)방법에 의한 판매가격을 전제로 한 것이다.

| 해답 |

<table>
<tr><td></td><td></td><td>영업이익
₩50,000③</td><td rowspan="4">판매가격
₩550,000</td></tr>
<tr><td></td><td>판매비와관리비
₩200,000②</td><td rowspan="3">총원가
₩500,000</td></tr>
<tr><td>제조간접원가
₩50,000①</td><td rowspan="2">제조원가
₩300,000</td></tr>
<tr><td>기본원가
₩250,000</td></tr>
</table>

① ₩250,000 × 20% = ₩50,000

② 판매비와관리비를 x라 하면,

x = (₩300,000 + x) × 40%, x = ₩200,000

③ ₩500,000 × 10% = ₩50,000

제3절 원가계산시스템

제품원가계산이란 제품 한 단위의 원가를 산정하는 것을 말한다. 제조원가의 집계방법, 원가의 측정방법 등에 따라 다양한 원가계산시스템이 있을 수 있다.

1. 원가의 집계방법

특정 제품의 단위당 원가는 그 제품생산에 투입된 원가를 생산량으로 나누어 계산된다. 원가와 생산량은 작업(job)별로 집계될 수도 있고 생산공정(process)별로 집계될 수도 있다.[16)]

16) 원가의 제품별 계산은 생산형태에 따라 개별원가계산방식과 종합원가계산방식 등으로 분류한다(원가계산준칙 제17조).

(1) 개별원가계산

개별원가계산(job-order costing)은 항공기 제작 · 조선 · 회계 및 법률 서비스업 등 주로 다품종 주문생산형태에 적용되는 원가계산방법으로, '개별작업 또는 주문(job-order)'별로 원가와 생산량을 집계하는 방법이다. 개별원가계산에 대해서는 제6장에서 자세히 살펴본다.

(2) 종합원가계산

종합원가계산(process costing)은 전자 · 자동차 · 화학산업 등 주로 대량생산형태에 적용되는 원가계산방법으로 작업 '공정(process)'별로 원가와 생산량을 집계한다. 종합원가계산에 대해서는 제7장과 제8장에서 자세히 살펴본다.

2. 원가의 측정방법

제품원가는 실제원가나 예정원가에 의하여 측정될 수 있다.

(1) 실제원가계산

실제원가계산(actual costing)은 실제로 발생한 원가를 집계하여 제품원가를 계산하는 방법이다. 외부보고 목적의 재무제표를 작성하기 위하여 매출원가를 산정하거나 재고자산을 평가할 때에는 실제원가계산을 적용한다.[17)]

(2) 예정원가계산

예정원가계산(predetermined costing)은 예정원가에 의하여 제품원가를 계산하는 방법이다. 예정원가계산에는 제조간접원가만을 예정원가에 의하고 직접재료원가와 직접노무원가는 실제원가에 의하여 원가계산을 하는 평준화원가계산(또는 정상원가계산: normal costing)과 모든 제조원가를 예정원가에 의하여 원가계산을 하는 표준원가계산

17) 원가계산준칙 제6조(원가계산의 일반원칙) 제3호에 의하면, 제품원가는 제품의 생산과 관련하여 실제로 발생한 원가에 의하여 계산한다.

(standard costing)이 있다.[18] 예정원가계산은 외부보고 목적보다는 관리회계 목적으로 사용된다.

도표 2-13 | 실제원가계산과 예정원가계산

제조원가	실제원가계산	예정원가계산	
		평준화원가계산	표준원가계산
직접재료원가	실제원가	실제원가	예정원가
직접노무원가	실제원가	실제원가	예정원가
제조간접원가	실제원가	예정원가	예정원가

3. 원가계산시스템

원가의 집계방법과 측정방법을 적절히 결합하면 다음과 같이 4가지의 원가계산시스템을 만들 수 있다. 즉, 실제원가계산하에서 개별원가계산과 종합원가계산이 가능하고, 마찬가지로 예정원가계산하에서도 개별원가계산과 종합원가계산이 가능하다. 모든 기업에 공통적으로 적용할 수 있는 원가계산시스템은 없으므로, 생산방식이나 원가관리기법 등 기업의 특성에 맞는 원가계산시스템을 설계하는 것이 중요하다.

도표 2-14 | 원가계산시스템

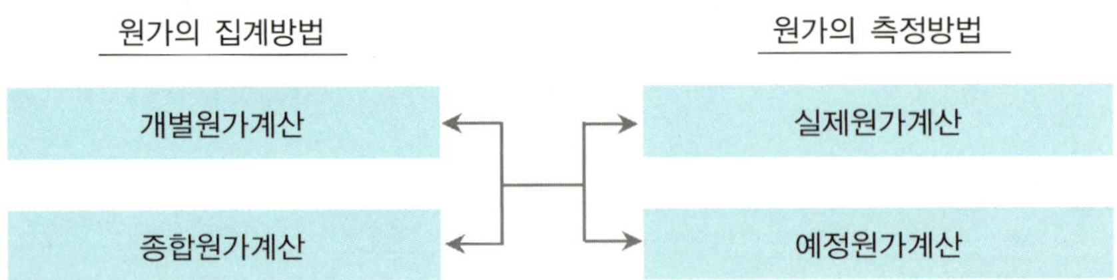

18) 표준원가는 일종의 예정원가로서 제품을 생산하기 전에 분석과 예측을 통해 결정된 원가이다.

4. 상이한 목적을 위한 상이한 원가

원가회계의 목적(제품원가계산, 의사결정, 성과평가 등)에는 여러 가지가 있으나, 모든 목적을 다 충족시킬 수 있는 단 하나의 원가계산시스템이란 존재하지 않는다. 그 이유는 목적이 달라지면 그 목적에 따른 원가개념도 달라지기 때문이다(different costs for different purposes). 원가계산목적이 달라지면 제품원가의 집계방법과 측정방법도 달라지게 마련이다. 예를 들어, 외부보고 목적의 재무제표 작성에는 실제원가가 이용되는 반면, 원가관리를 위해서는 예정원가가 이용될 수 있다. 원가는 목적(end)에 대한 수단(means)이라는 것이 원가회계의 기본전제이다. 가장 적절한 원가정보를 제공하기 위해서는 사전에 원가자료가 이용될 목적을 제대로 파악하여야 한다.

연습 문제

| 객관식 문제 |

01. 다음 중 원가회계 용어에 대한 설명으로 옳지 않은 것은?

① 원가대상이란 직접적인 대응이나 간접적인 원가배부방법에 의한 원가측정을 통하여 원가가 집계되는 활동이나 항목을 의미한다.
② 원가배부란 일정한 배부기준에 따라 공통원가를 원가대상에 대응시키는 과정을 말한다.
③ 원가동인이란 원가대상의 총원가에 변화를 유발시키는 요인을 말하는 것으로 원가동인은 원가대상에 따라 그 수가 극히 제한되어 있다.
④ 조업도란 기업이 보유한 자원의 활용 정도를 나타내는 수치로서 산출량인 생산량, 판매량 등이 조업도가 될 수 있으며, 투입량인 직접노무시간이나 기계가동시간 역시 조업도가 될 수 있다.

02. 원가는 경영자의 의사결정목적에 따라 여러 가지로 분류할 수 있다. 다음 원가의 분류에 대한 설명으로 옳지 않은 것은?

① 고정원가는 원가의 행태에 따른 원가분류방법이다.
② 간접원가는 원가의 추적가능성에 따른 분류이다.
③ 매몰원가는 의사결정과의 관련성에 따른 원가분류방법이다.
④ 제조원가는 기본원가와 전환원가의 합으로 구성된다.

03. 관련범위 내에서 단위당 변동원가의 행태를 바르게 설명한 것은?

① 각 생산수준에서 일정하다.
② 각 생산수준에서 서로 다르게 변화한다.
③ 생산량이 증가함에 따라 증가한다.
④ 생산량이 증가함에 따라 감소한다.

04. 다음 중 원가에 대한 설명으로 적절하지 않은 것은?

① 직접원가란 특정 제품의 제조에만 소비되어 직접 그 특정 제품에 관련시킬 수 있는 원가를 말한다.
② 간접원가란 원가대상별로 분리 또는 추적이 불가능한 원가를 말하며, 제품원가계산 시 간접원가는 합리적인 기준에 따라 제품에 배부된다.
③ 기간원가는 제품원가 이외의 모든 원가로서 판매관리비가 이에 해당한다.
④ 조업도의 변동에 따른 원가행태에 근거하여 직접원가와 간접원가로 분류한다.
⑤ 기본원가는 직접재료원가와 직접노무원가를 의미하며 전환원가는 직접노무원가와 제조간접원가를 의미한다.

05. 다음 원가분류에 대한 설명으로 옳지 않은 것은?

① 제품원가는 재고가능원가이고, 기간원가는 재고불능원가이다.
② 기본원가에 속하면서 동시에 전환원가에 속하는 것은 직접노무원가이다.
③ 직접재료원가, 직접노무원가 및 변동제조간접원가는 변동제조원가이다.
④ 조업도가 증가함에 따라 단위당 변동원가는 증가하나 단위당 고정원가는 일정하다.
⑤ 제조원가는 제품의 생산과 관련하여 정상적으로 소비된 경제적 자원의 가치만 포함하며, 비정상적으로 발생한 경제적 자원의 소비는 제조원가에 포함하지 아니한다.

06. 자동차를 조립하는 기업의 경우, 관련범위 내에서 생산량을 원가동인으로 할 때 다음 중 변동원가에 포함되지 않는 것은?

① 제조기계 감가상각비
② 자동차의 엔진원가
③ 공장의 동력비 및 소모품비
④ 생산직근로자의 시간급 임금

07. 컴퓨터를 생산하는 회사의 경우, 관련범위 내에서 생산량을 원가동인으로 할 때 다음 중 단위당 원가가 일정한 행태를 나타내는 원가항목은 어느 것인가?

① 디자인 엔지니어 급여
② 기계장치 감가상각비
③ 컴퓨터제품의 CPU 원가
④ 수선유지부문 원가

08. 다음 중 사용된 전기료가 재무제표 작성목적으로서 재고가능원가에 해당하는 것은?

① 유통회사인 E-마트 상품진열대의 조명을 위해 사용된 전기료
② 현대자동차 신제품 디자인실에서 사용된 전기료
③ 네이버 웹사이트의 디렉토리 갱신에 사용된 컴퓨터 전기료
④ 삼성전자 스마트폰 조립공정에 있는 조립라인에서 조명을 위해서 사용되는 전기료

09. (주)현대자동차 울산공장은 소나타와 그랜저 두 종류의 자동차를 각각 별개의 조립라인에서 생산하고 있다. 원가대상이 각 제품별 조립라인이며 원가동인은 각 제품별 생산량인 경우, 다음 원가항목 중 직접원가이면서 고정원가인 것은?

① 그랜저 조립라인에서 사용 중인 기계장치의 정률법에 의한 감가상각비
② 그랜저에 투입되는 타이어
③ 울산공장 전체에 대한 전력요금(전력요금이 생산라인별로 구분되지 않음)
④ 울산공장의 화재보험료

10. (주)한국은 월 10단위~50단위 조업도 범위 내에서 제품을 생산하는데, 20×1년 10월 제품 10단위 생산에 관한 원가정보는 다음과 같다.

• 생산량	10단위
• 변동제조원가	₩10,000
• 고정제조원가	50,000

20×1년 11월 생산량이 20단위로 예측될 때 11월의 총제조원가는 얼마로 예측될 수 있겠는가?

① ₩70,000 ② ₩110,000 ③ ₩120,000 ④ ₩60,000

| 객관식 문제 해답 및 해설 |

01. ③

원가동인은 원가대상에 따라 그 수가 매우 다양하다. 제품의 총원가에 변화를 유발시키는 요인은 생산량, 부품종류수, 운송횟수 또는 거리, 노무시간, 기계시간, 제품검사건수 또는 시간, 제품개선시간, 작업면적 등 다양하다.

02. ④

제조원가는 직접재료원가와 전환원가(직접노무원가와 제조간접원가)의 합으로 구성된다.

03. ①

단위당 변동원가는 관련범위 내에서 생산량의 수준에 관계없이 항상 일정하다.

04. ④

조업도의 변동에 따른 원가행태(cost behavior)에 근거하여 변동원가와 고정원가로 분류한다.

05. ④

조업도가 증가함에 따라 단위당 변동원가는 일정하고 단위당 고정원가는 감소한다.

06. ①

제조기계 감가상각비는 고정원가에 해당한다.

07. ③

단위당 원가가 일정한 행태를 나타내는 원가항목은 변동원가이다. 디자인 엔지니어 급여는 생산량과 비례관계가 없다. 디자인 엔지니어 급여는 디자인 변경횟수 등 다른 원가동인에 대해서 변동원가행태로 나타낼 수는 있다. 기계장치 감가상각비는 고정원가로서, 관련범위 내에서 생산량이 증가함에 따라 단위당 원가는 감소하는 형태를 나타낸다. 수선유지부문 원가는 수선유지장비관련 감가상각비 등 고정원가요소와 수선유지활동과 비례하여 발생하는 변동원가요소가 혼합되어 있으므로 단위당 원가는 감소하는 행태를 나타낸다.

08. ④

①은 비제조원가(판매관리비)에 해당한다.

② GAAP에 준거한 재무제표 작성목적의 재고가능원가, 즉 제품원가는 생산단계에서 발생한 원가만 포함한다. 생산이전단계의 연구 및 개발원가, 공정 및 제품 디자인원가와 생산이후단계의 마케팅, 물류 및 사후서비스원가는 재고불능원가, 즉 비제조원가로 구분한다.

③ 웹사이트의 디렉토리를 갱신하는 용역제공회사가 사용한 컴퓨터 전기료는 당기비용으로 회계처리된다.

09. ①

② 직접원가, 변동원가 ③ 간접원가, 변동원가 ④ 간접원가, 고정원가

10. ①

단위당 변동제조원가 = ₩10,000/10단위 = ₩1,000/단위

총제조원가(20단위) = ₩1,000 × 20단위 + 50,000 = ₩70,000

변동제조원가는 생산량에 비례하여 발생한다. 즉 생산량이 10단위에서 20단위로 2배가 되

면 변동제조원가 총액도 2배가 되어 ₩20,000(₩10,000×2)이 된다. 그러나 고정제조원가는 월 10단위~50단위 조업도 범위 내에서는 몇 단위를 생산하든지 관계없이 일정한 금액 ₩50,000이 발생한다.

| 주관식 문제 |

01. 원가구성도

다음 자료에 의하여 원가구성도를 완성하시오. 단, 영업이익은 총원가의 20%이고, 판매비와 관리비는 제조원가의 50%이다.

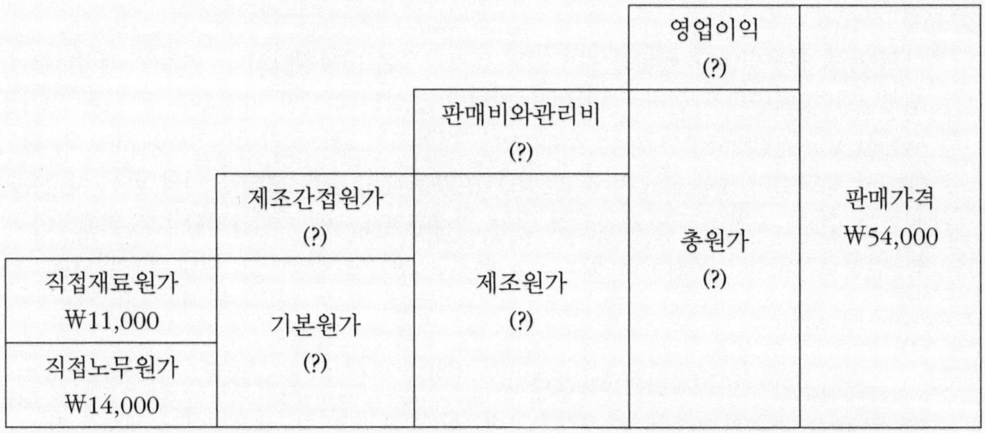

| 풀이 |

원가구성도를 완성하면 다음과 같다.

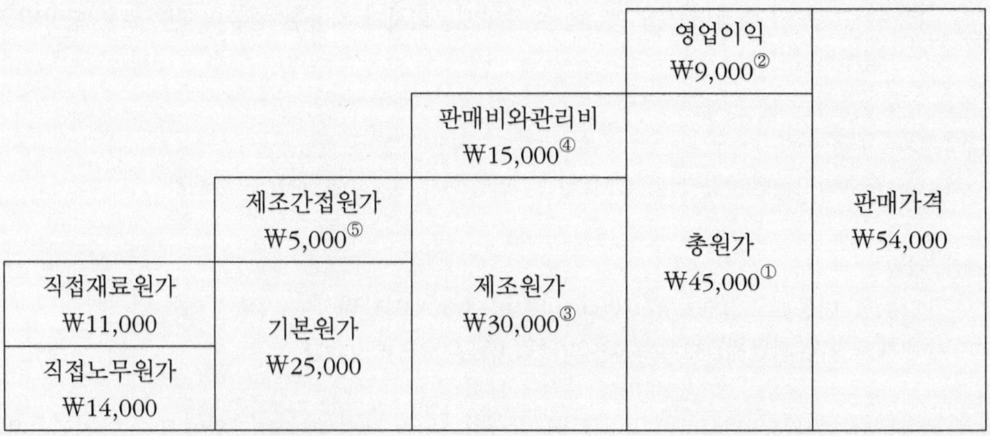

① $x+0.2x=$ ₩54,000, $x=45,000$
② ₩45,000×20%=₩9,000
③ $x+0.5x=$ ₩45,000, $x=$ ₩30,000
④ ₩30,000×50%=₩15,000
⑤ ₩30,000−25,000=₩5,000

02. 원가의 개념

다음 자료에 의하여 물음에 답하시오.

가. 직접재료원가	₩26,000
나. 소모품비(변동판매관리비)	20,000
다. 직접노무원가	30,000
라. 급여(고정판매관리비)	15,000
마. 세금과 공과(고정판매관리비)	2,000
바. 고정제조간접원가	18,000
사. 변동제조간접원가	14,000
아. 판매수수료(변동판매관리비)	10,000

| 물음 |

다음을 계산하시오.

(1) 전환원가, (2) 기본원가, (3) 재고가능원가, (4) 제조원가, (5) 변동제조원가, (6) 변동비, (7) 고정비

| 풀이 |

(1) 전환원가=직접노무원가+제조간접원가
=₩30,000+(₩14,000+18,000)=₩62,000

(2) 기본원가=직접재료원가+직접노무원가
=₩26,000+30,000=₩56,000

(3) 재고가능원가=직접재료원가+전환원가
=₩26,000+62,000=₩88,000

(4) 제조원가는 재고가능원가와 동일한 개념이므로 ₩88,000이 된다.

(5) 변동제조원가=직접재료원가+직접노무원가+변동제조간접원가
=₩26,000+30,000+14,000=₩70,000

(6) 변동비=변동제조원가+변동판매관리비
=₩70,000+(₩20,000+10,000)=₩100,000

(7) 고정비=고정제조간접원가+고정판매관리비
=₩18,000+(₩15,000+2,000)=₩35,000

03. 총원가와 단위당 원가(1)

한국학원은 유명한 대입전문 컨설턴트를 초청하여 입시전략에 관한 세미나를 개최하려고 한다. 컨설턴트에게 지급될 강사료에 대한 대안으로 다음의 세 가지를 고려하고 있다. 한국학원은 세미나 참석자들에게 1인당 ₩200을 받을 계획이다.

대안 1: ₩80,000을 지급
대안 2: ₩2,000에 참석자 1인당 ₩20을 지급
대안 3: 참석자 1인당 ₩50을 지급

| 물음 |

세미나 참석자가 (1) 50명, (2) 200명, (3) 500명일 경우에 각 대안별로 한국학원이 컨설턴트에게 지급할 강사료의 총원가와 단위당 원가를 계산하시오.

| 풀이 |

	총원가			단위당 원가		
참석자수	대안 1	대안 2	대안 3	대안 1	대안 2	대안 3
(1) 50명	₩80,000	₩3,000①	₩2,500②	₩1,600	₩60	₩50
(2) 200명	80,000	6,000	10,000	400	30	50
(3) 500명	80,000	12,000	25,000	160	24	50

① ₩2,000 + 50 × ₩20 = ₩3,000
② 50 × ₩50 = ₩2,500

참석자 1인당 ₩200을 받을 예정이므로 대안 1에 의하여 강사료를 지급한다면 500명 정도가 참석해야 손실이 발생하지 않는다.

04. 총원가와 단위당 원가(2)

(주)한국보험은 보험설계사 1명을 신규 채용하면서 다음과 같은 급여체계를 고려하고 있다.

첫 번째: ₩100,000의 고정월급
두 번째: ₩50,000의 고정월급 + 새로운 보험계약 건당 ₩10,000
세 번째: 새로운 보험계약 건당 ₩15,000

| 물음 |

만약 신규 채용될 보험설계사가 매월 평균 6건의 보험계약을 체결할 것으로 예상하는 경우, (주)한국보험은 어느 급여체계가 원가최소화 입장에서 유리한가?

| 풀이 |

급여체계	총급여
첫 번째	₩100,000
두 번째	₩50,000 + 6건 × ₩10,000 = ₩110,000
세 번째	6건 × ₩15,000 = ₩90,000

매월 체결될 보험계약이 6건이라면 회사는 세 번째 급여체계가 원가최소화 입장에서 유리하다.

05. 원가구분: 서비스기업

마케팅 리서치 대행회사인 한국갤럽은 의뢰 소비자 패널을 구성하여 제품에 대한 불만사항을 평가한다. 패널 참가자들은 회의 소집이 있을 때마다 일정한 수수료를 지급받고 있으며, 정기적으로 호텔에 모여 전문가로부터 교육을 받는다. 한국갤럽의 패널 유지와 관련된 다음의 원가항목을 직접원가/간접원가(원가대상은 패널), 변동원가/고정원가(원가동인은 패널 수)로 구분하시오.

원가항목	직접원가/간접원가	변동원가/고정원가
가. 신제품에 대한 의견수렴을 위해 각 패널에게 지급되는 수수료		
나. 패널 참가자들의 회의참석 여부를 확인하기 위한 전화 통신료		
다. 패널 회의 때 지급되는 식사		
라. 한국갤럽의 사무실 임차료		

| 풀이 |

원가항목	직접원가(D)/간접원가(I)	변동원가(V)/고정원가(F)
가	D	V
나	D	V①
다	D	V
라	I	F

① 전화 통신료가 월기준으로 일정하게 부과되는 수수료 체계라면 고정원가로 분류될 수 있음.

06. 원가구분: 상기업

다음은 다양한 장난감을 판매하는 소매업체의 원가자료이다. 원가항목을 직접원가/간접원가(원가대상은 장난감), 변동원가/고정원가(원가동인은 판매량)로 구분하시오.

항목	원가항목	직접원가/간접원가	변동원가/고정원가
가	운송업체에 매년 일정하게 지급하는 수수료		
나	판매목적으로 구입한 장난감의 원가		
다	매년 1회 개최하는 장난감 쇼 행사관련 원가		
라	매장에 대한 화재보험료		

| 풀이 |

원가항목	직접원가(D)/간접원가(I)	변동원가(V)/고정원가(F)
가	I	F
나	D	V
다	I	F
라	I	F

07. 원가구분: 제조기업

(주)현대자동차 울산공장은 소나타와 그랜저 두 종류의 자동차를 각각 별개의 조립라인에서 생산하고 있다. 다음 원가항목을 직접원가/간접원가(원가대상은 조립라인), 변동원가/고정원가(원가동인은 생산량)로 구분하시오.

원가항목	직접원가/간접원가	변동원가/고정원가
가. 소나타에 투입되는 타이어		
나. (주)현대자동차 홍보 임원의 급여		
다. 그랜저 부품공급자들과의 연례회의 행사비		
라. (주)현대자동차 소나타/그랜저 디자인 엔지니어 급여		
마. 울산공장 전체에 대한 전력요금(전력요금이 생산라인별로 구분되지 않음)		
바. 울산공장 화재보험료		

| 풀이 |

원가항목	직접원가(D)/간접원가(I)	변동원가(V)/고정원가(F)
가	D	V
나	I	F
다	D	F
라	I	F
마	I	V
바	I	F

08. 원가행태(1)

다음 각 상황에 대한 원가행태를 도표로 그리시오. 단, 도표의 가로축은 원가동인(생산량 또는 조업도 등)을, 세로축은 총원가를 표시한다.

가. 일정한 사용량까지의 기본요금은 같고, 그 일정량을 초과해서 사용하는 경우에는 초과사용량에 대하여 단위당 일정률을 가산하게 되는 전력요금

나. 기계가동시간 1,000시간마다 수리공을 한 사람씩 증원하게 되는 경우 수리공에게 지급되는 급여총액

다. 일정 조업도를 초과하는 경우에만 지급되고 초과조업도 단위당 일정률로 지급되는 특별상여금

라. 윤활유의 사용량이 증가함에 따라 윤활유의 단위당 원가가 감소하게 되는 경우의 윤활유 총원가

| 풀이 |

가.

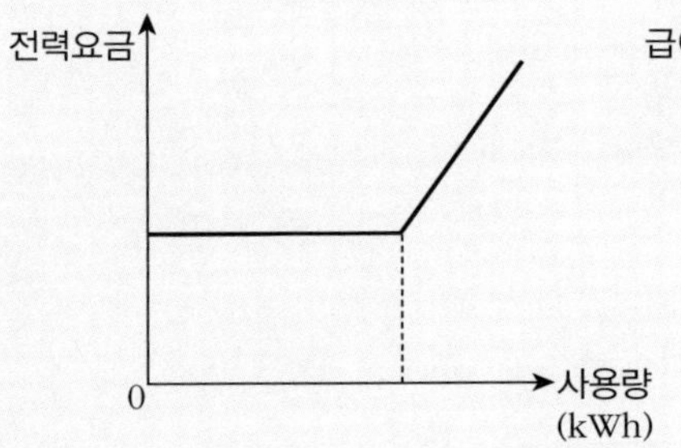

나.

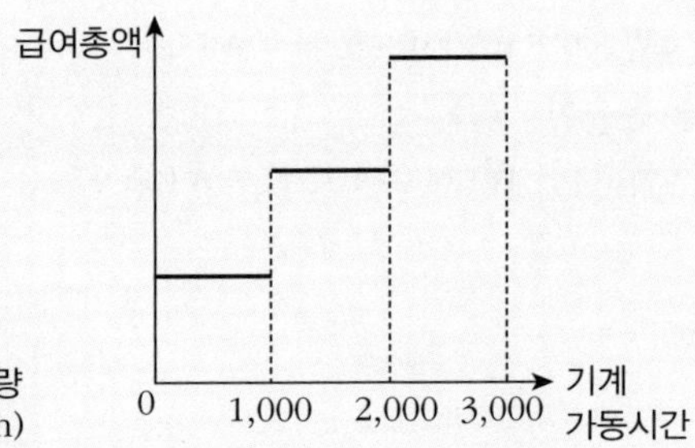

다.

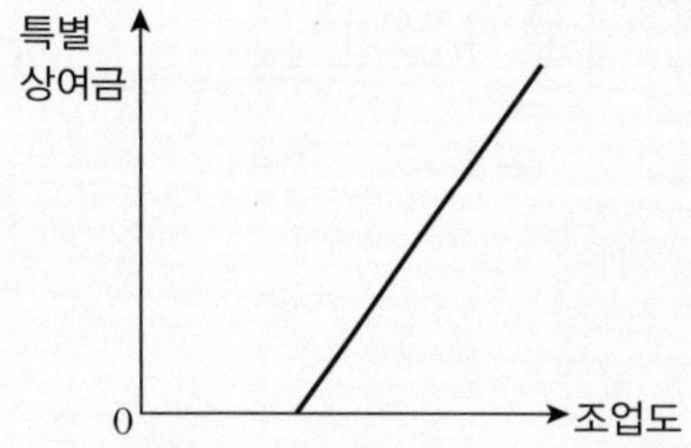

라.

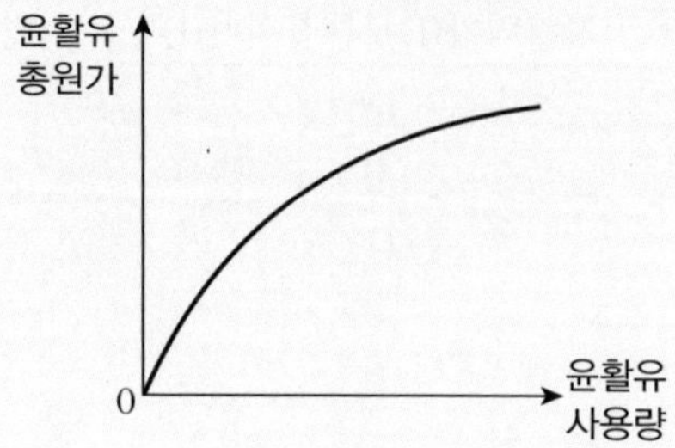

09. 원가행태(2)

한국전자는 가전제품을 생산하는 회사이다. 이 회사는 제품배송을 모두 택배회사에 의뢰하고 있다. 배송운임은 다음 두 가지 방법으로 계산된 금액의 합으로 산정된다.

가. 운송되는 제품 1톤당 ₩100의 운임
나. 제품의 총무게에 따른 요금
  10톤 이하: ₩500
  10톤 초과~20톤 이하: ₩1,000
  20톤 초과~30톤 이하: ₩1,500

| 물음 |

택배회사가 (1) 10톤을 운송한 경우와 (2) 15톤을 운송한 경우 각각의 톤당 운임을 구하시오.

| 풀이 |

(1) 10톤을 운송한 경우
  (10톤×₩100+₩500)÷10톤=₩150

(2) 15톤을 운송한 경우
  (15톤×₩100+₩1,000)÷15톤=₩166.67

Part 2

원 가 회 계
Cost Accounting

외부보고목적의 원가회계

Cost Accounting

3 Chapter 제품원가계산

Cost Accounting

제1절 제품원가계산

제품원가계산(product costing)이란 제품의 단위당 원가를 산출하는 과정을 말한다.

기업은 영업활동의 유형에 따라 크게 서비스기업, 제조기업, 상기업으로 나눌 수 있다. 서비스기업은 은행, 운수회사, 방송국, 법률회사, 경영컨설팅회사 등 무형의 용역(service)을 제공하고 이익을 창출하는 기업이다.[1] 서비스기업은 무형의 용역을 제공하기 때문에 기말재고자산이 없으며,[2] 무형의 용역을 제공하기 위하여 투입된 모든 원가는 손익계산서의 비용으로 계상된다.[3]

제조기업은 자동차 · 기계 · 선박제조업, 식품가공업 등 원재료(raw materials)를 가공하여 유형의 물품인 제품(finished goods)을 생산하는 기업이다. 이익계산기간 동안에

1) 일반적으로 서비스기업이 제공하는 '용역(service)'이란 재산적 가치가 있는 모든 역무 및 기타 행위를 말한다.

2) 한국채택국제회계기준(K-IFRS)에서 사용하는 재고자산의 정의는 ① 정상적인 영업과정에서 판매를 위하여 보유 중인 자산, 즉 외부로부터 매입하여 재판매를 위해 보유하는 상품, 토지 및 기타자산과 완제품, ② 정상적인 영업과정에서 판매를 위하여 생산 중인 자산, 즉 재공품, 반제품 등과 ③ 생산이나 용역제공에 사용될 원재료나 소모품을 포함한다(기업회계기준서 제1002호 문단6, 문단8, 일반기업회계기준 문단7.3). 서비스기업도 서비스 제공과정에 투입될 원재료나 소모품을 보유하고 있다면 이를 재고자산으로 계상하여야 하나, 여기서는 서비스기업의 특징을 부각시키기 위하여 재고자산이 없다고 언급한 것이다.

3) 제2장에서 공부한 원가와 비용의 개념을 상기하기 바란다.

완성된 제품은 판매되어 매출원가가 되거나 판매되지 않은 채로 창고에 남아 있을 수 있으므로, 제조기업의 재무제표를 작성하기 위해서는 제품생산에 소비된 원가를 매출원가와 기말제품원가로 배분하여야 한다. 매출원가나 기말제품원가는 판매된 수량이나 기말재고수량에 단위당 원가를 곱하여 산출되므로, 매출원가와 기말제품원가를 평가하기 위해서 단위당 원가의 산정이 필요하다. 또한, 제조기업에서는 기말에 미완성된 채로 남아 있는 제품인 재공품(work in process)의 가치를 평가해야 한다. 예를 들어, 현대자동차의 소나타 생산공정에서는 샤시(chassis), 엔진, 트랜스미션 등의 원재료가 공정에 투입되어 가공과정을 거치게 되는데, 기말에 완성되지 아니한 상태의 소나타가 있을 수 있다. 바로 이 미완성 소나타에 투입된 원가가 재공품이다. 결국, 제조기업에서는 재무제표를 작성하기 위해서 매출원가, 기말재공품, 기말제품을 평가하여야 한다.

요컨대, 서비스기업은 기말재고자산이 없으나 제조기업은 서비스기업과 달리 원재료, 재공품, 제품 등의 재고자산이 존재하며, 외부보고 목적의 재무제표 작성을 위하여 적절한 평가가 이루어져야 한다.

도표 3-1 | 제조기업의 재고자산

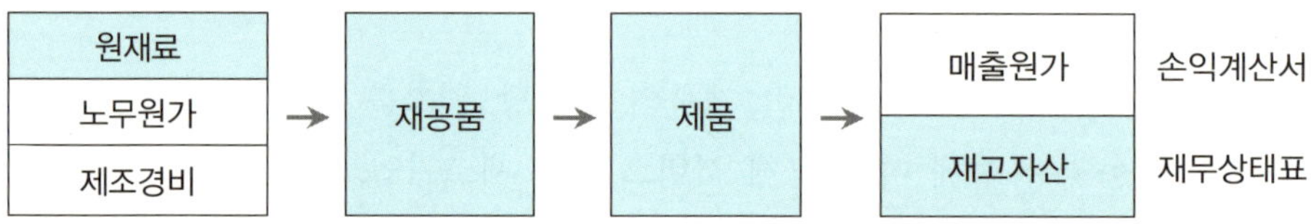

상기업은 백화점, 할인점, 서점 등 외부 공급업자로부터 구매한 물품인 상품(merchandise)을 판매하는 기업이다. 이익계산기간 동안에 구매한 상품은 판매되어 매출원가가 되거나, 판매되지 않은 채로 창고에 남아 있을 수 있다. 상기업의 재무제표를 작성하기 위해서는 상품의 원가를 매출원가와 기말상품원가로 배분해야 한다. 상품은 구입가격이 있기 때문에 원가흐름가정(개별법, 선입선출법, 가중평균법 등)에 따라 단위당 원가를 산정하게 된다.

우리가 앞으로 공부할 내용은 주로 제조기업의 재무제표를 작성하기 위한 재고자산평가와 매출원가계산에 관한 것이다.

도표 3-2 | 재고자산의 종류

구분	서비스기업	제조기업	상기업
재고자산	–	원재료 재공품 제품	상품

제2절 원가의 흐름과 집계

제조기업의 원가계산은 3단계로 나누어 살펴볼 수 있다.

제1단계는 제품생산에 소비된 제조원가를 재료원가, 노무원가, 제조경비의 원가요소별로 집계하고, 각각의 원가를 제품에 대한 직접원가와 간접원가로 구분하는 것이다. 다음으로, 간접원가(간접재료원가, 간접노무원가, 제조경비)를 배부기준에 따라 제품에 할당하기 위하여 공장전체 또는 발생장소인 부문별로 집계한다. 원가계산의 마지막 단계는 제품에 직접 부과된 직접원가와 일정한 배부기준에 의하여 할당된 제조간접원가를 더하여 제품별로 투입된 원가를 계산하는 것이다.

도표 3-3 | 원가계산 단계

(제1단계) → (제2단계) → (제3단계)

요소별 원가의 집계	
재료원가	직접재료원가
	간접재료원가
노무원가	직접노무원가
	간접노무원가
제조경비	

제조간접원가 배부
간접재료원가
간접노무원가
제조경비

제품별 원가계산
A제품 (직접원가 + 간접원가배부액)
B제품 (직접원가 + 간접원가배부액)

본장에서는 요소별 원가의 집계에 대하여 살펴보고, 제조간접원가의 배부는 제4장과 제5장에서, 제품별 원가계산은 제6장에서 공부하기로 한다.

1. 재료원가

재료의 매입원가는 매입가격에 수입관세와 제세금(과세당국으로부터 추후 환급받을 수 있는 금액은 제외), 매입운임, 하역료 그리고 원재료의 취득과정에 직접 관련된 기타 원가를 가산한 금액이다. 매입할인, 리베이트 및 기타 유사한 항목은 매입원가를 결정할 때 차감한다.[4)]

(1) 재료원가의 구분

재료원가는 제품생산에 투입된 원재료 소비액을 말하며, 생산에 참여하는 정도에 따라 주요재료원가, 보조재료원가, 부품원가 등으로 구분되기도 한다. 이들의 차이점을 요약하면 [도표 3-4]와 같다.

도표 3-4 ▌재료원가의 구분

구분	의의	사례
주요재료원가	제품의 주요 부분을 구성하는 원재료	자동차회사의 엔진이나 트랜스미션, 제빵회사의 밀가루, 철제회사의 철판 등
보조재료원가	제조과정에서 보조적으로 소비되는 원재료	자동차회사의 도장용 페인트, 제빵회사의 설탕, 철제회사의 용접봉 등
부품원가	외부에서 구입하여 제품에 부착되는 재료	자동차회사의 타이어나 전구, 기계제조회사의 모터 등 각종 부속품

(2) 재료의 매입과 출고절차

1) 재료의 구매청구와 주문

창고의 원재료 관리자는 생산계획에 차질이 없도록 항상 적정한 재고를 유지하고 재고부족이 예상되면 '구매의뢰서'를 작성하여 구매부에 매입을 의뢰한다. 구매의뢰서에는 필요한 원재료의 품명, 규격, 수량, 납기 등이 기재되어야 하며, 2부를 작성하여 1부는 구매부에 보내고 다른 1부는 창고에서 보관한다.

구매부는 창고에서 받은 구매의뢰서에 근거하여 거래처를 확보하고 구매계약 체결과

4) K-IFRS 기업회계기준서 제1002호 문단11, 일반기업회계기준 문단7.6

동시에 '주문서'를 발송한다. 주문서는 보통 4부를 작성하여 거래처, 창고, 검수부에 각각 1부씩 보내고 나머지 1부는 구매부에서 보관한다.

2) 재료의 입고와 검수

거래처로부터 주문한 원재료가 도착하면 먼저 검수부는 주문서와 물품을 대조한 후 이상이 없으면 창고로 물품을 인도하고 '검수보고서'를 4부 작성한다. 이 중 1부는 보관하고 나머지는 구매부와 창고, 경리부에 각각 1부씩 보낸다. 창고에서는 검수보고서와 당초에 작성한 구매의뢰서의 내용을 확인하여 원재료를 입고시킨 후 재료원장에 입고된 내역을 기재한다. 재료원장은 재료의 종류별 또는 규격별로 그 증감을 기록하기 위한 보조장부이다. 창고에서는 재료원장을 비치하고 입출고 내역을 계속 기록하여 재고를 수시로 파악한다. 재료원장을 예시하면 [도표 3-5]와 같다.

도표 3-5 | 재료원장

<table>
<tr><td colspan="2">품명</td><td colspan="3"></td><td colspan="3">보관장소</td><td colspan="3"></td></tr>
<tr><td colspan="2">원재료번호</td><td colspan="3"></td><td colspan="3">최고(최저)보유량</td><td colspan="3"></td></tr>
<tr><td rowspan="2">일자</td><td rowspan="2">적요</td><td colspan="3">입고</td><td colspan="3">출고</td><td colspan="3">재고</td></tr>
<tr><td>수량</td><td>단가</td><td>금액</td><td>수량</td><td>단가</td><td>금액</td><td>수량</td><td>단가</td><td>금액</td></tr>
<tr><td></td><td></td><td></td><td></td><td></td><td></td><td></td><td></td><td></td><td></td><td></td></tr>
<tr><td></td><td></td><td></td><td></td><td></td><td></td><td></td><td></td><td></td><td></td><td></td></tr>
</table>

구매부는 검수부로부터 넘겨받은 검수보고서와 보관 중인 주문서 및 구매의뢰서를 대조한 후 상호 일치하면 검수보고서를 토대로 재료매입장에 기록한다. 재료매입장은 재료의 매입거래만을 기록하는 보조장부이다. [도표 3-6]은 재료를 종류별로 기록한 재료매입장을 예시한 것이다.

도표 3-6 | 재료매입장

<table>
<tr><td colspan="5">적요</td><td colspan="3">차변</td><td colspan="2">대변</td></tr>
<tr><td>일자</td><td>전표번호</td><td>매입처</td><td>내용</td><td>원면</td><td>주요재료</td><td>보조재료</td><td>부품</td><td>매입채무</td><td>현금 등</td></tr>
<tr><td></td><td></td><td></td><td></td><td></td><td></td><td></td><td></td><td></td><td></td></tr>
<tr><td></td><td></td><td></td><td></td><td></td><td></td><td></td><td></td><td></td><td></td></tr>
</table>

재료매입장은 매월 말에 마감하여 경리부에 보고되며, 경리부에서는 총계정원장의 해당 계정에 그 합계를 전기한다.[5)] 원재료 매입과 관련된 회계처리를 예시하면 다음과 같다.

차변		대변	
주요재료	×××	매입채무	×××
보조재료	×××	현금 등	×××
부　품	×××		

한편, 경리부는 검수부에서 보내온 검수보고서와 거래처에서 보내온 세금계산서, 대금청구서 등을 기초로 매입채무를 확인한 후 대금을 지급한다.

3) 재료의 출고

작업현장에서 재료가 필요하면 '출고청구서' 또는 '출고전표'를 작성하여 창고에 재료의 출고를 청구한다. 출고청구서는 보통 3부가 작성되는데, 1부는 보관하고 나머지는 창고와 경리부에 1부씩 보낸다. 창고 담당자는 출고청구서에 의하여 재료를 반출하고 그 내용을 재료원장에 기록한다. 출고청구서를 작성하는 목적은 재료의 부적절한 출고를 방지하는 것 외에도 재료원장, 원가계산 등에 필요한 기초자료를 얻기 위한 것이다.

도표 3-7 | 출고청구서

<table>
<tr><td>작업지시서번호</td><td colspan="2"></td><td>청구서번호</td><td></td></tr>
<tr><td>작업현장(부문)</td><td colspan="2"></td><td>작성자</td><td></td></tr>
<tr><td>품명</td><td>적요</td><td>수량</td><td>단가</td><td>금액</td></tr>
<tr><td></td><td></td><td></td><td></td><td></td></tr>
<tr><td></td><td></td><td></td><td></td><td></td></tr>
<tr><td colspan="3">일자</td><td colspan="2">경리과 (인)</td></tr>
<tr><td colspan="3">창고담당자 (인)</td><td colspan="2">원가계산담당자 (인)</td></tr>
</table>

지금까지 살펴본 재료의 입고 및 출고 절차를 도시하면 [도표 3-8]과 같다.

5) 마감 주기는 거래량 등 기업의 사정에 따라 월, 주, 일 단위로 할 수 있다.

도표 3-8 | 원재료의 입고 및 출고 절차

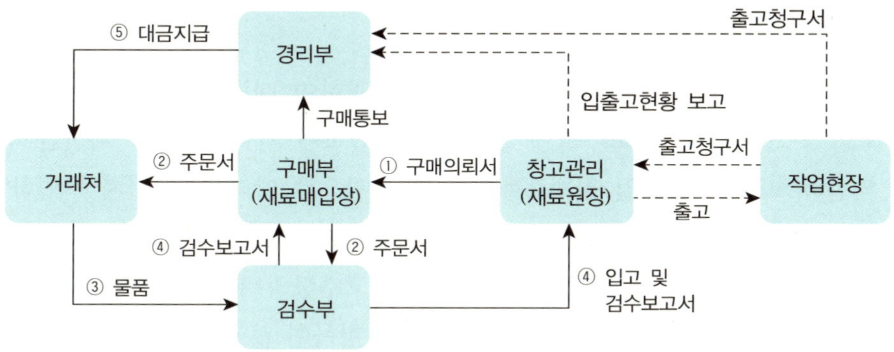

(3) 재료원가의 계산

재료원가는 생산에 투입된 원재료 소비량에 재료가격(단가)을 곱하여 산출한다.

재료원가 = 재료소비량 × 재료가격

재료소비량은 계속기록법이나 실지재고조사법에 의하여 파악한다. 계속기록법(perpetual inventory method)은 재료가 입·출고될 때마다 재료원장에 입·출고수량과 재고수량을 계속 기록해 나가는 방법으로 장부상으로 언제든지 재고수량을 파악할 수 있는 장점이 있다.

재료재고수량 = 기초재고수량 + 입고수량 − 출고수량

실지재고조사법(periodic inventory method)은 재료가 입·출고될 때 재료원장에 입고수량만 기록하고, 출고수량은 기말에 창고에 남아 있는 재고수량을 파악하여 역으로 계산하는 방법이다. 이 방법은 출고수량을 일일이 기록하지 않으므로 편리한 점이 있으나 기중에는 재고를 조사하지 않는 한 재료소비량을 파악할 수 없는 단점도 있다. 노량진 횟집에서 어제 팔다 남은 광어 2마리와 오늘 아침에 들어온 광어 10마리를 가지고 영업을 시작하였는데, 영업을 마치고 보니 광어가 3마리만 남아 있다고 하자. 이 경우 광어의 출고수량은 9마리로 쉽게 역산될 수 있다.

출고수량 = 기초재고수량 + 입고수량 − 기말재고수량

계속기록법인 경우에는 출고수량에 재료가격을 곱하여 재료원가를 계산하고, 실지재고조사법인 경우에는 기말재고수량에 재료가격을 곱하여 기말재고액을 계산한 후 재료원가를 역산하여야 한다. 동일 원재료를 상이한 가격으로 여러 번에 걸쳐 구입하였다면 출고수량이나 기말재고수량에 곱하여야 할 재료가격을 어느 가격으로 할 것인지가 문제가 된다. 가장 이상적인 것은 출고수량이나 기말재고수량의 실제 구입가격을 일일이 추적하여 개별적으로 대응시키는 방법이나, 원재료의 항목이 많고 입·출고가 빈번한 경우에는 적용하기가 곤란하다. 따라서, 단위원가 결정방법인 재료가격에 대한 일정한 가정을 한 후 이를 계속 적용해 나감으로써 재료원가를 계산한다.[6] 통상적으로 상호교환 가능한 대량의 재고자산의 단위원가는 선입선출법이나 가중평균법을 사용하여 결정한다.[7] 성격과 용도 면에서 유사한 재고자산에는 동일한 단위원가 결정방법을 적용하여야 하며, 성격이나 용도 면에서 차이가 있는 재고자산에는 서로 다른 단위원가 결정방법을 적용할 수 있다.[8]

1) 선입선출법(first-in first-out method: FIFO)

이 방법은 먼저 구입한(입고된) 원재료부터 출고되는 것으로 가정하여 재료가격(단가)을 결정하는 방법이다. 계속기록법일 경우에는 출고수량에 구입한 순서대로 재료가격을 적용하여 재료원가를 계산하고, 실지재고조사법에서는 기말재고수량에 가장 최근에 구입한 재료가격을 적용하여 기말재고액을 계산한 후 재료원가를 역산한다.

6) 이를 '재고자산의 원가흐름가정(cost flow assumptions)'이라고 한다.

7) 한국채택국제회계기준(K-IFRS)에서 허용하는 방법으로는 개별법, 선입선출법, 가중평균법, 소매재고법이 있다, 개별법은 통상적으로 상호교환될 수 없는 재고자산항목의 원가와 특정 프로젝트별로 생산되고 분리되는 재화 또는 용역의 원가결정에 사용된다. 소매재고법은 이익률이 유사하고 품종변화가 심한 다품종 상품을 취급하는 유통기업에서 실무적으로 다른 원가측정법을 사용할 수 없는 경우에 허용되는 원가결정방법이다. 일반기업회계기준에서는 후입선출법을 허용하고 있는 점만 제외하고 K-IFRS와 유사하다. 원가계산실무에서 후입선출법과 소매재고법을 사용하는 경우는 예외적이므로 본서에서는 다루지 않는다.

8) 한국채택국제회계기준(K-IFRS) 기업회계기준서 제1002호 문단25

예제 3-1

노량진수산은 고등어를 가공하여 고등어통조림을 생산한다. 5월 한 달 동안에 고등어의 입·출고현황은 다음과 같고, 실지재고조사 결과 5월말 현재 창고에 남아 있는 고등어는 50마리이다.

일자	적요	수량	단가	금액
5월 1일	전기이월	100마리	@₩10	₩1,000
7일	구입	200	12	2,400
22일	출고	150		
25일	구입	100	13	1,300
30일	출고	200		

| 물음 |

계속기록법과 실지재고조사법에 의한 고등어의 입·출고현황을 다음의 재료원장에 기록하고, 각각에 대해 선입선출법을 적용하여 재료원가를 계산하시오.

재료원장 - 고등어

일자	적요	입고			출고			재고		
		수량	단가	금액	수량	단가	금액	수량	단가	금액

| 해답 |

1. 계속기록법

재료원장 - 고등어

일자	적요	입고			출고			재고		
		수량	단가	금액	수량	단가	금액	수량	단가	금액
5.1	전기이월	100	₩10	₩1,000				100	₩10	₩1,000
5.7	구입	200	12	2,400				100 200	10 12	1,000 2,400

5.22	출고①				100 50	₩10 12	₩1,000 600	150	12	1,800
5.25	구입	100	13	1,300				150 100	12 13	1,800 1,300
5.30	출고				150 50	12 13	1,800 650	50	13	650
	계	400		₩4,700	350		₩4,050	50	13	₩650

① 5월 22일 출고된 150마리는 ₩10에 구입한 100마리와 ₩12에 구입한 200마리 중 50마리로 구성되어 있다고 가정하고 출고금액(재료원가)을 계산한다.

재료원장에 의하여 재료원가는 ₩4,050, 기말재고액은 ₩650이 된다.

2. 실지재고조사법

재료원장－고등어

일자	적요	입고			출고			재고		
		수량	단가	금액	수량	단가	금액	수량	단가	금액
5. 1	전기이월	100	₩10	₩1,000				100		
5. 7	구입	200	12	2,400				300		
5.22	출고				150			150		
5.25	구입	100	13	1,300				250		
5.30	출고				200			50		
	계	400		₩4,700	350		₩4,050	50		₩650

실지재고조사법에서는 재료원장에 입고내역과 출고 및 재고수량만 기록하고, 기말에 실지재고조사를 통하여 재고수량과 재고금액을 파악한다. 5월말 현재 고등어 재고수량이 50마리로 파악되었으므로 선입선출법에 의한 기말재고액은 가장 최근에 구입한 단가인 ₩13으로 평가하여 ₩650(＝50마리×₩13)이고, 재료원가는 ₩4,050(＝₩4,700－650)이 된다.

[예제 3-1]에서 보듯이 선입선출법 원가흐름가정을 적용하면 계속기록법에 의한 재료원가 및 기말재고액은 실지재고조사법에 의한 재료원가 및 기말재고액과 동일해 진다. 이는 선입선출법이 물량흐름과 동일한 원가흐름을 가정하기 때문이다.

2) 가중평균법(weighted average method)

이 방법은 입고된 원재료의 평균재료가격에 의하여 재료원가를 산정한다. 계속기록법일 경우에는 재료가 구입(입고)될 때마다 평균재료가격을 계산하여 이를 토대로 재료원가를 산정한다. 계속기록법에서는 재료가 입고될 때마다 새로운 평균재료가격을 계산하기 때문에 계속기록법에서의 가중평균법을 이동평균법(moving average method)이라고 한다.

실지재고조사법에서는 다음과 같은 평균재료가격을 계산하여 기말재고액을 평가한 후 재료원가를 역산한다. 실지재고조사법에서는 평균재료가격이 기말에 한 번만 계산되기 때문에 실지재고조사법에서의 가중평균법을 총평균법(gross average method)이라고 한다.

$$\text{평균재료가격} = \frac{\text{기초재고액} + \text{당기구입액}}{\text{기초재고수량} + \text{당기구입량}}$$

$$\text{기말재고액} = \text{기말재고수량} \times \text{평균재료가격}$$

예제 3-2

[예제 3-1]의 자료를 이용하여 다음 물음에 답하시오.

| 물음 |

계속기록법과 실지재고조사법에 의한 고등어의 입·출고현황을 다음의 재료원장에 기록하고, 각각에 대해 가중평균법을 적용하여 재료원가를 계산하시오.

재료원장 – 고등어

일자	적요	입고			출고			재고		
		수량	단가	금액	수량	단가	금액	수량	단가	금액

| 해답 |

1. 계속기록법(이동평균법)

재료원장 – 고등어

일자	적요	입고			출고			재고		
		수량	단가	금액	수량	단가	금액	수량	단가	금액
5. 1	전기이월	100	₩10	₩1,000				100	₩10	₩1,000
5. 7	구입	200	12	2,400				300	11.⅓①	3,400
5.22	출고				150	₩11.⅓	₩1,700	150	11.⅓	1,700
5.25	구입	100	13	1,300				250	12	3,000
5.30	출고				200	12	2,400	50	12	600
	계	400		₩4,700	350		₩4,100	50	12	₩600

① ₩3,400 ÷ 300 = ₩11.⅓

재료원장에 의하여 재료원가는 ₩4,100, 기말재고액은 ₩600이 된다.

2. 실지재고조사법(총평균법)

가. 평균재료가격: ₩4,700 ÷ 400 = ₩11.75

나. 기말재고액: ₩11.75 × 50마리 = ₩588(₩587.5을 반올림하였음)

다. 재료원가: ₩4,700 − 588 = ₩4,112

앞에서 살펴본 바와 같이 재료원가를 계산하기 위해서는, 첫째 재료소비량을 계속기록법으로 파악할 것인가 아니면 실지재고조사법으로 파악할 것인가를 결정하고, 둘째 단위원가 결정방법인 원가흐름가정을 선입선출법으로 할 것인지 가중평균법으로 할 것인지를 결정하여야 한다. 즉, 재료원가는 재료소비량 파악방법과 원가흐름가정이 결정되어야 비로소 산정될 수 있는 것이다.

도표 3-9 | 재료원가의 계산

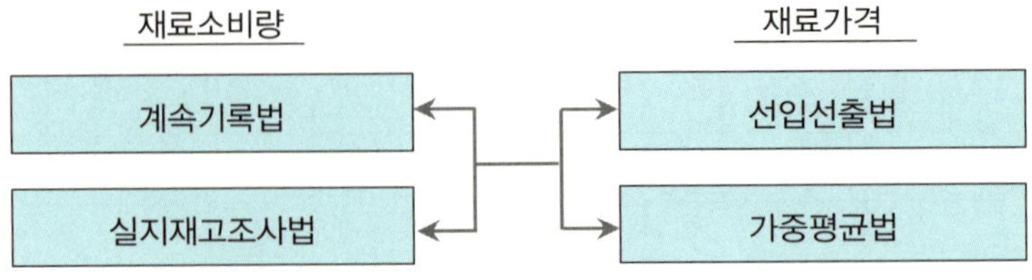

(4) 재료원가의 회계처리

원재료 종류별로 기록되는 구매부의 재료매입장과 창고의 재료원장은 총계정원장의 원재료계정에 전기된다.[9] 원가계산 담당자는 원재료계정에 집계된 원재료 입·출고 내역(수량, 금액)을 토대로 제품원가계산을 한다. 재료원장에서 파악된 재료원가는 직접원가와 간접원가로 구분되어 다음과 같이 회계처리된다.

차변		대변	
재공품(직접재료원가)	×××	주요재료	×××
간접재료원가	×××	보조재료	×××
		부　　품	×××

직접재료원가는 개별제품에 직접 부과하고 간접재료원가는 간접노무원가 및 제조경비와 함께 제품에 배부하기 위해 기말에 일괄하여 제조간접원가계정으로 대체한다. 이러한 관계를 그림으로 나타내면 [도표 3-10]과 같다.

도표 3-10 | 재료원가의 흐름

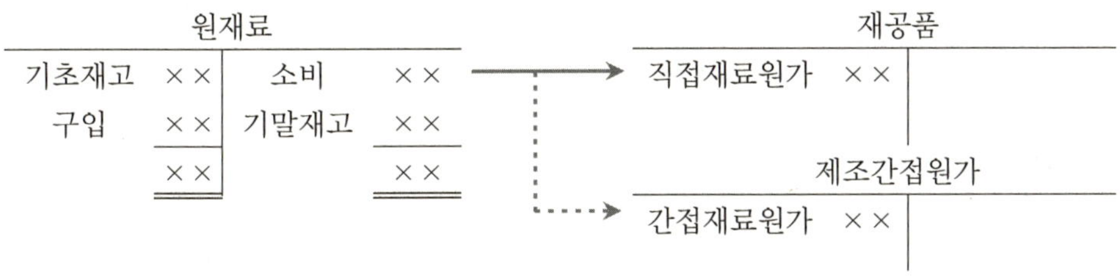

예제 3-3

다음 거래를 분개하시오.

가. 원재료 ₩300,000을 외상으로 구입하였다.

나. 원재료 ₩150,000을 작업공정으로 출고하였다. 이 중 ₩100,000은 직접재료원가로, 나머지는 간접재료원가로 소비되었다.

9) 원재료계정은 재료매입장과 재료원장의 통제계정(control account)이라 할 수 있다.

| 해답 |

차변		대변	
가. 원재료 구입			
원재료	300,000	매입채무	300,000
나. 원재료 출고			
재공품(직접재료원가) 간접재료원가	100,000 50,000	원재료	150,000

2. 노무원가

(1) 노무원가의 구분

노무원가는 제품생산에 소비된 노동력에 대한 대가로 임금 · 급여 · 잡급 · 수당 · 상여금 · 퇴직급여 등을 포함한다.[10)]

(2) 노무원가의 계산

노무원가는 지급임금과 소비임금으로 나누어 살펴보기로 한다.

1) 지급임금

지급임금은 종업원이 실제로 지급받는 임금으로 작업시간에 지급임률을 곱하여 계산된다. 작업시간은 출근표나 작업전표(time ticket)에 의하여 파악되고, 지급임률은 연령 · 성별 · 학력 · 기술 · 경험의 유무 등에 의하여 종업원 개별적으로 결정된다. 종업원 개인별로 지급된 지급임금은 임금지급장에 기록됨으로써 전체 종업원에 대한 임금지급 현황을 파악할 수 있게 된다.

10) 임금은 생산직, 급여는 사무직, 잡급은 임시직 종업원에게 지급되는 인건비이며, 수당은 정근수당 · 가족수당 · 교통수당 · 근무지수당 등 각종의 수당을 포함하고, 퇴직급여는 회사의 퇴직금지급규정이나 근로기준법에 의하여 지급하는 퇴직금을 말한다.

도표 3-11 | 출근표

성명		종업원 번호					
부문		2008. 1. 1.부터 2008. 1. 31.까지					
일자	오전		오후		초과시간		시간합계
	입	출	입	출	입	출	
정규시간	시간	시간당		원	금액__________		
초과시간	시간	시간당		원			

도표 3-12 | 임금지급장

사번	성명	기본급	할증급	합계	수당			지급 총계	공제액				차감 지급액	영수인
					×× 수당	×× 수당	계		소득세	건강 보험료	국민 연금	계		
합계		××	××	××	××	××	××	××	××	××	××	××	××	

차변		대변	
노무원가	×××	현금	×××
		소득세예수금	×××
		건강보험료예수금	×××
		국민연금예수금	×××

임금지급장은 임금지급 거래만을 기록하는 특수분개장으로 보통 월말에 마감하여 총계정원장의 노무원가계정에 전기된다.

예제 3-4

다음 자료에 의하여 노무원가에 대한 회계처리를 하시오. 당월 지급액(총액)에는 전월 미지급액이 포함되어 있다.

전월 미지급액		₩100,000
당월 지급액(총액)		400,000
당월 차감액	소득세	₩20,000
	건강보험료	40,000
	국민연금	10,000

| 해답 |

당월 지급액(총액) ₩400,000에는 전월 미지급액 ₩100,000이 포함되어 있으므로 당월의 노무원가는 ₩300,000이 된다.

차변		대변	
미지급임금	100,000	현금	330,000
노무원가	300,000	소득세예수금	20,000
		건강보험료예수금	40,000
		국민연금예수금	10,000

2) 소비임금

지급임금은 종업원에게 실제로 '지급된' 임금인데 반해, 소비임금은 제품생산을 위하여 '소비(발생)된' 임금을 말한다. 지급임금의 계산기간과 소비임금의 계산기간이 다를 경우에는 당월 임금지급액에서 전월 미지급임금을 차감하고 당월 미지급임금을 가산하여 소비임금을 계산하여야 한다.[11] 예를 들어, 5월에 지급한 임금총액이 ₩50,000인데 이 금액에는 전월 미지급임금 ₩20,000이 포함되어 있고, 5월분 임금이나 5월말까지 지급되지 아니한 금액이 ₩30,000 있다면, 5월의 소비임금은 ₩60,000(=₩50,000−20,000+30,000)이 된다. 소비임금 중 작업보고서에 의하여 특정 제품(또는 작업)에 직접 투입된 것으로 확인되는 노무원가는 직접노무원가로, 나머지는 간접노무원가로 구분된다.

직접노무원가는 개별 작업에 직접 투입된 작업시간에 소비임률을 곱하여 계산된다. 여기서, 소비임률이란 특정 부문에서 발생된 직접노무원가를 같은 기간 동안의 총작업시간으로 나눈 것으로 직접노무시간당 임금이다.

11) 임금은 보통 5일, 10일, 20일 기준으로 지급되므로 매월 원가계산을 하는 경우에는 월별로 소비된 임금을 계산하여야 한다.

$$소비임률 = \frac{특정부문에서\ 발생된\ 직접노무원가}{특정부문의\ 총작업시간}$$

소비임률이 계산되면 각 원가대상의 직접노무원가는 다음과 같이 계산된다.[12)]

각 원가대상의 직접노무원가
= 각 원가대상에 투입된 작업시간 × 소비임률

예제 3-5

다음은 한국컴퓨터의 노무원가에 관한 자료이다. 단, 노무원가는 모두 직접원가이다.

가. 6월분 미지급액	₩20,000	나. 7월의 총지급액	₩30,000
다. 7월분 미지급액	₩45,000	라. 8월분 선급액	₩5,000
마. 7월중 총작업시간	5,000시간		

| 물음 |

1. 7월의 노무원가와 소비임률을 계산하시오.
2. 7월에 생산된 제품 '엑스노트'에 투입된 작업시간이 2,000시간이라면, '엑스노트'의 직접노무원가는 얼마인가?

| 해답 |

1. 7월의 노무원가와 소비임률
   가. 노무원가
   ₩30,000 − 20,000 + 45,000 − 5,000 = ₩50,000
   나. 소비임률
   ₩50,000 ÷ 5,000시간 = ₩10
2. '엑스노트'의 직접노무원가
   ₩10 × 2,000시간 = ₩20,000

12) 지급임률은 종업원별로 정해지지만, 소비임률은 부문별·작업현장별로 계산된다. 소비임률은 부문·작업현장에서 발생된 직접노무원가를 그 부문·작업현장에서 생산된 특정제품에 부과하기 위한 것으로 일종의 평균임률의 성격을 갖는다.

직접노무원가를 파악하는데 이용되는 작업보고서에는 특정 작업에 소요된 작업시간과 소비임률이 기록된다. 작업보고서의 기본양식은 [도표 3-13]과 같다.

도표 3-13 | 작업보고서

<table>
<tr><td colspan="4">부서명</td><td colspan="3">작업보고서번호</td></tr>
<tr><td colspan="4">일자</td><td colspan="3">종업원</td></tr>
<tr><td rowspan="2">제품번호</td><td rowspan="2">작업구분</td><td colspan="2">작업시간</td><td rowspan="2">소요시간</td><td rowspan="2">소비임률</td><td rowspan="2">금액</td></tr>
<tr><td>개시</td><td>종료</td></tr>
<tr><td></td><td></td><td></td><td></td><td></td><td></td><td></td></tr>
<tr><td colspan="4">적요</td><td colspan="3">담당 (인)</td></tr>
</table>

(3) 노무원가의 회계처리

지급임금의 내용을 정리하는 곳이 임금지급장이라면, 소비임금의 내용을 정리하는 곳은 임금분개장이다. 임금분개장에는 소비임금이 직접노무원가와 간접노무원가로 구분·기록되며, 직접노무원가는 개별제품에 직접 할당하고 간접노무원가는 제조간접원가계정에 대체된다. 임금분개장은 일정한 양식이 있는 것이 아니므로 기업의 사정에 따라 적절히 설계하여 사용하면 된다. 임금분개장은 보통 월말에 마감하여 총계정원장에 전기한다.

도표 3-14 | 임금분개장

<table>
<tr><td rowspan="3">일자</td><td rowspan="3">적요</td><td colspan="2">차변</td><td colspan="5">대변</td></tr>
<tr><td rowspan="2">재공품
(직접노무원가)</td><td rowspan="2">제조간접원가</td><td colspan="5">노무원가</td></tr>
<tr><td>임금</td><td>급여</td><td>제수당</td><td>잡급</td><td>합계</td></tr>
<tr><td></td><td></td><td></td><td></td><td></td><td></td><td></td><td></td><td></td></tr>
<tr><td></td><td></td><td></td><td></td><td></td><td></td><td></td><td></td><td></td></tr>
</table>

임금분개장의 노무원가와 관련된 회계처리를 요약하면 다음과 같다.

차변		대변	
재공품(직접노무원가) 간접노무원가	××× ×××	노무원가	×××

도표 3-15 | 노무원가의 흐름

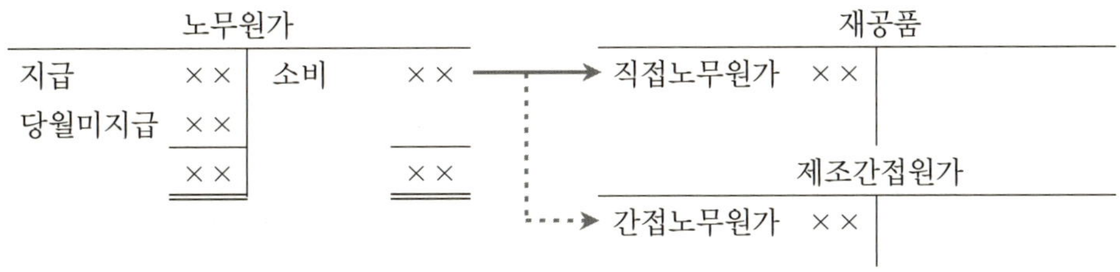

예제 3-6

다음 거래를 분개하시오.

가. 당월에 지급된 임금은 ₩1,000,000이다.

나. 전월 미지급임금은 ₩150,000이었고, 당월 말 현재 미지급임금은 ₩300,000이다.

다. 임금 소비액 중 ₩750,000은 직접원가이고, 나머지는 간접원가이다.

| 해답 |

차변		대변	
가. 노무원가 지급			
노무원가	1,000,000	현금	1,000,000
나. 미지급임금 수정			
미지급임금(전월) 노무원가	150,000 150,000	미지급임금(당월)	300,000
다. 노무원가 소비대체			
재공품(직접노무원가) 간접노무원가	750,000 400,000	노무원가	1,150,000

3. 제조경비

(1) 제조경비의 구분 및 계산

제조경비는 제품생산에 소비된 원가 중 재료원가와 노무원가를 제외한 일체의 모든 원가를 말한다. 제조경비는 특성상 간접원가로 분류되며, 측정방법에 따라 [도표 3-16]과 같이 구분되기도 한다.

도표 3-16 ▎제조경비의 구분

구분	의의	사례
월할제조경비	원가가 수개월 또는 1년 단위로 발생하기 때문에 월별로 할당하여 계산하는 제조경비	감가상각비, 보험료, 세금과공과 등
측정제조경비	소비액을 각종의 계량기에 의하여 측정할 수 있는 경비로서 보통 지급일이 사용기간보다 늦기 때문에 사용기간에 대한 검침을 통해 당해 원가의 소비액을 계산하는 제조경비	전력비, 수도요금, 가스요금 등
지급제조경비	현금지급에 의하여 확정되는 제조경비	복리후생비, 통신비, 여비교통비 등
발생제조경비	실제의 현금지급이 없이 발생되는 제조경비	각종 평가손실, 감모손실 등

지급제조경비는 실제 현금지급에 의하여 확정되는 제조경비이나 제조원가에 포함될 제조경비는 현금기준(cash basis)이 아닌 발생기준(accrual basis)에 의하여 인식하게 되므로 원가계산기간 동안의 제조경비 발생액을 계산하기 위해 다음과 같은 제조경비지급표를 이용하면 편리하다.

도표 3-17 ▎제조경비지급표

항목	당월 지급액 (현금주의)	전월		당월		당월 소비액 (발생주의)
		(−) 미지급액	(+) 선급액	(+) 미지급액	(−) 선급액	
복리후생비						
수선유지비						
…						

제조경비지급표에서 당월 소비액은 당월 지급액에 전월 선급액과 당월 미지급액은 더하고, 전월 미지급액과 당월 선급액은 차감하여 계산한다.

예제 3-7

다음의 제조경비지급표를 완성하고, 제조경비를 제조간접원가로 대체하는 분개를 하시오. 단, 당월 소비액은 모두 간접원가이다.

항목	당월 지급액	전월		당월		당월 소비액
		(−)미지급액	(+)선급액	(+)미지급액	(−)선급액	
복리후생비	₩120,000	₩30,000	−	−	₩20,000	(①)
수선유지비	80,000	−	₩10,000	−	5,000	(②)
통신비	100,000	−	15,000	₩25,000	−	(③)
여비교통비	70,000	10,000	−	20,000	−	(④)
계	₩370,000	₩40,000	₩25,000	₩45,000	₩25,000	(⑤)

| 해답 |

가. 제조경비의 당월 소비액

① 복리후생비: ₩120,000−30,000−20,000=₩70,000

② 수선유지비: ₩80,000+10,000−5,000=₩85,000

③ 통신비: ₩100,000+15,000+25,000=₩140,000

④ 여비교통비: ₩70,000−10,000+20,000=₩80,000

⑤ 제조경비 소비액합계: ₩70,000+85,000+140,000+80,000=₩375,000

나. 회계처리

차변		대변	
제조간접원가	375,000	복리후생비 수선유지비 통신비 여비교통비	70,000 85,000 140,000 80,000

(2) 제조경비의 회계처리

제조경비가 발생되면 일단 해당계정의 차변에 기록하였다가 원가계산 기말에 제조간접원가의 차변으로 대체시킨다. 제조경비와 관련된 회계처리와 원가흐름은 [도표 3-18]과 같다.

차변		대변	
제조간접원가	×××	감가상각비	×××
		복리후생비	×××
		수선유지비	×××
		통신비	×××
		…	

도표 3-18 ▌제조경비의 흐름

제조경비

전월 선급액	××	전월 미지급액	××
당월 지급액	××	당월 발생액	××
당월 미지급액	××	당월 선급액	××
	××		××

재공품

제조간접원가

제조경비	××	

예제 3-8

한국컴퓨터의 9월 중 제조경비 발생내역은 다음과 같다.

구분	감가상각비	복리후생비	수선유지비
공장	₩200,000	₩12,000	₩30,000
본사영업부	100,000	–	10,000
계	₩300,000	₩12,000	₩40,000

| 물음 |

제조경비의 발생과 대체에 관한 회계처리를 하시오. 단, 제조경비는 모두 미지급이다.

| 해답 |

제조경비 중 공장에서 발생한 금액만 제조간접원가계정으로 대체한다.

차변		대변	
가. 제조경비의 발생			
감가상각비	300,000	감가상각누계액	300,000
복리후생비	12,000	미지급비용	52,000
수선유지비	40,000		
나. 제조경비의 대체			
제조간접원가	242,000	감가상각비	200,000
		복리후생비	12,000
		수선유지비	30,000

제3절 제조기업의 결산

1. 제조간접원가

우리는 제2절에서 재료원가, 노무원가, 제조경비가 집계되는 과정을 살펴보았다. 재료원가와 노무원가는 직접원가와 간접원가로 구분하였으며 직접원가는 발생 즉시 재공품계정의 차변으로 대체하였다. 간접재료원가와 간접노무원가, 제조경비는 제조간접원가이므로 기말에 일괄하여 제조간접원가계정의 차변으로 대체한다.

차변		대변	
제조간접원가	×××	간접재료원가	×××
		간접노무원가	×××
		제조경비	×××

결국, 제조간접원가계정의 차변에는 간접재료원가, 간접노무원가, 제조경비가 집계되고 이는 다시 공정 중의 재공품(또는 제품)에 일정한 배부기준에 의하여 할당된다.

차변		대변	
재공품(A제품)	×××	제조간접원가	×××
재공품(B제품)	×××		

간접재료원가, 간접노무원가, 제조경비는 개별 작업이나 제품에 직접 추적하여 부과할 수 없기 때문에 제조간접원가라는 집합계정(cost pool)을 설정하여 집계한 후, 일정한 배부기준에 따라 제품에 할당하는 것이다. 제조간접원가의 제품별 배부에 대해서는 제4장과 제5장에서 자세히 살펴본다.

도표 3-19 | 제조간접원가의 흐름

제조간접원가

간접재료원가	××	A재공품	××
간접노무원가	××	B재공품	××
제조경비	××		
	××		××

재공품

A재공품에 배부된 제조간접원가	××	
B재공품에 배부된 제조간접원가	××	

2. 재공품

현대자동차에서 9월에 소나타 10대를 생산하기 위하여 소나타 생산공정에 ₩850,000(직접재료원가 ₩300,000, 직접노무원가 ₩150,000, 제조간접원가 ₩400,000)을 투입하였는데, 9월말 현재 8대가 완성되었고 2대는 미완성 상태이다. 이때 ₩850,000은 완성된 8대와 미완성된 2대에 적절히 배부되어 완성품원가와 기말재공품원가가 된다. 만일, 9월 초에 소나타 생산공정에 미완성된 1대(원가 ₩50,000)가 이미 있었고, 9월말 현재 완성된 차량이 8대, 미완성된 차량은 3대라고 하자. 이 경우 9월중 공정에 투입된 원가는 소나타 11대 생산분인 ₩900,000(=₩50,000+850,000)이고 이제는 ₩900,000이 완성된 8대와 미완성된 3대에 배부되어야 한다.

제조기업에서는 생산공정에 투입된 원가를 집계하여 완성품원가와 기말재공품원가로 배부하기 위한 계정이 필요한데 이것이 바로 재공품계정이다. 재공품계정의 차변에는 투입된 원가가 기록되고, 대변에는 완성품원가와 기말재공품원가가 기록된다.

재공품－통제

<table>
<tr><td colspan="2">기초재공품원가 ₩50,000</td><td rowspan="2">완성품원가 ? (8대)</td></tr>
<tr><td rowspan="3">당기총제조원가
₩850,000</td><td>직접재료원가
₩300,000</td></tr>
<tr><td>직접노무원가
₩150,000</td><td rowspan="2">기말재공품원가 ? (3대)</td></tr>
<tr><td>제조간접원가
₩400,000</td></tr>
</table>

위의 재공품계정에서 당기에 투입된 원가인 직접재료원가, 직접노무원가, 제조간접원가의 합계 ₩850,000을 당기총제조원가라고 한다.[13] 당기총제조원가는 기초재공품원가와 함께 완성품과 기말재공품에 배부된다. 완성품에 배부된 원가를 당기제품제조원가(cost of goods manufactured)라고 한다.[14]

당기총제조원가＝직접재료원가＋직접노무원가＋제조간접원가

당기제품제조원가＝기초재공품원가＋당기총제조원가－기말재공품원가

예제 3-9

한국컴퓨터의 9월중 제조원가와 관련된 자료는 다음과 같다.

가. 당기총제조원가: ₩1,200,000
나. 당기제품제조원가: ₩900,000
다. 제조간접원가: 직접노무원가의 80% 또는 당기총제조원가의 30%
라. 기초재공품: 기말재공품의 80%

13) 기초재공품은 전기에 원가가 투입되었으나 전기말 현재 미완성된 상태로 이월된 제품이기 때문에 당기에 추가적인 원가투입이 이루어져야만 완성품이 된다. 따라서, 기초재공품원가는 전기에 투입된 원가이지 당기에 투입된 원가가 아니다.

14) 당기총제조원가와 당기제품제조원가를 명확히 구분할 수 있어야 한다. 당기총제조원가는 다음과 같이 산출될 수도 있다.

당기총제조원가＝재료원가＋노무원가＋제조경비

| 물음 |

기초재공품원가와 직접노무원가는 얼마인가?

| 해답 |

재공품계정을 분석하면 쉽게 답을 얻을 수 있다.

재공품 – 통제

	기초재공품	0.8x	당기제품제조원가	900,000
당기총제조원가 ₩1,200,000	직접재료원가	390,000③		
	직접노무원가	450,000②		
	제조간접원가	360,000①	기말재공품	x
		1,200,000 + 0.8x		900,000 + x

① ₩1,200,000 × 30% = ₩360,000

② ₩360,000 ÷ 80% = ₩450,000

③ ₩1,200,000 − (₩450,000 + 360,000) = ₩390,000

가. 기초재공품원가

재공품계정의 차변합계와 대변합계는 일치해야 하므로,

₩1,200,000 + 0.8x = ₩900,000 + x

x = ₩1,500,000

따라서, 기초재공품원가는 ₩1,200,000(= ₩1,500,000 × 80%)이 된다.

나. 직접노무원가

상기 재공품계정에서 직접노무원가는 ₩450,000이다.

3. 제품

완성된 제품의 원가인 당기제품제조원가는 재공품계정의 대변에서 제품계정의 차변으로 대체된다.

차변		대변	
제품 (당기제품제조원가)	×××	재공품	×××

제품계정은 생산이 완료된 완성품의 제조원가를 기록하는 계정이다.

제품 - 통제

기초제품원가 ×××	매출원가 ×××
당기제품제조원가 (완성품원가) ×××	기말제품원가 ×××

제품계정의 차변합계(기초제품원가+당기제품제조원가)는 당기중에 판매가 가능한 제품의 원가를 나타내며, 제품이 판매되면 판매된 제품의 원가는 제품계정의 대변에서 매출원가계정의 차변으로 대체된다.

차변		대변	
매출원가	×××	제품	×××

4. 제조원가명세서

지금까지 살펴본 원가흐름 과정을 요약하면 [도표 3-20]과 같다.

도표 3-20 | 제조기업의 원가흐름

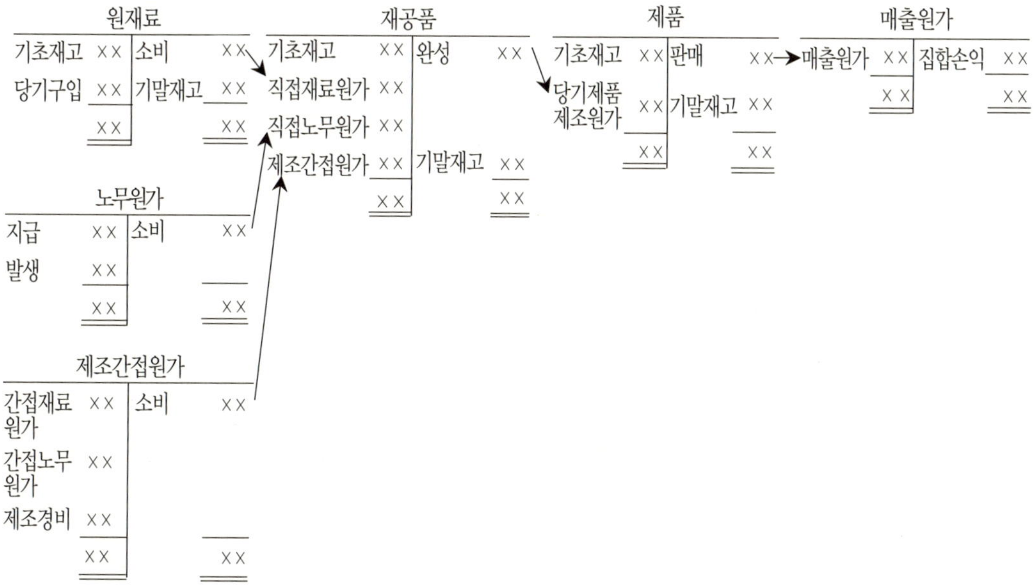

제조기업의 결산과정에는 서비스기업이나 상기업과 달리 제품원가계산을 위한 결산수정분개가 추가되며, 원가계산 분개는 앞서 살펴본 바와 같다. 제조기업에서 손익계산서를 작성하려면 사전에 제조원가명세서를 작성하여야 한다. 제조원가명세서는 제조기업의 제품생산에 투입된 원가를 상세히 밝혀주는 서류이다.

제조원가명세서는 [도표 3-21]에서 보듯이 재공품계정에서 발생한 원가의 변동사항을 요약한 표라고 할 수 있다. 제조원가명세서의 "Ⅵ. 합계"는 재공품계정의 차변합계금액을 의미하며, 이 금액에서 기말재공품원가를 차감하면 완성품원가인 당기제품제조원가가 산출된다. 당기제품제조원가는 1개월 또는 1년과 같이 특정 이익계산기간 동안에 완성된 제품의 원가를 의미한다.

도표 3-21 ▌ 제조원가명세서

제조원가명세서

20×1년 1월 1일부터 20×1년 12월 31일까지

(단위: 원)

과목	금액	
Ⅰ. 재료원가		××
1. 기초재료재고액	××	
2. 당기재료매입액	××	
계	××	
3. 기말재료재고액	(−)××	
Ⅱ. 노무원가		××
1. 급여	××	
2. 제수당	××	
3. 퇴직급여	××	
Ⅲ. 제조경비		××
1. 전력비	××	
2. 가스수도비	××	
3. 운임	××	
4. 감가상각비	××	
5. 수선비	××	
6. 소모품비	××	
…	××	
Ⅳ. 당기총제조원가		××
Ⅴ. 기초재공품원가		(+)××
Ⅵ. 합계		××
Ⅶ. 기말재공품원가		(−)××
Ⅷ. 당기제품제조원가		××

* 원가요소를 직접원가와 간접원가로 구분하는 경우에 위의 Ⅰ, Ⅱ, Ⅲ의 재료원가, 노무원가, 제조경비는 직접재료원가, 직접노무원가, 제조간접원가로 바뀐다.

제조원가명세서에서 산출된 당기제품제조원가는 손익계산서의 매출원가와 연계된다. 제조기업의 매출원가는 기초제품재고액에 당기제품제조원가를 가산하고 기말제품재고액을 차감하여 산출된다.[15)]

도표 3-22 | 손익계산서

손익계산서

20×1년 1월 1일부터 20×1년 12월 31일까지

(단위: 원)

과목	금액	
Ⅰ. 매출액		××
Ⅱ. 매출원가		(−)××
1. 기초제품재고액	××	
2. 당기제품제조원가	××	
계	××	
3. 기말제품재고액	(−)××	
Ⅲ. 매출총이익		××
Ⅳ. 판매비와관리비		(−)××
1. 급여	××	
2. 퇴직급여	××	
3. 운반비	××	
…	××	
Ⅴ. 영업이익		××

예제 3-10

다음은 한국컴퓨터의 9월 중 제조원가와 관련된 자료이다.

재고자산	기초(9월 1일)	기말(9월 30일)
원재료	₩40,000	₩30,000
재공품	200,000	225,000
제 품	520,000	340,000

15) 참고로 상기업의 상품매출원가는 기초상품재고액에 당기상품구입액을 더하고 기말상품재고액을 차감하여 계산된다.

상품매출원가 = 기초상품재고액 + 당기상품구입액 − 기말상품재고액

가. 당기의 원재료 구입액은 ₩500,000이다.

나. 당기중 매출액은 ₩1,800,000이고, 공장과 본사에서 발생한 원가자료는 다음과 같다.

구분	공장	본사
급 여	₩325,000	₩30,000
복리후생비	120,000	45,000
감가상각비	260,000	110,000
수선유지비	50,000	25,000
외주가공비	27,000	–
지급수수료	8,000	21,000

| 물음 |

주어진 자료를 근거로 1. 제조원가명세서와 2. 손익계산서를 작성하시오.

| 해답 |

1. 제조원가명세서

Ⅰ. 재료원가		₩510,000
1. 기초재료재고액	₩40,000	
2. 당기재료매입액	500,000	
계	₩540,000	
3. 기말재료재고액	(−)30,000	
Ⅱ. 노무원가		325,000
1. 급여	₩325,000	
Ⅲ. 제조경비		465,000
1. 복리후생비	₩120,000	
2. 감가상각비	260,000	
3. 수선유지비	50,000	
4. 외주가공비	27,000	
5. 지급수수료	8,000	
Ⅳ. 당기총제조원가		₩1,300,000
Ⅴ. 기초재공품원가		(+)200,000
Ⅵ. 합계		₩1,500,000
Ⅶ. 기말재공품원가		(−)225,000
Ⅷ. 당기제품제조원가		₩1,275,000

2. 손익계산서

Ⅰ. 매출액		₩1,800,000
Ⅱ. 매출원가		(－)1,455,000
1. 기초제품재고액	₩520,000	
2. 당기제품제조원가	1,275,000	
계	₩1,795,000	
3. 기말제품재고액	(－)340,000	
Ⅲ. 매출총이익		₩345,000
Ⅳ. 판매비와관리비		(－)231,000
1. 급여	₩30,000	
2. 복리후생비	45,000	
3. 감가상각비	110,000	
4. 수선유지비	25,000	
5. 지급수수료	21,000	
Ⅴ. 당기순이익①		₩114,000

① 기타수익, 기타비용, 금융수익, 금융비용 등이 없으므로 영업이익이 곧 당기순이익이 된다.

[보론] 손익계산서에 포함되는 비용의 분류[16)]

「한국채택국제회계기준」은 당기손익의 계산에 포함되는 비용을 분류 표시할 때 두 종류의 방식을 선택적으로 적용할 수 있도록 규정하고 있는데, 하나는 성격별 분류(classification by nature)이고, 다른 하나는 기능별 분류(classification by function)이다. 어느 분류방식으로 손익계산서를 작성할 것인지는 해당 기업의 역사적·산업적 요인과 기업의 성격에 따라 상이할 수 있다.

비용의 성격별 분류는 당기손익에 포함되는 비용을 그 성격별로 분류하는 것을 말한다. 예를 들면 비용을 제품및재공품재고변동, 원재료및소모품사용액, 종업원급여, 감가상각비및기타상각비, 운송비, 광고비, 유형자산손상차손, 금융원가 등으로 분류하여 표시하는 것이다.[17)] 이에 비해 비용의 기능별 분류는 비용을 구분할 때 생산 및 매입기능과 관련된 매출원가, 물류활동과 관련된 물류비, 관리활동과 관련된 관리비 등과 같이 그 기능별로 분류하는 것을 말한다.

비용의 성격별 분류방식은 비용을 그 성격별로 통합하고, 비용을 기능별 분류로 배부할 필요가 없기 때문에 적용이 간단할 수 있다. 비용의 기능별 분류방식은 적어도 매출원가를 다른 비용과 분리하여 공시하여야 하며, 성격별 분류보다 재무제표이용자에게 더욱 목적적합한 정보를 제공할 수 있지만 비용을 기능별로 배부하는데 자의적인 배부와 상당한 정도의 판단이 개입될 수 있다. 예를 들면, 감가상각비 중에서 제조활동과 관련된 부분은 매출원가로, 관리활동과 관련된 부분은 관리비로 구분하게 되는데, 이 과정에서 경영자의 자의성이 개입될 여지가 있다.

일반적으로 비용의 성격적 분류보다 기능별 분류가 기업활동의 내용을 더 잘 이해할 수 있게 하지만, 비용의 성격에 관한 정보 역시 미래현금흐름을 예측하는데 제표제표이

16) 기업회계기준서 제1001호 문단99－105

17) 제조기업의 매출원가를 성격별 분류방식으로 나타내려면 '제품및재공품재고변동＋당기제조원가'로 표시되는데, 제품및재공품재고의 감소(증가)는 당기제조원가에 가산(차감)하여 매출원가를 표시하여야 할 것이다. 즉, 당기에 생산된 수량보다 더 많은(적은) 수량의 재고가 판매되면 재고가 감소(증가)하므로 매출원가는 당기제조원가에 감소(증가)된 재고의 원가를 가산(차감)하여 표시하여야 할 것이다. 당기제조원가는 재료원가에 해당하는 원재료및소모품사용액, 노무원가에 해당하는 제조활동에 투입된 종업원급여, 그리고 제조경비에 해당하는 제조활동과 관련된 감가상각비및기타상각비 등으로 세분되므로 성격별 비용분류방식에서 매출원가는 기능별 비용분류방식에 비해 훨씬 더 복잡한 형태로 표시된다. 한편, 상기업의 매출원가를 성격별 분류방식으로 나타내려면 '매입'과 '상품재고변동'으로 표시하여야 할 것이다.

용자에게 유용한 정보이다. 따라서 「한국채택국제회계기준」은 기업이 이 두 방식 중 기능별 분류방식을 채택하는 경우에도 비용의 성격에 관한 정보를 재무제표 주석에 공시하도록 규정하고 있다.

[도표 3-23]에 성격별 분류와 기능별 분류에 따른 손익계산서를 예시하였다.[18)]

도표 3-23 | 손익계산서의 성격별 또는 기능별 비용분류

성격별 비용분류		기능별 비용분류	
손익계산서 20×1년 1월 1일부터 한국(주) 20×1년 12월 31까지 (단위: 천원)		손익계산서 20×1년 1월 1일부터 한국(주) 20×1년 12월 31까지 (단위: 천원)	
매출액	×××	매출액	×××
이자수익	×××	매출원가	(×××)
총수익	×××	매출총이익	×××
제품및재공품재고변동*	×××	판매관리비	
원재료및소모품사용액	×××	판매비(물류비 포함)	(×××)
종업원급여	×××	관리비	(×××)
감가상각비및기타상각비	×××	영업이익	×××
운송비	×××	기타수익	×××
광고비	×××	기타비용	(×××)
유형자산손상차손	×××	금융수익	×××
이자비용	×××	금융원가	(×××)
총비용	×××	법인세비용차감전순이익	×××
법인세비용차감전순이익	×××	법인세비용	(×××)
법인세비용	(×××)	당기순이익	×××
당기순이익	×××		

* 제품및재공품재고의 감소는 총비용에 가산하고, 증가는 총비용에 차감함.
괄호( )는 차감을 의미함.

18) 본 예시에서의 비용의 분류 표시는 손익계산서를 작성할 때 적용하는 기준이며, 실무에서 장부기록을 할 때에는 이보다 상세한 계정을 사용한다. 이 예시에서 볼 수 있듯이 비용의 성격별 분류방식을 사용할 경우 영업이익을 적절히 표시하기 어려울 수 있다. 우리나라에서는 손익계산서를 대부분 비용의 기능별 분류방식으로 작성하고 있는 실정이다. 본서에서는 앞으로도 특별한 언급이 없는 한 기능별 분류방식을 이용하여 손익계산서를 작성한다.

예제 3-11 상기업의 손익계산서

컴퓨터를 판매하는 한국회사의 20×1년 중 발생한 자료는 다음과 같다.

(1) 기초상품재고액 ₩40,000, 기말상품재고액 ₩50,000

(2) 당기상품매입액 ₩200,000, 당기상품매출액 ₩300,000

(3) 사무실 임차료 ₩20,000, 판매운송비 ₩10,000, 광고선전비 ₩5,000, 기부금 ₩2,000, 유형자산처분이익 ₩12,000, 차입금에 대한 이자비용 ₩6,000 법인세비용 ₩19,000

| 물음 |

위에 주어진 자료를 근거로 한국회사의 20×1년도 성격별 비용분류 손익계산서와 기능별 비용분류 손익계산서를 각각 작성하시오.

| 해답 |

손익계산서(성격별 비용분류)	
매출	₩300,000
유형자산처분이익	12,000
총수익	₩312,000
상품재고변동	10,000
매입	200,000
임차료	20,000
판매운송비	10,000
광고선전비	5,000
기부금	2,000
이자비용	6,000
총비용	233,000
법인세비용차감전순이익	79,000
법인세비용	(19,000)
당기순이익	₩60,000

손익계산서(기능별 비용분류)	
매출	₩300,000
매출원가	(190,000)
매출총이익	₩110,000
판매관리비	
판매비	(15,000)
관리비	(20,000)
영업이익	75,000
기타수익	12,000
기타비용	(2,000)
금융원가	(6,000)
법인세비용차감전순이익	79,000
법인세비용	(19,000)
당기순이익	₩60,000

예제 3-12 제조기업의 손익계산서

컴퓨터를 제조하여 판매하는 한국산업의 20×1년중 자료는 다음과 같다.

재고자산	기초	기말
원재료	₩40,000	₩30,000
재공품	200,000	225,000
제품	520,000	340,000

(1) 당기의 원재료 매입액은 ₩500,000이다.

(2) 당기 매출액은 ₩1,80,000이다.

(3) 당기중 공장과 본사에서 발생한 원가자료는 다음과 같다.

구분	공장	본사	합계
종업원급여	₩325,000	₩30,000	₩355,000
복리후생비	120,000	45,000	165,000
감가상각비	260,000	110,000	370,000
수선유지비	50,000	25,000	75,000
외주가공비	27,000	–	27,000
지급수수료	8,000	21,000	29,000

(4) 당기 법인세비용은 ₩14,000이다.

| 물음 |

위에 주어진 자료를 근거로 한국산업의 20×1년도 성격별 비용분류 손익계산서와 기능별 비용분류 손익계산서를 각각 작성하시오.

| 해답 |

1. 성격별 비용분류 손익계산서

매출		₩1,800,000
제품재고변동	₩180,000	
재공품재고변동	(−)25,000	
원재료사용액	510,000	
종업원급여	355,000	
복리후생비	165,000	
감가상각비	370,000	
수선유지비	75,000	
외주가공비	27,000	
지급수수료	29,000	

총비용	(−)1,686,000
법인세비용차감전순이익	114,000
법인세비용	(−)14,000
당기순이익	₩100,000

2. 기능별 비용분류 손익계산서

매출		₩1,800,000
매출원가*		(−)1,455,000
매출총이익		₩345,000
판매관리비		(−)231,000
1. 종업원급여	₩30,000	
2. 복리후생비	45,000	
3. 감가상각비	110,000	
4. 수선유지비	25,000	
5. 지급수수료	21,000	
법인세비용차감전순이익		114,000
법인세비용		(−)14,000
당기순이익		₩100,000

*매출원가

1. 기초제품재고액	₩520,000
2. 당기제품제조원가	1,275,000[참고]
계	₩1,795,000
3. 기말제품재고액	(−)340,000
4. 매출원가	₩1,455,000

[참고] 제조원가명세서

재료원가		₩510,000
1. 기초재료재고액	₩40,000	
2. 당기재료매입액	500,000	
계	₩540,000	
3. 기말재료재고액	(−)30,000	
노무원가		325,000
1. 종업원급여	₩325,000	
제조경비		465,000
1. 복리후생비	₩120,000	
2. 감가상각비	260,000	

3. 수선유지비	50,000	
4. 외주가공비	27,000	
5. 지급수수료	8,000	
당기총제조원가		₩1,300,000
기초재공품원가		(+)200,000
합계		₩1,500,000
기말재공품원가		(−)225,000
당기제품제조원가		₩1,275,000

연습 문제

| 객관식 문제 |

01. 제조기업에서 생산공정에 투입된 원가를 집계하여 완성품원가와 기말재공품원가로 배분하기 위한 계정은 다음 중 어느 것인가?

① 제조간접원가 ② 매출원가 ③ 제품 ④ 재공품

02. 다음 중 원가의 집계를 위한 원가흐름으로 옳은 것은?

① 직접재료원가 → 재공품 → 제품 → 매출원가
② 직접재료원가 → 재공품 → 매출원가 → 제품
③ 직접노무원가 → 제품 → 재공품 → 매출원가
④ 직접재료원가 → 제품 → 재공품 → 매출원가
⑤ 직접노무원가 → 재공품 → 매출원가 → 제품

[03~06] 나폴레옹제과점 목동점에서는 식빵과 커피빙수를 제조・판매하고 있다. 당월중 나폴레옹제과점에서 사용한 재료에 관한 자료는 다음과 같다.

품목	기초재고액	기말재고액	당기매입액
커피가루	₩10,000	₩15,000	₩90,000
얼음	12,000	8,000	58,000
밀가루	30,000	20,000	120,000
우유	9,000	7,000	81,000

커피빙수는 믹서기로 간 얼음에 우유를 적당히 넣고 커피가루를 뿌려 만든다. 식빵은 우유에 밀가루를 풀어 반죽한 후 오븐에 구워 만든다.

03. 당월중 나폴레옹제과점의 커피빙수에 소비된 직접재료원가는 얼마인가?

① ₩277,000 ② ₩147,000 ③ ₩407,000 ④ ₩230,000

04. 당월중 나폴레옹제과점의 간접재료 소비액은 얼마인가?

① ₩97,000 ② ₩81,000 ③ ₩83,000 ④ ₩79,000

05. 나폴레옹제과점 목동점에서 박태희 씨는 커피빙수만을 제조하고 있으며, 노민효 씨는 커피빙수 제조와 식빵 제조에 관여하고 있다. 나폴레옹제과점의 노무원가에 대한 전월과 당월의 개인별 자료가 다음과 같다.

구분	당월 현금 지급액	전월		당월	
		미지급액	선급액	미지급액	선급액
박태희	₩90,000	₩10,000	−	−	₩8,000
노민효	60,000	−	₩10,000	₩5,000	−

나폴레옹제과점의 당월 직접노무원가는 얼마인가?

① ₩72,000 ② ₩90,000 ③ ₩108,000 ④ ₩157,000

06. 다음은 나폴레옹제과점의 당월중 발생한 추가자료이다.

• 얼음 믹서기 감가상각비	₩50,000
• 식빵 오븐 감가상각비	100,000
• 가게임차료	200,000
(단, 커피빙수 및 식빵 제조면적은 임차면적 중 30%)	
• 빙수 및 식빵 제조관련 수도광열비	40,000
• 광고전단 인쇄비	10,000
• 얼음 믹서기 수리비	12,000
• 차입금 이자비용	30,000

나폴레옹제과점의 당월 제조경비는 얼마인가?

① ₩202,000 ② ₩262,000 ③ ₩302,000 ④ ₩402,000

07. 다음 자료에 의하여 매출원가를 계산하면 얼마인가?

기초재공품	₩50,000	직접재료원가	₩45,000	직접노무원가	₩35,000	제조간접원가	₩26,000
기말재공품	20,000	기초제품	45,000	기말제품	60,000		

① ₩136,000 ② ₩131,000 ③ ₩126,000 ④ ₩121,000

08. 매출총이익은 매출액의 30%를 설정하고 있다. 다음 자료를 이용하여 기초재공품 금액을 구하시오.

직접재료원가	₩3,500,000	직접노무원가	₩4,500,000
제조간접원가	1,800,000	기말재공품	3,000,000
기초제품	3,000,000	기말제품	4,000,000
당기매출액	12,000,000	기초재공품	?

① ₩2,400,000 ② ₩2,600,000 ③ ₩2,800,000 ④ ₩3,000,000

09. 원가자료가 다음과 같을 때 당기제품제조원가는 얼마인가?

기초재공품	₩10,000	기초원가	₩40,000
기말재공품	15,000	전환원가	50,000

제조간접원가는 직접노무원가의 1.5배만큼 비례하여 발생한다.

① ₩65,000 ② ₩70,000 ③ ₩72,000 ④ ₩75,000

| 객관식 문제 해답 및 해설 |

01. ④

제조기업에서 생산공정에 투입된 원가를 집계하여 완성품원가와 기말재공품원가로 배부하기 위한 계정은 재공품계정이다. 재공품계정의 차변에는 투입된 원가가 기록되고, 대변에는 완성품원가와 기말재공품원가가 기록된다.

02. ①

직접재료원가 ↘
직접노무원가 → 재공품 → 제품 → 매출원가
제조간접원가 ↗

03. ②

커피빙수의 직접재료원가는 커피가루와 얼음의 소비액이다.
재료원가소비액 = 기초원재료재고액 + 당기원재료매입액 − 기말원재료재고액
커피가루소비액 = ₩10,000 + 90,000 − 15,000 = ₩85,000
얼음소비액 = ₩12,000 + 58,000 − 8,000 = ₩62,000

04. ③

간접원가는 여러 원가대상에 공통적으로 발생된 원가로서 특정 원가대상에 경제적인 방법으로 직접 추적하는 것이 어려운 원가를 말한다. 우유의 경우 커피빙수 제조와 식빵 제조에 공통적으로 소비되며, 주어진 자료를 가지고는 우유가 커피빙수 제조 또는 식빵 제조에 각각 얼마만큼 소비되었는지 알기 어렵다. 따라서 우유소비액이 간접재료원가이다.

우유소비액＝₩9,000＋81,000－7,000＝₩83,000

05. ①

박태희 씨는 커피빙수만을 제조하고 있으므로 박태희 씨의 소비임금이 직접노무원가이다.

소비임금＝당월 현금지급액－전월 미지급액＋전월 선급액＋당월 미지급액－당월선급액

박태희 씨의 소비임금＝₩90,000－10,000－8,000＝₩72,000

반면, 노민효 씨는 커피빙수 제조와 식빵 제조에 모두 관여하고 있고 주어진 자료를 가지고는 노민효 씨의 소비임금이 커피빙수 제조와 식빵 제조에 각각 얼마만큼 소비되었는지 추적하는 것이 어렵다. 따라서 노민효 씨의 소비임금은 간접노무원가이다.

06. ②

제조경비는 제품생산에 소비된 원가 중 재료원가와 노무원가를 제외한 일체의 모든 원가를 말한다. 추가자료 중에서 얼음 믹서기 감가상각비 ₩50,000, 식빵 오븐 감가상각비 ₩100,000, 가게임차료 중 제조면적에 해당하는 금액 ₩60,000(₩200,000×0.3)과 빙수 및 식빵 제조관련 수도광열비 ₩40,000, 얼음 믹서기 수리비 ₩12,000이 제조경비에 해당한다.

반면 광고전단 인쇄비 ₩12,000과 차입금 이자비용 ₩30,000은 비제조원가이므로 제조경비에 해당하지 않는다.

제조경비＝₩50,000＋100,000＋60,000＋40,000＋12,000＝₩262,000

07. ④

1. 당기총제조원가＝직접재료원가＋직접노무원가＋제조간접원가
   ＝₩45,000＋35,000＋26,000＝₩106,000
2. 당기제품제조원가＝기초재공품＋당기총제조원가－기말재공품
   ＝₩50,000＋106,000－20,000＝₩136,000
3. 매출원가＝기초제품＋당기제품제조원가－기말제품
   ＝₩45,000＋136,000－60,000＝₩121,000

08. ②

재공품

기초재공품[③]	?	당기제품제조원가	₩9,400,000
직접재료원가	₩3,500,000	기말재공품	3,000,000
직접노무원가	4,500,000		
제조간접원가	1,800,000		
	₩12,400,000		₩12,400,000

제품

기초제품	₩3,000,000	매출원가[①]	₩8,400,000
당기제품제조원가[②]	9,400,000	기말제품	4,000,000
	₩12,400,000		₩12,400,000

① 매출원가＝12,000,000×(1－0.3)＝₩8,400,000

② 당기제품제조원가＝12,400,000－3,000,000＝₩9,400,000

③ 기초재공품＝12,400,000－(3,500,000＋4,500,000＋1,800,000)＝₩2,600,000

09. ①

1. 제조간접원가＝직접노무원가×1.5
＝20,000[①]×1.5＝₩30,000

① 전환원가＝직접노무원가＋제조간접원가
＝직접노무원가＋직접노무원가×1.5
＝직접노무원가×2.5＝₩50,000

∴ 직접노무원가＝₩50,000/2.5＝₩20,000

2. 당기총제조원가＝직접재료원가＋직접노무원가＋제조간접원가
＝기본원가＋제조간접원가
＝₩40,000＋30,000＝₩70,000

3. 당기제품제조원가＝기초재공품＋당기총제조원가－기말재공품
＝₩10,000＋70,000－15,000＝₩65,000

| 주관식 문제 |

01. 원가의 흐름

다음의 거래를 분개하시오.

(1) 원재료 ₩500,000을 외상으로 매입하다.

(2) 노무원가 ₩1,000,000 중에서 소득세 원천징수액 ₩48,000을 차감한 후의 잔액을 현금으로 지급하다.

(3) 전력비 ₩90,000과 수도광열비 ₩20,000을 지급하다.

(4) 원재료 ₩2,000,000(직접원가 ₩1,500,000, 간접원가 ₩500,000)을 출고하다.

(5) 노무원가 소비액 중 직접원가는 ₩600,000이고, 간접원가는 ₩400,000이다.

(6) 당기분 감가상각비 ₩800,000(이 중 ₩200,000은 판매비와관리비임)을 계상하다.
(7) 제조간접원가를 재공품계정에 대체하다.
(8) 완성품의 제조원가는 ₩4,010,000이다.
(9) 제품 ₩5,000,000을 외상으로 매출하다.
(10) 매출, 매출원가, 판매비와관리비를 집합손익계정으로 대체하다.
(11) 기초 및 기말재고 현황은 다음과 같다.

구분	원재료	재공품	제품
기초재고	₩3,000,000	₩800,000	₩1,000,000
기말재고	1,500,000	500,000	500,000

| 풀이 |

차변		대변	
(1) 원재료 매입			
원재료	500,000	매입채무	500,000
(2) 노무원가 지급			
노무원가	1,000,000	현금	952,000
		소득세예수금	48,000
(3) 제조경비 지급			
전력비	90,000	현금	110,000
수도광열비	20,000		
(4) 원재료 소비			
재공품	1,500,000	원재료	2,000,000
간접재료원가	500,000		
(5) 노무원가 소비			
재공품	600,000	노무원가	1,000,000
간접노무원가	400,000		
(6) 감가상각비 계상			
감가상각비	800,000	감가상각누계액	800,000
(7) 제조간접원가 대체			
제조간접원가	1,610,000	간접재료원가	500,000
		간접노무원가	400,000
		전력비	90,000
		수도광열비	20,000
		감가상각비	600,000
재공품	1,610,000	제조간접원가	1,610,000
(8) 완성품원가 대체			
제품	4,010,000	재공품	4,010,000

(9) 제품매출			
매출채권	5,000,000	매출	5,000,000
매출원가	4,510,000[①]	제품	4,510,000
(10) 손익대체			
집합손익	4,710,000	매출원가	4,510,000
		감가상각비(판매관리비)	200,000
매출	5,000,000	집합손익	5,000,000

① ₩1,000,000+4,010,000−500,000=₩4,510,000

02. 재료원가

한샘가구는 원목을 가공하여 주방용 가구를 생산하고 있다. 기초재고는 없었고, 5월 한 달 동안 원목의 입·출고현황은 다음과 같다. 기말재고는 장부수량과 실제수량이 동일하다.

일자	적요	수량	단가	금액
5월 5일	구입	20kg	@₩200	₩4,000
10일	출고	12		
20일	구입	10	220	2,200
30일	출고	6		

| 물음 |

원목의 입·출고현황을 재료원장에 기록하고, 다음 원가흐름가정에 따라 계속기록법과 실지재고조사법에 의한 재료원가를 계산하시오.

1. 선입선출법
2. 가중평균법

| 풀이 |

1. 선입선출법

(1) 계속기록법

재료원장 − 원목

일자	적요	입고			출고			재고		
		수량	단가	금액	수량	단가	금액	수량	단가	금액
5. 5	구입	20	₩200	₩4,000				20	₩200	₩4,000
5.10	출고				12	₩200	₩2,400	8	200	1,600
5.20	구입	10	220	2,200				8	200	1,600
								10	220	2,200
5.30	출고				6	200	1,200	2	200	400
								10	220	2,200
	계	30		₩6,200	18		₩3,600	2	200	₩400
								10	220	2,200

재료원장에 의하여 재료원가는 ₩3,600, 기말재고액은 ₩2,600이 된다.

(2) 실지재고조사법

가. 기말재고 수량: 12kg

나. 기말재고액: 10kg × ₩220 + 2kg × ₩200 = ₩2,600

다. 재료원가: ₩6,200 − 2,600 = ₩3,600

2. 평균법

(1) 계속기록법(이동평균법)

재료원장 − 원목

일자	적요	입고			출고			재고		
		수량	단가	금액	수량	단가	금액	수량	단가	금액
5. 5	구입	20	₩200	₩4,000				20	₩200	₩4,000
5.10	출고				12	₩200	₩2,400	8	200	1,600
5.20	구입	10	220	2,200				18	211*	3,800
5.30	출고				6	211	1,266	12	211	2,534
	계	30		₩6,200	18		₩3,666	12	211	₩2,534

* ₩3,800 ÷ 18 = ₩211(소수점 첫째자리에서 반올림하였음)

재료원장에 의하여 재료원가는 ₩3,666, 기말재고액은 ₩2,534이 된다.

(2) 실지재고조사법(총평균법)

가. 평균재료가격: ₩6,200 ÷ 30kg = ₩206.⅔

나. 기말재고액: ₩206.⅔ × 12kg = ₩2,480

다. 재료원가: ₩6,200 − 2,480 = ₩3,720

03. 노무원가

다음은 (주)한국의 노무원가 지급내역이다.

현금지급액	공제액	전기		당기		당기소비액
		미지급액	선급액	미지급액	선급액	
₩750,000	₩45,000	₩55,000	−	₩156,000	−	(①)
(②)	13,000	70,000	−	25,000	−	₩242,000
500,000	25,000	−	₩40,000	66,000	−	(③)
70,000	4,100	−	8,000	−	(④)	70,000
45,000	8,300	−	14,000	−	₩50,000	(⑤)
515,000	(⑥)	−	15,000	−	3,000	545,000

| 물음 |

괄호 안의 금액을 구하시오.

| 풀이 |

노무원가나 제조경비의 당기소비액은 당기지급액(현금지급액+공제액)에 전기선급액과 당기미지급액을 더하고, 전기미지급액과 당기선급액을 차감하여 계산한다.

① (₩750,000+45,000)−55,000+156,000=₩896,000

② ₩242,000−13,000+70,000−25,000=₩274,000

③ (₩500,000+25,000)+40,000+66,000=₩631,000

④ ₩70,000−70,000+4,100+8,000=₩12,100

⑤ (₩45,000+8,300)+14,000−50,000=₩17,300

⑥ ₩545,000−515,000−15,000+3,000=₩18,000

04. 제조원가명세서

다음은 한국컴퓨터의 당기 생산활동과 관련된 자료이다.

(1) 원재료
　기초재고액 ₩400,000, 당기매입액 ₩1,800,000, 기말재고액 ₩300,000

(2) 노무원가
　기본급 ₩2,000,000, 제수당 ₩1,000,000

(3) 제조경비
　전력비 ₩200,000, 보험료 ₩80,000, 수선비 ₩10,000,
　임차료 ₩60,000, 감가상각비 ₩150,000

(4) 재공품
　기초재고액 ₩90,000, 기말재고액 ₩100,000

| 물음 |

제조원가명세서를 작성하시오.

| 풀이 |

제조원가명세서

Ⅰ. 재료원가		₩1,900,000
1. 기초재료재고액	₩400,000	
2. 당기재료매입액	1,800,000	
계	₩2,200,000	
3. 기말재료재고액	(−)300,000	

Ⅱ. 노무원가		3,000,000
1. 기본급	₩2,000,000	
2. 제수당	1,000,000	
Ⅲ. 제조경비		500,000
1. 전력비	₩200,000	
2. 보험료	80,000	
3. 수선비	10,000	
4. 임차료	60,000	
5. 감가상각비	150,000	
Ⅳ. 당기총제조원가		₩5,400,000
Ⅴ. 기초재공품원가		(+)90,000
Ⅵ. 합계		₩5,490,000
Ⅶ. 기말재공품원가		(−)100,000
Ⅷ. 당기제품제조원가		₩5,390,000

* 문제의 자료에 원가요소가 재료원가, 노무원가, 제조경비로 주어져 있다.

05. 제조원가명세서와 손익계산서

다음 자료에 의하여 제조원가명세서와 손익계산서를 작성하시오.

(1) 원재료

기초재고액 ₩10,000, 당기매입액 ₩90,000, 기말재고액 ₩30,000

(2) 급여와임금

당기발생액 ₩70,000(이 중 ₩30,000은 영업부 직원에 대한 것이다)

(3) 제조경비

항목	당기지급액	당기미지급액	당기선급액
감가상각비	₩150,000	−	−
세금과공과	30,000	₩20,000	−
보험료	20,000	−	₩2,000
통신비	60,000	10,000	−

감가상각비는 당기발생액이며, 40%는 영업부 건물에 해당한다.

(4) 재공품 및 제품내역

구분	재공품	제품
기초재고	₩5,000	₩20,000
기말재고	10,000	45,000

(5) 당기매출액은 ₩413,000이다.

| 풀이 |

(1) 제조원가명세서

Ⅰ. 재료원가		₩70,000
1. 기초재료재고액	₩10,000	
2. 당기재료매입액	90,000	
계	₩100,000	
3. 기말재료재고액	(−)30,000	
Ⅱ. 노무원가		40,000
1. 급여와임금	₩40,000	
Ⅲ. 제조경비		228,000
1. 감가상각비	₩90,000①	
2. 세금과공과	50,000②	
3. 보험료	18,000③	
4. 통신비	70,000④	
Ⅳ. 당기총제조원가		₩338,000
Ⅴ. 기초재공품원가		(+)5,000
Ⅵ. 합계		₩343,000
Ⅶ. 기말재공품원가		(−)10,000
Ⅷ. 당기제품제조원가		₩333,000

① ₩150,000×0.6=₩90,000
② ₩30,000+20,000=₩50,000
③ ₩20,000−2,000=₩18,000
④ ₩60,000+10,000=₩70,000

(2) 손익계산서

Ⅰ. 매출액		₩413,000
Ⅱ. 매출원가		308,000
1. 기초제품재고액	₩20,000	
2. 당기제품제조원가	333,000	
계	₩353,000	
3. 기말제품재고액	(−)45,000	
Ⅲ. 매출총이익		₩105,000
Ⅳ. 판매비와관리비		90,000
1. 급여와임금	₩30,000	
2. 감가상각비	60,000	
Ⅴ. 당기순이익①		₩15,000

① 기타수익, 기타비용, 금융수익, 금융원가 등이 없으므로 영업이익이 곧 당기순이익이 된다.

06. 손익계산서

다음은 (주)대한의 20×1년 3월의 잘못된 손익계산서이다.

매출액		₩450,000
원가 및 비용	간접노무원가	₩12,000
	소모품비	15,000
	직접노무원가	90,000
	감가상각비(공장설비)	21,000
	직접재료 매입	159,000
	감가상각비(판매장비)	18,000
	보험료	50,000
	임차료	75,000
	당기순이익	₩10,000

(1) 소모품비의 60%와 보험료의 75%는 제조와 관련된 비용이고, 나머지는 판매 및 일반관리에 관련된 비용이다.

(2) 임차료의 80%는 공장설비에 대한 것이다.

(3) 기초 및 기말재고 내역

구분	직접재료	재공품	제품
기초재고	₩8,000	₩16,000	₩40,000
기말재고	27,000	21,000	60,000

| 물음 |

1. 제조원가명세서를 작성하시오.
2. 매출원가는 얼마인가?
3. 손익계산서를 작성하시오.

| 풀이 |

1. 제조원가명세서

Ⅰ. 직접재료원가		₩140,000
1. 기초재고액	₩8,000	
2. 직접재료매입액	159,000	
계	₩167,000	
3. 기말재고액	(−)27,000	
Ⅱ. 직접노무원가		90,000
Ⅲ. 제조간접원가		139,500
1. 간접노무원가	₩12,000	
2. 소모품비	9,000①	
3. 감가상각비	21,000	
4. 보험료	37,500②	
5. 임차료	60,000③	
Ⅳ. 당기총제조원가		₩369,500
Ⅴ. 기초재공품원가		16,000
Ⅵ. 합계		₩385,500
Ⅶ. 기말재공품원가		(−)21,000
Ⅷ. 당기제품제조원가		₩364,500

주어진 자료에 원가요소가 직접재료원가, 직접노무원가, 제조간접원가로 구분되어 있다.

① ₩15,000×0.6=₩90,000

② ₩50,000×0.75=₩37,500

③ ₩75,000×0.8=₩60,000

2. 매출원가

기초제품재고액	₩40,000
당기제품제조원가	364,500
계	₩404,500
기말제품재고액	(−)60,000
매출원가	₩344,500

3. 손익계산서

Ⅰ. 매출액		₩450,000
Ⅱ. 매출원가		344,500
Ⅲ. 매출총이익		₩105,500
Ⅳ. 판매비와관리비		51,500
1. 소모품비	₩6,000	
2. 감가상각비	18,000	
3. 보험료	12,500	
4. 임차료	15,000	
Ⅴ. 당기순이익		₩54,000

07. 재무제표 작성(1)

다음은 정수기를 생산하는 (주)한국정수기의 20×1년 1월 1일자 재무상태표의 일부이다.

자산		부채와 자본	
현금	₩33,000	매입채무	₩210,000
매출채권	87,000	자본금	500,000
원재료	45,000	이익잉여금	235,000
재공품	69,000		
제품	95,000		
선급비용	16,000		
유형자산	1,000,000		
감가상각누계액	400,000		

20×1년중에 발생된 자료는 다음과 같았다.

(1) 원재료 ₩150,000을 외상으로 매입하였다.

(2) 제품생산에 소비된 원재료는 ₩175,000이었다.

(3) 당기 중에 발생하여 지급된 임금 및 급여는 다음과 같다.
직접노무원가 ₩216,000, 간접노무원가 ₩60,000, 판매부 및 관리부문의 급여 ₩140,000
(4) 공장관리비 ₩25,000이 발생하였다.
(5) 감가상각비로 ₩100,000을 계상하였다(이 중에서 ₩20,000은 판매부와 관리부문의 자산에 대한 것이고, ₩80,000은 공장유형자산에 대한 것이다).
(6) 선급비용은 공장유형자산에 대한 보험료이며, 이 중 ₩7,000을 당기에 비용으로 계상하였다.
(7) 기타 판매비와관리비 ₩90,000이 발생하였다.
(8) 기타 제조경비 ₩35,000이 발생하였다.
(9) 당기 중에 완성된 제품의 원가는 ₩607,000이다.
(10) 원가 ₩507,000의 제품을 ₩750,000에 외상으로 판매하였다.
(11) 매출채권 중 ₩70,000을 회수하였다.
(12) 매입채무 중 ₩200,000을 현금으로 지급하였다.

| 물음 |

20×1년의 제조원가명세서와 손익계산서를 작성하시오.

| 풀이 |

1. 제조원가명세서

Ⅰ. 재료원가		₩175,000
1. 기초재료재고액	₩45,000	
2. 당기재료매입액	150,000	
계	₩195,000	
3. 기말재료재고액	(−)20,000	
Ⅱ. 노무원가		276,000
1. 직접노무원가	₩216,000	
2. 간접노무원가	60,000	
Ⅲ. 제조경비		147,000
1. 공장관리비	₩25,000	
2. 감가상각비	80,000	
3. 보험료	7,000	
4. 기타	35,000	
Ⅳ. 당기총제조원가		₩598,000
Ⅴ. 기초재공품원가		(+)69,000
Ⅵ. 합계		₩667,000
Ⅶ. 기말재공품원가		(−)60,000①
Ⅷ. 당기제품제조원가		₩607,000

① 당기제품제조원가 ₩607,000으로부터 역산한 것임.

2. 손익계산서

Ⅰ. 매출액		₩750,000
Ⅱ. 매출원가		507,000
1. 기초제품재고액	₩95,000	
2. 당기제품제조원가	607,000	
계	₩702,000	
3. 기말제품재고액	(−)195,000①	
Ⅲ. 매출총이익		₩243,000
Ⅳ. 판매비와관리비		250,000
1. 급여	₩140,000	
2. 감가상각비	20,000	
3. 기타	90,000	
Ⅴ. 당기순손실		₩7,000

① 매출원가 ₩507,000으로부터 역산한 것임.

08. 재무제표 작성(2)

다음은 회계기간이 1월 1일부터 6월 30일까지인 한국전자의 결산자료이다.

(1) 수정전 잔액시산표

수정전 잔액시산표

차변		대변	
현금	₩240,000	매입채무	₩120,000
매출채권	750,000	차입금	400,000
제품	250,000	대손충당금	2,000
재공품	360,000	감가상각누계액-건물	130,000
원재료	970,000	감가상각누계액-기계장치	300,000
건물	450,000	자본금	2,500,000
기계장치	1,500,000	이익준비금	46,000
임금	230,000	시설확장적립금	110,000
전력비	80,000	매출	1,380,000
보험료	10,000	이자수익	3,000
급여	70,000	잡이익	9,000
여비교통비	20,000		
광고선전비	40,000		
이자비용	30,000		
합계	₩5,000,000	합계	₩5,000,000

(2) 재고자산 내역

재고자산	기초재고	기말재고
제품	₩250,000	₩275,000
원재료	170,000	190,000
재공품	360,000	423,000

(3) 감가상각(정률법)
건물: 연 10%, 기계장치: 연 20%

(4) 대손충당금 설정
회사는 기말 매출채권의 미래현금흐름의 현재가치를 ₩735,000으로 추정하였다.

(5) 제조경비 수정사항
전력비 미지급액 ₩10,000, 임금 미지급액 ₩20,000,
보험료 기간 미경과액 ₩4,000

(6) 공장과 영업부의 원가항목별 배부율은 다음과 같다.

항목	공장	영업부
감가상각비-건물, 보험료	50%	50%
감가상각비-기계장치, 전력비, 임금	100%	–
이자비용, 광고선전비	–	100%
급여	20%	80%
여비교통비	40%	60%

| 물음 |

주어진 자료에 의하여 1. 결산수정분개와 2. 원가계산분개를 하고, 3. 제조원가명세서, 4. 손익계산서, 5. 재무상태표를 작성하시오.

| 풀이 |

1. 결산수정 분개

차변		대변	
가. 감가상각			
감가상각비	136,000	감가상각누계액-건물	16,000①
		감가상각누계액-기계장치	120,000
나. 대손상각			
대손상각비	13,000	대손충당금	13,000②
다. 제조경비 수정사항			
전력비	10,000	미지급비용	30,000
임금	20,000	보험료	4,000
선급비용	4,000		

① 감가상각
건물: (₩450,000 − 130,000) × 10% × 6/12 = ₩16,000
기계장치: (₩1,500,000 − 300,000) × 20% × 6/12 = ₩120,000
② 대손충당금 기말잔액 = 손상 고려 전 매출채권 명목금액 − 매출채권 현재가치
= ₩750,000 − 735,000 = ₩15,000
결산일에 인식할 대손상각비 = 대손충당금 기말잔액 − 결산 직전 대손충당금잔액
= ₩15,000 − 2,000 = ₩13,000

2. 원가계산 분개

노무원가와 제조경비의 계산내역은 '(3) 원가항목별 배부'를 참고하기 바란다.

차변		대변	
가. 원재료 대체			
재공품	780,000	원재료	780,000①
나. 노무원가			
노무원가	264,000	임금	250,000②
		급여	14,000
다. 노무원가 대체			
재공품	264,000	노무원가	264,000
라. 제조경비			
제조경비	229,000	감가상각비	128,000③
		전력비	90,000
		보험료	3,000
		여비교통비	8,000
마. 제조경비 대체			
재공품	229,000	제조경비	229,000
바. 당기제품제조원가 대체			
제품	1,210,000	재공품	1,210,000④

① 수정전 잔액시산표의 원재료 차변잔액 ₩970,000은 기초재고액에 당기 구입액이 더해진 금액이므로, 기말재고액 ₩190,000을 차감한 ₩780,000이 당기 원재료 소비액이다.
② ₩230,000 + 20,000 = ₩250,000
③ ₩8,000 + 120,000 = ₩128,000
④ ₩360,000 + 780,000 + 264,000 + 229,000 − 423,000 = ₩1,210,000

3. 원가항목별 배부

항목	총액	공장	영업부
임금	₩250,000	₩250,000	–
급여	70,000	14,000	₩56,000
감가상각비-건물	16,000	8,000	8,000
감가상각비-기계장치	120,000	120,000	–
보험료	6,000	3,000	3,000
전력비	90,000	90,000	–
이자비용	30,000	–	30,000
광고선전비	40,000	–	40,000
여비교통비	20,000	8,000	12,000
계	₩642,000	₩493,000	₩149,000

문제에 주어진 자료 '(6)'의 비율로 공장과 영업부에 배부한 것임.

4. 제조원가명세서

I. 재료원가		₩780,000
1. 기초재료재고액	₩170,000	
2. 당기재료매입액	800,000	
계	₩970,000	
3. 기말재료재고액	(−)190,000	
Ⅱ. 노무원가		264,000
1. 임금	₩250,000	
2. 급여	14,000	
Ⅲ. 제조경비		229,000
1. 전력비	₩90,000	
2. 보험료	3,000	
3. 여비교통비	8,000	
4. 감가상각비	128,000	
Ⅳ. 당기총제조원가		₩1,273,000
Ⅴ. 기초재공품원가		(+)360,000
Ⅵ. 합계		₩1,633,000
Ⅶ. 기말재공품원가		(−)423,000
Ⅷ. 당기제품제조원가		₩1,210,000

5. 손익계산서

손익계산서는 편의상 계정식으로 작성하였다.

비용		수익	
매출원가	₩1,185,000①	매출	₩1,380,000
급여	56,000	이자수익	3,000
대손상각비	13,000	잡이익	9,000
감가상각비	8,000		
보험료	3,000		
광고선전비	40,000		
여비교통비	12,000		
이자비용	30,000		
당기순이익	45,000		
계	₩1,392,000	계	₩1,392,000

① ₩250,000 + 1,210,000 − 275,000 = ₩1,185,000

6. 재무상태표

자산		부채와 자본	
현금	₩240,000	매입채무	₩120,000
매출채권	750,000	차입금	400,000
대손충당금	(−)15,000	미지급비용	30,000
제품	275,000	자본금	2,500,000
재공품	423,000	이익준비금	46,000
원재료	190,000	시설확장적립금	110,000
선급비용	4,000	당기순이익	45,000
건물	450,000		
감가상각누계액	(−)146,000		
기계장치	1,500,000		
감가상각누계액	(−)420,000		
계	₩3,251,000	계	₩3,251,000

Chapter 4 제조간접원가의 배부

Cost Accounting

제1절 원가배부

1. 원가배부의 의의

원가배부(cost allocation)란 일정한 배부기준에 따라 공통원가를 원가대상에 대응시키는 과정을 말한다.[1] 여기서, 원가대상이란 원가가 개별적으로 집계되는 제품·부문·활동 등을 말하고, 공통원가는 여러 가지 원가대상에 공통적으로 발생된 간접원가를 의미한다. 결국, 원가배부는 일정한 배부기준에 의하여 간접원가를 제품별, 부문별, 활동별로 대응시키는 과정이라고 할 수 있다.

한국전자는 연간 감가상각비가 1억원인 조립기계를 이용하여 휴대폰과 노트북을 생산하고 있다. 이때 조립기계의 감가상각비는 휴대폰과 노트북의 공통원가가 되며 배부대상원가이다. 만일 이 공통원가를 기계작업시간에 비례하여 두 제품에 배부한다면, 기계작업시간이 배부기준이 되고 각 제품은 원가대상이 된다. 휴대폰이 조립기계 총작업시간의 60%를 이용하고 노트북이 나머지 시간을 이용하였다면, 1억원의 공통원가는 휴대폰에 6

1) 참고로, 직접원가를 원가대상에 대응시키는 과정은 원가추적(cost tracing)이라고 함(제2장 참조).

천만원, 노트북에 4천만원이 배부된다. 조립기계의 감가상각비가 제품에 배부되는 과정을 그림으로 나타내면 [도표 4-1]과 같다.

도표 4-1 | 공통원가의 배부

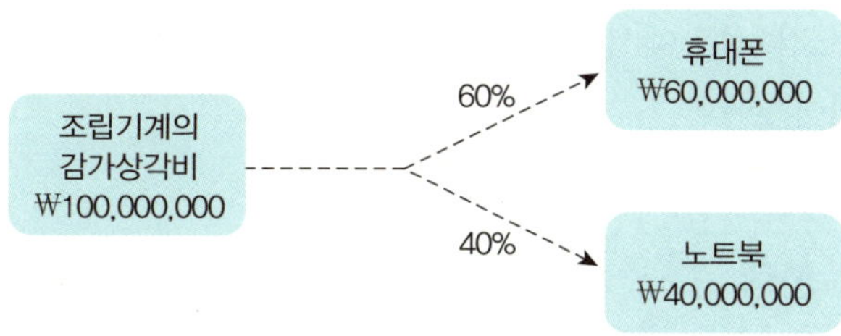

기업 내에서 이러한 원가배부의 예는 무수히 많다. 원가배부와 관련하여 우리가 앞으로 공부하게 될 내용은 다음과 같다. 보조부문원가의 배부와 결합원가의 배부는 제5장과 제9장에서 다루기로 한다.

- 제조간접원가의 배부
- 보조부문원가의 배부
- 결합원가의 배부

2. 원가배부의 목적

원가배부를 실시하는 목적은 크게 3가지로 요약될 수 있다.

첫째, 제품원가계산을 위해서 원가배부를 한다. 외부보고목적의 재무제표를 작성하기 위해서는 매출원가와 기말재고자산(재공품, 제품)의 금액을 평가해야 한다. 이는 제품원가계산과 관련된 것으로 기업회계기준에 정해진 바에 의하여 원가배부를 하게 된다.[2)]

둘째, 계획과 예산편성 등 경제적 의사결정을 합리적으로 수행하기 위하여 원가를 배부한다. 예를 들어, 제조원가에 대한 예산을 편성하고 실제원가가 예산에 일치하도록 통제하거나, 판매처에 수익성 있는 납품가격을 제시하기 위하여 원가배부를 하는 것이다.

셋째, 부문경영자에 대한 바람직한 동기부여와 성과측정을 위해 원가배부를 한다. 예

2) 제품, 반제품 및 재공품 등 재고자산의 제조원가는 보고기간말까지 제조과정에서 발생한 직접재료원가, 직접노무원가, 제조와 관련된 변동 및 고정 제조간접원가의 체계적인 배부액을 포함한다(일반기업회계기준 문단7.7, K-IFRS 기업회계기준서 제1002호 문단12).

를 들어, 영업부에 관리부의 관리공통원가 일부를 배부하고 배부된 관리공통원가가 차감된 후의 이익을 기준으로 성과를 평가한다면, 영업부에서는 공통원가의 존재를 인식하여 이를 회수하기 위해 노력할 것이다.

원가배부는 위의 3가지 목적을 모두 달성시켜 줄 수 있을 때 가장 이상적이다. 그러나 여의치 않을 경우에는 각 상황에서 가장 중요한 목적을 파악하여 그 목적에 부합할 수 있는 원가배부를 하여야 한다.

3. 원가배부기준의 선택

(1) 원가배부기준

원가배부기준이 일단 선택되면 그 기준에 맞춰 일정한 방법으로 공통원가를 배부하면 되므로 원가배부기준의 선택은 매우 중요하다. 만일 원가배부기준이 원가담당자의 임의적 판단에 의하여 선택된다면 정확한 원가배부가 이루어지지 않아 원가배부목적을 달성하지 못하게 된다. 일반적으로 이용되는 원가배부기준은 [도표 4-2]와 같다.

도표 4-2 | 원가배부기준

공통원가	배부기준
노무활동과 관련된 원가	종업원 수, 노무시간, 직접노무원가 등
기계작업과 관련된 원가	기계작업시간 등
공간과 관련된 원가	점유면적 등
서비스와 관련된 원가	서비스 사용량, 사용시간 등

(2) 배부기준의 선택

공통원가를 원가대상에 배부할 때 가장 이상적인 것은 원가와 원가대상 간의 인과관계(cause-and-effect relationship)를 고려하여 배부기준을 선택하는 것이다.

그런데 원가와 원가대상 간에 명확한 인과관계가 존재하는 원가는 직접재료원가나 직접노무원가와 같은 직접원가이다.[3] 대부분의 제조간접원가는 원가와 원가대상 간의 직

3) 예를 들어, 직접노무원가는 인과관계에 의한 배부기준인 직접노무시간에 비례하여 제품에 할당하게 된다.

접적인 인과관계를 찾기가 어렵기 때문에 다음에서 설명하는 부담능력기준이나 수혜기준에 의하여 배부기준을 선택한다.

1) 부담능력기준

부담능력기준(ability-to-bear criterion)은 각 원가대상의 원가부담능력에 비례하여 공통원가를 배부하는 것이다. 부담능력을 평가하는 지표로는 매출액이 많이 사용된다. 이 기준에 의하면 매출액이 큰 제품이나 부문일수록 많은 공통원가를 소비했을 것이라는 전제하에 매출액에 비례하여 공통원가를 배부한다.

2) 수혜기준

수혜기준(benefits-received criterion)은 각 원가대상이 공통원가로부터 제공받은 경제적 효익의 정도에 비례하여 공통원가를 배부하는 것으로 '수익자부담의 원칙'을 적용한 것이다. 여기서, 원가대상이 경제적 효익을 제공받았다고 하는 것은 공통원가의 일부를 필요로 하였다는 것을 의미한다. 예를 들어, 서로 다른 두 종류의 제품을 생산하기 위하여 특정기계의 사용을 필요로 하였다면 그 제품들은 특정기계에 의하여 효익을 제공받은 것이 되며,[4] 또한 이들 두 종류의 제품을 판매하기 위하여 광고선전비를 지출하였다면 이 두 제품은 광고선전비에 의한 효익을 제공받은 것이 된다.

예제 4-1

다음은 한국전자의 휴대폰과 호출기에 관한 자료이다. 이 회사는 두 제품의 판매를 위하여 당기에 ₩10,000의 광고비를 지출하였다.

구분	휴대폰	노트북
매출액	₩1,500,000	₩500,000
생산량	70,000개	30,000개
광고시간	40시간	10시간

| 물음 |

1. 부담능력기준에 따라 광고비를 두 제품에 배부하시오.
2. 수혜기준에 따라 광고비를 두 제품에 배부하시오.

4) 이 경우에는 기계작업시간에 비례하여 기계의 감가상각비를 각 제품에 배부할 수 있다.

| 해답 |

1. 부담능력기준: 매출액

제품	매출액	비율	광고선전비
휴대폰	₩1,500,000	75%	₩7,500
노트북	500,000	25	2,500
계	₩2,000,000	100%	₩10,000

2. 수혜기준: 광고시간

제품	광고시간	비율	광고선전비
휴대폰	40시간	80%	₩8,000
노트북	10	20	2,000
계	50시간	100%	₩10,000

제2절 제조간접원가의 배부

제1절에서는 원가배부의 기초가 되는 원가배부의 개념과 원가배부기준 등에 대하여 살펴보았다. 본 절에서는 제품원가계산 과정에서 제조간접원가가 제품에 어떻게 배부되는지를 살펴본다.

1. 원가부문

일반적으로 제조간접원가는 원가부문 단위로 집계된다. 원가부문(cost center)이란 원가의 발생을 통제하는 책임단위를 말한다. 제조기업의 공장(생산부문)에는 크게 두 가지 유형의 원가부문이 있다. 하나는 제품을 직접 생산하는 제조부문(production department)이고, 다른 하나는 제조부문이 제품생산을 원활히 할 수 있도록 용역을 제공하는 보조부문(service department)이다.[5] 한샘가구 아산공장에서는 절단공정, 조립공정, 도색공정

5) 제조부문은 직접 제조작업을 수행하는 부문을 말하며 제조활동 등에 따라 세분할 수 있다. 보조부문은 직

을 순서대로 거쳐서 주방용 가구를 생산한다. 또한, 이 공장에는 기계의 수리와 유지보수를 위한 수선부, 동력 공급을 위한 동력부, 종업원들에게 식사를 제공하기 위한 식당, 공장의 일반관리를 위한 관리부 등이 있어서 제품생산을 보조한다고 하자. 이때 주방용 가구의 생산에 직접적으로 관여하는 절단공정, 조립공정, 도색공정은 제조부문이 되고, 수선부, 동력부, 식당, 관리부 등은 보조부문이 된다.

도표 4-3 | 원가부문

원가부문 (생산부문)	제조부문	절단공정, 조립공정, 도색공정, 가공공정 등
	보조부문	수선부, 동력부, 식당, 관리부 등

보조부문의 모든 활동은 본질적으로 제조부문의 생산활동을 보조하기 위한 것이므로 보조부문에서 발생한 원가는 제품원가에 포함되어야 한다.[6]

2. 부문원가

제조부문에서 제품생산에 직접 소비된 직접재료원가와 직접노무원가는 개별제품에 직접 부과한다. 반면에, 제조부문에서 발생된 제조간접원가와 보조부문에서 발생된 원가는 모두 합하여 공장전체를 대표하는 하나의 배부기준에 의해 제품에 배부하기도 하고, 부문별로 집계하여 부문별 배부기준에 의해 제품에 배부하기도 한다. 부문원가란 제조부문이나 보조부문 각 부문별로 집계되는 제조간접원가를 말한다.

부문원가 = 제조부문원가 + 보조부문원가

부문원가를 부문별 배부기준에 의하여 제품에 배부하기 위해서는 먼저, 부문원가를 제조부문원가와 보조부문원가로 구분하고, 보조부문원가를 제조부문에 대체시킴으로써 보조부문원가가 제조부문원가에 포함되도록 한 다음, 제조부문에 최종적으로 집계된 원가

접 생산활동을 수행하지 아니하고 제조부문을 지원·보조하는 부문으로서 그 수행하는 내용에 따라 세분할 수 있다(원가계산준칙 제14조). 보조부문을 중간원가중심점(intermediate cost center)이라 하고, 제조부문을 최종원가중심점(final cost center)이라고도 한다.

6) 보조부문에서 발생한 원가는 제조부문의 제품생산과 직접적인 인과관계가 없기 때문에 제조간접원가가 된다.

를 제조부문별 작업특성을 반영하는 배부기준에 의해 각 제품에 배부한다.[7] 보조부문원가가 어떻게 제품에 배부되는지에 대한 자세한 내용은 제5장에서 다루기로 하고, 본 장에서는 보조부문이 없는 경우를 가정하여 제조간접원가의 배부과정을 살펴본다.

3. 제조간접원가의 배부방법

제조간접원가는 공장전체배부율이나 부문별배부율을 사용하여 개별제품에 배부한다.

(1) 공장전체배부율

공장전체배부율(plant-wide overhead rate)은 공장 내의 모든 제조부문과 보조부문에서 발생한 제조간접원가를 합한 금액(즉, 공장전체 제조간접원가)을 공장전체의 작업특성을 대표하는 배부기준 총계로 나누어 계산된다.[8] 일단, 공장전체배부율이 계산되면, 각 제품에 사용된 배부기준에 공장전체배부율을 곱하여 제품별로 배부되는 제조간접원가를 산정한다.

$$\text{공장전체배부율} = \frac{\text{공장전체 제조간접원가}}{\text{배부기준총계}}$$

각 제품에 배부되는 제조간접원가 = 공장전체배부율 × 각 제품의 배부기준

* 배부기준: 직접노무시간, 직접노무원가, 기계작업시간 등

공장전체배부율에 의하여 제조간접원가가 제품에 배부되는 과정을 예시하면 [도표 4-4]와 같다.

도표 4-4 | 공장전체배부율에 의한 배부

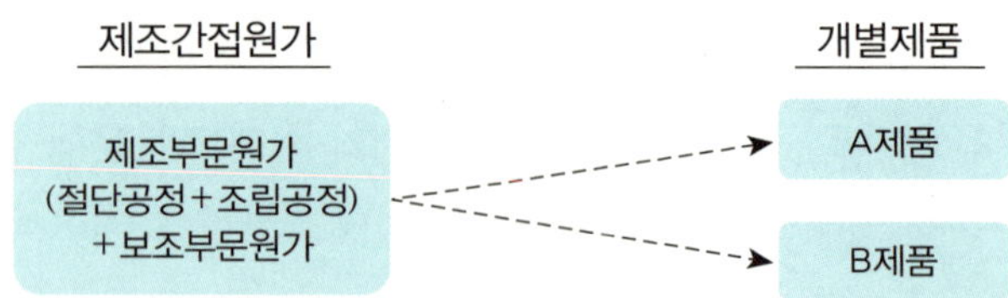

7) 이는 제조부문 자체에서 발생된 제조간접원가와 보조부문에서 제조부문으로 대체된 원가를 합한 금액이 된다.
8) 이때의 배부기준은 공장전체 제조간접원가 발생과 인과관계가 있는 것이어야 한다.

예제 4-2

한샘가구는 A, B, C 세 종류의 가구를 생산하고 있다. 당월의 원가자료는 다음과 같다.

구분	합계	A제품
직접재료원가	₩1,500,000	₩375,000
직접노무원가	2,000,000	500,000
제조간접원가	3,400,000	?
기계작업시간	5,000시간	500시간
직접노무시간	4,000시간	700시간

| 물음 |

제조간접원가 배부기준으로 1. 직접노무원가, 2. 기계작업시간, 3. 직접노무시간을 각각 사용한다고 가정하고 A제품에 배부되는 제조간접원가를 계산하시오.

| 해답 |

배부기준	제조간접원가배부율	A제품에 배부되는 제조간접원가
1. 직접노무원가	$\frac{₩3,400,000}{₩2,000,000}$ = ₩1.7	₩1.7 × ₩500,000 = ₩850,000
2. 기계작업시간	$\frac{₩3,400,000}{5,000시간}$ = ₩680	₩680 × 500시간 = ₩340,000
3. 직접노무시간	$\frac{₩3,400,000}{4,000시간}$ = ₩850	₩850 × 700시간 = ₩595,000

참고로, 배부기준에 따른 A제품의 제조원가는 다음과 같다.

	제조간접원가 배부기준		
제조원가	직접노무원가	기계작업시간	직접노무시간
직접재료원가+직접노무원가	₩875,000	₩875,000	₩875,000
제조간접원가배부액	850,000	340,000	595,000
계	₩1,725,000	₩1,215,000	₩1,470,000

예제 4-3

한샘가구 안산공장은 두 개의 제조부문(절단공정, 조립공정)을 통하여 제품을 생산하고 있다. 당월의 원가자료는 다음과 같다.

구분	절단공정	조립공정	계
제조간접원가	₩5,000,000	₩4,000,000	₩9,000,000
배부기준			
직접노무시간	4,000시간	8,000시간	12,000시간
기계작업시간	5,000시간	2,000시간	7,000시간

| 물음 |

1. 직접노무시간에 의한 공장전체배부율을 계산하시오.
2. 당월에 생산된 A제품의 기본원가는 ₩375,000이고, 직접노무시간은 300시간이다. A제품의 제조원가는 얼마인가?

| 해답 |

1. 공장전체배부율: 직접노무시간

$$\frac{₩9,000,000}{12,000\text{시간}} = ₩750$$

2. A제품의 제조원가

가. A제품에 배부되는 제조간접원가

₩750 × 300시간 = ₩225,000

나. A제품의 제조원가

기본원가	₩375,000
제조간접원가배부액	225,000
계	₩600,000

(2) 부문별배부율

부문별배부율(departmental overhead rates)은 제조부문별로 집계한 제조간접원가를 부문별 작업특성을 반영하는 배부기준으로 나누어 각 부문별로 계산된다. 예를 들어, 부문별배부율에서는 기계집약적인 제조부문에서는 기계시간을, 노동집약적인 제조부문에서는 노무시간 또는 직접노무원가를 배부기준으로 사용할 수 있다. 제조부문별로 제조간접원가를 집계하기 위해서는 우선, 부문원가를 제조부문원가와 보조부문원가로 구분하고, 보조부문원가를 제조부문에 대체시킴으로써 보조부문원가가 제조부문원가에 포함되도록 해야 한다. 만일 보조부문이 없다면 제조부문에 집계된 제조간접원가만을 제품에 배부하고, 각 제품에 배부되는 제조간접원가는 각각의 제조부문에서 배부된 원가를 합하여 계산한다.

> 각 제품에 배부되는 제조간접원가 = 제1제조부문(절단공정)에서 배부된 원가
> + 제2제조부문(조립공정)에서 배부된 원가

예제 4-4

[예제 4-3]의 자료를 이용하여 다음 물음에 답하시오.

| 물음 |

1. 절단공정은 기계작업시간, 조립공정은 직접노무시간을 기준으로 부문별배부율을 계산하시오.
2. 당월에 생산된 A제품의 기본원가는 ₩375,000이고, 절단공정 기계작업시간은 100시간이며, 조립공정 직접노무시간은 300시간이다. A제품의 제조원가는 얼마인가?

| 해답 |

1. 부문별배부율

부문	배부기준	제조간접원가배부율
절단공정	기계작업시간	$\frac{₩5,000,000}{5,000시간}$ = ₩1,000
조립공정	직접노무시간	$\frac{₩4,000,000}{8,000시간}$ = ₩500

2. A제품의 제조원가

가. A제품에 배부되는 제조간접원가

₩1,000 × 100시간 + ₩500 × 300시간 = ₩250,000

나. A제품의 제조원가

기본원가	₩375,000
제조간접원가배부액	250,000
계	₩625,000

부문별배부율에 의하여 제조간접원가가 제품에 배부되는 과정을 예시하면 [도표 4-5]와 같다.[9]

도표 4-5 | 부문별배부율에 의한 배부

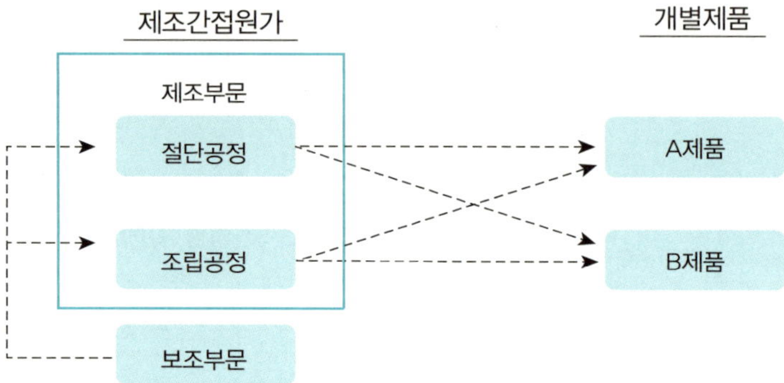

[도표 4-5]에서 제조간접원가가 제조부문별로 집계되어 제품에 배부되는 과정을 회계처리하면 다음과 같다.

차변		대변	
가. 제조간접원가의 부문별 집계			
절단공정	×××	제조간접원가	×××
조립공정	×××		
나. 제조부문원가를 제품별로 배부			
재공품(갑)	×××	절단공정	×××
재공품(을)	×××	조립공정	×××

예제 4-5

[예제 4-3]과 [예제 4-4]의 자료 및 풀이결과를 이용하시오.

| 물음 |

부문별배부율에 의하여 제조간접원가가 제품에 배부되는 과정을 회계처리하시오.

---

9) 보조부문원가를 절단공정과 조립공정에 대체하는 과정은 제5장에서 자세히 살펴본다.

| 해답 |

차변		대변	
가. 제조간접원가의 부문별 집계			
절단공정	5,000,000	제조간접원가	9,000,000
조립공정	4,000,000		
나. 제조부문원가를 제품에 배부			
재공품(A제품)	250,000	절단공정	100,000①
		조립공정	150,000②

① ₩1,000×100시간=₩100,000
② ₩500×300시간=₩150,000

공장전체배부율이 부문별배부율에 비하여 구하기 쉽고 사용하기도 간편하지만, 제조부문 간에 작업특성이 크게 다른 경우에는 부문별배부율을 사용하는 것이 적합하다.

예제 4-6

한샘가구 안산공장은 두 개의 제조부문(절단공정, 조립공정)을 통하여 제품을 생산하고 있으며, 당월의 원가자료는 다음과 같다. 절단공정은 고도로 자동화되어 있고 조립공정은 노동집약적이다.

구분	절단공정	조립공정	계
제조간접원가	₩5,000,000	₩4,000,000	₩9,000,000
직접노무시간	2,000시간	8,000시간	10,000시간
기계작업시간	5,000시간	1,000시간	6,000시간

당월 중에 착수되어 완성된 A제품과 B제품에 관한 자료는 다음과 같다.

제품	절단공정		조립공정		직접노무시간 합계
	직접노무시간	기계작업시간	직접노무시간	기계작업시간	
A	10시간	12시간	14시간	32시간	24시간
B	5시간	25시간	30시간	−	35시간

| 물음 |

1. 직접노무시간에 의한 공장전체배부율에 의하여 제조간접원가를 배부한다고 할 때, 각 제

품에 배부되는 제조간접원가를 계산하시오.

2. 절단공정은 기계작업시간, 조립공정은 직접노무시간에 의하여 제조간접원가를 배부한다고 할 때, 각 제품에 배부되는 제조간접원가를 계산하시오.

3. [물음 1]과 [물음 2]에서 계산된 제품별 제조간접원가의 차이를 계산하고 그 의미를 설명하시오.

| 해답 |

1. 공장전체배부율

가. 공장전체배부율: 직접노무시간

$$\frac{₩9,000,00}{10,000시간} = ₩900$$

나. 제조간접원가배부액

제품	제조간접원가	
A	₩21,600	(= ₩900 × 24시간)
B	31,500	(= ₩900 × 35시간)

2. 부문별배부율

가. 부문별배부율

부문	배부기준	제조간접원가배부율
절단공정	기계작업시간	$\frac{₩5,000,000}{5,000시간} = ₩1,000$
조립공정	직접노무시간	$\frac{₩4,000,000}{8,000시간} = ₩500$

나. 제조간접원가배부액

제품	제조간접원가	
A	₩19,000	(= ₩1,000 × 12시간 + ₩500 × 14시간)
B	40,000	(= ₩1,000 × 25시간 + ₩500 × 30시간)

3. 제조간접원가배부액 비교

	제조간접원가배부액		
제품	공장전체배부율(A)	부문별배부율(B)	차이(A − B)
A	₩21,600	₩19,000	₩2,600
B	31,500	40,000	(8,500)

A제품은 B제품에 비하여 절단공정에서는 직접노무시간(10시간), 조립공정에서는 기계작업시간(32시간)을 더 많이 소비한다. 반면에, B제품은 A제품에 비하여 절단공정에서는 기계작업시간(25시간), 조립공정에서는 직접노무시간(30시간)을 더 많이 소비한다. 따라서 [물음 2]에서와 같이 부문별배부기준으로 절단공정은 기계작업시간, 조립공정은 직접노무시간을 선택하게 되면, A제품에는 상대적으로 제조간접원가가 과소하게 배부된다.

4. 이분배부율에 의한 제조간접원가의 배부

제조간접원가를 변동원가와 고정원가로 구분하지 않고 통합된 하나의 배부율을 구할 수 있는데 이를 단일배부율(single rate)이라 한다.

반면에, 제조간접원가를 변동원가와 고정원가로 구분하여 각각 별도의 배부율을 계산할 수 있다. 이를 이분배부율(dual rate)이라 한다. 이분배부율에서 변동제조간접원가는 용역사용량에 따라 비례적으로 발생하므로 실제사용량을 기준으로 배부하고, 고정제조간접원가는 장기간 동안 경제적 효익을 제공하는 설비능력과 관련하여 발생하므로 장기적 평균예정사용량(또는 최대이용시간, 최대이용인력)을 기준으로 배부한다.

K-IFRS에서는 제조간접원가를 원가행태별로 변동제조간접원가와 고정제조간접원가로 나누고 배부기준을 달리 적용하도록 하고 있으며, 이는 일반기업회계기준에서도 유사하다.

변동제조간접원가는 생산설비의 실제사용(실제조업도)에 기초하여 각 생산단위에 배부한다. 고정제조간접원가는 생산설비의 정상조업도에 기초하여 각 생산단위에 배부하는데, 실제조업도가 정상조업도와 유사한 경우에는 실제조업도를 사용할 수 있다. 정상조업도는 정상적인 상황에서 상당한 기간 동안 평균적으로 달성할 수 있을 것으로 예상되는 생산량을 말한다. K-IFRS에 의하면, 생산단위당 고정제조간접원가배부액은 낮은 조업도나 유휴설비로 인해 증가되지 않으며, 배부되지 않은 고정제조간접원가는 발생한 기간의 비용으로 인식한다. 그러나 비정상적으로 많은 생산이 이루어진 기간, 즉 실제조업도가 정상조업도보다 높은 경우에는 재고자산이 원가 이상으로 측정되지 않도록 생산단위당 고정제조간접원가배부액을 감소시켜야 한다.[10] 따라서 이 경우에는 실제조업도에

10) 한국채택국제회계기준서(K-IFRS) 기업회계기준서 제1002호 문단13

기초하여 고정제조간접원가를 배부함으로써 재고자산이 실제원가를 반영하도록 한다.[11)]

1. 이분배부율 계산

$$\text{변동제조간접원가배부율} = \frac{\text{변동제조간접원가}}{\text{실제사용량총계(실제조업도)}}$$

$$\text{고정제조간접원가배부율} = \frac{\text{고정제조간접원가}}{\text{예상사용량총계(정상조업도)}^{*}}$$

* 실제조업도가 정상조업도와 유사한 경우에는 실제조업도를 사용할 수 있음.

2. 각 제품에 배부되는 제조간접원가

변동제조간접원가 = 변동제조간접원가배부율 × 각 제품의 배부기준 실제사용량

고정제조간접원가 = 고정제조간접원가배부율 × 각 제품의 배부기준 실제사용량

도표 4-6 | 제조간접원가의 배부

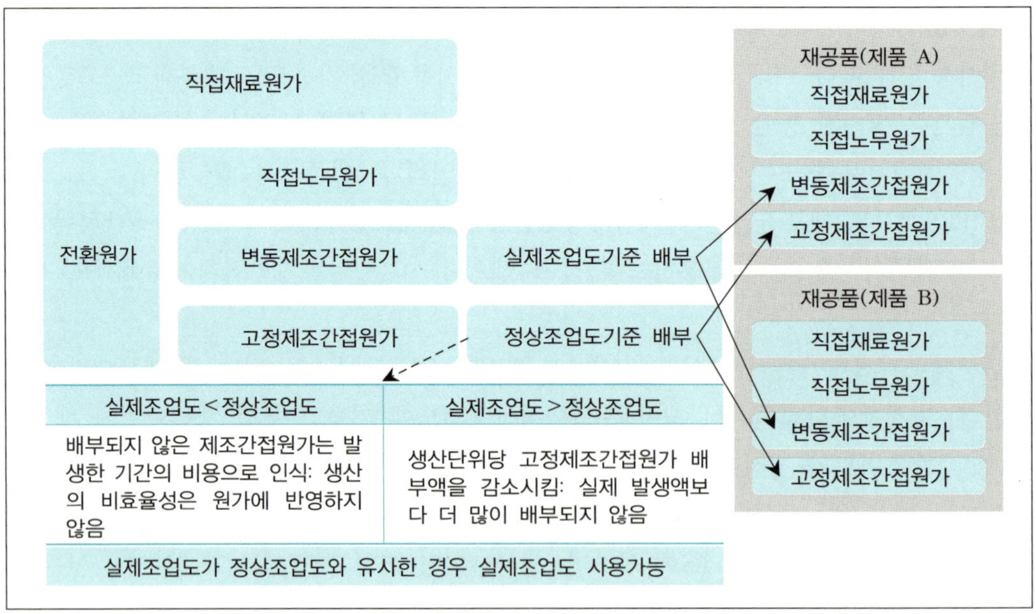

11) 일반기업회계기준 문단7.8

예제 4-7 K-IFRS에 의한 제조간접원가의 배부

(주)한국산업은 직접노무시간을 기준으로 제조간접원가를 배부하고 있다. 정상조업도수준의 직접노무시간은 1,500시간으로 예상하였다. 당기중에 #101, #102 및 #103을 착수하였으며 작업별로 집계된 직접재료원가와 직접노무원가는 다음과 같다.

구분	#101	#102	#103	합계
직접재료원가	₩30,000	₩85,0000	₩150,000	₩265,000
직접노무원가	70,000	90,000	325,000	485,000

실제발생 변동제조간접원가는 ₩100,000이고 고정제조간접원가는 ₩300,000이다.

| 물음 |

1. 작업별 실제발생 직접노무시간이 다음과 같을 때 K-IFRS에 따라 작업별 제조원가를 계산하시오.

구분	#101	#102	#103	합계
직접노무시간	200시간	300시간	500시간	1,000시간

2. 작업별 실제발생 직접노무시간이 다음과 같을 때 K-IFRS에 따라 작업별 제조원가를 계산하시오.

구분	#101	#102	#103	합계
직접노무시간	400시간	600시간	1,000시간	2,000시간

| 해답 |

1. 실제조업도(1,000시간) < 정상조업도(1,500시간)

(1) 작업별 제조원가

변동제조간접원가배부율 = 실제변동제조간접원가/실제직접노무시간
= ₩100,000/1,000시간
= ₩100/시간

고정제조간접원가배부율 = 실제고정제조간접원가/예상직접노무시간(즉, 정상조업도)
= ₩300,000/1,500시간
= ₩200/시간

구분	#101	#102	#103	합계
직접재료원가	₩30,000	₩85,0000	₩150,000	₩265,000
직접노무원가	70,000	90,000	325,000	485,000
변동제조간접원가	20,000①	30,000	50,000	100,000
고정제조간접원가	40,000②	60,000	100,000	200,000
계	₩160,000	₩265,000	₩625,000	₩1,050,000

① ₩100×200시간=₩20,000
② ₩200×200시간=₩40,000

(2) 낮은 조업도나 유휴설비로 인해 배부되지 않은 실제발생 고정제조간접원가와 예정배부된 고정제조간접원가 차이 ₩100,000(₩300,000−₩200,000)은 발생한 기간의 비용으로 인식한다.

2. 실제조업도(2,000시간) > 정상조업도(1,500시간)

고정제조간접원가를 정상조업도기준으로 배부할 경우 실제조업도(2,000시간)가 정상조업도(1,500시간)보다 높아 고정제조간접원가배부액(₩200×2,000시간=₩400,000)이 실제로 발생된 고정제조간접원가(₩300,000)보다 많은 금액으로 제조원가에 계상된다. K-IFRS 및 일반기업회계기준에서는 이와 같이 비정상적으로 많은 생산이 이루어진 기간, 즉 실제조업도가 정상조업도보다 높은 경우에는 재고자산이 실제발생한 원가 이상으로 측정되지 않도록 생산단위당 고정제조간접원가배부액을 감소시켜야 한다고 규정하고 있다. 따라서 실제조업도에 기초하여 고정제조간접원가를 배부함으로써 재고자산이 실제원가를 반영하도록 한다.

(1) 작업별 제조원가

변동제조간접원가배부율 = 실제변동제조간접원가/실제직접노무시간
= ₩100,000/2,000시간
= ₩50/시간

고정제조간접원가배부율 = 고정제조간접원가/실제직접노무시간
= ₩300,000/2,000시간
= ₩150/시간

구분	#101	#102	#103	합계
직접재료원가	₩30,000	₩85,0000	₩150,000	₩265,000
직접노무원가	70,000	90,000	325,000	485,000
변동제조간접원가	20,000①	30,000	50,000	100,000
고정제조간접원가	60,000②	90,000	150,000	300,000
계	₩180,000	₩295,000	₩675,000	₩1,150,000

① ₩50×400시간=₩20,000
② ₩150×400시간=₩60,000

제3절 활동기준원가계산

1. 도입배경과 의의

지금까지 우리는 제조간접원가를 배부하는 전통적 방법인 공장전체배부율과 부문별배부율에 대하여 살펴보았다. 이러한 전통적 방법은 직접원가를 제품에 쉽게 대응시킬 수 있으며, 제조간접원가가 제품원가에서 차지하는 비중이 크지 않을 경우에는 별문제 없이 사용될 수 있다. 그러나 최근에는 생산공정이 자동화·기계화되면서 제조간접원가가 제품원가에서 차지하는 비중이 점차 늘고 있다. 한 조사에 의하면 업종별 차이는 있겠으나 제품원가에서 직접원가가 차지하는 비중이 15% 이하로 감소되고 있다고 한다. 이제는 15%의 직접원가보다 85%의 제조간접원가를 정확하게 배부하지 않으면 제품원가가 심각하게 왜곡됨으로써 잘못된 가격결정이나 의사결정을 초래할 수 있다. 이와 같은 문제점을 해결하기 위해 개발된 것이 활동기준원가계산(Activity-Based Costing: ABC)이다.[12)]

활동기준원가계산은 직접재료원가와 직접노무원가는 제품에 직접 부과하지만, 제조간접원가는 그것을 발생시키는 활동별로 집계하고 활동소비량에 비례하여 제품에 배부함으로써 보다 정확한(보다 인과관계에 의한) 원가배부가 가능하게 된다.

12) 활동기준원가계산은 원가발생요인(원가동인: cost driver)이 무엇이며 그것을 어떻게 통제할 것인가에 대한 해답을 얻기 위한 원가관리기법이다. 여기서는 활동기준원가계산의 원가계산 측면만을 살펴보기로 한다.

2. ABC의 절차

(1) 활동분석

ABC를 위해서는 먼저 기업의 활동을 몇 개로 세분화할 것인지 결정해야 한다. 여기서 활동(activity)이란 고객의 요구를 충족시켜 주기 위해 인력이나 기계에 의해 수행되는 과업단위를 말한다. ABC에서는 활동에 원가를 집계하기 때문에 활동을 지나치게 세분화하지 않는 것이 중요하다. 활동이 덜 세분화되면 원가배부의 정확성이 떨어지기 쉽고, 지나치게 세분화되면 원가계산이 복잡하여 ABC의 많은 이점이 사라지게 된다.

기업의 활동은 계층적 수준에 따라 단위수준(unit-level)활동, 뱃치수준(batch-level)활동,[13] 제품유지(product-sustaining)활동, 설비유지(facility-sustaining)활동으로 분류하여 파악한다. 기업의 활동별 분류와 활동의 예는 [도표 4-7]과 같다.

도표 4-7 | 활동별 분류와 활동의 예

활동구분	정의	활동의 예
단위수준활동	제품생산량에 비례하여 수행되는 활동	절단, 부품조립, 전수검사 등
뱃치수준활동	뱃치생산이 이루어질 때마다 수행되는 활동	원재료주문, 기계작업준비, 뱃치단위 검사 등
제품유지활동	제품사양의 유지와 갱신, 기술지원에 수행되는 활동	제품개량, 디자인 변경, 일정계획 등
설비유지활동	생산설비를 관리하는데 수행되는 활동	설비의 유지·보수, 안전관리 등

(2) 활동별 원가배부율의 계산

활동분석 결과 적절한 수의 활동이 결정되면 각 활동별로 발생된 원가와 원가동인수를 집계한다. 원가동인은 활동원가 총액을 변동시키는 주된 요인으로 활동원가를 제품에 배부하기 위한 기준이 된다.

활동별 원가동인의 예는 [도표 4-8]과 같다.

13) 뱃치(batch)란 일괄 처리되는 단위를 말한다. 예를 들어, 제품을 100개의 묶음단위로 원재료주문, 기계작업준비, 검사 등을 하는 경우에 '100개의 묶음'이 하나의 뱃치가 된다(제품 200개는 2뱃치).

도표 4-8 | 원가동인의 예

활동	원가동인
원재료처리	원재료처리량
운반	운반거리
작업준비	작업준비횟수, 작업준비시간
기계가동	기계시간
품질관리	부품수, 검사횟수, 검사시간
기계의 유지 · 보수	유지 · 보수시간

활동별로 원가와 원가동인수가 집계되면 다음과 같은 활동원가배부율을 계산한다.

$$\text{활동별 원가배부율} = \frac{\text{활동원가}}{\text{활동별 원가동인수}}$$

(3) 활동원가의 제품별 배부

활동별 원가배부율에 제품별로 측정된 활동소비량을 곱하여 각 제품에 배부되는 활동원가를 산정한다. 제조간접원가인 활동원가가 원가동인 소비량에 비례하여 제품에 배부됨으로써 직접원가와 마찬가지로 인과관계에 의한 원가배부가 가능해진다.

$$\text{제품별 배부액} = \text{활동별 원가배부율} \times \text{제품별 원가동인수}$$

3. ABC의 사례

ABC에 의한 제조간접원가 배부과정을 다음 사례를 통하여 좀 더 자세히 살펴보자.

현대자동차는 두 종류의 승용차인 그랜저와 소나타를 생산하고 있다. 그랜저는 소량생산품목으로 연간 7,500단위를 생산하고, 소나타는 대량생산품목으로 연간 10,000단위를 생산한다. 제품을 완성하는데 소요되는 직접노무시간은 각각 2시간이며, 연간 직접노무시간은 다음 계산과 같이 총 35,000시간이다.

제품	계산근거	직접노무시간
그랜저	7,500단위×2시간	15,000시간
소나타	10,000단위×2시간	20,000시간
계		35,000시간

제품별 직접재료원가와 직접노무원가는 다음과 같다.

제품	그랜저	소나타
직접재료원가	₩25	₩15
직접노무원가 (시간당 ₩5)	₩10	₩10

현대자동차의 연간 제조간접원가는 ₩875,000이다. 제품별로 동일한 노무시간이 사용되었음에도 불구하고, 그랜저는 제품설계의 복잡성 때문에 소나타보다 더 많은 기계작업준비시간과 품질검사시간을 필요로 한다. 그러나 이 회사는 직접노무시간을 기준으로 두 제품에 단위당 ₩50(=₩875,000÷35,000시간×2시간)씩 동일한 제조간접원가를 배부하였다.

한편, 현대자동차는 ABC를 도입하기 위해 활동분석을 실시하였으며, 그 결과 제조간접원가는 5개의 활동을 수행하는 과정에서 발생하는 것으로 나타났다. 이 5개의 활동과 관련된 자료는 다음과 같다.

활동	활동원가	원가동인수		
		계	그랜저	소나타
재료이동	₩160,000	5,000	3,000	2,000
기계작업준비	240,000	8,000	5,000	3,000
작업지시	81,000	600	400	200
검사	304,000	400	300	100
보관	90,000	750	450	300
계	₩875,000			

상기의 자료에 의하여 활동원가를 배부한 결과는 아래와 같다. 활동원가배부율은 활동원가 총액을 해당 원가동인 합계로 나누어 계산된다. 예를 들어, 재료이동활동의 활동원가배부율은 ₩32(=₩160,000÷5,000)이다.

활동		그랜저		소나타	
구 분	활동원가 배부율(A)	원가동인수 (B)	활동원가 (A×B)	원가동인수 (C)	활동원가 (A×C)
재료이동	₩32	3,000	₩96,000	2,000	₩64,000
기계작업준비	30	5,000	150,000	3,000	90,000
작업지시	135	400	54,000	200	27,000
검사	760	300	228,000	100	76,000
보관	120	450	54,000	300	36,000
제조간접원가(활동원가)			₩582,000		₩293,000
생산량			÷7,500단위		÷10,000단위
단위당 제조간접원가			₩77.6		₩29.3

ABC에 의하여 제조간접원가를 배부한 결과 단위당 제조간접원가는 그랜저가 ₩77.6, 소나타가 ₩29.3이다. 이를 직접노무시간을 배부기준으로 이용한 경우의 제품단위당 원가와 비교하면 다음과 같다.

단위당 제조원가	ABC		직접노무시간 기준	
	그랜저	소나타	그랜저	소나타
직접재료원가	₩25	₩15	₩25	₩15
직접노무원가	10	10	10	10
제조간접원가	77.6	29.3	50	50
계	₩112.6	₩54.3	₩85	₩75

위의 표에서 보듯이 단위당 제조간접원가는 직접노무시간을 배부기준으로 하는 경우 두 제품에 ₩50으로 동일하나, ABC에 의하면 그랜저는 ₩77.6, 소나타는 ₩29.3이 된다. 따라서, 직접노무시간을 배부기준으로 하였던 과거에는 그랜저에 너무 적은 제조간접원가가 배부된 반면에, 소나타에는 너무 많은 제조간접원가가 배부되어 결과적으로 제품원가가 심하게 왜곡되었다. 이러한 왜곡된 원가가 제품별 수익성분석 자료로 이용된다면, 그랜저는 원가가 과소배부되어 수익성이 높은 제품으로 보고되고, 소나타는 원가가 과대배부되어 수익성이 낮은 제품으로 보고될 것이다.

4. ABC의 장 · 단점

ABC는 전통적인 제조간접원가 배부방법인 공장전체배부율이나 부문별배부율보다 정확한 원가계산이 가능하므로 올바른 가격결정, 수익성분석, 제품배합 의사결정 등을 지원할 수 있다. 또한, 활동별 원가관리를 통한 효율적인 원가관리도 가능해지므로 원가품질(quality of cost)이 향상된다.

그러나 타당한 활동분석이 어려울 뿐만 아니라 활동분석에 많은 시간과 비용이 소요되며 활동공통원가가 있는 경우에 원가동인을 결정하기가 어렵다는 단점도 있다.

예제 4-8

한국기계는 다양한 포장기계를 생산 · 판매하고 있다. 이 회사는 최근에 제조간접원가 배부방법을 개선하기 위하여 활동기준원가계산(ABC)을 도입하였다. 한국기계의 활동별 원가자료는 다음과 같다.

활동	원가동인	활동원가배부율
재료처리	구성부품수	₩8
기계가동	기계시간	68
조립	조립라인시간	75
검사	검사시간	104

당월에 50단위의 포장기계 A를 완성하였다. 포장기계 A 각 단위당 직접재료원가 ₩3,000, 직접노무원가 ₩2,000, 부품수 50개, 기계시간 50시간, 조립라인시간 15시간, 검사시간 4시간이 사용되었다.

| 물음 |

활동기준원가계산(ABC)에 의한 각 기계의 단위당 원가와 총제조원가를 구하시오.

| 해답 |

직접재료원가			₩3,000
직접노무원가			2,000
제조간접원가			
	재료처리(₩8×50개)	₩400	
	기계가동(₩68×50시간)	3,400	
	조립(₩75×15시간)	1,125	

검사(₩104×4시간)	416	5,341
단위당 원가		₩10,341
생산량		×50대
총제조원가		₩517,050

연습 문제

| 객관식 문제 |

01. 회사는 직접재료원가를 기준으로 제조간접원가를 각 제품에 배부하고 있다. 다음에 주어진 자료를 이용하여 A제품에 배부되어야 할 제조간접원가는 얼마인가?

제조간접원가 총액	₩1,000,000	직접재료원가 총액	₩2,000,000
A제품의 직접재료원가	₩600,000	B제품의 직접재료원가	₩1,400,000

① ₩200,000 ② ₩300,000 ③ ₩400,000 ④ ₩500,000

[02~03] 한국회사의 서울공장은 두 개의 제조부문 X와 Y로 운영되고 있다. 다음은 올해 4월의 제조부문별 자료이다.

항목	제조부문 X	제조부문 Y	합계
제조간접원가	₩200,000	₩400,000	₩600,000
직접노무시간	1,000시간	4,000시간	5,000시간
기계작업시간	5,000시간	1,000시간	6,000시간

4월 중 착수하여 완성된 제품A의 원가자료는 다음과 같다.

항목	제조부문 X	제조부문 Y	합계
직접재료원가	₩15,000	₩5,000	₩20,000
직접노무원가	10,000	15,000	25,000
직접노무시간	60시간	120시간	180시간
기계작업시간	100시간	50시간	150시간

02. 직접노무시간에 의한 공장전체 제조간접원가배부율을 사용할 경우 제품 A의 총제조원가는 얼마인가?

① ₩69,000 ② ₩70,400 ③ ₩66,600 ④ ₩46,600

03. 제조부문 X는 기계작업시간, 제조부문 Y는 직접노무시간에 대하여 제조간접원가를 배부할 때 제품 A의 총제조원가는 얼마인가?

① ₩16,000 ② ₩74,600 ③ ₩58,600 ④ ₩61,000

04. 부산기계는 2개의 제조부문을 통하여 제품 A를 생산하고 있다. 제조부문 1과 제조부문 2는 직접노무시간을 기준으로 제조부문원가를 제품에 배부하고 있다. 당기중 각 제조부문에서 발생한 제조간접원가와 사용된 직접노무시간은 다음과 같다.

항목	제조부문 1	제조부문 2
제조간접원가	₩9,000	₩12,000
직접노무시간	450시간	1,200시간

제품 A가 제조부문 1에서 100시간, 제조부문 2에서 200시간의 직접노무시간을 소비한다면 제품 A에 대한 제조부문원가배부액은 모두 얼마인가?

① ₩3,000　② ₩2,000　③ ₩4,000　④ ₩5,000

05. 활동기준원가계산(ABC)에 대한 설명으로 다음 중 옳지 않은 것은?

① 다양한 원가유발요인(cost driver)을 인식하여 적정한 가격결정에 이용한다.
② 정확한 제품원가를 계산하고자 한다.
③ 제품별 또는 고객별로 보다 정확한 원가분석을 할 수 있다.
④ 직접재료원가 외에는 고정원가로 처리하고자 한다.
⑤ 제품별 또는 부문별 성과평가를 신뢰성 있게 할 수 있다.

06. 활동기준원가계산(ABC)과 관련된 다음 설명 중 옳지 않는 것은?

① 원가 중에서 제조간접원가 비중이 높은 기업에 적용할 경우 도움이 된다.
② 다품종소량생산의 제조업체가 이를 적용할 경우 도움이 된다.
③ 서비스업체에는 ABC를 적용하기 어렵다.
④ 정확한 원가계산이 가능해진다.

07. 다음 중 활동기준원가계산(ABC)시스템을 도입함에 따라서 그 효과를 크게 볼 수 있는 기업의 일반적 특성에 해당하지 않은 것은?

① 제조원가 중 간접제조원가가 차지하는 비율이 높은 경우
② 제품, 고객 및 생산공정이 매우 복잡하고 다양한 경우
③ 회사가 치열한 가격경쟁에 직면한 경우
④ 제품의 제조와 마케팅원가에 대해서 생산작업자와 회계담당자 사이에 심각한 견해차이가 있는 경우
⑤ 생산과 판매에 자신 있는 제품의 이익은 높고 생산과 판매에 자신 없는 제품의 이익이 낮은 경우

08. 제품생산을 위해 세 가지 활동을 수행하고 있다. 당기에 발생된 활동별 실제원가는 기계가동활동 ₩84,000, 엔지니어링활동 ₩60,000, 품질검사활동 ₩41,000이었다. 당기에 두 종류의 제품 A와 B를 생산하였으며, 생산관련 실제자료는 다음과 같다.

항목	제품 A	제품 B
생산량	500단위	1,200단위
기계가동(기계시간)	2,000시간	3,000시간
엔지니어링(작업시간)	500시간	700시간
품질검사(품질검사횟수)	10회	15회

＊괄호 안은 각 활동의 원가동인을 의미함.

활동기준원가계산 결과에 대한 설명이다. 다음 중 타당하지 않은 것은?

① 생산과정에서 직접원가보다는 간접원가의 비중이 높을수록 활동기준원가계산의 도입효과가 큰 것으로 알려져 있다.
② 품질검사를 전수조사에 의할 경우 품질검사활동은 단위수준활동으로 분류된다.
③ 제품 A에 배부되는 총활동원가는 ₩72,000이다.
④ 기계가동활동의 원가배부율은 기계시간당 ₩16.8이다.
⑤ 제품 B에 배부되는 엔지니어링활동원가는 ₩35,000이다.

| 객관식 문제 해답 및 해설 |

01. ②

제조간접원가배부기준이 직접재료원가이다. 따라서,
제조간접원가배부율＝제조간접원가총액/직접재료원가총액
＝₩1,000,000/₩2,000,000＝₩0.5
A제품에 배부될 제조간접원가＝제조간접원가배부율×A제품 직접재료원가
＝₩0.5×₩600,000＝₩300,000

02. ③

1. 공장전체 제조간접원가배부율＝공장전체 제조간접원가/공장전체 직접노무시간
＝₩600,000/5,000＝₩120
2. 제품 A의 총제조원가＝직접재료원가＋직접노무원가＋제조간접원가배부액
＝₩20,000＋25,000＋₩120×180시간＝₩66,600

03. ④

1. 부문별배부율

   제조부문 X의 제조간접원가배부율＝₩200,000/5,000＝₩40/기계시간

   제조부문 Y의 제조간접원가배부율＝₩400,000/4,000＝₩100/직접노무시간

2. 제품 A의 총제조원가＝직접재료원가＋직접노무원가＋제조부문 X의 제조간접원가배부액

   ＋제조부문 Y의 제조간접원가배부액

   ＝₩20,000＋25,000＋₩40×100기계시간＋₩100×120직접노무시간

   ＝₩61,000

04. ③

1. 부문별배부율

   제조부문 1의 배부율＝₩9,000/450시간＝₩20/직접노무시간

   제조부문 2의 배부율＝₩12,000/1,200시간＝₩10/직접노무시간

2. 제품 A에 대한 제조부문원가배부액

   제조부문 1의 제조간접원가배부액＋제조부문 2의 제조간접원가배부액

   ＝₩20×100시간＋₩10×200시간＝₩4,000

05. ④

활동기준원가계산에서는 특히 제조간접원가는 그것을 발생시키는 활동별로 집계하고 활동소비량에 비례하여 제품에 배부함으로써 보다 정확하게(보다 인과관계에 의한) 원가배부하는 것이다.

06. ③

업종에 관계없이 활동기준원가계산을 도입할 수 있다.

07. ⑤

생산과 판매에 자신 있는 제품의 이익은 낮고 생산과 판매에 자신 없는 제품의 이익이 오히려 높은 경우 기존의 원가계산시스템에 문제가 있을 가능성이 있다.

08. ③

활동별 원가배부율

활동	활동별 원가	활동별 원가동인	원가배부율
기계가동(기계시간)	₩84,000	5,000시간	₩16.8/시간
엔지니어링(작업시간)	60,000	1,200시간	50/시간
품질검사(품질검사횟수)	41,000	25회	1,640/회

③ 제품 A에 배부되는 총활동원가
=₩16.8×2,000시간+₩50×500시간+₩1,640×10회
=₩75,000

④ 기계가동활동의 원가배부율=기계가동활동원가/기계시간
=₩84,000/5,000시간=₩16.8/시간

⑤ 제품 B에 배부되는 엔지니어링활동원가
=₩50×700시간=₩35,000

| 주관식 문제 |

01. 부담능력기준

종로서적은 국내영업부와 해외영업부, 관리부로 운영되고 있다. 관리부에서 발생한 원가는 매출액에 비례하여 각 영업부에 배분하고 있으며, 작년의 원가배부 내용은 다음과 같았다.

구분	국내영업부	해외영업부	계
매출액	₩60,000	₩40,000	₩100,000
관리부의 원가	12,000	8,000	20,000

금년에는 해외영업부에서 적극적인 마케팅 활동을 수행한 결과 매출액이 ₩140,000으로 크게 증가하였다. 국내영업부 매출액과 관리부의 원가는 작년과 동일하다고 한다.

| 물음 |

1. 금년도 관리부의 원가를 부담능력기준에 따라 각 영업부에 배분하시오.
2. [물음 1]의 결과에 대해 해외영업부 관리자는 어떤 반응을 나타내겠는가?

| 풀이 |

1. 부담능력기준: 매출액

구분	매출액	비율	관리부의 원가	관리부 원가배분액의 증감
국내영업부	₩60,000	30%	₩6,000	₩(6,000)①
해외영업부	140,000	70	14,000	6,000②
계	₩200,000	100%	₩20,000	₩0

① ₩6,000−12,000=₩(6,000)
② ₩14,000−8,000=₩6,000

2. 해외영업부 관리자의 반응

해외영업부 관리자는 해외마케팅을 적극적으로 수행하여 매출액을 증가시켰으나, 매출액이 증가한 만큼 관리부의 원가를 더 많이 배부받음으로써 성과가 하향조정되었다. 반면에, 국내영업부는 매출액이 전년도와 동일함에도 불구하고 관리부의 원가를 덜 배부받아 성과가 상향조정되었다. 결과적으로 해외영업부 관리자는 매출을 크게 향상시켰음에도 불구하고 적절한 평가를 받지 못하게 되는 것에 불만을 나타낼 수 있다. 참고로 각 영업부의 작년 및 금년 이익률을 비교하면 다음과 같다.

	작년		금년	
	국내영업부	해외영업부	국내영업부	해외영업부
매출액	₩60,000	₩40,000	₩60,000	₩140,000
관리부원가배부액	12,000	8,000	6,000	14,000
이익	₩48,000	₩32,000	₩54,000	₩126,000
이익률	80%*	80%	90%	90%

* ₩48,000÷60,000＝80%

02. 공장전체배부율

대우부품은 디자인, 엔지니어링, 생산 세 부문을 통하여 자동차 부품을 생산하고 있다. 당기의 제조간접원가는 ₩308,600이며, 기계시간을 기준으로 제품에 배부한다. 당기에 완성된 제품에 소요된 기계시간은 다음과 같다.

제품	기계시간
A	120시간
B	2,800
C	1,080
계	4,000시간

| 물음 |

1. 공장전체배부율은 얼마인가?
2. 각 제품별 제조간접원가배부액을 구하시오.

| 풀이 |

1. 공장전체배부율: 기계시간

$$\frac{₩308,600}{4,000시간} = ₩77.15$$

2. 제품별 제조간접원가배부액

제품	제조간접원가배부액
A	₩9,258*
B	216,020
C	83,322
계	₩308,600

* ₩77.15×120시간=₩9,258

03. 부문별배부율

[문제 2]의 자료에 추가하여 부문별 제조간접원가와 배부기준 및 각 제품의 배부기준은 다음과 같다.

부문	제조간접원가	배부기준	제품 A	제품 B	제품 C	계
디자인	₩39,000	디자인시간	110	200	80	390
엔지니어링	29,600	엔지니어링시간	70	60	240	370
생산	240,000	기계시간	120	2,800	1,080	4,000
계	₩308,600					

| 물음 |

1. 부문별배부율을 계산하시오.
2. 각 제품에 배부되는 제조간접원가는 얼마인가?
3. [물음 2]와 [문제 2]의 [물음 2]에서 계산된 제품별 제조간접원가의 차이를 계산하고 그 의미를 설명하시오.

| 풀이 |

1. 부문별배부율

부문	배부기준	제조간접원가배부율
디자인	디자인시간	$\frac{₩39,000}{390시간} = ₩100$
엔지니어링	엔지니어링시간	$\frac{₩29,600}{370시간} = ₩80$
생산	기계시간	$\frac{₩240,000}{4,000시간} = ₩60$

2. 제품별 제조간접원가배부액

제품	제조간접원가배부액
A	₩23,800*
B	192,800
C	92,000
계	₩308,600

* ₩100×110시간+₩80×70시간+₩60×120시간=₩23,800

3. 제조간접원가배부액의 비교

구분	A제품	B제품	C제품
부문별배부율(A)	₩23,800	₩192,800	₩92,000
공장전체배부율(B)	9,258	216,020	83,322
비율(A)÷(B)	257%	89%	110%

세 제품은 각 부문의 작업시간을 소비하는 정도가 다르다. 부문별 작업시간의 소비비율을 계산하면 다음과 같다.

	A제품	B제품	C제품
디자인	28%*	51%	21%
엔지니어링	19%	16%	65%
생산	3%	70%	27%

* 110시간÷390=28%(소수점 셋째자리에서 반올림)

A제품은 생산부문 기계시간의 3%를 소비하나 디자인부문 작업시간의 28%를 소비하므로 기계시간을 기준으로 한 공장전체배부율에 의하여 제조간접원가를 배부하게 되면 제조간접원가가 과소배부된다. 따라서 부문별배부율에 의할 경우에 A제품에 배부되는 제조간접원가는 257% 증가하였다.
반면에, B제품은 기계시간보다 디자인시간이나 엔지니어링시간을 덜 소비하였으므로 부문별배부율에 의한 제조간접원가 배부액이 공장전체배부율의 경우보다 작게 된다.

04. 제조간접원가의 배부

영원강철은 두 개의 제조부문인 절단부와 조립부에서 제품을 생산하고 있다. 당기중 각 부문에서 발생된 원가는 다음과 같다.

구분	절단부	조립부	합계
제조간접원가	₩240,000	₩1,050,000	₩1,290,000
직접노무원가	300,000	700,000	1,000,000

| 물음 |

1. 직접노무원가를 기준으로 공장전체배부율을 구하시오.
2. 직접노무원가를 기준으로 부문별배부율을 구하시오.
3. 당기중 완성된 A제품과 B제품에 소비된 직접노무원가는 다음과 같다. [물음 1]과 [물음 2]에 의하여 제조간접원가배부액을 계산하시오.

제조부문	A제품	B제품
절단부	₩150,000	₩150,000
조립부	100,000	600,000

| 풀이 |

1. 공장전체배부율: 직접노무원가

$$\frac{₩1,290,000}{1,000,000} = ₩1.29$$

2. 부문별배부율: 직접노무원가

$$\text{절단부: } \frac{₩240,000}{300,000} = 0.8$$

$$\text{조립부: } \frac{₩1,050,000}{700,000} = 1.5$$

3. 제조간접원가배부액

	공장전체배부율	부문별배부율
A제품	₩1.29×(₩150,000+100,000) =₩322,500	₩0.8×150,000+₩1.5×100,000 =₩270,000
B제품	₩1.29×(₩150,000+600,000) =₩967,500	₩0.8×150,000+₩1.5×600,000 =₩1,020,000

05. 활동기준원가계산(1)

종로기계는 A기계와 B기계 두 종류의 제품을 생산하고 있다. 지금까지는 직접노무시간에 비례하여 제조간접원가를 배부하여 왔으나, 이 회사의 경영자는 제품원가가 상당히 왜곡되고 있음을 느끼고 활동기준원가계산제도를 도입하기로 하였다. 당해 기간의 제조간접원가는 총 ₩8,160,000이고, 기타의 원가자료는 다음과 같다.

	A기계	B기계
생산량	100대	500대
단위당 직접재료원가	₩4,000	₩6,000
단위당 직접노무원가	(2시간×₩1,500=)₩3,000	(3시간×₩1,500=)₩4,500

| 물음 |

1. 과거의 원가계산제도하에서 제품단위당 제조원가를 구하시오.
2. 활동기준원가계산을 도입하기 위하여 활동분석을 실시한 결과 활동내역과 원가동인은 다음과 같았다. ABC에 의한 제품단위당 제조원가를 구하시오.

활동	활동원가	원가동인	원가동인수		
			합계	A기계	B기계
기계관련	₩4,500,000	기계시간	9,000시간	4,000	5,000
작업준비	1,800,000	준비횟수	40회	20	20
엔지니어링	1,860,000	엔지니어링 변경횟수	100회	75	25
계	₩8,160,000				

| 풀이 |

1. 과거의 원가계산제도

가. 제조간접원가배부율

$$\frac{₩8,160,000}{(100대\times2시간+500대\times3시간)}=₩4,800$$

나. 제품별 단위당 제조원가

	A기계	B기계
직접재료원가	₩4,000	₩6,000
직접노무원가	3,000	4,500
제조간접원가	9,600①	14,400②
계	₩16,600	₩24,900

① ₩4,800×2시간=₩9,600

② ₩4,800×3시간=₩14,400

2. 활동기준원가계산

가. 활동별 원가배부율

기계관련: ₩4,500,000÷9,000시간=₩500

작업준비: ₩1,800,000÷40회=₩45,000

엔지니어링: ₩1,860,000÷100회=₩18,600

나. 제품별 단위당 제조원가

항목	A기계	B기계
직접재료원가	₩4,000	₩6,000
직접노무원가	3,000	4,500
제조간접원가		
기계관련	20,000①	5,000④
작업준비	9,000②	1,800⑤
엔지니어링	13,950③	930⑥
계	₩49,950	₩18,230

① ₩500×4,000시간÷100대=₩20,000
② ₩45,000×20회÷100대=₩9,000
③ ₩18,600×75회÷100대=₩13,950
④ ₩500×5,000시간÷500대=₩5,000
⑤ ₩45,000×20회÷500대=₩1,800
⑥ ₩18,600×25회÷500대=₩930

06. 활동기준원가계산(2)

대우부품은 활동기준원가계산을 적용하여 제품원가를 계산하고 있다. 당기의 생산 및 활동별 원가자료는 다음과 같다.

(1) 기본자료

구분	A제품	B제품
연간생산량	3,000개	5,000개
단위당 직접재료원가	₩140	₩140
단위당 직접노무원가	60	60
기계준비활동	20회	100회
설계활동	1,000시간	6,000시간
재료처리활동	170,000톤	50,000톤
품질관리활동	150회	650회
기계관련활동	30,000시간	15,000시간

(2) 활동원가와 원가동인

활동	활동원가	원가동인	원가동인수
기계준비	₩6,000	준비횟수	120회
설계	210,000	설계시간	7,000시간
재료처리	22,000	재료처리량	220,000톤
품질관리	32,000	검사횟수	800회
기계관련	675,000	기계시간	45,000시간
계	₩945,000		

| 물음 |

활동기준원가계산에 의한 제품별 제조원가를 구하시오.

| 풀이 |

가. 활동별 원가배부율

기계준비: ₩6,000÷120회=₩50

설　　계: ₩210,000÷7,000시간=₩30

재료처리: ₩22,000÷220,000톤=₩0.1

품질관리: ₩32,000÷800회=₩40

기계관련: ₩675,000÷45,000시간=₩15

나. 제품별 제조원가

	A제품		B제품	
	계산과정	제조원가	계산과정	제조원가
직접재료원가	₩140×3,000개	₩420,000	₩140×5,000개	₩700,000
직접노무원가	₩60×3,000개	180,000	₩60×5,000개	300,000
제조간접원가				
기계준비	₩50×20회	1,000	₩50×100회	5,000
설계	₩30×1,000시간	30,000	₩30×6,000시간	180,000
재료처리	₩0.1×170,000톤	17,000	₩0.1×50,000톤	5,000
품질관리	₩40×150회	6,000	₩40×650회	26,000
기계관련	₩15×30,000시간	450,000	₩15×15,000시간	225,000
계		₩1,104,000		₩1,441,000

07. 간접원가배부의 오류

현대조선은 군함과 상선을 생산하고 있으며, 직접노무원가를 기준으로 제조간접원가를 제품에 배부한다. 당기에 발생한 직접노무원가는 군함과 상선에 각각 ₩50,000과 ₩100,000이었고, 제조간접원가는 ₩30,000이었다. 국방부에서 군수조달업무를 담당하고 있는 김중위는 회사에 대한 정기감사를 실시하였는데, 조달계약서를 면밀히 검토한 결과 군함가격은 원가에 기초하여 결정된다는 사실을 확인하였다. 김중위는 군함의 원가내역을 조사하고 나서 "회사는 군함에 제조간접원가를 과다하게 배부하여 조달가격을 산정하였으므로 그 차액을 반환해야 한다"는 내용의 보고서를 작성하였다. 김중위가 검토한 조달계약서의 내용은 다음과 같다.

【제15조】 직접원가
직접원가는 특정 원가대상에 직접 추적가능한 원가이다. 본 계약과 관련하여 특별하게 발생된 원가는 직접원가이므로 조달가격 산정에 포함되어 청구한다. 또한, 다른 계약과 관련하여 발생된 원가는 그 다른 계약의 직접원가이므로 본 건의 조달가격 산정에 직·간접적으로 배부되어서는 안 된다.

현대조선은 군함과 상선의 원재료 확보를 위하여 구매부를 조직하였는데, 구매부의 노무원가 ₩25,000은 군함의 직접노무원가 ₩50,000에 포함되어 있다.

| 물음 |

국방부가 반환을 청구할 금액은 얼마인가?

| 풀이 |

가. 군함과 상선의 원가계산

① 제조간접원가배부율

$$\text{회사 계산: } \frac{₩30,000}{₩50,000+100,000} = ₩0.2$$

$$\text{김중위 계산: } \frac{₩30,000}{₩25,000+100,000} = ₩0.24$$

② 제품별 원가계산

	군함	상선
회사 계산		
직접노무원가	₩25,000	₩100,000
구매부의 노무원가	25,000	–
제조간접원가배부액	10,000①	20,000②
계	₩60,000	₩120,000
김중위 계산		
직접노무원가	₩25,000	₩100,000
구매부의 노무원가	25,000	–
제조간접원가배부액	6,000③	24,000④
계	₩56,000	₩124,000

① (₩25,000＋25,000)×₩0.2＝₩10,000 회사는 구매부의 노무원가를 직접노무원가로 분류하였음.
② ₩100,000×₩0.2＝₩20,000
③ ₩25,000×₩0.24＝₩6,000
④ ₩100,000×₩0.24＝₩24,000

나. 국방부가 반환을 청구할 금액

	제조간접원가배부액
회사 계산	₩10,000
김중위 계산	6,000
차이	₩4,000

국방부가 회사에 반환청구할 금액은 원가가 과다하게 계상된 ₩4,000이 된다.

5

Chapter

보조부문원가의 배부

Cost Accounting

제1절 보조부문원가

1. 보조부문원가

우리는 제4장에서 제조간접원가 배부방법으로 공장전체배부율과 부문별배부율에 대하여 살펴보았다. 여기서는 부문별배부율을 전제로 보조부문이 있는 경우에 보조부문원가를 어떻게 제품원가에 포함시킬 것인가를 다룬다.

보조부문은 제품을 직접 생산하지는 않지만 수행하는 모든 활동이 본질적으로 제조부문의 생산활동을 위한 것이므로, 보조부문에서 발생한 원가는 마땅히 제품원가에 포함되어야 한다.[1] 보조부문원가를 제품에 배부하기 위해서는 우선, 보조부문이 각 제조부문에 제공한 용역량에 비례하여 보조부문원가를 제조부문에 배부하고, 제조부문은 자체의 제조간접원가와 배부받은 보조부문원가를 합한 금액을 최종제품에 배부한다. 이러한 과정을 도시하면 [도표 5-1]과 같다.

1) 보조부문에서 발생한 원가는 제조부문의 제품생산과 직접적인 인과관계가 없기 때문에 전부 제조간접원가이다.

도표 5-1 | 보조부문원가의 배부과정

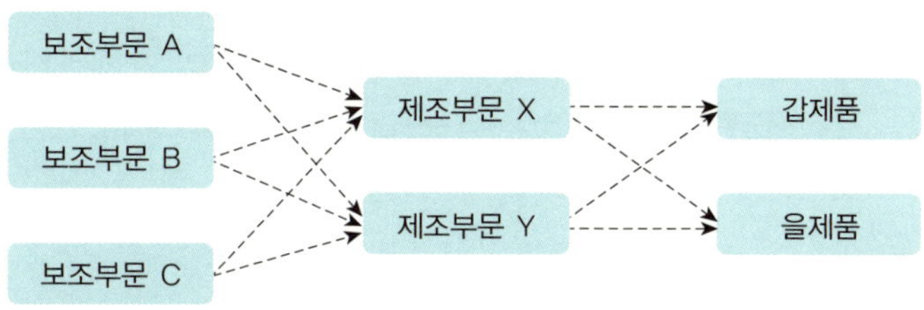

2. 보조부문원가의 배부목적

보조부문원가를 제품에 배부하는 과정은 거의 모든 제조기업에서 이루어지고 있다. 보조부문원가를 제조부문에 배부하는 첫 번째 목적은 부문 간 상호통제를 위해서이다. 부문의 성과를 평가하기 위해서는 부문별로 원가에 대한 예산을 수립하고 실제 발생된 원가를 집계해야 한다. 보조부문원가를 그 보조부문이 제공하는 용역량에 비례하여 제조부문에 배부한다면, 그 배분금액에 따라 제조부문의 성과가 영향을 받게 되므로 제조부문의 경영자는 보조부문원가의 발생에 대하여 관심을 갖게 될 것이다. 이렇듯 보조부문원가를 통제하기 위하여 보조부문과 제조부문 간에 이루어지는 상호작용을 부문 간 상호통제(cross-department monitoring)라고 한다. 둘째는 원가계산목적으로 일반적으로 인정된 회계원칙에 따라 재고자산과 매출원가를 평가하기 위하여 보조부문원가를 제조부문에 배부한다.

제2절 부문원가의 배부

보조부문원가를 제조부문에 대체하고 부문별배부율에 의하여 제조간접원가를 제품에 배부하는 과정을 단계별로 살펴보기로 한다.

1. 부문원가의 집계

먼저, 제조간접원가를 제조부문과 보조부문 각 부문별로 집계한다. 이를 위해서는 제조간접원가를 부문개별원가와 부문공통원가로 구분하여야 한다.[2)]

(1) 부문개별원가

부문개별원가란 특정 부문에서 개별적으로 발생되기 때문에 그 부문에 대하여 직접 추적이 가능한 제조간접원가를 말한다.[3)] 즉, 부문개별원가는 각 부문에서 얼마가 발생되었는지를 개별적으로 파악할 수 있는 원가이다. 한샘가구는 주방용 가구를 절단부문과 조립부문 두 부문을 통하여 생산하고 있다고 하자. 목재를 절단하기 위한 기계는 절단부문에서만 사용하므로 절단기의 감가상각비는 절단부문의 개별원가이다. 또한, 절단부문과 조립부문이 독립된 건물을 사용하고 있다면 건물의 감가상각비는 각 부문의 개별원가가 된다.

(2) 부문공통원가

부문공통원가란 여러 부문 또는 공장 전체에 대하여 공통적으로 발생된 제조간접원가를 말한다. 부문공통원가는 특정 부문에 얼마가 발생되었는지 직접 추적할 수 없으므로, 인위적인 배부기준에 의하여 각 부문에 배부하게 된다. 공장장급료, 공장 토지에 대한 재산세, 동력비, 여러 부문이 공통으로 사용하고 있는 공장건물의 화재보험료, 감가상각비 등은 부문공통원가에 속한다. 부문공통원가는 합리적인 배부기준에 의하여 부문별로 배부된다. 일반적인 부문공통원가의 배부기준을 예시하면 [도표 5-2]와 같다.

2) 원가요소는 발생한 원가의 직접적인 집계가능성 여부에 따라 부문개별원가와 부문공통원가로 구분한다. 부문개별원가는 원가발생액을 당해 발생부문에 직접 부과하고, 부문공통원가는 인과관계 또는 효익관계 등을 감안한 합리적인 배부기준에 의하여 관련부문에 배부한다(원가계산준칙 제16조).

3) 부문개별원가는 제품을 원가대상으로 하는 경우에는 간접원가(제조간접원가)이지만, 부문을 원가대상으로 하는 경우에는 직접원가가 된다. 이런 의미에서, 부문개별원가를 부문직접원가라고도 한다.

도표 5-2 | 부문공통원가의 배부기준

부문공통원가	배부기준
건물의 감가상각비, 임차료, 보험료	건물의 점유면적, 건물가액
기계장치의 감가상각비와 보험료	기계장치의 가액
토지, 건물의 재산세	토지, 건물의 가액
전력비	전력 사용량
간접재료원가	각 부문의 직접재료원가
간접노무원가	각 부문의 직접노무원가, 종업원 수

제조간접원가를 부문개별원가와 부문공통원가로 나누어 부문별로 집계하는 과정을 회계처리하면 다음과 같다.

차변		대변	
제1제조부문	×××	제조간접원가	×××
제2제조부문	×××		
보조부문	×××		

예제 5-1

다음 자료에 의하여 제조간접원가를 부문별로 집계하고 필요한 회계처리를 하시오.

1. 부문개별원가

구분	제1제조부문	제2제조부문	보조부문	합계
간접재료원가	₩200,000	₩130,000	₩250,000	₩580,000
간접노무원가	300,000	290,000	100,000	690,000

2. 부문공통원가
   간접노무원가 ₩120,000, 건물감가상각비 ₩800,000,
   기계장치 보험료 ₩320,000, 동력비 ₩150,000

3. 부문별 원가배부기준은 다음과 같다.

구분	제1제조부문	제2제조부문	보조부문
종업원수(명)	15	9	6
면적(m^2)	200	150	150
기계가액(천원)	400,000	200,000	200,000
전력소비량(kWh)	500	300	200

| 해답 |

1. 부문공통원가 배부비율

부문공통원가	배부기준	제1제조부문	제2제조부문	보조부문	합계
간접노무원가	종업원수	50%①	30%	20%	100%
건물감가상각비	면적	40②	30	30	100
기계장치 보험료	기계장부금액	50③	25	25	100
동력비	전력소비량	50④	30	20	100

① 15명÷(15+9+6)=50%
② 200㎡÷(200+150+150)=40%
③ ₩400,000÷(400,000+200,000+200,000)=50%
④ 500kW÷(500+300+200)=50%

2. 부문원가 집계

부문원가	제1제조부문	제2제조부문	보조부문	합계
부문개별원가				
간접재료원가	₩200,000	₩130,000	₩250,000	₩580,000
간접노무원가	300,000	290,000	100,000	690,000
계	₩500,000	₩420,000	₩350,000	₩1,270,000
부문공통원가배부				
간접노무원가	₩60,000①	₩36,000②	₩24,000③	₩120,000
건물감가상각비	320,000	240,000	240,000	800,000
기계장치 보험료	160,000	80,000	80,000	320,000
동력비	75,000	45,000	30,000	150,000
계	₩615,000	₩401,000	₩374,000	₩1,390,000
부문원가 계	₩1,115,000	₩821,000	₩724,000	₩2,660,000

① ₩120,000×50%=₩60,000
② ₩120,000×30%=₩36,000
③ ₩120,000×20%=₩24,000

3. 회계처리

차변		대변	
제1제조부문	1,115,000	제조간접원가	2,660,000
제2제조부문	821,000		
보조부문	724,000		

2. 보조부문원가의 제조부문별 배부

부문공통원가를 제조부문과 보조부문에 배부하고 나면, 각 부문별로 집계되는 제조간접원가는 부문개별원가와 부문공통원가 배부액의 합계가 된다. 그러나 보조부문에서는 제품생산이 이루어지지 않으므로 보조부문원가를 다시 제조부문에 대체하여야 한다.

(1) 보조부문원가의 배부기준

보조부문원가는 보조부문이 제조부문에 제공한 용역량에 비례하여 제조부문에 대체하는 것이 가장 합리적이다. 예를 들어, 수선부의 원가는 각 제조부문에 제공한 수선시간을 기준으로, 식당의 원가는 각 제조부문에 제공한 식사횟수(또는 종업원수)에 비례하여 제조부문에 배부한다. 보조부문원가의 배부기준을 예시하면 [도표 5-3]과 같다.

도표 5-3 | 보조부문원가의 배부기준

보조부문	배부기준
수선부	각 부문의 수선시간, 수선금액
식당	식사횟수, 종업원수
동력부	동력소비량
관리부	종업원 수, 작업시간

보조부문이 자체 생산한 용역을 스스로 소비하는 경우가 있다. 이를 자가소비용역(self-service)이라고 한다. 동력부가 생산한 전기를 동력부 자체에서 소비하거나, 식당에서 일하는 종업원이 그 식당에서 식사하는 것 등이 자가소비용역이다. 보조부문에서 발생한 모든 원가는 궁극적으로 다른 부문에 배부되어야 하므로 자가소비용역은 보조부문원가를 배부할 때 무시되어야 한다. [예제 5-2]를 통하여 자가소비용역이 있을 때 용역제공비율이 어떻게 산정되는지를 살펴보자.

예제 5-2

현대자동차는 두 개의 제조부문과 세 개의 보조부문으로 운영되고 있다. 보조부문원가를 제조부문에 대체하기 위한 용역제공비율을 계산하시오. 단, 아래에 주어진 자료 중 부문원가는 부문개별원가와 부문공통원가 배분액의 합계이다.

부문		부문원가	배부기준
제조부문	절단(P1)	₩35,000	
	조립(P2)	50,000	
보조부문	동력(S1)	20,000	kWh
	수선(S2)	10,000	수선시간
	식당(S3)	15,000	종업원수

당기중 각 보조부문이 제공한 용역량은 다음과 같다.

제공부서	제조부문		보조부문			용역제공량
	P1	P2	S1	S2	S3	
S1	3,000	3,000	3,000	2,000	2,000	13,000kWh
S2	200	50	100	150	150	650시간
S3	21	21	9	9	5	65명

| 해답 |

먼저, 자가소비용역을 제거한 후에 각 보조부문이 제공한 용역량을 나타내면 다음과 같다.

제공부서	제조부문		보조부문			합계
	P1	P2	S1	S2	S3	
S1	3,000	3,000	−	2,000	2,000	10,000kWh
S2	200	50	100	−	150	500시간
S3	21	21	9	9	−	60명

상기 용역량의 상대적 비율을 계산하여 용역제공비율을 계산한다.

제공부서	제조부문		보조부문			합계
	P1	P2	S1	S2	S3	
S1	30%*	30%	−	20%	20%	100%
S2	40	10	20%	−	30	100
S3	35	35	15	15	−	100

* 3,000kWh ÷ 10,000 = 30%

(2) 보조부문원가 배부방법

보조부문이 제조부문에 제공한 용역량에 기초하여 배부비율이 산정되고 나면, 보조부문에 집계된 원가를 제조부문에 배부하여야 한다. 만일 보조부문이 제조부문에만 용역을 제공하고 있다면 보조부문원가를 제조부문에 대체하는 것이 어렵지 않으나, 보조부문 상호 간에 용역을 주고받는 경우에는 보조부문 상호 간의 용역수수관계를 고려해야 하는 문제가 발생한다. 예를 들어, 동력부는 수선부로부터 수선용역을 제공받고, 수선부는 동력부로부터 필요한 동력을 공급받는 경우이다. 이때 보조부문 간 용역수수관계를 어느 정도 고려할 것인가와 관련하여 직접배부법, 단계배부법 및 상호배부법의 다음 세 가지 방법이 가능하다.[4)]

[예제 5-2]에서 구해진 현대자동차의 용역제공비율을 토대로 보조부문원가 배부방법을 설명하기로 한다.

도표 5-4 ▌ 기본자료: 부문원가 및 용역제공비율

제공부서	제조부문		보조부문			합계
	P1	P2	S1	S2	S3	
S1	30%	30%	–	20%	20%	100%
S2	40	10	20%	–	30	100%
S3	35	35	15	15	–	100%
부문원가	₩35,000	₩50,000	₩20,000	₩10,000	₩15,000	₩130,000

1) 직접배부법

직접배부법(direct method)은 보조부문 상호 간의 용역수수관계를 완전히 무시하고, 보조부문이 제조부문에 제공한 용역제공비율의 상대적 비율에 따라 보조부문원가를 제조부문에만 배부하는 방법이다. 이 방법은 보조부문 상호 간의 용역수수가 별로 중요하지 않을 때 비교적 쉽게 적용될 수 있다. [예제 5-2]의 자료를 이용하여 직접배부법으로 보조부문원가를 제조부문에 배부한 결과는 [도표 5-5]와 같다. S1의 원가 ₩20,000은 S1이 P1과 P2에 제공한 용역제공비율인 30:30(즉, 1:1)의 비율로 제조부문에만 배부되므

4) 원가의 부문별 계산은 원가요소를 제조부문과 보조부문에 배부하고 보조부문원가는 직접배부법, 단계배부법, 또는 상호배부법 등을 적용하여 각 제조부문에 합리적으로 배부한다(원가계산준칙 제15조).

로, P1과 P2에 ₩10,000(=₩20,000× $\frac{30}{(30+30)}$)씩 배부된다.

도표 5-5 | 직접배부법

구분	제조부문		보조부문			합계
	P1	P2	S1	S2	S3	
배부전 원가	₩35,000	₩50,000	₩20,000	₩10,000	₩15,000	₩130,000
S1(30:30)	10,000	10,000	(20,000)	−	−	0
S2(40:10)	8,000	2,000	−	(10,000)	−	0
S3(35:35)	7,500	7,500	−	−	(15,000)	0
배부후 원가	₩60,500	₩69,500	₩0	₩0	₩0	₩130,000

[도표 5-5]에서 배부전 원가는 각 부문에 집계된 부문개별원가와 부문공통원가의 합계이다. 직접배부법에 의하여 S1, S2, S3에 집계된 총원가 ₩45,000은 P1에 ₩25,500, P2에 ₩19,500 대체되었으며, 제조부문 P1과 P2의 배부후 원가는 다음과 같이 구성된다.

> 각 제조부문의 배부후 원가
> =부문개별원가+부문공통원가배부액+보조부문원가배부액

제조부문 P1과 P2에 최종집계된 제조간접원가 ₩60,500과 ₩69,500은 제조부문별 작업특성을 반영하는 배부기준에 비례하여 각 제품에 배부된다. [도표 5-5]에 의하여 S1, S2, S3의 원가가 제조부문 P1, P2에 배부되는 과정을 회계처리하면 다음과 같다.

차변		대변	
P1부문원가	25,500	S1부문원가	20,000
P2부문원가	19,500	S2부문원가	10,000
		S3부문원가	15,000

2) 단계배부법

단계배부법(step-down method)은 보조부문원가의 배부순서를 정하여 그 순서에 따라 단계적으로 보조부문원가를 다른 보조부문과 제조부문에 배부하는 방법이다. 이 방법은 직접배부법과 달리 보조부문원가를 제조부문뿐만 아니라 다른 보조부문에도 배부한다. 그러나 일단 특정 보조부문의 원가가 다른 보조부문에 배부된 다음에는 타 부문에서 역으로는 배부되지 않는다는 점에서 보조부문 상호 간의 용역수수관계를 완전히 고려하는 방법은 아니다. 단계배부법에서는 어떤 순서로 보조부문원가를 배부하는가에 따라서 제조부문에 배부되는 원가가 달라지므로 보조부문원가의 배부순서를 합리적으로 결정하는 것이 매우 중요하다.

배부순서는 일반적으로 다음의 기준을 순차적으로 적용하여 결정한다. 만일 다른 보조부문에 대한 용역제공비율이 동일하다면 용역을 제공하는 상대보조부문의 수가 많은 보조부문을 우선으로 하고, 용역제공비율과 상대보조부문의 수가 동일하다면 보조부문원가의 금액이 큰 보조부문을 우선으로 한다.

- 다른 보조부문에 대한 용역제공비율
- 용역을 제공하는 상대보조부문의 수
- 보조부문원가의 금액크기

배부순서가 타당하게 결정되었다면, 단계배부법은 직접배부법보다 훨씬 더 정확한 원가배부방법이 된다. 그러나 보조부문 상호 간의 용역수수관계를 완전히 인식하지 못하므로 어느 정도의 부정확성은 항상 존재하며, 배부순서가 적절하지 못할 경우에는 직접배부법보다도 오히려 더 부정확한 배부방법이 될 수 있다.

[예제 5-2]의 자료를 이용하여 단계배부법으로 보조부문원가를 제조부문에 배부한 결과는 [도표 5-6]과 같다. 보조부문원가배부는 다른 보조부문에 제공한 용역제공비율이 큰 S2(50%), S1(40%), S3(30%)의 순서로 한다. S2의 원가 ₩10,000은 P1, P2, S3, S1에 40:10:30:20의 비율로 배부하고, S1은 자기부문원가 ₩20,000과 S2로부터 배부받은 원가 ₩2,000을 합한 ₩22,000을 P1, P2, S3에 30:30:20의 비율로 배부한다. 마지막으로 S3은 자기부문원가 ₩15,000과 S2, S1로부터 배부받은 ₩3,000, ₩5,500을 합한 ₩23,500을 P1과 P2에 35:35의 비율로 배부한다.

도표 5-6 | 단계배부법

구분	제조부문		보조부문			합계
	P1	P2	S3	S1	S2	
배부전 원가	₩35,000	₩50,000	₩15,000	₩20,000	₩10,000	₩130,000
S2(40:10:30:20)	4,000	1,000	3,000	2,000	(10,000)	0
S1(30:30:20)	8,250	8,250	5,500	(22,000)	−	0
S3(35:35)	11,750	11,750	(23,500)	−	−	0
배부후 원가	₩59,000	₩71,000	₩0	₩0	₩0	₩130,000

[도표 5-6]에서 보조부문에 집계된 원가를 제조부문에 대체하고 나면 모든 보조부문의 원가는 ₩0이 된다. 제조부문 P1과 P2에 최종적으로 집계된 제조간접원가 ₩59,000과 ₩71,000은 제조부문별 배부기준에 의하여 개별제품에 배부된다.

3) 상호배부법

상호배부법(reciprocal method)은 보조부문 상호 간의 용역수수관계를 완전히 고려하여 보조부문원가를 다른 보조부문과 제조부문에 배부하는 방법으로 이론적으로 가장 타당하지만 다소 복잡하다. 상호배부법은 접근방법에 따라 연립방정식을 이용하는 방법과 행렬식을 이용하는 방법으로 구분되나 양 방법의 원가배부 결과는 동일하다.

① 연립방정식

연립방정식을 이용하는 방법에서는 일단 보조부문 상호 간의 용역수수관계를 완전히 인식하기 위하여 특정 부문의 총원가를 다음과 같은 방정식 형태로 표시한다. 모든 보조부문에 대하여 방정식을 세우고 풀어서 각 보조부문의 총원가를 계산한 다음, 총원가를 제조부문과 다른 보조부문에 배부한다.

총원가 = 자기부문의 원가 + 타 보조부문으로부터 제공받은 원가

[예제 5-2]의 경우에 보조부문원가를 배부하기 위한 연립방정식은 다음과 같다. 여기서, S1, S2, S3은 각 보조부문의 총원가를 나타낸다.

S1 = ₩20,000 + 0.2S2 + 0.15S3

S2 = ₩10,000 + 0.2S1 + 0.15S3

S3 = ₩15,000 + 0.2S1 + 0.3S2

상기의 연립방정식을 풀면 S1 = ₩27,874, S2 = ₩19,541, S3 = ₩26,439이다. 이 값을 다른 보조부문과 제조부문에 용역제공비율에 따라 배부한 결과는 [도표 5-7]과 같다.

도표 5-7 ▌상호배부법(연립방정식)

구분	제조부문		보조부문			합계
	P1	P2	S1	S2	S3	
배부전 원가	₩35,000	₩50,000	₩20,000	₩10,000	₩15,000	₩130,000
S1(30:30:20:20)	8,361	8,361	(27,874)	5,576	5,576	0
S2(40:10:20:30)	7,816	1,954	3,908	(19,541)	5,863	0
S3(35:35:15:15)	9,254	9,254	3,966	3,965	(26,439)	0
배부후 원가	₩60,431	₩69,569	₩0	₩0	₩0	₩130,000

[도표 5-7]에서 보조부문에 집계된 원가를 제조부문에 대체하고 나면 모든 보조부문의 원가는 ₩0이 된다. 제조부문 P1과 P2에 최종적으로 집계된 제조간접원가 ₩60,431과 ₩69,569은 제조부문별 배부기준에 의하여 각 제품에 배부된다.

② 행렬식

보조부문과 제조부문 사이의 용역수수관계가 복잡한 경우에는 복잡한 형태의 연립방정식을 풀어야 한다. 이 경우에는 연립방정식을 행렬로 전환한 후 컴퓨터를 이용하여 해를 구함으로써 쉽게 해결할 수 있다. 행렬식을 이용할 때에는 제조부문과 보조부문 모두에 대하여 연립방정식을 세워야 한다. [예제 5-2]의 자료를 이용하여 행렬식을 이용한 상호배부법을 단계적으로 살펴보자.

- 1단계: 보조부문과 제조부문의 용역수수관계를 연립방정식으로 나타낸다. 여기서 P1, P2는 제조부문에 집계되는 총원가를 나타내고, S1, S2, S3은 보조부문에 집계되는 총원가를 나타낸다.

  P1 = ₩35,000 + 0.3S1 + 0.4S2 + 0.35S3

P2 = ₩50,000 + 0.3S1 + 0.1S2 + 0.35S3

S1 = ₩20,000 + 0.2S2 + 0.15S3

S2 = ₩10,000 + 0.2S1 + 0.15S3

S3 = ₩15,000 + 0.2S1 + 0.3S2

■ 2단계: 방정식을 행렬식으로 전환하기 위하여 등호의 왼쪽에는 계수항을, 등호의 오른쪽에는 부문원가를 배열한다. 여기서는 계수가 0인 변수도 모두 나타내도록 한다.

P1 + 0P2 − 0.3S1 − 0.4S2 − 0.35S3 = ₩35,000

0P1 + P2 − 0.3S1 − 0.1S2 − 0.35S3 = ₩50,000

0P1 + 0P2 + S1 − 0.2S2 − 0.15S3 = ₩20,000

0P1 + 0P2 − 0.2S1 + S2 − 0.15S3 = ₩10,000

0P1 + 0P2 − 0.2S1 − 0.3S2 + S3 = ₩15,000

■ 3단계: 위의 연립방정식을 다음과 같은 행렬식으로 나타낸다. 맨 왼쪽이 계수행렬이다.

$$\begin{bmatrix} 1 & 0 & -0.3 & -0.4 & -0.35 \\ 0 & 1 & -0.3 & -0.1 & -0.35 \\ 0 & 0 & 1 & -0.2 & -0.15 \\ 0 & 0 & -0.2 & 1 & -0.15 \\ 0 & 0 & -0.2 & -0.3 & 1 \end{bmatrix} \times \begin{bmatrix} P1 \\ P2 \\ S1 \\ S2 \\ S3 \end{bmatrix} = \begin{bmatrix} ₩35,000 \\ 50,000 \\ 20,000 \\ 10,000 \\ 15,000 \end{bmatrix}$$

■ 4단계: 행렬 연산을 통하여 미지수를 구한다. 먼저 위의 행렬식을 정리하면 다음과 같다.

$$\begin{bmatrix} P1 \\ P2 \\ S1 \\ S2 \\ S3 \end{bmatrix} = \begin{bmatrix} 1 & 0 & -0.3 & -0.4 & -0.35 \\ 0 & 1 & -0.3 & -0.1 & -0.35 \\ 0 & 0 & 1 & -0.2 & -0.15 \\ 0 & 0 & -0.2 & 1 & -0.15 \\ 0 & 0 & -0.2 & -0.3 & 1 \end{bmatrix}^{-1} \times \begin{bmatrix} ₩35,000 \\ 50,000 \\ 20,000 \\ 10,000 \\ 15,000 \end{bmatrix}$$

여기서, $[\ ]^{-1}$는 계수행렬의 역행렬인데, 컴퓨터를 이용하여 구한 다음 위의 식을 다시 쓰면 다음과 같다.[5)]

5) 역행렬은 컴퓨터 프로그램(Mathematica, Matlab, Excel 등)을 이용하면 쉽게 구할 수 있다.

$$\begin{bmatrix} P1 \\ P2 \\ S1 \\ S2 \\ S3 \end{bmatrix} = \begin{bmatrix} 1 & 0 & 0.5397 & 0.6672 & 0.5310 \\ 0 & 1 & 0.4603 & 0.3328 & 0.4690 \\ 0 & 0 & 1.0977 & 0.2816 & 0.2069 \\ 0 & 0 & 0.2644 & 1.1149 & 0.2069 \\ 0 & 0 & 0.2989 & 0.3908 & 1.1035 \end{bmatrix} \times \begin{bmatrix} ₩35,000 \\ 50,000 \\ 20,000 \\ 10,000 \\ 15,000 \end{bmatrix}$$

■ 5단계: 제조부문 P1의 총원가를 다음과 같이 계산한다.

$$P1 = 1 \times ₩35,000 + 0 \times ₩50,000 + 0.5397 \times ₩20,000 + 0.6672 \times ₩10,000 + 0.5310 \times ₩15,000 = ₩60,431$$

동일한 방법으로 나머지 제조부문 P2와 보조부문 S1, S2, S3의 총원가를 계산한 결과를 행렬식으로 표시하면 아래와 같다.

$$\begin{bmatrix} P1 \\ P2 \\ S1 \\ S2 \\ S3 \end{bmatrix} = \begin{bmatrix} ₩60,431 \\ 69,569 \\ 27,874 \\ 19,541 \\ 26,439 \end{bmatrix}$$

따라서, 제조부문 P1과 P2에 배부된 총원가는 ₩60,431과 ₩69,569이며 이 금액은 제조부문별 배부기준에 의하여 각 제품에 배부된다. 또한, 위의 배부과정을 통하여 각각의 보조부문으로부터 P1에 대체된 원가는 ₩25,431이고, P2에 대체된 원가는 ₩19,569이며, 이 두 금액의 합계 ₩45,000은 S1, S2, S3의 배부전 원가의 합계와 일치한다.

부문	총원가	자기부문원가	보조부문으로부터 배부된 원가
P1	₩60,431	₩35,000	₩25,431
P2	69,569	50,000	19,569
계	₩130,000	₩85,000	₩45,000

행렬식에 의한 배부결과를 [도표 5-7]의 연립방정식에 의한 결과와 비교해 보면, 제조부문 P1과 P2에 배부된 최종원가가 일치함을 알 수 있다. 결국, 행렬식은 연립방정식에 의한 배부를 좀 더 간편하게 하기 위한 수단인 것이다.

예제 5-3

한샘가구의 제조부문(P1, P2)과 보조부문(S1, S2)에서 발생한 제조간접원가와 용역제공비율은 다음과 같다.

제공부서	제조부문		보조부문		합계
	P1	P2	S1	S2	
S1	10%	10%	–	80%	100%
S2	20	60	20%	–	100
발생원가	₩20,000	₩20,000	₩10,000	₩5,000	₩55,000

| 물음 |

1. 다음 방법에 의하여 보조부문원가를 제조부문에 배부하시오.
   (1) 직접배부법
   (2) 단계배부법(단, S1의 원가를 먼저 배부할 것)
2. 행렬식을 이용하는 경우 필요한 방정식을 세우고, 이를 행렬식으로 나타내시오.
3. 계수행렬의 역행렬은 다음과 같다. P1과 P2에 배부되는 총원가를 구하시오.

$$\begin{bmatrix} 1 & 0 & 0.3097 & 0.2619 \\ 0 & 1 & 0.6908 & 0.7381 \\ 0 & 0 & 1.1905 & 0.2381 \\ 0 & 0 & 0.9528 & 1.1905 \end{bmatrix}$$

| 해답 |

1. 보조부문원가의 배부
   (1) 직접배부법

구분	제조부문		보조부문		합계
	P1	P2	S1	S2	
배부전 원가	₩20,000	₩20,000	₩10,000	₩5,000	₩55,000
S1(10:10)	5,000*	5,000	(10,000)	–	0
S2(20:60)	1,250	3,750	–	(5,000)	0
배부후 원가	₩26,250	₩28,750	₩0	₩0	₩55,000

* ₩10,000 × 10 ÷ (10 + 10) = ₩5,000

(2) 단계배부법

구분	제조부문		보조부문		합계
	P1	P2	S2	S1	
배부전 원가	₩20,000	₩20,000	₩5,000	₩10,000	₩55,000
S1(10:10:80)	1,000*	1,000	8,000	(10,000)	0
S2(20:60)	3,250	9,750	(13,000)	–	0
배부후 원가	₩24,250	₩30,750	₩0	₩0	₩55,000

* ₩10,000 × 10 ÷ (10 + 10 + 80) = ₩1,000

2. 행렬식

(1) 연립방정식

P1 = ₩20,000 + 0.1S1 + 0.2S2

P2 = ₩20,000 + 0.1S1 + 0.6S2

S1 = ₩10,000 + 0.2S2

S2 = ₩5,000 + 0.8S1

(2) 행렬식

$$\begin{bmatrix} 1 & 0 & -0.1 & -0.2 \\ 0 & 1 & -0.1 & -0.6 \\ 0 & 0 & 1 & -0.2 \\ 0 & 0 & -0.8 & 1 \end{bmatrix} \times \begin{bmatrix} P1 \\ P2 \\ S1 \\ S2 \end{bmatrix} = \begin{bmatrix} ₩20,000 \\ 20,000 \\ 10,000 \\ 5,000 \end{bmatrix}$$

3. P1과 P2에 배부된 총원가

$$\begin{bmatrix} 1 & 0 & -0.1 & -0.2 \\ 0 & 1 & -0.1 & -0.6 \\ 0 & 0 & 1 & -0.2 \\ 0 & 0 & -0.8 & 1 \end{bmatrix} \times \begin{bmatrix} P1 \\ P2 \\ S1 \\ S2 \end{bmatrix} = \begin{bmatrix} ₩20,000 \\ 20,000 \\ 10,000 \\ 5,000 \end{bmatrix}$$

$$\begin{bmatrix} P1 \\ P2 \\ S1 \\ S2 \end{bmatrix} = \begin{bmatrix} ₩24,406 \\ 30,598 \\ 13,096 \\ 15,481 \end{bmatrix}$$

P1 = 1 × ₩20,000 + 0 × ₩20,000 + 0.3097 × ₩10,000 + 0.2619 × ₩5,000 = ₩24,406

P2 = 0 × ₩20,000 + 1 × ₩20,000 + 0.6908 × ₩10,000 + 0.7381 × ₩5,000 = ₩30,598

따라서, P1과 P2에 배부된 총원가는 각각 ₩24,406과 ₩30,598이다.[6)]

6) P1과 P2에 배부된 원가를 합하면 ₩55,004(= ₩24,406 + 30,598)로서 역행렬 계산 시의 반올림오차로 인하여 부문원가 합계인 ₩55,000과 ₩4만큼 차이가 난다.

3. 제조부문원가의 제품별 배부

보조부문원가를 직접배부법, 단계배부법, 상호배부법 등 어느 한 가지 방법에 의하여 제조부문에 대체하고 나면, 제조부문원가는 부문개별원가와 부문공통원가 및 보조부문원가 배부액의 합계로 최종집계되고, 이는 다시 제조부문별 배부기준에 의하여 각 제품에 배부된다. 직접재료원가와 직접노무원가는 발생된 시점에 이미 제품별로 할당되었으므로, 제조부문원가만 배부하면 최종적인 제품원가를 알 수 있다. 제조부문원가가 제품에 배부되는 과정을 회계처리하면 다음과 같다.

차변		대변	
재공품(A제품)	×××	제1제조부문	×××
재공품(B제품)	×××	제2제조부문	×××

예제 5-4

[예제 5-2]의 자료를 이용하여 직접배부법으로 보조부문원가를 제조부문에 배부한 결과에 추가하여 부문별 제조간접원가 배부기준은 다음과 같다.

구분	P1	P2	합계
부문원가	₩60,500	₩69,500	₩130,000
직접노무시간	250시간	500시간	750시간
기계작업시간	550시간	250시간	800시간

다음은 당기중에 완성된 A제품의 작업내용이다.

구분	P1	P2	합계
직접재료원가	₩21,300	₩17,200	₩38,500
직접노무원가	24,000	20,000	44,000
직접노무시간	120시간	80시간	200시간
기계작업시간	70시간	230시간	300시간

| 물음 |

1. 기계작업시간에 의한 공장전체배부율은 얼마인가?
2. P1은 직접노무시간, P2는 기계작업시간을 기준으로 부문별배부율을 구하시오.
3. 상기의 공장전체배부율과 부문별배부율에 의하여 A제품의 제조원가를 구하시오.

4. 부문별배부율에 의하여 P1과 P2의 원가가 A제품에 배부되는 과정을 분개하시오.

| 해답 |

1. 공장전체배부율: 기계작업시간

$$\frac{₩130{,}000}{800시간} = ₩162.5$$

2. 부문별배부율

부문	배부기준	제조간접원가배부율
P1	직접노무시간	$\frac{₩60{,}500}{250시간} = ₩242$
P2	기계작업시간	$\frac{₩69{,}500}{250시간} = ₩278$

3. A제품의 제조원가

	공장전체배부율	부문별배부율
직접재료원가	₩38,500	₩38,500
직접노무원가	44,000	44,000
제조간접원가배부액	48,750①	92,980②
	₩131,250	₩175,480

① ₩162.5×300시간=₩48,750

② ₩242×120시간+₩278×230시간=₩92,980

4. 회계처리

차변		대변	
재공품(A제품)	92,980	절단부문(P1)	29,040
		조립부문(P2)	63,940

연습 문제

| 객관식 문제 |

01. (주)성북은 두 개의 제조부문(절단, 조립)과 세 개의 보조부문(동력, 수선, 식당)으로 운영된다. 보조부문원가의 배부기준으로 동력부문은 kWh, 수선부문은 수선시간, 식당은 종업원수를 사용하고 있다. 이 회사의 보조부문원가 배부방법은 단계배부법이며, 보조부문원가는 다른 보조부문에 제공한 용역제공비율이 큰 순서로 배부한다. 만일 다른 보조부문에 대한 용역제공비율이 동일하다면 용역을 제공하는 상대보조부문의 수가 많은 보조부문을 우선으로 하고, 용역제공비율과 상대보조부문의 수가 동일하다면 보조부문원가의 금액이 큰 보조부문을 우선으로 한다. 부문원가와 보조부문이 다른 부문에 제공한 용역량은 다음과 같다. 어느 보조부문의 원가를 우선적으로 배부하여야 하는가?

제공	제조부문		보조부문			합계
	절단	조립	동력	수선	식당	
부문원가	₩350	₩500	₩200	₩100	₩150	₩1,300
동력	300kWh	300kWh	100kWh	400kWh	–	1,100kWh
수선	200시간	100시간	100시간	150시간	100시간	650시간
식당	21명	21명	9명	9명	5명	65명

① 동력 ② 수선 ③ 식당 ④ 절단

02. (주)한국전자는 종업원수에 비례하여 부문공통원가 ₩100,000을 다음의 부문으로 배부하고자 한다. 절단부문으로 배부될 부문공통원가는 얼마인가?

항목	절단부문	조립부문	수선부문
부문개별원가	₩40,000	₩50,000	₩10,000
종업원수	30명	50명	20명

① ₩100,000 ② ₩20,000 ③ ₩50,000 ④ ₩30,000

[03~05] (주)명지정밀은 두 개의 제조부문(절단, 조립)과 보조부문(수선, 동력)을 통하여 제품을 생산하고 있다. 보조부문에서 제공한 용역량 및 부문원가는 다음과 같다. 보조부문원가의 배부기준으로 수선부문은 수선시간, 동력부문은 kWh를 사용하고 있다.

구분	제조부문		보조부문		합계
	절단부문	조립부문	수선부문	동력부문	
부문원가	₩10,000	₩8,000	₩1,560	₩8,000	₩27,560
수선부문	40시간	20시간	10시간	40시간	110시간
동력부문	30kWh	40kWh	30kWh	20kWh	120kWh

03. 직접배부법에 의하여 보조부문원가를 제조부문으로 배부할 때 배부 후 절단부문의 원가는 얼마인가?

① ₩14,469 ② ₩4,469 ③ ₩13,024 ④ ₩1,040

04. 단계배부법에 의하여 보조부문원가 배부는 다른 보조부문에 제공한 용역제공비율이 큰 순서로 한다. 동력부문원가 중에서 절단부문으로 배부되는 제조간접원가는 얼마인가?

① ₩3,429 ② ₩3,696 ③ ₩1,040 ④ ₩2,640

05. 상호배부법에 의하여 보조부문원가를 제조부문으로 배부할 때 배부 후 조립부문의 원가는 얼마인가?

① ₩4,820 ② ₩14,740 ③ ₩12,820 ④ ₩3,267

06. 보조부문원가를 제조부문으로 배부한 후의 제조부문원가의 당기 자료는 다음과 같다.

항목	절단부문	조립부문
부문개별원가	₩40,000	₩30,000
부문공통원가배부액	5,000	5,000
보조부문원가배부액	5,000	5,000
부문원가합계	₩50,000	₩40,000
직접노무시간	800시간	1,000시간
기계작업시간	500시간	200시간

절단부문은 기계작업시간을 기준으로, 조립부문은 직접노무시간을 기준으로 부문별 제조간접원가배부율을 계산하여 제조간접원가를 제품에 배부하고 있다. 당기중 제품 A와 관련 생산자료는 다음과 같다.

항목	절단부문	조립부문
직접노무시간	250시간	200시간
기계작업시간	300시간	100시간

당기 절단부문 원가 중에서 제품 A에 배부되는 제조간접원가는 얼마인가?

① ₩24,000 ② ₩25,000 ③ ₩30,000 ④ ₩10,000

07. 한국제조는 두 개의 제조부문과 두 개의 보조부문으로 구성되어 있다. 다음은 각 부문에 대한 자료이다.

항목	제조부문		보조부문	
	압축	연마	청소	일반관리
간접원가	₩7,500	₩9,200	₩6,000	₩8,000
종업원수	360명	180명	60명	30명
점유면적	600평	900평	250평	180평

한국제조는 일반관리부문원가를 종업원수를 기준으로 먼저 배부하고 청소부문원가는 점유면적에 비례하여 배부하는 단계배부법을 사용한다. 보조부문의 원가를 배부한 후 압축부문의 총간접원가는 얼마인가?

① ₩15,020 ② ₩14,729 ③ ₩15,233 ④ ₩15,680

08. (주)한강은 두 개의 제조부문(P1, P2)과 두 개의 보조부문(S1, S2)으로 운영된다. 회사는 상호배부법을 이용하여 보조부문원가를 제조부문에 배부하고 있으며, 각 보조부문의 용역제공비율은 다음과 같았다.

제공부문	제조부문		보조부문	
	P1	P2	S1	S2
S1	50%	30%	–	20%
S2	40%	40%	20%	–
부문원가	?	?	X	?

두 개의 보조부문(S1, S2)으로부터 P1에 배부된 금액은 ₩50,000이고, P2에 배부된 금액은 ₩40,000이었다. 부문비 배부전 S1에 집계된 원가(X)는 얼마인가?

① ₩47,000 ② ₩38,200 ③ ₩50,000 ④ ₩37,500

| 객관식 문제 해답 및 해설 |

01. ②

부문원가 및 용역제공비율

제공	제조부문		보조부문			합계
	절단	조립	동력	수선	식당	
부문원가	₩350	₩500	₩200	₩100	₩150	₩1,300
동력	30%	30%	–	40%	–	100%
수선	40%	20%	20%	–	20%	100%
식당	35%	35%	15%	15%	–	100%

다른 보조부문에 대한 용역제공비율는 동력부문 40%, 수선부문 40%, 식당부문 20%이다. 용역을 제공하는 상대보조부문의 수는 동력부문은 1, 수선부문은 2, 식당부문은 2이다. 따라서 수선부문의 원가를 최우선적으로 배부한다.

02. ④

₩100,000×30/100=₩30,000

03. ①

₩10,000+1,560×40/60+8,000×30/70=₩14,469

04. ②

단계배부법 배부순서: [1] 수선부문, [2] 동력부문

절단부문으로 배부되는 동력부문원가: (₩8,000+1,560×0.4)×30/70=₩3,696

구분	절단부문	조립부문	[2] 동력	[1] 수선	합계
부문원가	₩10,000	₩8,000	₩8,000	₩1,560	₩27,560
[1] 수선부문 (40:20:40)	624	312	624	(1,560)	0
[2] 동력부문 (30:40)	3,696	4,928	(8,624)	–	0
배부후 원가	₩14,320	₩13,240	₩0	₩0	₩27,560

05. ③

수선부문의 총원가를 S1, 동력부문의 총원가를 S2라고 하자.

S1＝1,560＋0.3S2

S2＝8,000＋0.4S1

위 연립방정식을 풀면, S1＝₩4,500, S2＝₩9,800

조립부문원가＝조립부문 자체원가＋보조부문원가배분액

＝₩8,000＋₩4,500×0.2＋₩9,800×0.4

＝₩12,820

06. ③

절단부문 배부율＝₩50,000/500시간＝₩100/시간

제품 A에 배부되는 절단부문원가＝₩100×300시간＝₩30,000

07. ①

구분	제조부문		보조부문	
	압축	연마	청소	일반관리
간접원가	₩7,500	₩9,200	₩6,000	₩8,000
일반관리(360:180:60)	4,800	2,400	800	(8,000)
청소(600:900)	2,720	4,080	(6,800)	–
배부후 총간접원가	₩15,020	₩15,680	₩0	₩0

08. ④

0.5S1＋0.4S2＝₩50,000

0.3S1＋0.4S2＝₩40,000

∴ S1＝₩50,000, S2＝₩62,500

한편, S1＝X＋0.2S2

₩50,000＝X＋0.2×₩62,500

∴ X＝₩37,500

| 주관식 문제 |

01. 직접배부법

한국제조는 두 개의 제조부문(조립, 완성)과 보조부문(인사, 수선)을 통하여 제품을 생산하고 있다.

구분	제조부문		보조부문		합계
	조립	완성	인사	수선	
부문원가	₩500,000	₩700,000	₩15,000	₩12,000	₩1,227,000
종업원수	40	40	10	20	110명
수선시간	200	200	100	100	600시간
직접노무시간	5,000	1,000	–	–	6,000시간

인사부 원가는 종업원수를, 수선부 원가는 수선시간을 기준으로 배부하며, 제조간접원가 배부기준은 직접노무시간이다.

| 물음 |

1. 공장전체배부율을 계산하시오.
2. 부문별배부율을 계산하시오. 단, 보조부문원가는 직접배부법을 사용하여 제조부문에 배부한다.

| 풀이 |

1. 공장전체배부율: 직접노무시간

$$\frac{₩1,227,000}{6,000시간} = ₩204.5$$

2. 부문별배부율

(1) 보조부문원가배부율

자가소비용역을 제거한 후의 용역량에 기초하여 보조부문원가 배부율을 계산한다.

구분	제조부문		보조부문		합계
	조립	완성	인사	수선	
〈배부기준〉					
인사(종업원수)	40	40	–	20	100명
수선(수선시간)	200	200	100	–	500시간
〈배부율〉					
인사	40%	40%	–	20%	100%
수선	40	40	20%	–	100%

(2) 부문별배부율

구분	제조부문		보조부문		합계
	조립	완성	인사	수선	
배부전 원가	₩500,000	₩700,000	₩15,000	₩12,000	₩1,227,000
인사(40:40)	7,500	7,500	(15,000)	–	0
수선(40:40)	6,000	6,000	–	(12,000)	0
배부후 원가	₩513,500	₩713,500	₩0	₩0	₩1,227,000
배부기준	÷5,000시간	÷1,000시간			
부문별배부율	₩102.7	₩713.5			

02. 단계배부법

한국제철의 당기 원가자료는 다음과 같다. P1, P2는 제조부문, S1, S2는 보조부문이다.

(1) 부문원가

원가항목	부문개별원가				부문공통원가	합계
	P1	P2	S1	S2		
간접재료원가	₩30,000	₩10,000	₩15,000	₩10,000	₩50,000	₩115,000
간접노무원가	70,000	20,000	70,000	10,000	60,000	230,000
감가상각비	30,000	15,000	12,000	3,000	40,000	100,000
전력비	–	–	–	–	120,000	120,000
잡비	–	–	–	–	20,000	20,000
합계	₩130,000	₩45,000	₩97,000	₩23,000	₩290,000	₩585,000

(2) 부문공통원가 배부비율

원가항목	P1	P2	S1	S2	합계
간접재료원가	40%	30%	10%	20%	100%
간접노무원가	30	40	20	10	100
감가상각비	35	35	20	10	100
전력비	35	25	30	10	100
잡비	30	25	30	15	100

(3) 보조부문원가는 다음 비율에 의하여 단계배부법으로 제조부문에 배부한다(단, S2의 원가를 먼저 배부할 것).

제공	P1	P2	S1	S2	합계
S1	40%	10%	–	50%	100%
S2	40	40	20%	–	100

| 물음 |

제조부문 P1과 P2에 집계되는 부문원가는 얼마인가?

| 풀이 |

아래 부문원가배부 및 대체내역에서 부문개별원가는 합계액으로 표시하고, 부문공통원가는 항목별로 배부하였다. 보조부문원가배부 후 P1과 P2에 집계되는 총원가는 각각 ₩393,680과 ₩191,320이다.

항목	제조부문		보조부문		합계
	P1	P2	S1	S2	
가. 부문원가배부					
부문개별원가	₩130,000	₩45,000	₩97,000	₩23,000	₩295,000
부문공통원가					
간접재료원가	20,000	15,000	5,000	10,000	50,000
간접노무원가	18,000	24,000	12,000	6,000	60,000
감가상각비	14,000	14,000	8,000	4,000	40,000
전력비	42,000	30,000	36,000	12,000	120,000
잡비	6,000	5,000	6,000	3,000	20,000
소계	₩100,000	₩88,000	₩67,000	₩35,000	₩290,000
부문원가 계	₩230,000	₩133,000	₩164,000	₩58,000	₩585,000
나. 부문원가대체					
S2(40:40:20)	23,200	23,200	11,600	(58,000)	0
S1(40:10)	140,480	35,120	(175,600)	–	0
다. 부문원가	₩393,680	₩191,320	₩0	₩0	₩585,000

03. 상호배부법

한국정밀은 두 개의 제조부문(성형, 조립)과 보조부문(수선, 동력)을 통하여 제품을 생산하고 있다. 보조부문에서 생산한 용역량은 다음과 같다.

용역 제공부문	제조부문		보조부문		합계
	성형	조립	수선	동력	
수선	40	20	10	40	110시간
동력	40	40	80	20	180kWh

수선부와 동력부에 집계된 부문원가는 각각 ₩160,000, ₩80,000이다.

| 물음 |

상호배부법을 이용하여 보조부문원가를 제조부문에 배부하시오.

| 풀이 |

1. 보조부문원가배부율

항목	제조부문		보조부문		합계
	성형	조립	수선	동력	
〈배부기준〉					
수선(수선시간)	40	20	−	40	100시간
동력(kW)	40	40	80	−	160kW
〈배부율〉					
수선	40%	20%	−	40%	100%
동력	25	25	50%	−	100

2. 상호배부법

상호배부법은 연립방정식과 행렬식을 이용할 수 있으나, 계수행렬의 역행렬이 주어져 있지 아니하므로 연립방정식을 이용한다. 보조부문원가를 배부하기 위한 연립방정식은 다음과 같다. 여기서 S1은 수선부, S2는 동력부의 총원가를 나타낸다.

S1＝₩160,000＋0.5S2

S2＝₩80,000＋0.4S1

연립방정식을 풀면 S1＝₩250,000, S2＝₩180,000이다. 이 값을 다른 보조부문과 제조부문에 용역제공비율에 따라 배부한 결과 성형과 조립에 배부된 보조부문원가는 각각 ₩145,000과 ₩95,000이다.

상호배부법(연립방정식)

구분	제조부문		보조부문		합계
	성형	조립	수선	동력	
배부전 원가	−	−	₩160,000	₩80,000	₩240,000
수선(40:20:40)	₩100,000	₩50,000	(250,000)	100,000	0
동력(25:25:50)	45,000	45,000	90,000	(180,000)	0
배부후 원가	₩145,000	₩95,000	₩0	₩0	₩240,000

04. 종합문제

한국제철은 두 개의 제조부문(P1, P2)과 보조부문(S1, S2)을 통하여 제품을 생산한다. 당월의 원가자료는 다음과 같다.

(1) 부문원가

원가항목	합계	P1	P2	S1	S2
부문개별원가	₩655,000	₩400,000	₩150,000	₩60,000	₩45,000
부문공통원가					
간접노무원가	100,000				
건물감가상각비	125,000				
합계	₩880,000				

(2) 부문별 배부기준

원가부문	배부기준	종업원수(명)	면적(㎡)	기계작업시간
S1	종업원수	20	400	–
S2	면적(㎡)	20	400	–
P1		30	600	20,000
P2		30	600	7,500

부문공통원가 중 간접노무원가는 종업원수를, 건물감가상각비는 면적을 기준으로 각 부문에 배부한다. 또한 제조간접원가는 기계작업시간을 기준으로 제품에 배부한다.

| 물음 |

1. 공장전체배부율은 얼마인가?
2. 보조부문원가를 제조부문에 배부할 때 직접배부법을 사용한다고 가정하고, 부문별배부율을 계산하시오.
3. 당월중 완성된 A제품의 작업내용은 다음과 같다.

A제품	
직접재료원가	₩18,500
직접노무원가	14,000
기계작업시간	
P1	800시간
P2	150시간

공장전체배부율과 부문별배부율을 각각 적용하여 A제품의 제조원가를 구하시오.

| 풀이 |

1. 공장전체배부율: 기계작업시간

$$\frac{₩880,000}{27,500시간} = ₩32$$

2. 부문별배부율

부문별배부율을 계산하기 위해서는 먼저 부문공통원가배부율과 보조부문원가배부율을 계산하여야 한다.

(1) 부문공통원가배부율

항목	제조부문		보조부문		합계
	P1	P2	S1	S2	
〈부문공통원가〉					
간접노무원가	30	30	20	20	100명
건물감가상각비	600	600	400	400	2,000㎡
〈배부율〉					
간접노무원가	30%	30%	20%	20%	100%
건물감가상각비	30	30	20	20	100%

(2) 보조부문원가배부율

자가소비용역을 제거한 후의 용역량에 의하여 보조부문원가배부율을 계산한다.

항목	제조부문		보조부문		합계
	P1	P2	S1	S2	
〈배부기준〉					
S1	30	30	–	20	80명
S2	600	600	400	–	1,600㎡
〈배부율〉					
S1	37.5%	37.5%	–	25%	100%
S2	37.5	37.5	25%	–	100%

(3) 부문별배부율

항목	제조부문		보조부문		합계
	P1	P2	S1	S2	
가. 부문원가배부					
부문개별원가	₩400,000	₩150,000	₩60,000	₩45,000	₩655,000
부문공통원가					
간접노무원가	30,000	30,000	20,000	20,000	100,000
건물감가상각비	37,500	37,500	25,000	25,000	125,000
부문원가 계	₩467,500	₩217,500	₩105,000	₩90,000	₩880,000
나. 부문원가대체					
S1(37.5:37.5)	52,500	52,500	(105,000)	–	0
S2(37.5:37.5)	45,000	45,000	–	(90,000)	0
다. 부문원가	₩565,000	₩315,000	₩0	₩0	₩880,000
라. 배부기준	÷20,000시간	÷7,500시간			
마. 부문별배부율	₩28.25	₩42			

3. A제품의 제조원가

(1) 제조간접원가 배부액

가. 공장전체배부율: ₩32×(800시간+150)=₩30,400

나. 부문별배부율: ₩28.25×800시간+₩42×150시간=₩28,900

(2) A제품의 제조원가

제조원가	공장전체배부율	부문별배부율
직접재료원가	₩18,500	₩18,500
직접노무원가	14,000	14,000
제조간접원가배부액	30,400	28,900
계	₩62,900	₩61,400

Chapter 6

개별원가계산

Cost Accounting

제1절 의의와 특징

1. 의의

제2장에서 살펴본 바와 같이 제품원가계산은 원가의 집계방법에 따라 개별원가계산과 종합원가계산으로 구분된다. 개별원가계산은 다품종소량생산이나 주문생산과 같이 제품종류나 주문·작업별로 원가를 계산할 필요가 있는 경우에 적용되며, 개별작업별로 작성되는 작업지시서 또는 제조지시서(job order, production order)를 단위로 원가계산이 이루어진다. 이 방법은 건설업, 조선업, 항공기산업, 컴퓨터 프로그램 제작, 회계·법률서비스업 등과 같은 주문생산형태에 적합하다.

반면에, 종합원가계산은 동종의 유사한 제품을 동일한 공정(제조부문)에서 대량으로 반복해서 생산하는 경우에, 제품이나 작업별로 원가를 구분·집계하는 대신 생산공정에 원가를 집계하는 방식이다. 종합원가계산은 동일한 공정에서 생산된 제품은 동질적이라는 가정하에 공정에 집계된 총원가를 완성품수량으로 나누어서 제품단위당 원가를 산출한다. 이 방법은 화학공업, 정유공업, 의류제조업, 플라스틱공업, 제분업 등에 적용될 수 있다.

요컨대, 개별원가계산은 서로 다른 제품(또는 주문)을 생산하기 때문에 제품이나 작업별로 작업지시서가 작성되고 이를 기초로 제품원가계산이 이루어지는 반면, 종합원가계산은 동종의 유사제품을 대량으로 반복 생산하기 때문에 제품별로 일일이 작업지시서를 작성하지 않고 공정에 원가를 집계하여 제품원가를 계산한다는 것이다.

2. 개별원가계산의 특징

개별원가계산에서는 개별 제품이나 작업별로 작성되는 작업지시서에 원가가 집계된다. 작업지시서는 작업원가표(job cost sheet)라고도 하며,[1] 개별원가계산에서 원가의 집계단위가 된다.[2]

개별원가계산에서는 제조직접원가와 제조간접원가의 구별이 중요하다. 직접재료원가와 직접노무원가와 같은 제조직접원가는 개별작업에 인과관계에 따라 추적하여 할당할 수 있다. 그러나 제조간접원가는 여러 작업에 공통적으로 발생된 원가이기 때문에 적절한 배부기준에 의해 배부하여야 한다. 제조간접원가를 특정 작업에 배부하는 과정은 제4장과 제5장에서 설명한 공장전체배부율이나 부문별배부율을 사용하는 경우가 그대로 적용된다. 제조간접원가 배부과정이 개별원가계산의 핵심이라 해도 지나치지 않는다.

제2절 개별원가계산

1. 작업지시서

작업지시서는 특정 작업이나 제품의 생산을 지시・명령하는 일종의 서식이다. 고객이 특정 제품의 제작을 주문하면 영업부는 고객이 요구한 제품의 수량, 가격, 납기 등의 조건에 대한 판매지시서(sales order)를 작성하여 제조부문에 전달한다. 제조부문은 판매지

1) 작업지시서와 작업원가표는 하나의 서식으로 작성되는 경우가 일반적이기 때문에 본서에서는 작업지시서와 작업원가표를 굳이 구분하지 않았다.

2) 개별원가계산은 다른 종류의 제품을 개별적으로 생산하는 생산형태에 적용하며, 각 작업지시서별로 원가를 산정한다(원가계산준칙 제18조 제①항).

시서를 토대로 작업지시서를 작성하여 생산현장과 원가계산 담당자에게 보낸다. 원가계산 담당자는 작업지시서에 근거하여 작업원가표를 작성하고, 여기에 제품생산과 관련하여 발생된 원가를 집계한다. 작업지시서의 내용이나 형식은 기업에 따라 다양하지만 일반적인 형식은 [도표 6-1]과 같다.

도표 6-1 | 작업지시서(작업원가표)

작업지시서(작업원가표)			
품명	A제품	주문일	20×1년 1월 2일
작업번호	#101	완성일	20×1년 1월 20일
주문(생산)량	200단위	담당자	

일자	직접재료원가				직접노무원가			제조간접원가			합계
	품목	수량	단가	금액	작업시간	임률	금액	배부기준	배부율	금액	
합계											

작업원가표에 기록되는 원가는 직접재료원가, 직접노무원가와 제조간접원가로 구분된다. 원재료 출고청구서에 의해 특정 작업을 위한 원재료가 창고에서 출고되면, 원가 담당자는 그 특정 작업원가표에 재료원가를 기록한다. 이렇게 함으로써 개별작업과 그 작업을 수행하는데 소비된 직접재료원가를 인과관계에 따라 대응시킬 수 있다. 직접노무원가도 작업보고서에 의하여 특정 작업에 직접 투입된 원가를 파악하여 기록한다.[3)]

직접재료원가와 직접노무원가는 소비될 때마다 작업원가표에 금액이 기록되나, 제조간접원가는 공장전체배부율이나 부문별배부율에 의하여 배부된 금액을 기록한다. 그런데 제조간접원가배부율은 원가계산 기말에 그 기간 동안에 실제로 발생된 제조간접원가를 집계하여 배부기준 총계로 나누어야 비로소 알 수 있으므로, 제조간접원가는 기말에 가서야 개별작업에 배부된다. 따라서, 원가계산 기중에는 작업원가표에 직접재료원가, 직접노무원가와 개별작업에 수행된 제조간접원가 배부기준(직접노무시간이나 기계작업

3) 원재료 출고청구서와 작업보고서의 형식에 대해서는 제3장에서 이미 살펴보았다.

시간 등)만이 기록된다. 이처럼 실제원가에 의하여 제품원가를 계산하는 경우에는 기중에 특정 작업이 완성되었다 하더라도 제조간접원가배부가 이루어지지 않아 제품원가를 알 수 없다.[4]

작업이 완료되면 작업원가표에 기록된 모든 원가를 집계하여 총제조원가를 구하고, 이를 완성된 제품수량으로 나누어 제품단위당 원가를 계산한다. 만일 작업지시서에 완성된 수량이 한 개라면 그 작업원가표에 집계된 총원가가 곧 그 제품의 단위당 원가이다.

2. 원가흐름

부문별배부율을 사용하여 제조간접원가가 개별작업에 배부되는 경우를 가정하여 개별원가계산에서의 계정별 원가흐름을 예시하면 [도표 6-2]와 같다.

개별원가계산에서는 제조간접원가계정의 보조원장으로 부문별 제조간접원가계정이 사용된다. [도표 6-2]에서 제1제조부문과 제2제조부문의 차변에 집계된 원가의 합계액은 제조간접원가계정의 차변에 집계된 원가와 일치한다.

제조간접원가		제1제조부문		제2제조부문
•부문개별원가 •부문공통원가 •보조부문원가배부액	=	•부문개별원가 •부문공통원가 •보조부문원가배부액	+	•부문개별원가 •부문공통원가 •보조부문원가배부액

부문원가가 부문개별원가, 부문공통원가, 보조부문원가배부액으로 구분 집계되는 과정은 제5장에서 이미 살펴본 바와 같다.

작업원가표는 제품생산이 시작됨과 동시에 작성되어 재공품계정의 보조원장이 되며, 이를 원가원장(cost ledger)이라고도 한다. 원가원장에는 작업원가표가 작업번호(#101, #102 등)에 의하여 관리된다. 작업원가표에는 직접재료원가와 직접노무원가가 소비되는 시점에 바로바로 기록되고, 제조간접원가는 공장전체배부율이나 부문별배부율에 의하여 기말에 일괄하여 개별작업에 배부된다. 작업원가표는 하나하나가 재공품계정의 보조원장이므로 개별작업원가표에 집계된 직접재료원가, 직접노무원가와 제조간접원가배부액

4) 실제원가계산에 의할 경우 원가계산 기중에는 완성된 제품의 제조원가를 알 수 없는 단점이 있다. 이를 보완하는 평준화원가계산(정상원가계산)이나 표준원가계산에 대해서는 제10장과 제11장에서 살펴본다.

도표 6-2 | 개별원가계산의 원가흐름

직접재료원가

발생	××	소비	××
		(#101, #102)	

직접노무원가

발생	××	소비	××
		(#101, #102)	

제조간접원가

부문개별원가	××	배부	××
부문공통원가	××	(#101, #102)	
보조부문원가 배부액	××		

제1제조부문

부문개별원가	××	배부	××
부문공통원가	××	(#101, #102)	
보조부문원가 배부액	××		

제2제조부문

부문개별원가	××	배부	××
부문공통원가	××	(#101, #102)	
보조부문원가 배부액	××		

재공품

기초재고	××	완성	××
직접재료원가	××	(#101)	
직접노무원가	××	기말재고	××
제조간접원가 배부	××	(#102)	

#101

직접재료원가	××
직접노무원가	××
제조간접원가배부	××
(제1제조부문+제2제조부문)	

#102

직접재료원가	××
직접노무원가	××
제조간접원가배부	××
(제1제조부문+제2제조부문)	

제품

기초재고	××	판매	××
완성(#101)	××	기말재고	××

의 합계액은 재공품계정 차변에 집계된 원가의 합계와 일치한다.

재공품		작업원가표(#101)		작업원가표(#102)
• 직접재료원가 • 직접노무원가 • 제조간접원가배부액	=	• 직접재료원가 • 직접노무원가 • 제조간접원가배부액	+	• 직접재료원가 • 직접노무원가 • 제조간접원가배부액

당기중에 완성된 작업원가표는 원가원장에서 분리되어 제품계정의 보조원장인 제품원장(finished goods ledger)으로 대체되고, 완성된 작업원가표에 집계된 총원가는 당기제품제조원가로 제품계정에 대체된다. 개별원가계산에서 당기제품제조원가는 완성된 작업

원가표에 집계된 원가의 합계이다. 만일, [도표 6-2]에서 당기중에 작업원가표 #101이 완성되었고, 작업원가표 #102는 기말 현재 미완성상태라면, 작업원가표 #101에 집계된 총원가는 제품계정에 대체하고 해당 작업원가표도 원가원장에서 제품원장으로 대체한다. 기말 현재 미완성 작업원가표 #102의 총원가는 기말재공품으로 차기이월된다. 또한, 제품계정으로 대체된 작업원가표 #101이 판매되었다면 #101에 집계된 총원가는 매출원가가 된다. 이때 작업원가표 #101은 제품원장에서 매출원가의 보조원장으로 대체된다.

지금까지 살펴보았듯이, 개별원가계산에서 작업원가표는 재공품, 제품, 매출원가의 보조원장이 되면서, 완성품과 기말재공품, 기말제품, 매출원가를 파악하는 중요한 증빙자료가 된다. 개별원가계산에서의 원가흐름을 보조원장을 통해 정리하면 다음과 같다.

도표 6-3 | 계정흐름

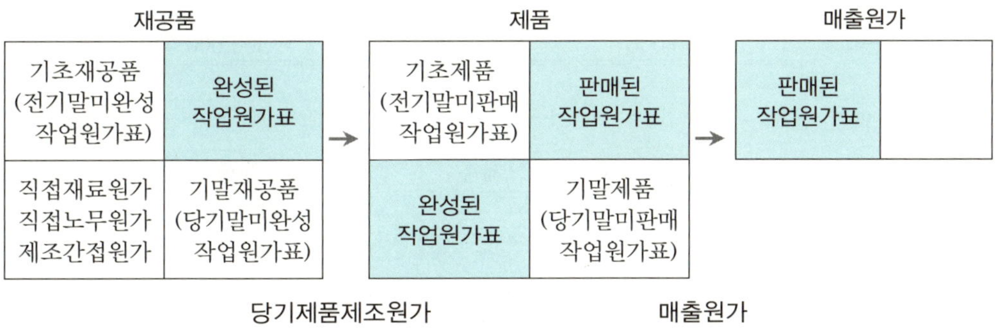

예제 6-1

비상장기업인 한국건설은 완성기준에 의하여 수익을 인식한다. 20×1년 10월과 11월의 건설과 관련된 자료는 다음과 같다.[5]

작업	착수일	완성일	인도일	10월말까지의 총원가	11월중 투입원가
#101	1.25	10.10	10.15	₩300,000	–
#102	5.10	10.31	11. 5	150,000	–
#103	5.20	11.15	11.22	220,000	₩40,000
#104	7.12	12. 6	12.20	430,000	70,000

5) 비상장・비등록・비금융 중소기업은 단기 용역제공거래에 한하여 거래의 성과를 신뢰성 있게 추정할 수 있을 때 완성기준으로 수익을 인식할 수 있다. 완성기준은 용역제공을 완료한 시점에 용역수익과 용역원가를 인식하는 방법이다.

| 물음 |

1. 10월 31일 현재 재공품 및 제품과 10월의 매출원가를 구하시오.
2. 11월 30일 현재 재공품 및 제품과 11월의 매출원가를 구하시오.

| 해답 |

개별작업을 10월말 및 11월말 현재의 미완성분, 완성분 및 판매분으로 구분하는 것이 중요하다.

1. 10월 31일 현재

작업	재공품	제품	매출원가
#101	–	–	₩300,000
#102	–	₩150,000	–
#103	₩220,000	–	–
#104	430,000	–	–
합계	₩650,000	₩150,000	₩300,000

2. 11월 30일 현재

작업	재공품	제품	매출원가
#102	–	–	₩150,000
#103	–	–	260,000①
#104	₩500,000②	–	–
합계	₩500,000	–	₩410,000

① ₩220,000 + 40,000 = ₩260,000
② ₩430,000 + 70,000 = ₩500,000

3. 개별원가계산의 사례

다음의 사례를 통하여 제4장과 제5장에서 공부한 제조간접원가배부와 본 장의 개별원가계산을 종합하여 정리해 보기로 한다.

(1) 기본자료

현대조선은 20×1년 10월에 영업을 개시하였다. 이 회사는 2개의 제조부문(성형부와 조립부)과 2개의 보조부문(수선부와 관리부)으로 운영된다. 당기중에 4개의 작업을 시작하여 3개의 작업을 완성하였고 1개의 작업은 10월말 현재 미완성상태이다.

작업지시서	#101	#102	#103	#104
작업내용	여객선	유조선	잠수함	모터보트
작업상태	완성	완성	완성	미완성
완성품수량	200대	100대	200대	−

10월중 개별작업지시서(작업원가표)에 기록되어 있는 직접재료원가, 직접노무원가와 제조간접원가 배부기준은 다음과 같다. 제조간접원가배부는 작업시간에 의한다.

항목	#101	#102	#103	#104	합계
직접재료원가	₩800,000	₩600,000	₩450,000	₩80,000	₩1,930,000
직접노무원가	850,000	700,000	750,000	200,000	2,500,000
작업시간					
성형부문	2,200시간	1,000시간	1,500시간	300시간	5,000시간
조립부문	1,400	900	600	100	3,000
합계	3,600시간	1,900시간	2,100시간	400시간	8,000시간

10월말에 제조간접원가를 집계한 결과 부문개별원가는 아래와 같았다. 부문공통원가는 복리후생비 ₩240,000, 보험료(공장건물) ₩72,000, 감가상각비(공장건물) ₩75,000, 잡비 ₩140,000으로 총 ₩527,000이며, 이들 원가 중 복리후생비와 잡비는 종업원 수의 비율로, 보험료와 감가상각비는 면적의 비율로 각 부문에 배부한다. 또한, 보조부문원가를 제조부문에 대체할 때는 직접배부법에 의하고, 이 경우 수선부문원가는 수선비의 비율, 공장관리부문원가는 종업원수의 비율에 의하여 배부한다.

항목	제조부문		보조부문	
	성형부	조립부	수선부	관리부
〈개별원가〉				
보조재료원가	₩100,000	₩80,000	₩15,000	₩10,000
임금수당	160,000	100,000	40,000	60,000
수선비	350,000	140,000	116,000	210,000
기타제조경비	40,000	32,000	–	20,000
합계	₩650,000	₩352,000	₩171,000	₩300,000
〈공통원가 배부기준〉				
종업원수(명)	12	12	6	10
면적(m^2)	400	400	100	100

위의 자료에 의하여 공장전체배부율과 부문별배부율에 의하여 완성품원가와 기말재공품원가를 계산해 보자.

(2) 공장전체배부율

■ 1단계: 공장전체배부율을 계산한다.

공장전체 제조간접원가는 부문개별원가 ₩1,473,000(=₩650,000[성형부]+352,000[조립부]+171,000[수선부]+300,000[관리부])과 부문공통원가 ₩527,000의 합계인 ₩2,000,000이고, 배부기준인 작업시간은 총 8,000시간이므로 공장전체배부율은 작업시간당 ₩250이다.

$$\text{공장전체배부율} = \frac{₩2,000,000}{8,000\text{시간}} = ₩250$$

■ 2단계: 작업별로 작업시간에 제조간접원가배부율을 곱하여 제조간접원가배부액을 계산한다. 제조간접원가배부액의 합계는 ₩2,000,000(=₩900,000+475,000+525,000+100,000)으로 이는 공장전체 제조간접원가와 일치한다.

항목	#101	#102	#103	#104
성형부문	2,200시간	1,000시간	1,500시간	300시간
조립부문	1,400	900	600	100
합계	3,600시간	1,900시간	2,100시간	400시간
제조간접원가배부액 (작업시간당 ₩250)	₩900,000	₩475,000	₩525,000	₩100,000

■ 3단계: 작업지시서(작업원가표)별로 집계된 직접재료원가와 직접노무원가에 제조간접원가배부액을 더하여 제조원가를 계산한다.

항목	#101	#102	#103	#104	합 계
직접재료원가	₩800,000	₩600,000	₩450,000	₩80,000	₩1,930,000
직접노무원가	850,000	700,000	750,000	200,000	2,500,000
제조간접원가배부액	900,000	475,000	525,000	100,000	2,000,000
제조원가	₩2,550,000	₩1,775,000	₩1,725,000	₩380,000	₩6,430,000
작업상태	완성	완성	완성	미완성	
원가구분	완성품(₩6,050,000)			기말재공품	

작업원가표 #101, #102, #103은 10월중에 모두 완성되었으므로 당기제품제조원가는 이들 작업원가표에 집계된 원가의 합계인 ₩6,050,000이 되고, 작업원가표 #104는 10월말 현재 미완성상태이므로 여기에 집계된 원가 ₩380,000은 기말재공품원가가 된다. 10월중에 완성된 작업의 단위당 원가를 계산하면 다음과 같다.

항목	#101	#102	#103	합계
제조원가	₩2,550,000	₩1,775,000	₩1,725,000	₩6,050,000
완성품수량	÷200대	÷100대	÷200대	
단위당 원가	₩12,750	₩17,750	₩8,625	

공장전체배부율을 사용하는 경우에 제조간접원가가 배부되는 과정과 재공품 및 제품계정의 보조원장인 작업원가표의 흐름을 도시하면 [도표 6-4]와 같다.

도표 6-4 | 공장전체배부율

재공품

차변		대변	
기본원가	4,430,000	완성 (#101, 102, 103)	6,050,000
제조간접원가	2,000,000	기말(#104)	380,000
	6,430,000		6,430,000

제품

차변		대변	
당기제품 제조원가 (#101, 102, 103)	6,050,000		

제조간접원가

차변		대변	
발생	2,000,000	#101	900,000
		102	475,000
		103	525,000
		104	100,000
	2,000,000		2,000,000

#101		#102	
기본원가	1,650,000	기본원가	1,300,000
제조간접원가	900,000	제조간접원가	475,000
계	2,550,000	계	1,775,000

#103		#104	
기본원가	1,200,000	기본원가	280,000
제조간접원가	525,000	제조간접원가	100,000
계	1,725,000	계	380,000

(3) 부문별배부율

■ 1단계: 부문별배부율을 계산한다.

부문별배부율을 계산하기 위해서는 먼저, 부문공통원가를 제조부문과 보조부문에 배부하고, 보조부문원가를 제조부문에 대체하여 제조부문별로 제조간접원가를 집계하여야 한다. 부문공통원가를 배부하기 위한 배부기준과 배부율은 다음과 같다. 복리후생비와 잡비는 종업원수에 비례하여, 보험료와 감가상각비는 면적에 비례하여 배부한다.

항목	제조부문		보조부문		합계
	성형부	조립부	수선부	관리부	
〈배부기준〉					
종업원수(명)	12	12	6	10	40
면적(㎡)	400	400	100	100	1,000
〈배부율〉					
종업원수	30%	30%	15%	25%	100%
면적	40	40	10	10	100

한편, 보조부문원가를 제조부문에 대체하기 위해서는 보조부문원가배부율을 계산해야 한다. 회사는 수선부의 원가는 수선비를 기준으로, 관리부의 원가는 종업원수를 기

준으로 제조부문에 대체하므로, 자가소비용역을 제거한 후의 배부기준과 배부율을 계산하면 아래와 같다. 현대조선은 보조부문원가를 직접배부법에 의하여 제조부문에 배부하므로 수선부의 원가는 50:20의 비율로, 관리부의 원가는 40:40의 비율로 성형부와 조립부에 각각 배부한다.

항목	제조부문		보조부문		합계
	성형부	조립부	수선부	관리부	
〈배부기준〉					
수선부(수선비)	₩350,000	₩140,000	–	₩210,000	₩700,000
관리부(종업원수)	12명	12명	6명	–	30명
〈배부율〉					
수선부	50%	20%	–	30%	100%
관리부	40	40	20%	–	100

위에서 계산한 부문공통원가배부율과 보조부문원가배부율에 의하여 제조부문원가와 부문별배부율을 계산하면 다음과 같다.

항목	제조부문		보조부문		합계
	성형부	조립부	수선부	관리부	
가. 부문원가배부					
부문개별원가	₩650,000	₩352,000	₩171,000	₩300,000	₩1,473,000
부문공통원가					
복리후생비	72,000	72,000	36,000	60,000	240,000
보험료	28,800	28,800	7,200	7,200	72,000
감가상각비	30,000	30,000	7,500	7,500	75,000
잡비	42,000	42,000	21,000	35,000	140,000
소계	₩172,800	₩172,800	₩71,700	₩109,700	₩527,000
부문원가 계	₩822,800	₩524,800	₩242,700	₩409,700	₩2,000,000
나. 부문원가 대체					
수선부(50:20)	173,357	69,343	(242,700)	–	
관리부(40:40)	204,850	204,850	–	(409,700)	
다. 부문원가	₩1,201,000	₩799,000	₩0	₩0	
라. 배부기준	÷5,000시간	÷3,000시간			
마. 부문별배부율	₩240.2	₩266.⅓			

* 수선부 원가의 제조부문배부액은 원단위에서 조정하였음.

■ 2단계: 작업별로 작업시간에 제조간접원가배부율을 곱하여 제조간접원가배부액을 계산한다.

항목	#101	#102	#103	#104
가. 성형부(₩240.2)				
작업시간	2,200시간	1,000시간	1,500시간	300시간
제조간접원가배부	₩528,440	₩240,200	₩360,300	₩72,060
나. 조립부(₩266.⅓)				
작업시간	1,400시간	900시간	600시간	100시간
제조간접원가배부	₩372,867	₩239,700	₩159,800	₩26,633
다. 제조간접원가배부액(가+나)	₩901,307	₩479,900	₩520,100	₩98,693

■ 3단계: 작업지시서(작업원가표)별로 직접재료원가와 직접노무원가에 제조간접원가배부액을 더하여 제조원가를 계산한다.

항목	#101	#102	#103	#104	합계
직접재료원가	₩800,000	₩600,000	₩450,000	₩80,000	₩1,930,000
직접노무원가	850,000	700,000	750,000	200,000	2,500,000
제조간접원가 배부액	901,307	479,900	520,100	98,693	2,000,000
제조원가	₩2,551,307	₩1,779,900	₩1,720,100	₩378,693	₩6,430,000
작업상태	완성	완성	완성	미완성	
원가구분	완성품(₩6,051,307)			기말재공품	

작업원가표 #101, #102, #103은 10월중에 모두 완성되었으므로 당기제품제조원가는 이들 작업원가표에 집계된 원가의 합계인 ₩6,051,307이 되고, 작업원가표 #104는 10월말 현재 미완성이므로 여기에 집계된 원가 ₩378,693은 기말재공품원가가 된다.

부문별배부율은 제조부문별 작업특성을 반영하여 제조간접원가를 배부하므로 공장전체배부율보다는 정확한 원가배부가 가능해진다. 우리가 위에서 살펴본 사례에서는 두 개의 제조부문(성형부와 조립부) 모두 제조간접원가를 작업시간에 비례하여 배부하였기 때문에 부문별배부율을 사용한 경우와 공장전체배부율을 사용한 경우의 결과(완성품원가와 기말재공품원가)가 비슷하게 계산되었다.

부문별배부율을 사용하는 경우에 제조간접원가가 배부되는 과정과 재공품 및 제품계정의 보조원장인 작업원가표의 흐름을 도시하면 [도표 6-5]와 같다.

도표 6-5 | 부문별배부율

제조간접원가

차변		대변	
발생	2,000,000	#101	901,307
		102	479,900
		103	520,100
		104	98,693
	2,000,000		2,000,000

재공품

차변		대변	
기본원가	4,430,000	완성 (#101,102,103)	6,051,307
제조간접원가	2,000,000	기말(#104)	378,693
	6,430,000		6,430,000

제품

차변		대변	
당기제품제조원가 (#101,102,103)	6,051,307		

성형부

차변		대변	
부문개별원가	650,000	#101	528,440
부문공통원가	172,800	102	240,200
보조부문원가	378,200	103	360,300
		104	72,060
	1,201,000		1,201,000

조립부

차변		대변	
부문개별원가	352,000	#101	372,867
부문공통원가	172,800	102	239,700
보조부문원가	274,200	103	159,800
		104	26,633
	799,000		799,000

#101

기본원가	1,650,000
제조간접원가	901,307
계	2,551,307

#102

기본원가	1,300,000
제조간접원가	479,900
계	1,779,900

#103

기본원가	1,200,000
제조간접원가	520,100
계	1,720,100

#104

기본원가	280,000
제조간접원가	98,693
계	378,693

제3절 개별원가계산과 공손[6)]

1. 공손품

공손품(spoilage)이란 사전에 설정된 품질이나 규격표준에 미치지 못하는 불합격품을 말한다. 일반적으로 공손품은 작업을 수행하는 과정이나 작업종료시점에서 품질검사를 실시하여 발견되며, 보수나 재작업에 의하여 합격품으로 전환할 수 있는 경우(이를 보수가능공손품, 재작업품이라고 함)와 보수를 하여도 합격품으로 전환될 수 없는 경우(이를 보수불능공손품이라고 함)로 나눌 수 있다. 보수불능공손품인 경우에는 그 공손품을 폐기하거나 처분하고 대체제품을 생산한다.

2. 공손원가의 계산

공손원가는 보수가능공손품과 보수불능공손품으로 구분・계산된다. 보수가능공손품은 보수 혹은 재작업에 의하여 합격품으로 전환되므로 보수에 소비된 원가가 곧 공손원가이다.

보수불능공손품이 발생한 경우에는 주문량을 맞추기 위하여 대체제품을 생산하는데, 대체제품 생산원가에서 공손품의 처분가치를 차감한 금액이 공손원가가 된다. 예를 들어, 작업지시서 #3이 종료된 시점에서 품질검사를 실시한 결과 완성품 수량 100개 중에 20개가 불합격품으로 판명되었다. 불합격품 20개는 할인점에 ₩2,000에 처분하기로 하고 대체제품을 생산하였으며, 대체제품 생산원가가 ₩14,000이 발생하였다면 공손품원가는 ₩12,000(=₩14,000−2,000)이 된다.

3. 공손원가의 회계처리

공손원가는 불합격품 때문에 발생한 원가이다. 합격품을 생산하기 위하여 어느 정도의 불합격품은 불가피하게 발생하므로, 공손원가는 생산공정을 아무리 효율적으로 통제해

6) 공손품회계는 개별원가계산보다는 종합원가계산에서 더 중요하다. 종합원가계산에서의 공손품회계는 제8장에서 공부한다.

도 불가피하게 발생하는 정상공손원가(normal spoilage)와 정상공손수준을 초과하여 발생하는 비정상공손원가(abnormal spoilage)로 구분된다.

정상공손원가는 합격품을 얻기 위해서는 불가피한 것이므로 특정 작업과 관련하여 발생된 정상공손원가를 그 작업의 제조원가에 포함시킨다. 반면에 비정상공손원가는 비효율적인 원인에 의하여 정상공손수준을 초과해서 발생한 것이므로 해당 작업의 제조원가에 포함시키지 않고 기타비용으로 처리한다.

예제 6-2

현대조선은 고객의 주문에 따라 다양한 모델의 선박을 생산한다. 당기에 현대아산으로부터 주문받은 유람선 27척(작업지시서 #3)에 대한 원가는 다음과 같다.

구분	총원가	단위당 원가
직접재료원가	₩10,800	₩400
직접노무원가	5,400	200
제조간접원가배부액	2,700	100
계	₩18,900	₩700

제품 완성시점에서 품질검사를 실시한 결과 2척이 불합격되었으나 이는 정상공손의 범위에 해당된다. 불합격품은 ₩540의 원가를 추가로 투입하여 합격품으로 전환하였다.

| 물음 |

작업지시서 #3의 완성품 단위당 원가는 얼마인가?

| 해답 |

보수가능공손품이 발생하였고 모두 정상공손에 해당하므로 재작업원가는 전부 #3의 원가에 포함된다.

총제조원가	₩18,900
재작업원가	540
합격품제조원가	₩19,440
생산량	÷27척
완성품단위당 원가	₩720

연습 문제

| 객관식 문제 |

01. 개별원가계산에 대한 다음 설명 중 옳지 않은 것은?

① 개별 제품이나 작업별로 작성되는 작업원가표에 원가가 집계된다.
② 제조원가는 각 공정별로 집계되며 그 공정을 통과한 제품단위에 원가를 배분한다.
③ 조선업, 건설업 등에 적합하다.
④ 주문에 따라 제품을 생산하는 주문생산 업종에 적합하다.
⑤ 제조간접원가의 배부과정이 개별원가계산의 핵심이다.

02. 다음은 알파항공기의 작업내용이다. 항공기 제작과 관련하여 20×1년 5월중에 발생한 원가자료는 다음과 같다. 5월중 A항공기와 B항공기가 완성되었으며 이 중 A항공기가 판매되었다. C항공기는 미완성상태이다. 회사는 판매기준에 의해 수익을 인식하고 있다.

항목	A항공기	B항공기	C항공기	합계
직접재료원가	₩30,000	₩30,000	₩40,000	₩100,000
직접노무원가	60,000	40,000	100,000	200,000

단, 5월중에 제조간접원가 발생액은 ₩160,000이다. 회사는 직접노무원가를 기준으로 제조간접원가를 배부한다. 5월말 제품재고액은 얼마인가?

① ₩100,000　② ₩110,000　③ ₩122,000　④ ₩102,000

03. 현대조선의 당기중 작업내용은 다음과 같다.

(1) 전기말 현재 작업 #101이 미완성이며, 이에 대한 총원가는 ₩5,100이다.
(2) 당기중 두 개의 작업 #102, #103이 새로이 시작되었으며, #101과 #102는 완성되었고 이 중 #102가 판매되었다.
(3) 작업별 원가자료는 다음과 같다.

항목	#101	#102	#103	합계
직접재료원가	−	₩4,000	₩1,500	₩5,500
직접노무원가	₩2,000	3,000	5,000	10,000

(4) 당기 중 실제 발생한 제조간접원가는 ₩8,000이고 직접노무원가를 기준으로 배부한다.

현대조선의 당기제품제조원가는 얼마인가?

① ₩23,500 ② ₩18,100 ③ ₩8,700 ④ ₩9,400

04. (주)경기의 20×1년 5월의 총원가 및 작업지시서 No.101의 생산에 실제로 발생한 원가는 다음과 같다.

항목	총원가	작업지시서 No.101
직접재료원가	₩4,000,000	₩200,000
직접노무원가	5,000,000	260,000
제조간접원가	1,500,000	?

당월 중에 실제 발생한 직접노무시간은 5,000시간이었고, 이 중 작업지시서 No.101의 생산에 투입된 직접노무시간은 320시간이고 기계작업시간은 540시간이다. (주)경기가 제조간접원가를 직접노무시간을 기준으로 실제배부율을 사용하는 경우 작업지시서 No.101에 배부되는 금액은 얼마인가?

① ₩96,000 ② ₩162,000 ③ ₩156,000 ④ ₩150,000

[05~06] 다음 원가계산 자료에서 작업지시서 #1과 #2는 완성되었으나 작업지시서 #3은 미완성이다. 단, 제조간접원가는 직접재료원가에 근거하여 배부한다.

비목	#1	#2	#3	합계
기초재공품	₩700	-	-	₩700
직접재료원가	2,000	₩2,000	₩1,000	5,000
직접노무원가	5,000	6,000	2,500	13,500
제조간접원가	?	?	?	9,000

기초제품재고액은 ₩8,000이고 기말제품재고액은 ₩11,300이다.

05. 기말재공품재고액은 얼마인가?

① ₩5,300 ② ₩11,600 ③ ₩11,300 ④ 답 없음

06. 손익계산서에 계상될 매출원가는 얼마인가?

① ₩22,900 ② ₩19,600 ③ ₩11,600 ④ ₩11,300

07. 부문별 개별원가계산을 채택하고 있는 대한조선의 원가계산자료는 다음과 같다.

(1) 제조간접원가의 부문별 금액

제조부문		보조부문		
제1공장	제2공장	수선부	동력부	생산관리부
₩3,800	₩3,200	₩1,100	₩900	₩2,000

(2) 보조부문원가의 배부는 단계배부법을 사용하며, 보조부문 배부는 생산관리, 동력, 수선 부문의 순으로 하며, 다음의 배부기준을 이용한다.

구분	제1공장	제2공장	수선부	동력부
생산관리부	40%	40%	15%	5%
동력부	50	40	10	–
수선부	60	40	–	–

(3) 제품별 제조간접원가 배부를 위한 공장별 작업시간 집계표

구분	화물선	유조선	군함	합계
제1공장	800시간	500시간	700시간	2,000시간
제2공장	400시간	300시간	300시간	1,000시간

화물선에 배부될 제조간접원가를 구하시오.

① ₩4,000 ② ₩4,400 ③ ₩5,200 ④ ₩5,600

| 객관식 문제 해답 및 해설 |

01. ②

종합원가계산에서 제조원가는 각 공정별로 집계되며 그 공정을 통과한 제품단위에 원가를 배분한다.

02. ④

제조간접원가배부율＝₩160,000/₩200,000＝₩0.8

즉, 직접노무원가 ₩1당 ₩0.8을 제조간접원가로 배부한다.

항목	A항공기	B항공기	C항공기	합계
직접재료원가	₩30,000	₩30,000	₩40,000	₩100,000
직접노무원가	60,000	40,000	100,000	200,000
제조간접원가	48,000①	32,000②	80,000③	160,000
총제조원가	₩138,000	₩102,000	₩220,000	₩460,000
	매출원가	월말제품	월말재공품	

① ₩0.8×₩60,000=₩48,000
② ₩0.8×₩40,000=₩32,000
③ ₩0.8×₩100,000=₩80,000

따라서, 완성되었으나 판매되지 않은 B항공기의 총제조원가 ₩102,000이 월말제품재고액이 된다.

03. ②

완성된 #101과 #102의 제조원가 합계 ₩18,100이 당기제품제조원가임.

항목	#101	#102	#103	합계
직접재료원가	–	₩4,000	₩1,500	₩5,500
직접노무원가	₩2,000	3,000	5,000	10,000
제조간접원가	1,600	2,400	4,000	8,000
당기총제조원가	₩3,600	₩9,400	₩10,500	₩23,500
기초재공품원가	5,100	–	–	5,100
제조원가	₩8,700	₩9,400	₩10,500	₩28,600
	완성 및 미판매	완성 및 판매	미완성	

04. ①

제조간접원가 배부기준이 직접노무시간이므로,
제조간접원가배부율=제조간접원가/직접노무시간
=₩1,500,000/5,000직접노무시간=직접노무시간당 ₩300
No.101 제조간접원가배부액
=₩300×320시간=₩96,000

[05~06]

항목	#1	#2	#3	합계
기초재공품	₩700	–	–	₩700
직접재료원가	2,000	₩2,000	₩1,000	5,000
직접노무원가	5,000	6,000	2,500	13,500
제조간접원가	3,600	3,600	1,800	9,000
제조원가	₩11,300	₩11,600	₩5,300	₩28,200
	완성	완성	미완성	

05. ①

미완성된 #3의 제조원가 ₩5,300이 기말재공품재고액이다.

06. ②

매출원가 = 기초제품재고액 + 당기제품제조원가① − 기말제품재고액
= ₩8,000 + (11,300 + 11,600) − 11,300 = ₩19,600

① 당기에 완성된 #1의 제조원가 ₩11,300과 #2의 제조원가 ₩11,600이다.

07. ②

단계배부법

구분	제조부문		보조부문		
	제1공장	제2공장	수선부	동력부	생산관리부
배부전 원가	₩3,800	₩3,200	₩1,100	₩900	₩2,000
생산관리부	800(40%)	800(40%)	300(15%)	100(5%)	(2,000)
					₩0
동력부	500(50%)	400(40%)	100(10%)	(1,000)	
				₩0	
수선부	900(60%)	600(40%)	(1,500)		
			₩0		
배부후 원가	₩6,000	₩5,000			

제1공장 제조간접원가배부율: ₩6,000/2,000시간 = ₩3/제1공장 작업시간
제2공장 제조간접원가배부율: ₩5,000/1,000시간 = ₩5/제2공장 작업시간

화물선에 배부될 제조간접원가: ₩3 × 800시간 + ₩5 × 400시간 = ₩4,400

| 주관식 문제 |

01. 부문별배부율

개별원가계산을 채택하고 있는 현대조선은 두 개의 제조부문(A, B)을 거쳐 제품을 생산하고 있다. 당기에 착수하여 완성한 작업 #105에 대한 원가발생 내역은 다음과 같다.

항목	부문 A	부문 B
직접재료원가	₩25,000	₩15,000
직접노무원가	?	20,000
제조간접원가	60,000	?

제조간접원가는 직접노무원가를 기준으로 배부하고 있으며, 부문 A, B의 제조간접원가배부율은 각각 ₩3, ₩0.6이다.

| 물음 |

작업 #105의 제조원가를 구하시오.

| 풀이 |

1. 부문 A의 직접노무원가
   ₩60,000÷3=₩20,000
2. 부문 B의 제조간접원가
   ₩20,000×0.6=₩12,000
3. 작업 #105의 제조원가

항목	부문 A	부문 B	계
직접재료원가	₩25,000	₩15,000	₩40,000
직접노무원가	20,000	20,000	40,000
제조간접원가	60,000	12,000	72,000
합계	₩105,000	₩47,000	₩152,000

02. 개별원가계산(1)

현대조선의 당기중 작업내용은 다음과 같다.

(1) 전기말 현재 작업 #101이 미완성이며, 이에 대한 총원가는 ₩510,000이다.

(2) 당기중 세 개의 작업 #102, #103, #104가 새로이 시작되었으며, #101, #102는 완성되어 판매되었다.

(3) 작업별 원가자료는 다음과 같다.

항목	#101	#102	#103	#104	합계
직접재료원가	–	₩400,000	₩150,000	₩700,000	₩1,250,000
직접노무원가	₩20,000	250,000	90,000	320,000	680,000
계	₩20,000	₩650,000	₩240,000	₩1,020,000	₩1,930,000

(4) 당기중 실제발생 제조간접원가는 ₩816,000이고, 직접노무원가를 기준으로 배부한다.

| 물음 |

당기의 매출원가는 얼마인가?

| 풀이 |

1. 제조간접원가배부율

$$\frac{₩816,000}{680,000} = \text{직접노무원가당 ₩1.2}$$

2. 작업별 원가계산

항목	#101	#102	#103	#104	합계
기초재공품	₩510,000	–	–	–	₩510,000
직접재료원가	–	₩400,000	₩150,000	₩700,000	1,250,000
직접노무원가	20,000	250,000	90,000	320,000	680,000
제조간접원가 배부액	24,000*	300,000	108,000	384,000	816,000
계	₩554,000	₩950,000	₩348,000	₩1,404,000	₩3,256,000
작업상태	완성 및 판매		미완성	미완성	

* ₩20,000 × 1.2 = ₩24,000

당기의 매출원가는 #101과 #102에 집계된 원가의 합계인 ₩1,504,000이다.

03. 개별원가계산(2)

한국기계는 당기에 A와 B 두 가지 모형의 기계를 주문받아 생산하였다. 당기의 관련된 원가자료는 다음과 같다.

(1) 원재료

항목	주요재료	보조재료
기초재고액	₩150,000	₩80,000
당기매입액	400,000	200,000
기말재고액	50,000	30,000
당기소비액 중 직접원가		
A기계	₩200,000	₩50,000
B기계	120,000	−

(2) 노무원가

노무원가는 전기에 미지급액이 ₩40,000이었고, 당기 미지급액은 ₩30,000이며, 당기 순지급액은 ₩600,000(소득세 등 공제액 ₩60,000)이었다. 당기소비액 중 직접원가는 A기계와 B기계에 각각 ₩400,000과 ₩200,000이다.

(3) 제조경비

제조경비 당기소비액은 ₩250,000이고, 이 중 B기계에 투입된 ₩80,000을 제외하고는 모두 간접원가이다.

(4) 제조간접원가는 직접노무원가를 기준으로 배부한다.

| 물음 |

A기계와 B기계의 제조원가를 구하시오.

| 풀이 |

이 문제는 제조원가를 직접원가와 간접원가로 구분하는 것이 중요하다. 제품별로 소비액이 직접 파악되지 않은 원가는 제조간접원가로 분류하는데, 제조간접원가는 합계(총소비액)에서 A기계와 B기계에 대한 직접원가(직접재료원가, 직접노무원가, 직접제조경비)를 차감하여 역산한다.

원가요소	A기계	B기계	제조간접원가	합계(총소비액)
재료원가				
주요재료	₩200,000	₩120,000	₩180,000②	₩500,000①
보조재료	50,000	−	200,000	250,000③
노무원가	400,000	200,000	50,000	650,000④
제조경비	−	80,000	170,000	250,000
제조간접원가배부(40:20)⑤	400,000	200,000	₩600,000	−
제조원가	₩1,050,000	₩600,000		₩1,650,000

*①~⑤는 효과적인 풀이순서가 된다.

① ₩150,000+400,000−50,000=₩500,000

② ₩500,000 − 200,000 − 120,000 = ₩180,000
③ ₩80,000 + 200,000 − 30,000 = ₩250,000
④ (₩600,000 + 60,000) − 40,000 + 30,000 = ₩650,000
⑤ 제조간접원가 ₩600,000은 A기계와 B기계에 직접노무원가 비율(40:20)로 배부한다.

04. 개별원가계산(3)

한라항공은 당기에 에어버스 두 대(A와 B)를 주문받아 생산하였으며, 관련 원가자료는 다음과 같았다.

(1) 부문개별원가

회사는 두 개의 제조부문(제1제조, 제2제조)과 세 개의 보조부문(동력, 수선, 관리)으로 운영되고 있다. 당기중 부문개별원가 발생액은 다음과 같다.

구분	제1제조부문	제2제조부문	동력	수선	관리
보조재료원가	₩30,000	₩110,000	₩15,000	₩20,000	−
간접노무원가	50,000	20,000	10,000	5,000	₩30,000
경비원가	70,000	20,000	5,000	5,000	10,000

(2) 부문공통원가

부문공통원가 발생액은 ₩588,000이었다. 부문공통원가는 부문개별원가에 비례하여 각 부문에 배부한다.

(3) 보조부문원가의 배부

보조부문원가는 직접배부법을 사용하여 제조부문에 배부한다.

보조부문	배부기준	제1제조부문	제2제조부문	동력	수선	관리	합계
동력	kWh	300	200	25	100	25	650kWh
수선	수선시간	20	20	10	10	−	60시간
관리	용역제공비율	40%	40%	10%	10%	−	100%

(4) 제조간접원가의 제품별 배부

제조부문별로 집계된 제조간접원가는 직접노무시간에 비례하여 각 제품에 배부된다. 제품별 직접노무시간은 다음과 같다.

제품	제1제조부문	제2제조부문	합계
A	1,250시간	500시간	1,750시간
B	750	2,500	3,250
합계	2,000시간	3,000시간	5,000시간

| 물음 |

1. 부문별배부율을 구하시오. 단, 소수점 둘째 자리에서 반올림한다.
2. [물음 1]의 결과를 이용하여 제품별 제조원가를 구하시오. 단, 제품별 기본원가는 다음과 같다.

제품	직접재료원가	직접노무원가	합계
A	₩500,000	₩500,000	₩1,000,000
B	1,000,000	800,000	1,800,000

| 풀이 |

1. 부문별배부율

항목	제조부문		보조부문			합계
	제1제조	제2제조	동력	수선	관리	
가. 부문원가배부						
부문개별원가	₩150,000	₩150,000	₩30,000	₩30,000	₩40,000	₩400,000
부문공통원가①	220,500	220,500	44,100	44,100	58,800	588,000
계	₩370,500	₩370,500	₩74,100	₩74,100	₩98,800	₩988,000
나. 부문원가대체						
동력(300:200)②	44,460	29,640	(74,100)	–	–	
수선(20:20)	37,050	37,050	–	(74,100)	–	
관리(40:40)	49,400	49,400	–	–	(98,800)	
다. 부문원가	₩501,410	₩486,590	₩0	₩0	₩0	
라. 배부기준	÷2,000시간	÷3,000시간				
마. 부문별배부율	₩250.7	₩162.2				

① 부문공통원가는 부문개별원가에 비례하여 각 부문에 배부하였음.

② 직접배부법의 경우에는 주어진 용역제공량의 상대적 비율을 이용하더라도 자기소비용역을 제거한 후의 용역제공비율을 이용한 것과 결과가 동일하다.

2. 제품별 제조원가

	A제품	B제품
기본원가	₩1,000,000	₩1,800,000
제조간접원가 배부		
제1제조	313,375①	188,025③
제2제조	81,100②	405,500④
제조원가	₩1,394,475	₩2,393,525

① ₩250.7×1,250시간=₩313,375

② ₩162.2×500시간=₩81,100
③ ₩250.7×750시간=₩188,025
④ ₩162.2×2,500시간=₩405,500

05. 개별원가계산(4)

한국정밀기계는 병원에서 사용되는 의료기기를 전문적으로 생산한다. 다음 자료에 의하여 물음에 답하시오.

(1) 제조간접원가

당기에 발생한 제조간접원가는 ₩780,000이었다.

구분	합계	부문개별원가				부문공통원가
		제1제조	제2제조	동력	수선	
간접재료원가	₩140,000	₩40,000	₩20,000	₩16,000	₩10,000	₩54,000
간접노무원가	280,000	80,000	30,000	80,000	10,000	80,000
감가상각비	140,000	40,000	26,000	14,000	6,000	54,000
전력비	180,000	0	0	0	0	180,000
잡비	40,000	0	0	0	0	40,000
합계	₩780,000	₩160,000	₩76,000	₩110,000	₩26,000	₩408,000

(2) 부문공통원가 배부기준

부문공통원가는 다음 배부기준(%)에 의하여 각 부문에 할당된다.

구분	제1제조	제2제조	동력	수선
간접재료원가	40	30	20	10
간접노무원가	30	40	20	10
감가상각비	30	30	30	10
전력비	35	25	35	5
잡비	30	25	30	15

(3) 보조부문원가 배부방법은 직접배부법이며, 부문 간 용역제공량은 다음과 같다.

보조부문	제1제조	제2제조	동력	수선
수선	50%	30%	20%	–
동력	500kWh	500kWh	300kWh	50kWh

(4) 제조간접원가 배부기준

제조부문별로 직접노무시간과 기계시간은 다음과 같이 집계되었다.

구분	제1제조	제2제조
직접노무시간	400시간	600시간
기계시간	200시간	1,000시간

(5) 당기중에 완성된 #101의 작업내용은 다음과 같다.

구분	제1제조	제2제조
직접재료원가	₩12,500	₩10,000
직접노무원가	20,200	15,400
직접노무시간	20시간	30시간
기계시간	30시간	100시간

| 물음 |

1. 직접노무시간에 의한 공장전체배부율을 구하고, #101의 제조원가를 구하시오.
2. 제1제조부문은 직접노무시간, 제2제조부문은 기계시간을 적용하여 부문별배부율을 구하고, #101의 제조원가를 구하시오. 단, 부문별배부율은 소수점 둘째 자리에서 반올림한다.

| 풀이 |

1. 공장전체배부율과 #101의 제조원가

(1) 공장전체배부율

$$\frac{₩780,000}{(400\text{시간} + 600)} = \text{직접노무시간당 ₩780}$$

(2) #101의 제조원가

직접재료원가	₩22,500
직접노무원가	35,600
제조간접원가배부액	39,000*
제조원가	₩97,100

* ₩780 × (20시간 + 30) = ₩39,000

2. 부문별배부율

(1) 부문별배부율

항목	제조부문		보조부문		
	제1제조	제2제조	동력	수선	합계
가. 부문원가배부					
부문개별원가	₩160,000	₩76,000	₩110,000	₩26,000	₩372,000
부문공통원가					
간접재료원가	21,600	16,200	10,800	5,400	54,000
간접노무원가	24,000	32,000	16,000	8,000	80,000
감가상각비	16,200	16,200	16,200	5,400	54,000
전력비	63,000	45,000	63,000	9,000	180,000
잡비	12,000	10,000	12,000	6,000	40,000
소계	₩136,800	₩119,400	₩118,000	₩33,800	₩408,000
부문원가계	₩296,800	₩195,400	₩228,000	₩59,800	₩780,000
나. 부문원가대체					
동력(500:500)	114,000	114,000	(228,000)	−	
수선(50:30)	37,375	22,425	−	(59,800)	
다. 부문원가	₩448,175	₩331,825	₩0	₩0	
라. 배부기준	÷400시간	÷1,000시간			
마. 부문별배부율	₩1,120.4	₩331.8			

(2) #101의 제조원가

직접재료원가	₩22,500
직접노무원가	35,600
제조간접원가배부액	55,588*
제조원가	₩113,688

* ₩1,120.4 × 20시간 + ₩331.8 × 100시간 = ₩55,588

06. 종합문제(1)

다음은 고급가구를 맞춤형으로 제작하는 서울가구의 생산 및 원가자료이다.

(1) 원재료 기초재고액은 ₩15,000이며, 당기매입액은 ₩128,000이었다.

(2) 회사는 두 개의 제조부문(제1공장, 제2공장)과 세 개의 보조부문(동력, 창고, 관리)으로 구성되어 있다. 당기중 부문별 제조간접원가 실제발생액은 다음과 같다.

과목	배부기준	제조간접원가	제조부문		보조부문		
			제1공장	제2공장	동력	창고	관리
간접재료원가	실제액	₩12,000	₩3,000	₩3,000	₩4,000	₩2,000	−
간접노무원가	인원	18,000	25명	25명	20명	15명	15명
감가상각비	면적	40,000	40㎡	40㎡	10㎡	5㎡	5㎡
기타제조경비	인원	45,000	25명	25명	20명	15명	15명
합계		₩115,000					

(3) 보조부문원가 중 동력부는 인원수, 창고부는 간접재료원가, 관리부는 면적에 비례하여 제조부문에 배부하며, 직접배부법을 사용한다.

(4) 제조부문원가는 직접노무시간에 비례하여 개별작업지시서에 배부한다. 작업지시서별 원가 및 작업내용은 다음과 같다.

과목	#101	#102	#103	#104	합계
기초재공품	₩40,000	₩32,000	−	−	₩72,000
직접재료원가	38,000	26,000	₩38,000	₩21,000	123,000
직접노무원가	22,000	24,000	32,000	15,000	93,000
직접노무시간					
제1공장	560시간	540시간	480시간	420시간	2,000시간
제2공장	450	330	240	230	1,250시간

당기중 작업지시서 #101과 #102가 완성되었다.

| 물음 |

1. 다음을 계산하시오.
   (1) 제조간접원가 부문별배부액
   (2) 작업지시서별 제조원가
   (3) 완성품원가
2. 당기의 제조원가명세서를 작성하시오.

| 풀이 |

1. 개별원가계산

(1) 제조간접원가 부문별배부액

가. 부문공통원가의 배부기준 및 배부율

항목	제조부문		보조부문			합계
	제1공장	제2공장	동력	창고	관리	
〈배부기준〉						
인원	25명	25명	20명	15명	15명	100명
면적	40㎡	40㎡	10㎡	5㎡	5㎡	100㎡
〈배부율〉						
인원	25%	25%	20%	15%	15%	100%
면적	40	40	10	5	5	100

간접노무원가와 기타제조경비는 인원비율로, 감가상각비는 면적의 비율로 각 부문에 배부한다.

나. 보조부문원가의 배부기준 및 배부율

자가소비용역을 제거한 후에 부문 간 상호 용역수수관계를 고려하여 보조부문원가배부율을 계산한다.

항목	제조부문		보조부문			합계
	제1공장	제2공장	동력	창고	관리	
〈배부기준〉						
동력(인원수)	25명	25명	−	15명	15명	80명
창고(간접재료원가)	₩3,000	₩3,000	₩4,000	−	−	₩10,000
관리(면적)	40㎡	40㎡	10㎡	5㎡	−	95㎡
〈배부율〉						
동력	31.25%	31.25%	−	18.75%	18.75%	100%
창고	30	30	40%	−	−	100
관리	8/19	8/19	2/19	1/19	−	100

다. 제조간접원가의 부문별 배부

항목	제조부문		보조부문			합계
	제1공장	제2공장	동력	창고	관리	
가. 부문개별원가						
간접재료원가	₩3,000	₩3,000	₩4,000	₩2,000	–	₩12,000
나. 부문공통원가						
간접노무원가	4,500	4,500	3,600	2,700	₩2,700	18,000
감가상각비	16,000	16,000	4,000	2,000	2,000	40,000
기타경비원가	11,250	11,250	9,000	6,750	6,750	45,000
다. 부문원가 계	₩34,750	₩34,750	₩20,600	₩13,450	₩11,450	₩115,000
라. 부문원가대체						
동력(31.25:31.25)	10,300	10,300	(20,600)	–	–	
창고(30:30)	6,725	6,725	–	(13,450)	–	
관리(8/19:8/19)	5,725	5,725	–	–	(11,450)	
마. 배부후 원가	₩57,500	₩57,500	₩0	₩0	₩0	
바. 배부기준	÷2,000시간	÷1,250시간				
사. 부문별배부율	₩28.75	₩46				

(2) 작업지시서별 제조원가

과목	#101	#102	#103	#104	합계
기초재공품	₩40,000	₩32,000	–	–	₩72,000
직접재료원가	38,000	26,000	₩38,000	₩21,000	123,000
직접노무원가	22,000	24,000	32,000	15,000	93,000
제조간접원가					
제1공장(₩28.75)	16,100	15,525	13,800	12,075	57,500
제2공장(₩46)	20,700	15,180	11,040	10,580	57,500
제조원가	₩136,800	₩112,705	₩94,840	₩58,655	₩403,000
작업상태	완성		미완성		

(3) 완성품원가

완성품원가는 작업 #101과 #102에 집계된 원가의 합계인 ₩249,505이다.

2. 제조원가명세서

Ⅰ. 직접재료원가①		₩123,000
1. 기초재료재고액	₩15,000	
2. 당기재료매입액	128,000	
계	₩143,000	
3. 기말재료재고액	(−)8,000②	
4. 타계정대체 (간접재료원가)	(−)12,000	
Ⅱ. 직접노무원가①		93,000
Ⅲ. 제조간접원가①		115,000
1. 간접재료원가	₩12,000	
2. 간접노무원가	18,000	
3. 감가상각비	40,000	
4. 기타제조경비	45,000	
Ⅳ. 당기총제조원가		₩331,000
Ⅴ. 기초재공품원가		72,000
Ⅵ. 합계		₩403,000
Ⅶ. 기말재공품원가		(−)153,495③
Ⅷ. 당기제품제조원가		₩249,505

① 원가요소가 직접원가와 간접원가로 구분되므로 Ⅰ, Ⅱ, Ⅲ의 재료원가, 노무원가, 제조경비는 직접재료원가, 직접노무원가, 제조간접원가로 바꾸어 작성하였다.

② 기말재료재고액은 역산한 것임. ₩143,000 − 12,000 − 123,000 = ₩8,000

③ 기말재공품원가는 작업 #103과 #104에 집계된 원가의 합계임.

07. 종합문제(2) [엑셀이용]

다음은 한국종합기계의 20×1년 회계연도 자료이다.

1. 20×1년 12월 31일 현재 수정전시산표

차변		대변	
현금	₩240,000	매입채무	₩3,080,000
매출채권	600,000	미지급비용	100,000
원재료	1,300,000	단기차입금	6,940,000
재공품	360,000	대손충당금	20,000
제품	2,230,000	감가상각누계액-건물	3,000,000
건물	16,000,000	감가상각누계액-기계장치	1,200,000
기계장치	9,000,000	제품보증충당부채	200,000
임금	400,000	자본금	5,700,000
급여	200,000	이익잉여금	7,630,000
전력비	580,000	매출	3,300,000
이자비용	680,000	이자수익	420,000
합계	₩31,590,000	합계	₩31,590,000

2. 수정사항(아래의 모든 사항은 상기 수정전시산표에 반영되지 않았다)
   (1) 원재료: 기초재고 ₩400,000, 기말재고 ₩300,000
   (2) 당기말 현재 임금미지급액은 ₩200,000이다.
   (3) 이자비용 ₩680,000에는 내년도 지급이자 ₩180,000이 포함되어 있다.
   (4) 감가상각방법은 정률법(상각률은 기계장치 10%, 건물 5%)이다.
   (5) 회사는 기말 매출채권의 미래현금흐름의 현재가치를 ₩588,000으로 추정한다.
   (6) 당기말 미수이자 발생액은 ₩80,000이다.
   (7) 제품보증충당부채 당기 설정금액은 ₩120,000이다.

3. 원가계산자료
   다음 원가계산 자료는 상기 '2. 수정사항'을 반영한 후의 금액을 이용한다. 당기에 작업한 작업지시서는 #101, #102, #103, #104이다.

   (1) 기초재공품 내역

구분	#101	#102
기초재공품	₩240,000	₩120,000

(2) 기초제품 내역
기초제품은 전기에 완성된 작업지시서 #99와 #100의 제조원가이다.

구분	#99	#100
기초제품	₩1,230,000	₩1,000,000

(3) 재료원가 중 80%는 직접원가이며, 다음의 비율로 각 작업에 추적 부과되었다.

구분	#101	#102	#103	#104
재료원가	35%	30%	20%	15%

(4) 임금과 급여 중 공장에서 소비된 금액은 노무원가로 분류된다. 직접노무원가는 직접노무시간당 ₩300이고, 나머지는 간접노무원가이다.

(5) 재료원가를 제외한 나머지 원가는 다음 기준에 의하여 판매관리비와 제조간접원가로 나뉜다.

구분	공장(제조)	본사(판매관리)
임금	100%	–
급여	60	40%
전력비	50	50
제품보증비	60	40
건물감가상각비	30	70

(6) 부문별 제조간접원가 소비비율은 다음과 같다.

구분	부문개별원가				부문공통원가
	제1제조부	제2제조부	동력부	수선부	
간접재료원가	30%	30%	20%	10%	10%
간접노무원가	30	30	20	10	10
전력비	20	30	20	15	15
제품보증비	30	30	10	10	20
감가상각비	25	25	10	10	30

(7) 부문공통원가는 합계금액을 다음 비율에 의하여 각 부문에 배부한다.

구분	제1제조부	제2제조부	동력부	수선부
부문공통원가	40%	30%	20%	10%

(8) 보조부문원가를 제조부문에 배부하기 위한 용역제공량은 다음과 같다. 배부방법은 직접배부법이다.

보조부문	제1제조부	제2제조부	동력부	수선부
동력부	40	40	20	20
수선부	40	20	40	20

(9) 제1제조부는 직접노무시간, 제2제조부는 기계시간에 의하여 제조간접원가를 제품에 배부한다.

(10) 작업별 제조간접원가 배부기준은 다음과 같다.

구분	#101	#102	#103	#104
제1제조부:				
직접노무시간	500시간	500시간	200시간	300시간
제2제조부:				
기계시간	100시간	100시간	200시간	200시간

당기중 작업지시서 #101과 #102가 완성되었고, 작업지시서 #99와 #101은 판매되었다.

| 물음 |

1. 다음을 구하시오.
   (1) 제1제조부와 제2제조부에 배부된 제조간접원가
   (2) 작업별 제조원가
   (3) 기말재공품원가, 기말제품원가와 매출원가
2. (1) 제조원가명세서, (2) 손익계산서와 (3) 재무상태표를 작성하시오. 단, 손익계산서와 재무상태표의 양식은 자유임.

| 풀이 |

본 문제의 풀이과정은 엑셀(Excel)을 이용하여 이해하면 훨씬 효과적이다.

1. 제품원가계산

(1) 제조간접원가와 판매관리비의 구분

구분	수정전 금액	수정사항	수정후 금액⑤	제조간접원가	판매비와관리비
임금	₩400,000	₩200,000	₩600,000	₩270,000①	₩0
급여	200,000	0	200,000		80,000②
전력비	580,000	0	580,000	290,000	290,000
제품보증비	0	120,000	120,000	72,000	48,000
감가상각비-건물	0	650,000③	650,000	195,000	455,000
감가상각비-기계장치	0	780,000④	780,000	780,000	0
합계	₩1,180,000	₩1,750,000	₩2,930,000	₩1,607,000	₩873,000

① ₩600,000 + 200,000 × 0.6 − 450,000(직접노무원가) = ₩270,000

② ₩200,000×0.4=₩80,000
③ (₩16,000,000－3,000,000)×0.05=₩650,000
④ (₩9,000,000－1,200,000)×0.1=₩780,000
⑤ 수정후 금액을 '3. 원가계산자료(5)'에 주어진 비율에 의해 제조간접원가와 판매비와관리비로 안분한다.

(2) 부문별배부율

구분	부문개별원가				부문공통원가	합계①
	제1제조부	제2제조부	동력부	수선부		
가. 원가집계③						
간접재료원가	₩60,000	₩60,000	₩40,000	₩20,000	₩20,000	₩200,000②
간접노무원가	81,000	81,000	54,000	27,000	27,000	270,000
전력비	58,000	87,000	58,000	43,500	43,500	290,000
제품보증비	21,600	21,600	7,200	7,200	14,400	72,000
감가상각비	243,750	243,750	97,500	97,500	292,500	975,000
소계	₩464,350	₩493,350	₩256,700	₩195,200	₩397,400	₩1,807,000
나. 부문공통원가배부	158,960	119,220	79,480	39,740	(397,400)	
다. 부문원가	₩623,310	₩612,570	₩336,180	₩234,940	₩0	
라. 부문원가대체						
동력부(40:40)	168,090	168,090	(336,180)	－		
수선부(40:20)	156,627	78,313	－	(234,940)		
마. 배부후원가	₩948,027	₩858,973	₩0	₩0		
바. 배부기준	÷1,500시간	÷600시간				
사. 배부율	₩632	₩1,432				

① 상기 '(1)'에서 제조간접원가로 구분된 금액임.
② (₩1,300,000－300,000)×0.2=₩200,000. 수정전 시산표 상의 원재료 ₩1,300,000은 기초재고액에 당기 원재료 매입액이 더해진 금액임을 주의해야 한다.
③ 부문별 원가집계는 '3. 원가계산자료(6)'에 주어진 비율에 의해 부문별로 배부되었다.
④ 부문별배부율은 편의상 소수점 첫째 자리에서 반올림하여 표시하였다.

(3) 작업별 제조원가

구분	#101	#102	#103	#104	합계
기초재공품원가	₩240,000	₩120,000	－	－	₩360,000
직접재료원가①	280,000	240,000	₩160,000	₩120,000	800,000
직접노무원가②	150,000	150,000	60,000	90,000	450,000
제조간접원가배부액					
제1제조부	316,009	316,009	126,404	189,605	948,027
제2제조부	143,162	143,162	286,324	286,324	858,973
합계	₩1,129,171	₩969,171	₩632,728	₩685,930	₩3,417,000

① 직접재료원가는 (₩1,300,000－300,000)×0.8＝₩800,000을 '3. 원가계산자료(3)'의 비율에 의하여 작업별로 부과되었다.

② 직접노무원가는 작업별 직접노무시간(3. 원가계산자료(10))에 시간당 직접노무원가 ₩300을 곱하여 계산된 것이다.

(4) 작업별 제조원가의 분류

가. 기말재공품원가: ₩632,728[#103]＋685,930[#104]＝₩1,318,658

나. 기말제품원가: ₩1,000,000[#100]＋969,171[#102]＝₩1,969,171

다. 매출원가: ₩1,230,000[#99]＋1,129,171[#101]＝₩2,359,171

2. 재무제표 작성

(1) 제조원가명세서

Ⅰ. 직접재료원가	₩800,000
Ⅱ. 직접노무원가	450,000
Ⅲ. 제조간접원가	1,807,000
Ⅳ. 당기총제조원가	₩3,057,000
Ⅴ. 기초재공품원가	360,000
Ⅵ. 합계	₩3,417,000
Ⅶ. 기말재공품원가	(－)1,318,658
Ⅷ. 당기제품제조원가	₩2,098,342

(2) 손익계산서

Ⅰ. 매출액	₩3,300,000
Ⅱ. 매출원가	2,359,171
Ⅲ. 매출총이익	₩940,829
Ⅳ. 판매비와관리비	873,000
Ⅴ. 영업이익	₩67,829
Ⅵ. 기타수익	8,000①
Ⅶ. 금융수익	500,000②
Ⅷ. 금융비용	(－)500,000③
Ⅸ. 당기순이익	₩75,829

① 대손충당금환입 ₩8,000

② 이자수익 ₩500,000(＝₩420,000＋80,000)

③ 이자비용 ₩500,000(＝₩680,000－180,000)

(3) 재무상태표

자산		부채와 자본	
현금	₩240,000	매입채무	₩3,080,000
매출채권	600,000	미지급비용	300,000
대손충당금	(−)12,000	단기차입금	6,940,000
원재료	300,000	제품보증충당부채	320,000
재공품	1,318,658	자본금	5,700,000
제품	1,969,171	기초이익잉여금	7,630,000
선급비용(선급이자)	180,000	당기순이익	75,829
미수수익(미수이자)	80,000		
건물	16,000,000		
감가상각누계액	(−)3,650,000		
기계장치	9,000,000		
감가상각누계액	(−)1,980,000		
계	₩24,045,829	계	₩24,045,829

Chapter 7 종합원가계산

Cost Accounting

제1절 의의와 특징

1. 의의

본 장에서는 제조원가가 공정별로 집계되는 종합원가계산에 대하여 살펴본다. 종합원가계산은 연속적인 생산공정을 통하여 동종의 유사 제품을 대량생산하는 철강업, 화공약품제조업, 플라스틱산업, 석유정제업, 섬유산업, 제지업, 식품가공업, 시멘트산업 등에 이용될 수 있다.[1] 이러한 산업에서는 동종의 유사제품을 반복하여 생산하기 때문에 개별원가계산처럼 제품이나 작업별로 작성되는 작업원가표에 원가를 집계하는 대신에, 생산공정(제조부문)에 원가를 집계한다. 종합원가계산의 기본가정은 동일한 공정을 거쳐 생산된 제품은 동질적이기 때문에 각 제품의 단위당 원가가 동일하다는 것이다. 그러므로, 일정기간 동안에 공정별로 집계된 제조원가를 그 공정에서 생산된 완성품수량으로 나누어서 제품의 단위당 원가를 계산한다.

종합원가계산은 공정의 수에 따라 단일공정인 경우의 단일공정 종합원가계산과 복수

---

1) 종합원가계산은 동일 종류 또는 다른 종류의 제품을 연속하여 반복적으로 생산하는 생산형태에 적용한다 (원가계산준칙 제19조 제①항).

공정인 경우의 공정별원가계산으로 구분된다.

2. 종합원가계산의 특징

종합원가계산은 일정기간 동안 특정 공정에 집계된 제조원가를 그 공정에서 생산된 완성품 수량으로 나누어서 제품단위당 원가를 계산하므로, 제조원가가 평균화과정(averaging process)에 의해 계산된다. 예를 들어, 10월 한 달 동안 현대정유 휘발유 생산공정에서 10,000리터의 휘발유를 생산하기 위하여 공정 초기에 직접재료원가 ₩700,000을 투입하고 이후의 가공과정에서 전환원가 ₩300,000을 투입하여 총 ₩1,000,000의 원가가 소비되었다면, 10월에 생산된 휘발유의 리터당 원가는 ₩100(=₩1,000,000÷10,0000리터)으로 계산된다. 종합원가계산이 적용되는 생산형태에서는 일반적으로 공정의 특정 시점에 직접재료원가를 모두 투입하고 그 이후에는 전환원가만 투입하여 제품을 완성한다. 따라서, 공정별로 제조원가가 직접재료원가와 전환원가로 나뉘어 집계된다.

각 공정에는 원가계산 기말에 아직 완성되지 않은 재공품이 존재하게 된다. 기말재공품은 당기에 투입된 원가만으로 평가할 수도 있고, 기초재공품원가와 당기투입원가의 평균원가로 평가할 수도 있다. 이처럼 종합원가계산은 개별원가계산과 달리 기말재공품을 평가할 때 원가흐름에 대한 가정(선입선출법 혹은 가중평균법)이 필요하다. 또한, 당기투입원가를 물리적 수량을 기준으로 완성품과 기말재공품에 배부하면, 완성품에 비하여 기말재공품이 상대적으로 과다하게 평가된다. 예를 들어, 당기투입원가가 ₩1,000,000이고, 완성품이 300개, 기말재공품은 200개라고 하자. 당기투입원가를 완성품과 기말재공품에 300:200의 비율로 배부하면 기말재공품은 미완성품임에도 불구하고 완성품 1개와 동등하게 개당 ₩2,000의 원가가 배부된다. 이때에는 기말재공품을 완성품과 동등한 자격의 수량으로 환산해 줄 필요가 있는데, 이를 완성품환산량(equivalent units)이라 한다.

기말재공품의 완성품환산량이 100개라면, 당기투입원가 ₩1,000,000은 완성품과 기말재공품에 300:100의 비율로 배부하게 되므로, 기말재공품에는 완성품에 비하여 상대적으로 적은 원가가 배부된다. 개별원가계산과 종합원가계산의 주요 특징을 비교하면 [도표 7-1]과 같다.

도표 7-1 | 개별원가계산과 종합원가계산의 비교

구분	개별원가계산	종합원가계산
생산형태	다품종소량(주문)생산	소품종대량생산
원가의 집계단위	개별 제품이나 작업	공정(제조부문)
원가구분	직접재료원가 직접노무원가 제조간접원가	직접재료원가 전환원가
원가흐름가정	불필요	필요
원가계산의 핵심	제조간접원가배부	완성품환산량계산

제2절 종합원가계산(단일공정)

1. 원가흐름

종합원가계산에서의 계정별 원가흐름을 예시하면 [도표 7-2]와 같다. 편의상 두 개의 공정을 통하여 제품이 생산되는 과정을 가정한다.

개별원가계산에서는 작업지시서별로 작성되는 작업원가표를 기초로 원가계산이 이루어지며 작업원가표는 재공품, 제품, 매출원가의 보조원장으로 이용된다. 반면에, 종합원가계산에서는 공정(제조부문)별로 원가계산이 이루어지며 개별공정이 재공품계정의 보조원장이 된다.

도표 7-2 | 종합원가계산의 원가흐름

직접재료원가

차변		대변	
발생	××	소비 (제1공정, 제2공정)	××

전환원가

차변		대변	
발생	××	소비 (제1공정, 제2공정)	××

재공품

차변		대변	
기초재고	××	완성	××
직접재료원가	××		
전환원가	××	기말재고	××

제1공정

차변		대변	
기초재고	××	차공정대체	××
직접재료원가	××		
전환원가	××	기말재고	××

제2공정

차변		대변	
기초재고	××	완성	××
전공정원가	××		
직접재료원가	××		
전환원가	××	기말재고	××

제품

차변		대변	
기초재고	××	판매	××
완성	××	기말재고	××

[도표 7-2]에서 전환원가는 직접노무원가와 제조간접원가의 합이며, 각 공정에 집계된 제조간접원가는 제5장에서 공부한 바와 같이 부문개별원가, 부문공통원가, 보조부문원가 배부액으로 구성된다. 종합원가계산에서는 재공품계정의 보조원장이 개별공정이므로, 각 공정에 집계된 직접재료원가와 전환원가의 합계는 재공품계정의 차변에 집계된 원가의 합계와 일치한다.

재공품		제1공정		제2공정
•직접재료원가 •전환원가	=	•직접재료원가 •전환원가	+	•직접재료원가 •전환원가

마찬가지로 각 공정에는 기초재공품과 기말재공품이 있을 수 있으며, 제1공정 재공품원가와 제2공정 재공품원가의 합계는 재공품계정의 재공품원가와 일치한다.

재공품		제1공정		제2공정
•기초재고 •기말재고	=	•기초재고 •기말재고	+	•기초재고 •기말재고

복수의 공정을 통하여 제품을 생산하는 경우에 제1공정 완성품은 추가가공을 위해 후속공정으로 대체되고 최종제품은 마지막 공정에서 생산된다. 따라서, 제1공정 완성품은 기업 전체적으로 볼 때 중간제품(반제품 또는 부품)에 해당한다. 이때, 제1공정에서 완성되어 후속공정으로 대체되는 원가를 제2공정에서는 전공정원가(transferred-in costs)라고 한다. 예를 들어, 현대자동차에서는 제1공정에서 엔진을 만들어 제2공정에 대체하고, 제2공정에서는 엔진과 다른 부품들을 조립하여 완성차를 생산한다고 하자. 엔진은 제1공정의 완성품이지만 현대자동차 전체적으로 보면 부품이다. 또한, 제1공정에서 완성되어 제2공정으로 대체되는 엔진의 원가는 제2공정에서 전공정원가인 것이다. 제2공정에서 최종적으로 완성된 자동차의 원가는 당기제품제조원가가 되어 제품계정으로 대체된다.

먼저, 공정이 하나인 경우의 종합원가계산을 5단계법에 의하여 살펴본 후에 2개의 연속된 공정을 통하여 제품이 생산되는 공정별원가계산에 대하여 설명하기로 한다.

2. 종합원가계산: 5단계법

종합원가계산에서는 일반적으로 5단계를 거쳐서 완성품원가와 기말재공품원가가 결정된다.[2)]

(1) 1단계: 물량단위의 요약

종합원가계산의 출발점은 공정별로 투입물량과 산출물량을 일치시키는 것이다. 투입물량은 기초재공품수량과 당기착수량의 합계이고 산출물량은 완성품수량과 기말재공품수량의 합계인데, 양자가 일치하지 않으면 공손의 발생 여부를 파악한다.[3)]

투입물량		산출물량
기초재공품수량 + 당기착수량	=	완성품수량 + 공손품수량 + 기말재공품수량

2) 종합원가계산이 반드시 5단계에 의하여 이루어질 필요는 없으나, 5단계법을 적용하게 되면 보다 논리적이고 실수 없이 원가계산을 할 수 있다. 종합원가계산이 익숙해질 때까지는 5단계법에 의하여 연습하기를 권한다.

3) 종합원가계산에서의 공손은 제8장 공손품회계에서 집중적으로 다루고, 본 장에서는 공손이 발생하지 않는 것으로 가정한다.

(2) 2단계: 완성품환산량 계산

완성품환산량은 종합원가계산에서 완성도(degree of completion)가 서로 다른 완성품과 기말재공품에 공정원가(기초재공품원가와 당기투입원가의 합계)를 배부하기 위한 기준이 되는 것으로 유효생산량(effective units of production)이라고도 한다. 완성품환산량은 재공품을 완성품으로 환산한 수량으로 원가계산목적으로 계산되는 가상의 수량이다. 예를 들어, 재공품 물량이 4단위이고 각각의 완성도가 50%라면, 4단위의 미완성품은 완성품 2단위와 동등하게 원가를 배부받는다. 완성품환산량은 재공품 물량단위에 완성도를 곱하여 계산한다.

완성품환산량 = 재공품 물량단위 × 완성도

예제 7-1

당월에 현대자동차 엔진공정에서는 9,000단위의 작업이 착수되어 7,000단위가 완성되었다. 기말재공품은 2,000단위이며 완성도는 60%이다.

| 물음 |

완성품환산량을 계산하시오.

| 해답 |

	물량단위	×	완성도	=	완성품환산량
완성품	7,000		100%		7,000
기말재공품	2,000		60		1,200
	9,000				8,200

완성품환산량 계산 시의 완성도는 시간적 경과나 물리적인 조립상태가 아닌 가치적 완성도, 즉 원가투입정도를 말한다. 그런데 앞서 언급하였듯이 일반적으로 직접재료원가는 공정의 착수시점이나 중간시점 또는 종료시점과 같은 특정 시점에서 전액 발생한다. 직접재료원가가 공정의 특정 시점에서 전액 발생한다면, 그 시점을 통과한 모든 재공품은 이미 재료원가가 모두 투입된 것이므로 완성도를 100%로 추정한다. 반면에, 직접노무원

가와 제조간접원가 등의 전환원가는 공정 전체에 걸쳐 일정하게(균등하게 혹은 평균적으로) 발생한다. 전환원가가 공정의 진행정도에 비례하여 발생한다면 가공정도(진척도)가 곧 완성도가 된다. 이와 같이 재공품에 대한 원가투입정도가 원가요소별로 차이가 있기 때문에 직접재료원가와 전환원가 각각에 대하여 별도로 완성도를 파악하고 완성품환산량을 계산해야 한다.[4)]

예제 7-2

당월에 현대자동차 엔진공정에서는 9,000단위의 작업이 착수되어 8,000단위가 완성되었고, 기말재공품은 1,000단위(완성도 50%)이었다. 직접재료는 공정 초에 전부 투입되고, 전환원가는 공정의 진행에 따라 일정하게 발생한다.

| 물음 |

직접재료원가와 전환원가의 완성품환산량을 계산하시오.

| 해답 |

재료는 공정 초에 모두 투입되므로 가공정도(진척도)가 50%인 기말재공품의 직접재료원가 완성도는 100%이다. 반면에, 전환원가는 공정의 진척에 따라 일정하게 발생하므로 기말재공품의 전환원가 완성도는 50%가 된다.

1. 직접재료원가

	물량단위	×	완성도	=	완성품환산량*
완성품	8,000		100%		8,000
기말재공품	1,000		100		1,000
	9,000				9,000

* 직접재료원가는 물량단위와 완성품환산량이 일치함.

4) 완성품환산량은 재료의 투입정도 또는 전환정도 등을 고려하여 직접재료원가와 전환원가로 구분하여 산정할 수 있다(원가계산준칙 제19조 제④항). 직접재료원가와 전환원가가 모두 공정 전체에 걸쳐 평균적으로 발생한다면(즉, 원가요소별로 원가투입정도가 다르지 않다면), 직접재료원가와 전환원가 각각에 대하여 완성도를 파악할 필요가 없다. 이 경우에는 공정원가를 하나로 묶어서 완성도를 파악하고 완성품환산량을 계산한다.

2. 전환원가

	물량단위	×	완성도	=	완성품환산량
완성품	8,000		100%		8,000
기말재공품	1,000		50%		500
	9,000				8,500

종합원가계산은 재공품 차변에 집계된 원가를 완성품환산량의 비율로 완성품과 기말재공품에 배부한다. 만일 기초재공품이 있다면 원가흐름가정에 따라 완성품환산량 계산이 달라진다.[5)]

1) 선입선출법

선입선출법에서는 먼저 착수된 제품이 먼저 완성된다는 가정하에 완성품원가와 기말재공품원가를 계산한다.

완성품수량은 기초재공품수량과 당기에 작업이 착수되어 완성된 수량의 두 부분으로 구분된다. 기초재공품수량은 다시 기초재공품환산량과 기초재공품 당기완성량으로 나누어지며, 기초재공품환산량은 기초재공품 물량에 전기말 완성도를 곱하여 계산된 것으로 기초재공품원가에 해당하는 환산량이다. 기초재공품 당기완성량은 당기투입원가로 기초재공품을 추가가공하여 완성시킨 부분에 대한 환산량이다. 당기투입원가로 작업한 환산량인 기초재공품 당기완성량, 당기착수완성량, 기말재공품환산량의 합계를 당기완성품환산량이라 한다.

당기완성품환산량 = 기초재공품 당기완성량 + 당기착수완성량 + 기말재공품환산량

선입선출법에서는 기초재공품원가와 당기투입원가를 명확히 구분하여 기초재공품환산량에 해당하는 기초재공품원가는 고스란히 완성품원가에 포함시키고, 당기투입원가만을 당기완성품환산량에 배부함으로써 완성품원가와 기말재공품원가를 계산한다.

5) 종합원가계산에 있어서 완성품원가와 기말재공품원가는 완성품환산량에 의하여 선입선출법 또는 가중평균법 등 기타 합리적인 방법을 적용하여 계산한다(원가계산준칙 제19조 제③항).

도표 7-3 | 완성품환산량: 선입선출법

〈차변〉 〈대변〉

<table>
<tr><td>기초재공품원가</td><td>기초재공품환산량</td><td rowspan="3">완성품원가</td></tr>
<tr><td rowspan="3">당기투입원가</td><td>기초재공품 당기완성량</td></tr>
<tr><td>당기착수완성량</td></tr>
<tr><td>기말재공품환산량</td><td>기말재공품원가</td></tr>
</table>

2) 가중평균법

평균법에서는 기초재공품이 마치 당기에 착수되어 완성된 것처럼 간주한다. 따라서, 기초재공품원가와 당기투입원가를 구분하지 않고 재공품 차변에 집계된 원가를 완성품 수량과 기말재공품환산량에 비례하여 완성품과 기말재공품에 배부한다. 가중평균법에서 원가배부 대상이 되는 환산량은 완성품수량과 기말재공품환산량의 합계인데 이를 총완성품환산량이라 한다.

총완성품환산량 = 완성품수량 + 기말재공품환산량
= 기초재공품환산량 + 당기완성품환산량

도표 7-4 | 완성품환산량: 가중평균법

〈차변〉 〈대변〉

<table>
<tr><td>기초재공품원가</td><td rowspan="2">완성품</td><td rowspan="2">완성품원가</td></tr>
<tr><td rowspan="2">당기투입원가</td></tr>
<tr><td>기말재공품환산량</td><td>기말재공품원가</td></tr>
</table>

예제 7-3

당월에 현대자동차 엔진공정의 기초재공품은 2,000단위이며, 각 단위의 완성도는 20%이다. 당기 중 30,000단위를 새로이 투입하였고 27,000단위가 완성되었다. 기말재공품은 5,000단위이며, 완성도는 60%이다.

| 물음 |

당기완성품환산량과 총완성품환산량을 구하시오.

| 해답 |

이 예제에서는 완성도가 원가요소별로 제시되어 있지 않으므로 이를 구분할 필요가 없다. 또한 기초재공품이 있으므로 원가흐름가정에 따라 기초재공품 환산량을 완성품환산량에 포함시킬 것인지를 결정해야 한다.

1. 물량단위

재공품－물량

기초재고	2,000	완성	27,000
당기착수	30,000	기말재고	5,000
	32,000		32,000

2. 공정흐름

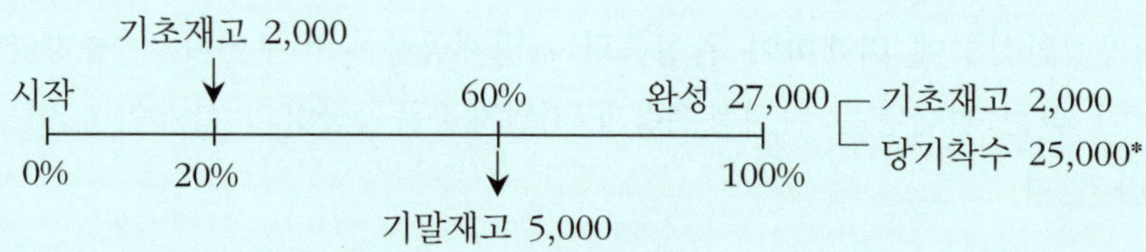

* 27,000단위－2,000＝25,000단위

공정흐름을 파악할 때 기초재공품과 기말재공품 물량은 공정의 일정시점(진척도)에 한 묶음(덩어리)으로 걸쳐 있다고 가정한다. 즉, 기초재공품 2,000단위는 한 덩어리로 20% 시점에 투입되어 당기에 80%를 추가가공함으로써 완성품이 되었으며, 당기착수량 30,000단위 중 25,000단위는 완성품이 되고 5,000단위는 한 덩어리로 60% 시점에서 차기이월된다.

3. 당기완성품환산량(선입선출법)

	물량단위	완성품환산량	비고
기초재고(20%)	2,000	400	기초재공품환산량
당기착수	30,000		
	32,000	①	
완성품(27,000단위)			
기초재고(80%)	2,000	1,600	기초재공품 당기완성량
당기착수	25,000	25,000	당기착수완성량
기말재고(60%)	5,000	3,000	기말재공품환산량
	32,000	29,600②	

① 이 둘의 합(400단위＋1,600)은 항상 기초재공품 물량단위(2,000단위)가 된다.

② 당기에 투입된 원가로 작업이 이루어진 당기완성품환산량을 계산하는 것이므로 기초재공품환산량 400단위를 제외한 환산량을 구한다.

따라서, 당기완성품환산량은 29,600단위이다. 참고로 당기완성품환산량은 다음과 같이 계산할 수도 있다.

	물량단위	×	완성도	=	완성품환산량
완성품	27,000		100%		27,000
기말재고	5,000		60		3,000
계					30,000*
기초재고	2,000		20%		(−)400
당기완성품환산량					29,600

* 아래 '4'에서 구한 총완성품환산량과 일치함.

4. 총완성품환산량(가중평균법)

당기완성품환산량	29,600	단위
기초재공품환산량	(+)400	
총완성품환산량	30,000	단위

총완성품환산량은 당기완성품환산량에 기초재공품환산량을 더하거나 완성품수량에 기말재공품환산량을 더해서 계산할 수 있다.

예제 7-4

당월에 현대자동차 엔진공정의 기초재공품은 10,000단위(전환원가 완성도 50%)이었으며, 당기중에 45,000단위를 새로이 투입하여 40,000단위를 완성하였다. 기말재공품은 15,000단위(전환원가 완성도 30%)이었다. 직접재료는 공정 초에 전량 투입되고 전환원가는 공정 전체에 걸쳐 균등하게 발생한다.

| 물음 |

당기완성품환산량과 총완성품환산량을 구하시오.

| 해답 |

이 예제는 완성도가 원가요소별로 제시되어 있으므로 이를 구분하여 완성품환산량을 계산해야 한다.

1. 물량단위

재공품－물량

기초재고	10,000	완성	40,000
당기착수	45,000	기말재고	15,000
	55,000		55,000

2. 공정흐름

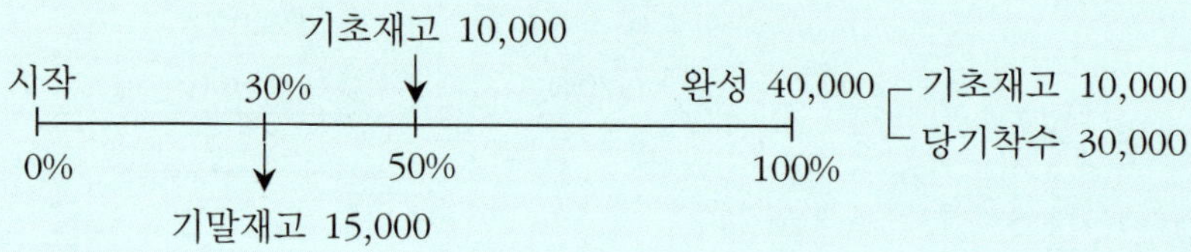

3. 완성품환산량

	물량단위	완성품환산량 직접재료원가	완성품환산량 전환원가
기초재고	10,000	①→10,000②	①→5,000
당기착수	45,000		
	55,000		
완성품(40,000단위)			
기초재고	10,000	①→0	①→5,000③
당기착수	30,000	30,000	30,000
기말재고	15,000	15,000	4,500
	55,000		
(1) 당기완성품환산량		45,000	39,500
기초재공품환산량		(+)10,000	(+)5,000
(2) 총완성품환산량		55,000	44,500

① 이 둘의 합이 기초재공품 물량단위와 일치하는지 확인할 것

② 직접재료는 공정 초에 모두 투입되므로 가공정도가 50%인 기초재공품에는 전기에 이미 직접재료원가가 100% 투입되었다.

③ 기초재공품을 완성하기 위해서 당기에 추가로 투입한 원가(50%)에 대한 환산량이다.
10,000단위×50%＝5,000단위

위의 완성품환산량은 다음과 같이 계산할 수도 있다.

	물량단위	완성품환산량 직접재료원가	완성품환산량 전환원가
완성품	40,000	40,000	40,000
기말재고	15,000	15,000	4,500
	55,000		
(1) 총완성품환산량		55,000	44,500
기초재공품환산량		(－)10,000	(－)5,000
(2) 당기완성품환산량		45,000	39,500

완성품환산량 계산은 상기 두 방법 중 어느 방법을 사용하든 상관없으나 선입선출법의 경우에는 첫 번째 제시된 방법이, 가중평균법에서는 두 번째 제시된 방법이 원가배부(완성품원가와 기말재공품원가의 계산)를 이해하는데 훨씬 유용하다.

(3) 3단계: 배부대상원가의 요약

배부대상원가는 원가흐름가정에 따라 다르다. 선입선출법에서는 당기완성품환산량에 당기투입원가를 배부하고, 가중평균법에서는 기초재공품원가와 당기투입원가를 합하여 이를 총완성품환산량에 배부한다.

도표 7-5 | 배부대상원가

원가흐름가정	배부대상원가
선입선출법	당기투입원가
가중평균법	기초재공품원가 + 당기투입원가

(4) 4단계: 완성품환산량단위당 원가의 결정

원가흐름 가정별로 배부대상원가와 완성품환산량이 파악되고 나면 원가요소별로 완성품환산량단위당 원가를 계산한다.

도표 7-6 | 완성품환산량단위당 원가

원가흐름가정	완성품환산량단위당 원가
선입선출법	당기투입원가÷당기완성품환산량
가중평균법	(기초재공품원가+당기투입원가)÷총완성품환산량

(5) 5단계: 원가배부

종합원가계산의 마지막 단계는 완성품과 기말재공품의 원가를 계산하는 것이다. 선입선출법에서는 완성품원가가 다음과 같은 세 가지 종류의 원가로 구성된다. 선입선출법은 기초재공품원가를 우선적으로 완성품에 배부하고 당기투입원가만을 [4단계]에서 구한 환산량단위당 원가에 의하여 완성품과 기말재공품에 배부한다.

- 기초재공품원가
- 기초재공품 당기완성원가(=기초재공품 당기완성량×환산량단위당 원가)
- 당기착수완성원가(=당기착수완성량×환산량단위당 원가)

한편, 가중평균법에서는 완성품원가를 선입선출법에서와 같이 세분하여 계산할 필요가 없으므로, 완성품원가와 기말재공품원가는 완성품수량과 기말재공품 환산량 각각에 [4단계]에서 구한 환산량단위당 원가를 곱하여 계산한다.

(6) 종합원가계산 사례 및 제조원가보고서

다음에 제시된 기본자료를 토대로 선입선출법과 평균법에서의 종합원가계산 과정과 제조원가보고서 작성에 대해서 설명하기로 한다. 5단계에 의한 종합원가계산 과정은 제조원가보고서(production cost report)에 요약된다.[6)] 제조원가보고서 양식은 선입선출법과 가중평균법에 약간의 차이가 있으나, 5단계의 기본절차는 동일하다.

1) 기본자료

당월에 현대자동차 엔진공정의 기초재공품은 10,000단위(전환원가 완성도 80%)이고, 기말재공품은 20,000단위(전환원가 완성도 40%)이었다. 당기중에 100,000단위를 새로이

6) 제조원가보고서는 제3장에서 설명한 제조원가명세서와는 다른 것으로 재무제표의 부속명세서는 아니나, 종합원가계산의 5단계를 일목요연하게 나타내는 일종의 내부 보고서이다.

투입하여 90,000단위를 완성하였다. 엔진공정의 재료는 공정 초에 모두 투입되고, 전환원가는 공정의 진행에 따라 일정하게 발생한다고 가정한다. 당기에 투입된 원가자료는 다음과 같다.

구분	직접재료원가	전환원가	합계
기초재공품	₩315,000	₩138,800	₩453,800
당기투입	1,500,000	900,000	2,400,000

엔진공정의 공정흐름은 다음과 같다. 기초재공품은 80% 시점에 투입되어 당기에 20%를 추가가공하여 완성품이 되었다. 당기착수량 100,000단위 중 80,000단위는 완성되었고 나머지 20,000단위는 40% 시점에서 차기로 이월되었다.[7)]

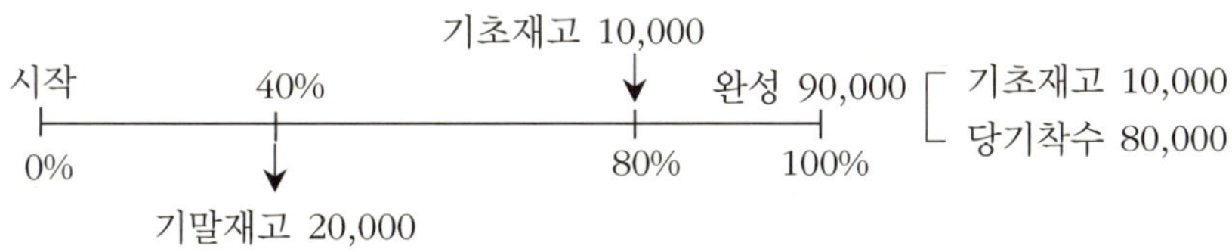

2) 선입선출법

선입선출법에서의 완성품환산량(당기완성품환산량) 계산과 원가계산과정을 제조원가보고서에 요약하면 [도표 7-7]과 같다.

[도표 7-7]에서 [1]~[5]는 5단계법의 각 단계를 의미하고, 당기완성품환산량은 직접재료원가 100,000단위, 전환원가 90,000단위이다. 선입선출법이므로 [3단계] 배부대상원가에는 당기투입원가만을 원가요소별로 별도로 구분해서 나타냈으며, 배부대상원가의 합인 ₩2,853,800은 재공품 차변에 집계된 원가의 합계와 일치한다. [5단계]의 완성품원가가 세 가지 종류의 원가로 계산되며 기초재공품원가 ₩453,800이 완성품원가에 그대로 합산되었음을 확인해야 한다. [5단계] 원가배부의 합인 ₩2,853,800은 재공품 대변에 집계된 원가의 합계이므로 항상 [3단계] 배부대상원가의 합과 일치해야 한다.

7) 공정의 각 시점은 진척도(즉, 가공정도)로서 전환원가 완성도를 의미한다.

도표 7-7 | 제조원가보고서: 선입선출법

	[1] 물량단위	[2] 완성품환산량 직접재료원가	[2] 완성품환산량 전환원가	합계
기초재고	10,000	10,000	8,000	
당기착수	100,000			
	110,000			
완성품(90,000단위)				
기초재고	10,000	0	2,000	
당기착수	80,000	80,000	80,000	
기말재고	20,000	20,000	8,000	
	110,000	100,000	90,000	
[3] 배부대상원가				합계
기초재고				₩453,800
당기투입		₩1,500,000	₩900,000	2,400,000
총원가				₩2,853,800
완성품환산량		÷100,000	÷90,000	
[4] 환산량단위당 원가		₩15	₩10	
[5] 원가배부				
완성품				
기초재공품원가				₩453,800
기초재공품 당기완성원가		–	₩20,000①	20,000
당기착수완성원가		₩1,200,000②	800,000	2,000,000
계				₩2,473,800
기말재공품		300,000	80,000③	380,000
총원가				₩2,853,800

(두 총원가 ₩2,853,800: 일치)

① ₩10×2,000단위=₩20,000
② ₩15×80,000단위=₩1,200,000
③ ₩10×8,000단위=₩80,000

선입선출법 원가계산 결과를 재공품계정의 원가흐름으로 나타내 보면 다음과 같다.

재공품(엔진공정)

차변	금액	대변	금액
기초재고	453,800	완성품	2,473,800
직접재료원가	1,500,000		
전환원가	900,000	기말재고	380,000
	2,853,800		2,853,800

3) 가중평균법

가중평균법에서는 기초재공품원가와 당기투입원가를 완성품과 기말재공품에 평균적으로 배부하므로 제조원가보고서의 물량단위는 완성품과 기말재공품만 요약한다. 가중평균법의 완성품환산량(총완성품환산량) 계산과 원가계산과정을 제조원가보고서에 요약하면 [도표 7-8]과 같다.

도표 7-8 | 제조원가보고서: 가중평균법

	[1] 물량단위	[2] 완성품환산량 직접재료원가	[2] 완성품환산량 전환원가	
완성품	90,000	90,000	90,000	
기말재고	20,000	20,000	8,000	
	110,000	110,000	98,000	
[3] 배부대상원가				합계
기초재고		₩315,000	₩138,800	₩453,800
당기투입		1,500,000	900,000	2,400,000
총원가		₩1,815,000	₩1,038,800	₩2,853,800
완성품환산량		÷110,000	÷98,000	
[4] 환산량단위당 원가		₩16.5	₩10.6	
[5] 원가배부				
완성품		₩1,485,000①	₩954,000	₩2,439,000
기말재공품		330,000	84,800②	414,800
총원가				₩2,853,800

(두 총원가 ₩2,853,800 일치)

① ₩16.5×90,000단위=₩1,485,000

② ₩10.6×8,000단위=₩84,800

[도표 7-8]에서 총완성품환산량은 직접재료원가가 110,000단위, 가공원가가 98,000단위이다. 이는 [도표 7-7]의 당기완성품환산량에 비하여 기초재공품환산량만큼 많다.[8] 가중평균법이므로 [3단계] 배부대상원가에 기초재공품원가와 당기투입원가를 모두 나타냈으며, 배부대상원가의 합인 ₩2,853,800은 재공품 차변에 집계된 원가의 합계와 일치한다. [5단계]의 완성품원가 ₩2,439,000은 완성품수량 90,000단위에 환산량단위당 원가(₩27.1=₩16.5+10.6)를 곱하면 되므로 선입선출법보다는 간단하게 계산된다. 또한, [5단계] 원가배부의 합인 ₩2,853,800은 재공품 대변에 집계된 원가의 합계이므로 항상 [3단계] 배부대상원가의 합과 일치해야 한다. 가중평균법 원가계산 결과를 재공품계정의 원가흐름으로 나타내 보면 다음과 같다.

재공품(엔진공정)

기초재고	453,800	완성품	2,439,000
직접재료원가	1,500,000		
전환원가	900,000	기말재고	414,800
	2,853,800		2,853,800

제조원가보고서는 일정한 양식으로 정해져 있는 것이 아니므로 다양하게 작성될 수 있다. 본서는 원가흐름 가정에 따라 [도표 7-7]과 [도표 7-8]에 예시된 제조원가보고서를 기본모형으로 할 것이다.

8) 완성품환산량 비교

구분	직접재료원가	전환원가
당기완성품환산량(선입선출법)	100,000단위	90,000단위
(+)기초재공품환산량	10,000	8,000
총완성품환산량(가중평균법)	110,000단위	98,000단위

제3절 공정별원가계산(복수공정)[9)]

1. 전공정원가

둘 이상의 연속공정을 통하여 제품이 생산되는 경우에는 앞 공정에서 완성된 중간제품이 후속공정으로 대체되어 추가가공되는데, 후속공정으로 대체되는 중간제품의 원가를 전공정원가라 한다. 전공정원가의 완성도는 공정의 착수시점에 모두 투입되는 재료원가와 동일하게 파악하므로, 후속공정에서 전공정원가의 완성도는 공정의 어느 시점에서도 항상 100%가 된다. 예를 들어, 현대자동차 엔진공정에서 엔진을 완성하여 후속공정인 조립공정에 대체하면, 조립공정에서는 트랜스미션, 몸체(chassis) 등 추가적인 직접재료원가와 전환원가를 투입하여 완성차를 만든다고 하자. 이때, 조립공정의 재공품(미완성 자동차)에 부착된 엔진은 이미 앞 공정에서 완성된 것이므로 완성도가 100%이다. 또한, 제2공정 이후부터는 공정원가가 전공정원가와 자공정원가(자공정에 투입된 직접재료원가와 전환원가)로 구성되며, 제조원가보고서에도 전공정원가가 독립된 항목으로 표시된다.

공정별원가계산에서 주의할 것은 각 공정이 별개의 회계실체로 간주되므로 이전 공정의 원가흐름과 관계없이 독립적인 원가흐름을 적용할 수 있다는 것이다. 예를 들어, 제1공정에 선입선출법을 적용하고 제2공정은 가중평균법을 적용할 수 있으며, 제1공정은 가중평균법을 적용하고 제2공정에 선입선출법을 적용할 수도 있다.

9) 공정별원가계산을 누가법과 비누가법으로 나누어 설명하는 책도 있다. 본서의 공정별원가계산은 누가법을 전제로 한 것이다. 비누가법은 각 공정의 완성품원가를 다음 공정으로 대체하지 않기 때문에 전공정원가가 발생하지 않는다. 비누가법에서는 각 공정의 자공정원가만으로 계산된 완성품원가를 모두 더하여 이를 최종공정의 완성품수량으로 나눔으로써 최종제품의 단위당 원가를 계산한다. 이 방법은 공정별로 자공정원가만을 측정하기 때문에 각 공정의 원가관리나 성과평가에 필요한 정보를 제공해 줄 수는 있으나, 계산과정이 복잡하여 제품원가계산목적으로는 사용되지 않는다.

2. 공정별원가계산의 사례

현대자동차는 엔진공정의 완성품을 모두 조립공정에 투입하여 완성차를 생산하고 있다.

(1) 제1공정

제1공정의 직접재료는 공정 초기에 전량 투입하며 전환원가는 공정 전체에 걸쳐 균등하게 발생한다. 제1공정의 완성품과 기말재공품은 선입선출법을 적용하여 평가한다. 당월의 생산 및 원가자료는 다음과 같다. 단, 괄호 안은 전환원가 완성도이다.

구분	물량단위	직접재료원가	전환원가
기초재공품	1,000(80%)	₩6,480	₩4,040
당기투입	7,000	24,500	15,840
완성품	6,000		
기말재공품	2,000(70%)		

위의 자료를 이용하여 제1공정의 제조원가보고서를 작성하면 [도표 7-9]와 같다.

도표 7-9 | 제1공정 제조원가보고서: 선입선출법

	[1] 물량단위	[2] 완성품환산량	
		직접재료원가	전환원가
기초재고	1,000	1,000	800
당기착수	7,000		
	8,000		
완성품(6,000단위)			
기초재고	1,000	0	200
당기착수	5,000	5,000	5,000
기말재고	2,000	2,000	1,400
	8,000	7,000	6,600

[3] 배부대상원가			합계
기초재고			₩10,520
당기투입	₩24,500	₩15,840	40,340
총원가			₩50,860
완성품환산량	÷7,000	÷6,600	
[4] 환산량단위당 원가	₩3.5	₩2.4	
[5] 원가배부			
완성품			
기초재공품원가			₩10,520
기초재공품 당기완성원가	–	₩480	480
당기착수완성원가	₩17,500	12,000	29,500
계			₩40,500
기말재공품	7,000	3,360	10,360
총원가			₩50,860

제1공정에서 완성된 엔진 6,000단위의 원가 ₩40,500은 제2공정으로 대체 투입된다.

(2) 제2공정

제2공정의 직접재료(포장재료)는 공정의 완료시점에 투입하며 전환원가는 공정 전체에 걸쳐 균등하게 발생한다. 제2공정의 완성품과 기말재공품은 가중평균법을 적용하여 평가하고 당기 생산 및 원가자료는 다음과 같다. 단, 괄호 안은 전환원가 완성도이다. 제2공정의 당기투입량과 전공정원가는 제1공정의 완성품수량과 완성품원가가 된다.

구분	물량단위	전공정원가	직접재료원가	전환원가
기초재공품	2,000(60%)	₩11,500	–	₩4,410
당기투입	?	?	₩14,140	₩9,450
완성품	7,000			
기말재공품	1,000(50%)			

위의 자료를 이용하여 제2공정의 제조원가보고서를 작성하면 [도표 7-10]과 같다.

도표 7-10 | 제조원가보고서: 가중평균법

	[1] 물량단위	[2] 완성품환산량 전공정원가	직접재료원가	전환원가
완성품	7,000	7,000	7,000	7,000
기말재고	1,000	1,000	0	500
	8,000	8,000	7,000	7,500

[3] 배부대상원가				합계
기초재고	₩11,500	–	₩4,410	₩15,910
당기투입	40,500①	₩14,140	9,450	64,090
총원가	₩52,000	₩14,140	₩13,860	₩80,000
완성품환산량	÷8,000	÷7,000	÷7,500	
[4] 환산량단위당 원가	₩6.5	₩2.02	₩1.848	
[5] 원가배부				
완성품	₩45,500	₩14,140	₩12,936	₩72,576②
기말재공품	6,500	–	924	7,424
총원가				₩80,000

① 제1공정 완성품원가
② (₩6.5+2.02+1.848)×7,000단위=₩72,576

제2공정 이후부터는 전공정원가를 고려해야 하므로 [도표 7-10]의 [2단계] 완성품환산량에 전공정원가가 포함되었다. 제2공정에서 직접재료는 공정의 완료시점에 투입되므로 완성품을 제외한 모든 재공품에는 직접재료원가가 투입되어 있지 않다. 따라서, 기말재공품의 직접재료원가환산량은 0(=1,000단위×0%)이다. 제2공정 완성품원가 ₩72,576은 당기제품제조원가로 재공품계정에서 제품계정으로 대체된다.

(3) 공정별 원가흐름

제1공정에서 2공정으로 대체되는 물량흐름과 원가흐름을 요약하면 [도표 7-11]과 같다.

도표 7-11 | 물량흐름과 원가흐름

〈물량흐름〉

제1공정

기초재고	1,000	완성	6,000
당기착수	7,000	기말재고	2,000
	8,000		8,000

제2공정

기초재고	2,000	완성	7,000
당기착수	6,000	기말재고	1,000
	8,000		8,000

〈원가흐름〉

재공품－통제

기초재고	26,430①	완성품	72,576	→당기제품제조원가
직접재료원가	38,640②			
전환원가	25,290③	기말재고	17,784④	
	90,360		90,360	

제1공정(엔진)

기초재고	10,520	완성	40,500
직접재료원가	24,500		
전환원가	15,840	기말재고	10,360
	50,860		50,860

제2공정(완성차)

기초재고	15,910	완성품	72,576
전공정원가	40,500		
직접재료원가	14,140		
전환원가	9,450	기말재고	7,424
	80,000		80,000

① ₩10,520＋15,910＝₩26,430(제1공정 기초재고와 제2공정 기초재고를 더한 것임)
② ₩24,500＋14,140＝₩38,640(제1공정 직접재료원가와 제2공정 직접재료원가를 더한 것임)
③ ₩15,840＋9,450＝₩25,290(제1공정 전환원가와 제2공정 전환원가를 더한 것임)
④ ₩10,360＋7,424＝₩17,784

3. 원가흐름의 회계처리

종합원가계산에서는 개별공정이 재공품계정의 보조원장으로 사용되므로 공정별로 재공품계정을 설정한다. 공정별로 재공품계정을 설정하는 경우에 공정에 투입된 원가 및 공정 간의 대체에 대한 회계처리는 [도표 7-12]와 같다. 편의상 2개의 공정을 거쳐서 제품이 생산되는 경우를 가정한다. 최종공정에서의 완성품은 당기제품제조원가로 제품계정에 대체된다.

도표 7-12 | 원가흐름의 회계처리

차변		대변	
가. 제1공정에서 직접재료원가, 전환원가를 기록			
재공품(제1공정)	×××	직접재료원가	×××
		전환원가	×××
나. 제1공정에서 제2공정으로의 대체와 제2공정에서 발생한 원가를 기록			
재공품(제2공정)	×××	재공품(제1공정)	×××
		직접재료원가	×××
		전환원가	×××
다. 제2공정(최종공정)에서 완성된 제품을 제품계정에 대체			
제품	×××	재공품(제2공정)	×××

예제 7-5

'2. 공정별원가계산 사례' 자료를 이용하여 공정별 원가의 집계 및 대체과정을 회계처리하시오.

| 해답 |

회계처리

차변		대변	
가. 제1공정에서의 직접재료원가, 전환원가를 기록			
재공품(제1공정)	40,340	직접재료원가	24,500
		전환원가	15,840
나. 제1공정에서 제2공정으로의 대체와 제2공정에서 발생한 원가를 기록			
재공품(제2공정)	64,090	재공품(제1공정)	40,500
		직접재료원가	14,140
		전환원가	9,450
다. 제2공정에서 완성된 제품을 제품계정에 대체			
제품	72,576	재공품(제2공정)	72,576

연습 문제

| 객관식 문제 |

01. 개별원가계산과 종합원가계산에 관한 다음 설명 중 옳지 않은 것은?

① 개별원가계산은 이종제품 소량생산 기업에 적용되며, 종합원가계산은 동종제품 대량생산 기업에 적용된다.
② 법률사무소, 영화스튜디오 등에서 종합원가계산을 주로 적용한다.
③ 건축업, 선박제조 등에서 개별원가계산을 주로 적용한다.
④ 개별원가계산에서는 특정 작업이 끝나면 특정 제품이 생산되는 반면에, 종합원가계산에서는 특정 공정이 끝나면 다음 공정으로 대체되며 마지막 공정을 거친 후에야 완성된 제품이 생산된다.
⑤ 개별원가계산에서는 원가를 개별작업별로 집계하고 종합원가계산에서는 원가를 공정별로 집계한다.

02. 동일종류의 제품을 연속적으로 제조하고 있는 회사에서 사용하면 효과적인 원가계산방법은?

① 개별원가계산 ② 조별원가계산 ③ 연산품원가계산 ④ 종합원가계산

03. 개별원가계산과 종합원가계산에 대한 설명으로 틀린 것은?

① 두 원가계산시스템이 원재료, 재공품, 제품, 제조간접원가 계정과목을 설정하며 이 계정과목 상호 간의 원가흐름이 기본적으로 동일하다.
② 통상적으로 정유 및 가스 등의 대형 사업에 사용되는 원가계산방법은 종합원가계산이 적합하다.
③ 조선업이나 플랜트와 같은 대규모의 주문형 사업일 경우 개별원가계산이 종합원가계산보다 적합하다.
④ 제품을 반복적으로 생산하는 업종일 경우 개별원가계산이 종합원가계산보다 적합하다.

04. 종합원가계산하에서 선입선출법과 가중평균법에 대한 설명으로 올바르지 않은 것은?

① 원가요소의 가격이 불안정한 경우에는 선입선출법과 가중평균법의 결과가 크게 차이가 발생하지 않는다.

② 선입선출법은 완성품환산량 계산 시 순수한 당기착수완성량만으로 계산한다.

③ 가중평균법은 전기와 당기발생원가를 구분하지 않고 모두 당기발생원가로 가정하여 완성품과 기말재공품에 배분한다.

④ 선입선출법은 실제물량흐름을 반영하며 원가통제 등에 더 유용한 정보를 제공한다.

05. 명지는 단일공정으로 단일제품을 제조·판매하고 있다. 이 회사는 종합원가계산제도를 적용하고 있다. 기말재공품에 대한 완성도가 실제보다 과소평가되어 있다면 다음 각각에 어떤 영향을 미치는가?

	완성품환산량	완성품환산량단위당 원가	완성품제조원가
①	과소평가	과대평가	과대평가
②	과소평가	과소평가	과대평가
③	과대평가	과대평가	과소평가
④	과대평가	과소평가	과소평가

06. 성남은 가중평균법에 의한 종합원가계산을 채택하고 있다. 기초재공품이 75,000단위이고 당기착수량이 225,000단위이다. 기말재공품이 50,000단위인데 직접재료는 전량 투입되었고, 전환원가 완성도는 70%이다. 기초재공품에 포함된 전환원가는 ₩14,000이고 당기발생 전환원가가 ₩100,000이면 기말재공품에 얼마의 전환원가가 배부되어야 하는가?

① ₩8,000 ② ₩10,000 ③ ₩14,000 ④ ₩18,000

07. 다음 자료에 의해 선입선출법에서의 직접재료원가 완성품환산량과 전환원가 완성품환산량은 각각 얼마인가?

	직접재료원가 완성도	전환원가 완성도
기초재공품 50,000단위	80%	70%
기말재공품 30,000단위	80%	50%
착수량 180,000단위, 완성품수량 200,000단위		

① 224,000단위와 180,000단위 ② 184,000단위와 180,000단위

③ 224,000단위와 215,000단위 ④ 184,000단위와 215,000단위

08. 국세는 단일제품을 생산하고 있으며, 종합원가계산제도를 채택하고 있다. 직접재료는 공정이 시작되는 시점에서 100% 투입되며, 전환원가는 공정 전체에 걸쳐 균등하게 발생한다. 가중평균법과 선입선출법에 의한 전환원가의 완성품환산량은 각각 85,000단위와 73,000단위이다. 기초재공품의 전환원가 완성도가 30%라면, 기초재공품수량은 몇 단위인가?

① 21,900단위 ② 25,500단위 ③ 36,000단위 ④ 40,000단위

09. 한국회사는 종합원가계산시스템을 채택하고 있고, 최초공정은 A공정이며, 최종공정은 B공정이다. B공정에 가중평균법을 적용한 4월의 완성품환산량단위당 원가는 다음과 같다.

전공정원가	직접재료원가	전환원가
₩500/개	₩100/개	₩200/개

B공정에서 직접재료는 공정의 50% 시점에서 모두 투입되며, 전환원가는 B공정 전체에 걸쳐 균등하게 발생한다. 4월말 B공정의 재공품은 1,000개이며, 전환원가의 완성도는 40%이다. 이때 B공정의 기말재공품원가는 얼마인가?

① ₩480,000 ② ₩580,000 ③ ₩680,000 ④ ₩780,000

| 객관식 문제 해답 및 해설 |

01. ②

법률사무소와 영화스튜디오 등과 같이 다양한 종류의 서비스나 제품을 제공하는 경우 개별원가계산이 종합원가계산보다 적합하다.

02. ④

종합원가계산은 동일종류의 제품을 연속적으로 제조하는 회사의 제품원가계산에 적합하다.

03. ④

제품을 반복적으로 생산하는 업종일 경우 종합원가계산이 개별원가계산보다 적합하다.

04. ①

가중평균법은 원가요소의 가격이 안정적인 경우에는 전기와 당기발생원가가 크게 차이가 나지 않기 때문에 선입선출법의 결과와 큰 차이가 없다.

05. ①

전환원가의 완성품환산량은 기말재공품의 물량단위에 기말재공품의 완성도를 곱하여 산출하므로 기말재공품에 대한 완성도가 실제보다 과소평가되어 있다면 완성품환산량은 실제보다 과소평가된다. 완성품환산량단위당 원가는 배부대상원가를 완성품환산량으로 나누어 계산하므로 완성품환산량이 과소평가되어 있다면 완성품환산량단위당 원가는 과대평가된다.

완성품제조원가는 완성품환산량에 완성품환산량단위당 원가를 곱하여 계산하므로 완성품환산량단위당 원가가 과대평가되어 있다면 완성품제조원가는 과대평가된다.

06. ③

전환원가 총완성품환산량: 250,000단위+35,000*=285,000단위

* 50,000×0.7=35,000

배부대상 전환원가: ₩14,000+100,000=₩114,000

전환원가 완성품환산량단위당 원가: ₩114,000/285,000단위=₩0.4/단위

기말재공품에 배부될 전환원가: 35,000단위×₩0.4=₩14,000

07. ②

	물량단위	완성품환산량	
		직접재료원가	전환원가
완성품수량			
기초재공품	50,000	10,000①	15,000②
당기착수	150,000	150,000	150,000
기말재공품	30,000	24,000③	15,000④
	230,000	184,000	180,000

① 50,000×(1−0.8)=10,000

② 50,000×(1−0.7)=15,000

③ 30,000×0.8=24,000

④ 30,000×0.5=15,000

08. ④

전환원가 완성품환산량은 가중평균법이 선입선출법보다 '기초재공품수량×기초재공품 전환원가 완성도'만큼 클 것이므로,

기초재공품수량×0.3=85,000단위−73,000단위

∴ 기초재공품수량=12,000/0.3=40,000단위

09. ②

B공정

		완성품환산량		
	물량단위	전공정원가	직접재료원가	전환원가
기말재공품량	1,000	1,000①	0②	400③

① 전공정원가의 완성도는 공정의 착수시점에 모두 투입되는 직접재료원가와 동일
② 기말재공품의 전환원가 완성도 40%가 직접재료투입시점인 50%에 미치지 못하므로 기말재공품의 직접재료원가 완성품환산량은 0이다.
③ 1,000단위×0.4

기말재공품원가: 1,000×₩500+0×₩100+400×₩200=₩580,000

| 주관식 문제 |

01. 기본예제

한국화학은 종합원가계산을 채택하고 있다. 모든 원가는 공정 전반에 걸쳐 균등하게 발생하고 있으며, 당기의 제조활동에 관한 자료는 다음과 같다.

구분	물량단위	발생원가
기초재공품	200(완성도 40%)	₩15,000
당기투입	?	360,000
완성품	450	
기말재공품	100(완성도 50%)	

| 물음 |

가중평균법에 의한 기말재공품원가는 얼마인가?

| 풀이 |

완성품환산량을 직접재료원가와 가공원가로 구분하여 계산할 필요가 없으므로 다음과 같이 간단히 기말재공품원가를 구할 수 있다.

1. 완성품환산량: 450단위+100×50%=500단위
2. 완성품환산량단위당 원가: (₩15,000+360,000)÷500단위=₩750
3. 기말재공품원가: ₩750×(100단위×50%)=₩37,500

02. 종합원가계산(1)

한국제지는 펄프를 공정 초기에 모두 투입하여 신문용지를 생산한다. 당기의 생산관련 자료는 다음과 같다. 단, 괄호 안은 전환원가 완성도이다.

구분	물량단위	직접재료원가	전환원가
기초재공품	5,500(30%)	₩1,027,500	₩334,250
당기투입	14,500	2,972,500	2,515,750
완성품	18,000		
기말재공품	2,000(50%)		

| 물음 |

다음 각 방법에 의하여 완성품원가와 기말재공품원가를 구하시오.

1. 선입선출법
2. 가중평균법

| 풀이 |

먼저, 재공품계정을 통하여 물량단위를 파악한다.

재공품 – 물량

기초재고	5,500	완성	18,000
당기착수	14,500	기말재고	2,000
	20,000		20,000

1. 선입선출법

	[1] 물량단위	[2] 완성품환산량	
		직접재료원가	전환원가
기초재고	5,500	5,500	1,650①
당기착수	14,500		
	20,000		
완성품(18,000단위)			
기초재고	5,500	0	3,850
당기착수	12,500	12,500	12,500
기말재고	2,000	2,000	1,000
	20,000	14,500	17,350

[3] 배부대상원가			합계
기초재고			₩1,361,750
당기투입	₩2,972,500	₩2,515,750	5,488,250
총원가			₩6,850,000
완성품환산량	÷14,500	÷17,350	
[4] 환산량단위당 원가	₩205	₩145	
[5] 원가배부			
완성품			
기초재공품원가			₩1,361,750
기초재공품 당기완성원가	–	₩558,250②	558,250
당기착수완성원가	₩2,562,500③	1,812,500	4,375,000
계			₩6,295,000
기말재공품	410,000	145,000	555,000
			₩6,850,000

① 5,500단위×30%=1,650단위
② ₩145×3,850단위=₩558,250
③ ₩205×12,500단위=₩2,562,500

따라서, 완성품원가와 기말재공품원가는 각각 ₩6,295,000과 ₩555,000이다.

2. 가중평균법

		[2] 완성품환산량	
	[1] 물량단위	직접재료원가	전환원가
완성품	18,000	18,000	18,000
기말재고	2,000	2,000	1,000
	20,000	20,000	19,000

[3] 배부대상원가			합계
기초재고	₩1,027,500	₩334,250	₩1,361,750
당기투입	2,972,500	2,515,750	5,488,250
총원가	₩4,000,000	₩2,850,000	₩6,850,000
완성품환산량	÷20,000	÷19,000	
[4] 환산량단위당 원가	₩200	₩150	

[5] 원가배부

완성품	₩3,600,000	₩2,700,000	₩6,300,000
기말재공품	400,000	150,000	550,000
총원가			₩6,850,000

따라서, 완성품원가와 기말재공품원가는 각각 ₩6,300,000과 ₩550,000이다.

03. 종합원가계산(2)

한국철강은 고철을 공정 초기에 모두 투입하여 표준형 철판을 대량생산하고 있다. 당기의 생산관련 자료는 다음과 같다. 단, 괄호 안은 전환원가 완성도이다.

구분	물량단위	직접재료원가	전환원가
기초재공품	1,000(60%)	₩800,000	₩476,000
당기투입	?	900,000	4,100,000
완성품	8,000		
기말재공품	2,000(40%)		

| 물음 |

다음 각 방법에 의하여 완성품원가와 기말재공품원가를 구하시오.

1. 선입선출법
2. 가중평균법

| 풀이 |

먼저, 물량단위를 확인한 후 제조원가보고서를 작성함으로써 완성품원가와 기말재공품원가를 구한다.

재공품 – 물량

기초재고	1,000	완성	8,000
당기착수	9,000*	기말재고	2,000
	10,000		10,000

* 10,000단위 – 1,000 = 9,000단위

1. 선입선출법

	[1] 물량단위	[2] 완성품환산량 직접재료원가	전환원가
기초재고	1,000	1,000	600①
당기착수	9,000		
	10,000		
완성품(8,000단위)			
기초재고	1,000	0	400
당기착수	7,000	7,000	7,000
기말재고	2,000	2,000	800
	10,000	9,000	8,200

			합계
[3] 배부대상원가			
기초재고			₩1,276,000
당기투입	₩900,000	₩4,100,000	5,000,000
총원가			₩6,276,000
완성품환산량	÷9,000	÷8,200	
[4] 환산량단위당 원가	₩100	₩500	
[5] 원가배부			
완성품			
기초재공품원가			₩1,276,000
기초재공품 당기완성원가	–	₩200,000②	200,000
당기착수완성원가	₩700,000③	3,500,000	4,200,000
계			₩5,676,000
기말재공품	200,000	400,000	600,000
총원가			₩6,276,000

① 1,000단위×60%=600단위

② ₩500×400단위=₩200,000

③ ₩100×7,000단위=₩700,000

따라서, 완성품원가와 기말재공품원가는 각각 ₩5,676,000과 ₩600,000이다.

2. 가중평균법

	[1] 물량단위	[2] 완성품환산량	
		직접재료원가	전환원가
완성품	8,000	8,000	8,000
기말재고	2,000	2,000	800
	10,000	10,000	8,800

[3] 배부대상원가			합계
기초재고	₩800,000	₩476,000	₩1,276,000
당기투입	900,000	4,100,000	5,000,000
총원가	₩1,700,000	₩4,576,000	₩6,276,000
완성품환산량	÷10,000	÷8,800	
[4] 환산량단위당 원가	₩170	₩520	
[5] 원가배부			
완성품	₩1,360,000	₩4,160,000	₩5,520,000
기말재공품	340,000	416,000	756,000
총원가			₩6,276,000

따라서, 완성품원가와 기말재공품원가는 각각 ₩5,520,000과 ₩756,000이다.

04. 오류수정

대한제지는 20×1년 12월 1일에 영업을 개시하였다. 12월의 완성품수량은 9,000단위였다. 이 회사의 원가계산 담당자는 다음과 같이 기말재공품을 평가하였다.

구분	직접재료원가	전환원가
완성도	100%	50%
완성품환산량	5,000단위	2,500단위
금액	₩75,000	₩40,000

기말재공품에 포함된 직접재료원가를 감사한 결과 적정한 것으로 판명되었다. 그러나 기말재공품에 포함된 전환원가 완성도는 20%인 것으로 밝혀졌으며, 이에 따라 완성품환산량과 금액이 달라져야 한다. 회계감사 결과에 따라 물음에 답하시오.

| 물음 |

1. 기말재공품수량은 몇 단위인가?
2. 기말재공품의 전환원가에 대하여 다음을 계산하시오.

(1) 올바른 완성품환산량

(2) 올바른 완성품환산량단위당 원가

3. 올바른 완성품원가와 기말재공품원가를 구하시오.

| 풀이 |

1. 기말재공품수량

5,000단위÷100%=5,000단위(또는, 2,500단위÷50%=5,000단위)

2. 기말재공품의 전환원가

(1) 완성품환산량

5,000단위×20%=1,000단위

(2) 완성품환산량단위당 원가

가. 원가계산 담당자가 계산한 완성품환산량단위당 원가

₩40,000÷2,500단위=₩16

나. 당기투입 전환원가

(9,000단위+2,500)×₩16=₩184,000

다. 올바른 완성품환산량단위당 원가

₩184,000÷(9,000단위+1,000)=₩18.4

3. 올바른 금액

(1) 완성품원가

9,000단위×(₩15* +18.4)=₩300,600

* ₩75,000÷5,000단위=₩15

(2) 기말재공품원가

₩75,000+1,000단위×₩18.4=₩93,400

05. 두 종류의 직접재료원가 투입(1)

한국시멘트는 종합원가계산을 채택하고 있으며, 두 개의 공정을 거쳐 한 종류의 시멘트를 생산한다. 제1공정에서 직접재료 A는 공정 초기에 모두 투입되며, 직접재료 B는 공정의 80% 시점에 투입된다. 전환원가는 공정 전반에 걸쳐 균등하게 발생된다. 회사는 선입선출법에 의하여 재공품을 평가하고 있다. 다음은 당기중 제1공정에 관한 자료이다. 단, 괄호 안은 전환원가 완성도이다.

구분	물량단위	직접재료원가 A	직접재료원가 B	전환원가
기초재공품	10,000(40%)	₩178,000	–	₩136,000
당기투입	52,000	312,000	₩425,000	935,000
완성품	?			
기말재공품	12,000(75%)			

| 물음 |

완성품원가와 기말재공품원가를 구하시오.

| 풀이 |

1. 공정흐름

두 종류의 재료가 각기 다른 시점에서 투입된다는 점만 주의하면 된다.

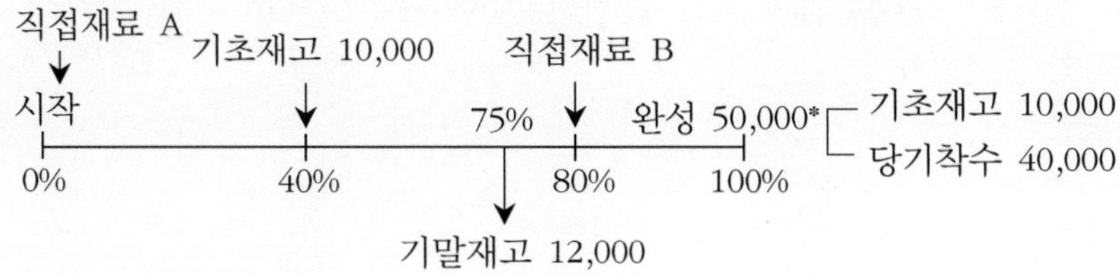

* 10,000단위 + 52,000 − 12,000 = 50,000단위

직접재료 A는 공정 초에 모두 투입되므로 기초 및 기말재공품에 대한 직접재료 A의 완성도는 100%이다. 반면에, 직접재료 B는 80% 시점에 투입되므로 기초 및 기말재공품에 대한 직접재료 B의 완성도는 0%이며, 기초재공품은 당기에 완성품으로 추가가공하는 과정에서 직접재료 B가 모두 투입된다.

2. 제조원가보고서(선입선출법)

	[1] 물량단위	[2] 완성품환산량 직접재료원가 A	직접재료원가 B	전환원가	합계
기초재고	10,000	10,000	0*	4,000	
당기착수	52,000				
	62,000				
완성품(50,000단위)					
기초재고	10,000	0	10,000	6,000	
당기착수	40,000	40,000	40,000	40,000	
기말재고	12,000	12,000	0	9,000	
	62,000	52,000	50,000	55,000	
[3] 배부대상원가					합계
기초재고					₩314,000
당기투입		₩312,000	₩425,000	₩935,000	1,672,000
총원가					₩1,986,000
완성품환산량		÷52,000	÷50,000	÷55,000	
[4] 환산량단위당 원가		₩6	₩8.5	₩17	

[5] 원가배부

완성품				
기초재공품원가				₩314,000
기초재공품 당기완성원가	−	₩85,000	₩102,000	187,000
당기착수완성원가	₩240,000	340,000	680,000	1,260,000
계				₩1,761,000
기말재공품	72,000	−	153,000	225,000
총원가				₩1,986,000

* 기초재공품의 직접재료원가 B 완성도는 0%

원가계산 결과 완성품원가는 ₩1,761,000이고, 기말재공품원가는 ₩225,000이다.

06. 공정별원가계산(1)

삼양제지는 두 개의 공정을 통하여 제품을 생산하고 있다. 당기중 제2공정의 생산 및 원가자료는 다음과 같다. 제2공정의 직접재료원가와 전환원가는 공정 전반에 걸쳐 균등하게 발생한다.

구분	물량단위	전공정원가	자공정원가
기초재공품	500(완성도 20%)	₩7,500	₩10,000
당기투입	1,000	30,000	29,000
기말재공품	400(완성도50%)		

| 물음 |

가중평균법에 의하여 제2공정의 완성품원가와 기말재공품원가를 구하시오.

| 풀이 |

여러 공정을 통하여 제품이 생산되는 경우에는 제2공정 이후부터 공정원가가 전공정원가와 자공정원가로 구성되는데, 이 문제에서는 자공정원가의 완성도를 직접재료원가와 전환원가로 나누지 않고 한꺼번에 파악하고 있다. 이때에는 전공정원가와 자공정원가로만 구분하여 완성품환산량 및 원가계산을 하면 된다.

1. 제조원가보고서(가중평균법)

	[1] 물량단위	[2] 완성품환산량		
		전공정원가	자공정원가	
완성품	1,100	1,100	1,100	
기말재고	400	400	200	
	1,500	1,500	1,300	
[3] 배부대상원가				합계
기초재고		₩7,500	₩10,000	₩17,500
당기투입		30,000	29,000	59,000
총원가		₩37,500	₩39,000	₩76,500
완성품환산량		÷1,500	÷1,300	
[4] 환산량단위당 원가		₩25	₩30	
[5] 원가배부				
완성품		₩27,500	₩33,000	₩60,500
기말재공품		10,000	6,000	16,000
총원가				₩76,500

2. 원가계산 결과
완성품원가는 ₩60,500이고, 기말재공품원가는 ₩16,000이다.

07. 공정별원가계산(2)

한국골뱅이는 혼합공정과 포장공정을 통하여 골뱅이 통조림을 생산하고 있다. 포장공정의 직접재료원가(통조림 깡통)는 공정의 종료시점에 일시에 투입된다. 다음은 포장공정에 관한 20×1년 5월의 생산 및 원가자료이다. 단, 괄호 안은 전환원가 완성도를 의미한다.

구분	물량단위	전공정원가	직접재료원가	전환원가
기초재공품	5,000(80%)	₩24,000	–	₩7,000
당기투입	3,000	96,000	₩35,000	37,400
완성품	7,000			
기말재공품	1,000(40%)			

| 물음 |

다음 각 방법에 의하여 완성품원가와 기말재공품원가를 구하시오.

1. 가중평균법
2. 선입선출법

| 풀이 |

두 번째 공정인 포장공정에서는 직접재료가 공정의 완료시점에 투입된다. 따라서, 공정 중에 있는 재공품의 직접재료원가 완성도는 0%이다. 기초재공품은 당기에 완성품으로 가공되면서 직접재료원가 모두 투입된다.

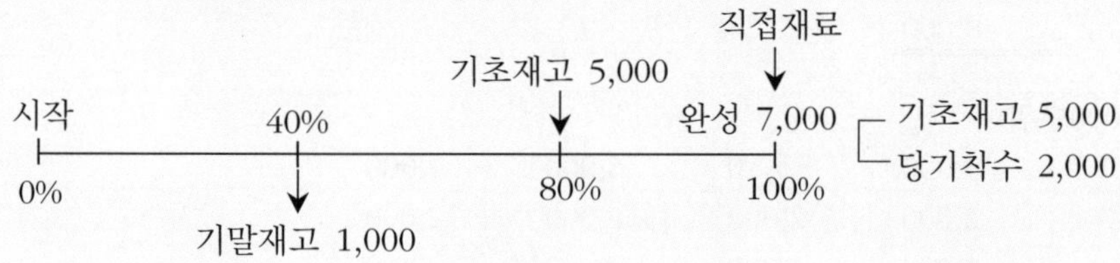

1. 가중평균법

	[1] 물량단위	[2] 완성품환산량		
		전공정원가	직접재료원가	전환원가
완성품	7,000	7,000	7,000	7,000
기말재고	1,000	1,000	0	400
	8,000	8,000	7,000	7,400

	전공정원가	직접재료원가	전환원가	합계
[3] 배부대상원가				
기초재고	₩24,000	–	₩7,000	₩31,000
당기투입	96,000	₩35,000	37,400	168,400
총원가	₩120,000	₩35,000	₩44,400	₩199,400
완성품환산량	÷8,000	÷7,000	÷7,400	
[4] 환산량단위당 원가	₩15	₩5	₩6	
[5] 원가배부				
완성품	₩105,000	₩35,000	₩42,000	₩182,000
기말재공품	15,000	–	2,400	17,400
총원가				₩199,400

완성품원가는 ₩182,000이고, 기말재공품원가는 ₩17,400이다.

2. 선입선출법

	[1] 물량단위	[2] 완성품환산량 전공정원가	직접재료원가	전환원가	합계
기초재고	5,000	5,000	0	4,000	
당기착수	3,000				
	8,000				
완성품(7,000단위)					
기초재고	5,000	0	5,000	1,000	
당기착수	2,000	2,000	2,000	2,000	
기말재고	1,000	1,000	0	400	
	8,000	3,000	7,000	3,400	
[3] 배부대상원가					
기초재고					₩31,000
당기투입		₩96,000	₩35,000	₩37,400	168,400
총원가					₩199,400
완성품환산량		÷3,000	÷7,000	÷3,400	
[4] 환산량단위당 원가		₩32	₩5	₩11	
[5] 원가배부					
완성품					
기초재공품원가					₩31,000
기초재공품 당기완성원가		–	₩25,000	₩11,000	36,000
당기착수완성원가		₩64,000	10,000	22,000	96,000
계					₩163,000
기말재공품		32,000	–	4,400	36,400
총원가					₩199,400

완성품원가는 ₩163,000이고, 기말재공품원가는 ₩36,400이다.

08. 공정별원가계산(3)

한국공업은 제1공정에서 가공된 부품을 제2공정에서 조립하여 완제품을 생산한다. 제2공정의 직접재료는 공정의 40% 시점에서 전량 투입되며, 전환원가는 공정 전반에 걸쳐 균등하게 발생한다. 제2공정의 당기중 생산 및 원가자료는 다음과 같다. 단, 괄호 안은 전환원가 완성도를 의미한다.

구분	물량단위	전공정원가	직접재료원가	전환원가
기초재공품	3,000(50%)	₩1,155,000	₩450,000	₩462,000
당기투입	18,000	6,300,000	3,330,000	4,263,000
완성품	14,000			
기말재공품	7,000(70%)			

| 물음 |

다음 각 방법에 의하여 완성품원가와 기말재공품원가를 구하시오.

1. 가중평균법
2. 선입선출법

| 풀이 |

제2공정의 직접재료는 공정의 40% 시점에서 전량 투입되므로, 기초재공품과 기말재공품의 직접재료원가 완성도는 100%이다.

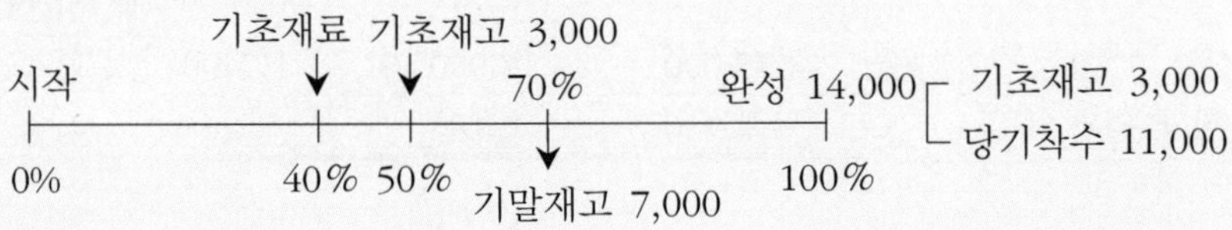

1. 가중평균법

	[1] 물량단위	[2] 완성품환산량 전공정원가	직접재료원가	전환원가	
완성품	14,000	14,000	14,000	14,000	
기말재고	7,000	7,000	7,000	4,900	
	21,000	21,000	21,000	18,900	
[3] 배부대상원가					합계
기초재고		₩1,155,000	₩450,000	₩462,000	₩2,067,000
당기투입		6,300,000	3,330,000	4,263,000	13,893,000
총원가		₩7,455,000	₩3,780,000	₩4,725,000	₩15,960,000
완성품환산량		÷21,000	÷21,000	÷18,900	
[4] 환산량단위당 원가		₩355	₩180	₩250	
[5] 원가배부					
완성품		₩4,970,000	₩2,520,000	₩3,500,000	₩10,990,000
기말재공품		2,485,000	1,260,000	1,225,000	4,970,000
총원가					₩15,960,000

완성품원가는 ₩10,990,000이고, 기말재공품원가는 ₩4,970,000이다.

2. 선입선출법

	[1] 물량단위	[2] 완성품환산량		
		전공정원가	직접재료원가	전환원가
기초재고	3,000	3,000	3,000	1,500
당기착수	18,000			
	21,000			
완성품(14,000단위)				
기초재고	3,000	0	0	1,500
당기착수	11,000	11,000	11,000	11,000
기말재고	7,000	7,000	7,000	4,900
	21,000	18,000	18,000	17,400

[3] 배부대상원가				합계
기초재고				₩2,067,000
당기투입	₩6,300,000	₩3,330,000	₩4,263,000	13,893,000
총원가				₩15,960,000
완성품환산량	÷18,000	÷18,000	÷17,400	
[4] 환산량단위당 원가	₩350	₩185	₩245	
[5] 원가배부				
완성품				
기초재공품원가				₩2,067,000
기초재공품 당기완성원가	–	–	₩367,500	367,500
당기착수완성원가	₩3,850,000	₩2,035,000	2,695,000	8,580,000
계				₩11,014,500
기말재공품	2,450,000	1,295,000	1,200,500	4,945,500
총원가				₩15,960,000

완성품원가는 ₩11,014,500이고, 기말재공품원가는 ₩4,945,500이다.

09. 공정별원가계산(4)

한국섬유는 염색공정과 방직공정을 통하여 제품을 생산하고 있다. 각 공정의 직접재료는 공정 초에 모두 투입되며, 전환원가는 공정 전반에 걸쳐 균등하게 발생한다. 염색공정의 당기 중 생산 및 원가자료는 다음과 같다. 단, 괄호 안은 전환원가 완성도를 의미한다.

구분	물량단위	직접재료원가	전환원가
기초재공품	200(25%)	₩20,000	₩15,000
당기투입	3,000	300,000	885,000
완성품	?		
기말재공품	800(75%)		

한편, 방직공정의 당기중 생산 및 원가자료는 다음과 같다. 단, 괄호 안은 전환원가 완성도를 의미한다.

구분	물량단위	전공정원가	직접재료원가	전환원가
기초재공품	400(30%)	₩163,000	₩0	₩884,000
당기투입	?	?	792,000	1,372,700
완성품	?			
기말재공품	100(10%)			

염색공정은 가중평균법, 방직공정은 선입선출법을 적용한다.

| 물음 | 염색공정과 방직공정의 완성품원가와 기말재공품원가를 구하시오.

| 풀이 |

먼저, 공정 간의 물량흐름을 요약하면 다음과 같다.

염색공정－물량

기초재고	200	완성	2,400①
당기착수	3,000	기말재고	800
	3,200		3,200

방직공정－물량

기초재고	400	완성	2,700② → 제품
당기착수	2,400	기말재고	100
	2,800		2,800

(염색공정 완성 2,400 → 방직공정 당기착수)

① 3,200단위－800＝2,400단위

② 2,800단위－100＝2,700단위

상기 물량 자료를 기초로 공정별 제조원가보고서를 작성한다.

1. 염색공정(가중평균법)

	[1] 물량단위	[2] 완성품환산량	
		직접재료원가	전환원가
완성품	2,400	2,400	2,400
기말재고	800	800	600
	3,200	3,200	3,000

			합계
[3] 배부대상원가			
기초재고	₩20,000	₩15,000	₩35,000
당기투입	300,000	885,000	1,185,000
총원가	₩320,000	₩900,000	₩1,220,000
완성품환산량	÷3,200	÷3,000	
[4] 환산량단위당 원가	₩100	₩300	
[5] 원가배부			
완성품	₩240,000	₩720,000	₩960,000
기말재공품	80,000	180,000	260,000
총원가			₩1,220,000

염색공정의 완성품원가 ₩960,000은 방직공정으로 대체된다.

2. 방직공정(선입선출법)

	[1] 물량단위	[2] 완성품환산량		
		전공정원가	직접재료원가	전환원가
기초재고	400	400	400	120
당기착수	2,400			
	2,800			
완성품(2,700단위)				
기초재고	400	–	–	280
당기착수	2,300	2,300	2,300	2,300
기말재고	100	100	100	10
	2,800	2,400	2,400	2,590

[3] 배부대상원가				합계
기초재고				₩1,047,000
당기투입	₩960,000	₩792,000	₩1,372,700	3,124,700
총원가				₩4,171,700
완성품환산량	÷2,400	÷2,400	÷2,590	
[4] 환산량단위당 원가	₩400	₩330	₩530	
[5] 원가배부				
완성품				
기초재공품원가				₩1,047,000
기초재공품 당기완성원가	–	–	₩148,400	148,400
당기착수완성원가	₩920,000	₩759,000	1,219,000	2,898,000
계				₩4,093,400
기말재공품	40,000	33,000	5,300	78,300
총원가				₩4,171,700

따라서, 방직공정의 완성품원가는 ₩4,093,400이고, 기말재공품원가는 ₩78,300이다. 참고로 공정별 원가흐름을 도시하면 다음과 같다.

재공품-통제

기초재고	1,082,000	완성품	4,093,400 → 당기제품제조원가
직접재료원가	1,092,000		
전환원가	2,257,700	기말재고	338,300
	4,431,700		4,431,700

염색공정

기초재고	35,000	완성품	960,000 → (방직공정 전공정원가)
직접재료원가	300,000		
전환원가	885,000	기말재고	260,000
	1,220,000		1,220,000

방직공정

기초재고	1,047,000	완성품	4,093,400 → 당기제품제조원가
전공정원가	960,000		
직접재료원가	792,000		
전환원가	1,372,700	기말재고	78,300
	4,171,700		4,171,700

10. 두 종류의 직접재료원가 투입(2)

대한공업의 제2공정인 조립공정에서는 공정 초에 직접재료 A를, 공정의 50% 시점에서 직접재료 B를 투입한다. 전환원가는 공정 전반에 걸쳐 균등하게 발생한다. 제2공정의 당기 생산 및 원가자료는 다음과 같다. 단, 괄호 안은 전환원가 완성도를 의미한다.

구분	물량단위	전공정원가	직접재료원가 A	직접재료원가 B	가공원가
기초재공품	600(20%)	₩13,000	₩23,000	₩0	₩4,000
당기투입	3,400	68,000	136,000	80,000	71,600
완성품	3,000				
기말재공품	1,000(70%)				

| 물음 |

다음 각 방법에 의하여 완성품원가와 기말재공품원가를 구하시오.

1. 가중평균법
2. 선입선출법

제2공정의 공정흐름을 파악하면, 기초재공품에는 직접재료 A만이 투입되어 있고, 기말재공품에는 직접재료 A와 직접재료 B가 모두 투입되어 있다.

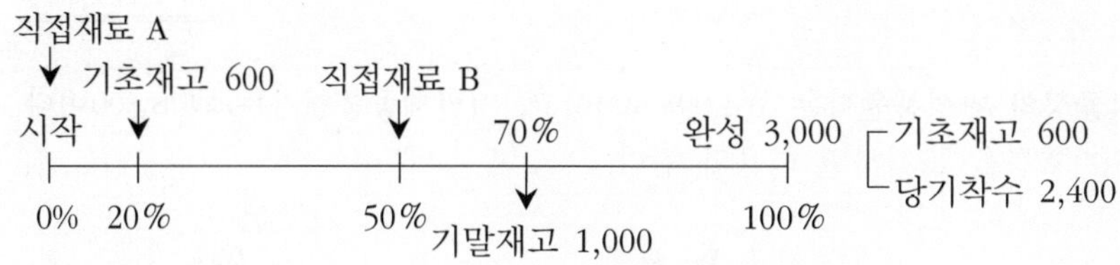

1. 가중평균법

	[1] 물량단위	[2] 완성품환산량 전공정원가	직접재료원가A	직접재료원가B	전환원가
완성품	3,000	3,000	3,000	3,000	3,000
기말재고	1,000	1,000	1,000	1,000	700
	4,000	4,000	4,000	4,000	3,700

					합계
[3] 배부대상원가					
기초재고	₩13,000	₩23,000	₩0	₩4,000	₩40,000
당기투입	68,000	136,000	80,000	71,600	355,600
총원가	₩81,000	₩159,000	₩80,000	₩75,600	₩395,600
완성품환산량	÷4,000	÷4,000	÷4,000	÷3,700	
[4] 환산량단위당 원가	₩20.25	₩39.75	₩20	₩20.43*	
[5] 원가배부					
완성품	₩60,750	₩119,250	₩60,000	₩61,290	₩301,290
기말재공품	20,250	39,750	20,000	14,310	94,301
총원가					₩395,591

* 소수점 셋째 자리에서 반올림하였음.

완성품원가는 ₩301,290, 기말재공품원가는 ₩94,301이다.

2. 선입선출법

	[1] 물량단위	[2] 완성품환산량			
		전공정원가	직접재료원가 A	직접재료원가 B	전환원가
기초재고	600	600	600	0	120
당기착수	3,400				
	4,000				
완성품(3,000단위)					
기초재고	600	0	0	600	480
당기착수	2,400	2,400	2,400	2,400	2,400
기말재고	1,000	1,000	1,000	1,000	700
	4,000	3,400	3,400	4,000	3,580

	전공정원가	직접재료원가 A	직접재료원가 B	전환원가	합계
[3] 배부대상원가					
기초재고					₩40,000
당기투입	₩68,000	₩136,000	₩80,000	₩71,600	355,600
총원가					₩395,600
완성품환산량	÷3,400	÷3,400	÷4,000	÷3,580	
[4] 환산량단위당 원가	₩20	₩40	₩20	₩20	
[5] 원가배부					
완성품					
기초재공품원가					₩40,000
기초재공품 당기완성원가	–	–	₩12,000	₩9,600	21,600
당기착수완성원가	₩48,000	₩96,000	48,000	48,000	240,000
계					₩301,600
기말재공품	20,000	40,000	20,000	14,000	94,000
총원가					₩395,600

완성품원가는 ₩301,600, 기말재공품원가는 ₩94,000이다.

Chapter 8

공손품회계

Cost Accounting

제1절 공손의 의의

제품을 생산하는 과정에서 공손, 감손, 작업폐물 등이 발생하여 생산품의 일부가 불합격품이 되거나 원재료의 일부가 감소되는 경우가 있다. 공손(spoilage)은 사전에 설정된 품질기준에 미치지 못하여 생긴 불합격품을 말한다. 작업폐물(scrap)은 생산과정에서 나오는 원재료의 찌꺼기로서 가구제조업의 절단하고 남은 나무토막이나 톱밥, 방직공장의 면 조각, 철제공장의 철편 등이 해당한다. 감손(waste, shrinkage)은 투입된 원재료가 증발되거나 양이 감소하는 것을 말한다. 예를 들어, 화학공장에서 서로 다른 두 종류의 원재료를 각각 1리터씩 총 2리터를 투입하였는데 제품이 1.7리터가 생산되었다면, 0.3리터 만큼 화학반응에 의하여 감손이 발생한 것이다. 공손, 작업폐물, 감손은 모두 생산과정에서 유실된 것이라는 공통점이 있다.

공손은 제품원가계산 측면에서도 중요하지만, 생산공정을 통제하는 측면에서도 중요하다. 공손이 발생하면 그만큼 산출물이 감소하므로 경영자는 공손을 감소시킬 수 있는 경제적이고 능률적인 생산방법을 선택하여야 하고, 공손이 적정한 수준을 초과하여 발생하지 않도록 통제하여야 한다. 작업폐물이나 감손의 회계처리는 공손의 경우와 유사하므

로 여기서는 공손품의 회계처리에 대하여 집중적으로 다룬다.[1)]

제2절 정상공손과 비정상공손

1. 구분기준

공손회계의 가장 중요한 핵심은 공손이 정상적으로 발생한 것인지 아니면 비정상적으로 발생한 것인지를 구별하는 것이다. 기업이 양질의 원재료를 투입하고 공정을 아무리 효율적으로 통제한다고 하더라도 현재의 기술수준에서는 더 이상 개선시킬 수 없는 이유로 인하여 공손이 발생할 수 있다. 이처럼 합격품을 생산하는 과정에서 불가피하게 발생하는 공손을 정상공손(normal spoilage)이라 한다. 정상공손은 합격품 생산을 위해서는 불가피한 것이므로 공손에 투입된 원가를 합격품원가의 일부로 포함시켜야 한다.[2)]

반면에, 질이 낮은 원재료를 사용하였거나 작업자의 부주의 등 공정의 비효율적인 통제로 인하여 공손이 발생할 수 있는데 이를 비정상공손(abnormal spoilage)이라 한다. 비정상공손은 비효율적인 원인에 의하여 발생한 일종의 낭비이므로 투입된 원가를 합격품원가에 포함시킬 것이 아니라 당기비용(즉, '기타비용')으로 처리해야 한다. 따라서, 공손원가가 정상적인 것이냐 아니면 비정상적인 것이냐에 따라 합격품원가와 손실로 처리될 금액이 달라지므로 공손을 정상공손과 비정상공손으로 구분하는 것은 매우 중요하다.

그렇다면, 공손품원가 중에 얼마를 정상공손으로 합격품원가에 포함시키고, 얼마를 비정상공손으로 보아 손실로 처리할 것인가 하는 문제가 생긴다. 일반적으로 기업은 공손의 허용수준을 미리 결정하고 그 허용범위 내에서 발생한 공손은 정상공손, 허용수준을 초과하여 발생한 공손은 비정상공손으로 간주한다. 정상공손의 허용수준은 일반적으로 품질검사에 합격한 제품(즉, 합격품)에 대한 일정비율로 정의된다.

1) 개별원가계산에서 공손이 발생한 경우의 회계처리에 대해서는 제6장에서 살펴본 바 있다. 여기서는 종합원가계산에서의 공손품회계처리를 다룬다.

2) 정상공손의 원가는 합격된 제품을 생산하기 위하여 소비된 희생이므로 제품의 원가에 포함되는 것이다.

예제 8-1

현대자동차 엔진공정은 100단위를 투입하면 80단위의 합격품과 20단위의 공손품이 생산된다. 공손이 모두 정상적인 경우, 정상공손 허용수준은 얼마인가?

| 해답 |

정상공손 허용수준은 합격품수량에 대한 일정비율로 산정된다.

$$\text{정상공손 허용수준} = \frac{\text{정상공손수량}}{\text{합격품수량}}$$

$$\text{정상공손 허용수준} = \frac{20}{80\text{단위}} = 0.25(25\%)$$

따라서, 합격품수량에 정상공손 허용수준(률)을 곱하면 정상공손수량이 계산된다. 이 예제에서 정상공손 허용수준을 다음과 같이 계산해서는 안 된다.

$$\text{정상공손 허용수준} = \frac{\text{정상공손수량}}{\text{투입물량}}$$

$$= \frac{20}{100\text{단위}} = 0.2(20\%)$$

2. 정상공손수량의 파악

공손은 공정의 어떤 시점에서도 발생할 수 있으나, 실제로 공손품이 발견되는 시점은 검사시점(inspection point: IP)이다. 공손품회계에서는 공손이 발견되는 검사시점에 공손이 발생하는 것으로 가정한다. 일단 공손이 발생하면 더 이상의 원가를 투입하지 않기 위해 공손품을 공정에서 분리한다. 다음 기본자료를 이용하여 정상공손수량이 어떻게 계산되는지 구체적으로 알아본다.

(1) 기본자료

현대자동차 엔진공정의 당기중 생산자료는 다음과 같다. 직접재료는 공정 초기에 모두 투입하며, 전환원가는 공정 전반에 걸쳐 균등하게 발생한다. 회사는 당기에 검사시점을 통과한 합격품의 1%를 정상공손으로 간주한다.

구분	기초재공품	당기착수량	완성량	기말재공품
물량단위	15,000단위	45,000단위	50,000단위	9,000단위
완성도	40%			70%

여기서, 투입물량은 기초재공품수량 15,000단위와 당기착수량 45,000단위를 더한 60,000단위이고, 산출물량은 완성량 50,000단위와 기말재공품수량 9,000단위를 더한 59,000단위이다. 따라서, 공정 중에 발생한 공손은 총 1,000단위(투입물량과 산출물량의 차이)로 파악된다. 공손품 1,000단위 중 정상공손과 비정상공손이 각각 몇 단위인지를 검사시점에 따라 분석해 보자.

재공품－물량

기초재고	15,000	완성량	50,000
		공손품	1,000
당기투입	45,000	기말재고	9,000
계	60,000	계	60,000

(2) 검사시점이 20%인 경우

검사시점이 20%일 때의 공정흐름은 다음과 같다.

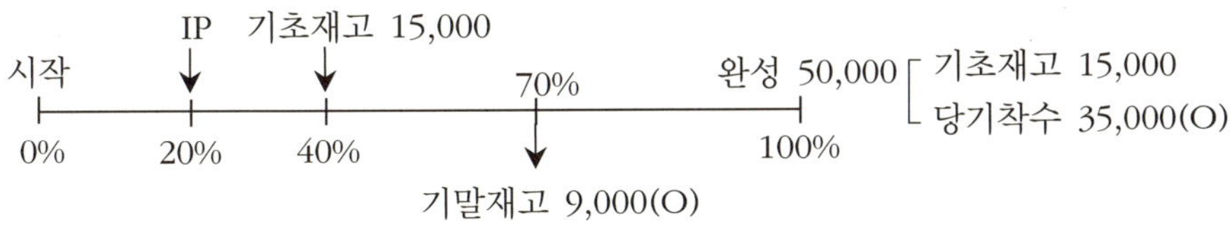

O: 당기에 검사시점을 통과한 물량
IP: 검사시점(inspection point)

기초재공품 15,000단위는 40% 시점에 투입되어 당기에 모두 완성되었고 전기에 이미 검사시점을 통과한 합격품이므로 당기의 공손발생과는 관련이 없다.[3] 당기투입물량 45,000단위는 공손품 1,000단위, 완성품 35,000단위와 기말재공품 9,000단위가 되는데, 공손품은 검사시점에서 분리되고 기말재공품 9,000단위는 검사를 통과하여 70% 시점에

3) 기초재공품 15,000단위는 전기의 기말재공품이다. 즉, 기초재공품 15,000단위는 전기에 20%시점에서 검사를 받고 합격되어 추가가공되다가 40% 시점에서 이월된 것이다.

서 차기로 이월된다.[4] 그러므로, 당기에 검사시점을 통과한 합격품은 당기투입완성량 35,000단위와 기말재공품 9,000단위의 합계인 44,000단위이다.[5]

따라서, 정상공손수량은 44,000단위의 1%인 440단위이고, 비정상공손수량은 총공손수량 1,000단위에서 정상공손수량을 차감한 560단위가 된다. 이러한 계산 결과는 [도표 8-1]에 요약되어 있다.

도표 8-1 | 검사시점이 20%인 경우

구분	물량
당기에 검사시점을 통과한 물량	44,000단위
정상공손율	1%
정상공손수량	440단위
비정상공손수량	560
공손수량	1,000

(3) 검사시점이 50%인 경우

검사시점이 50%일 때의 공정흐름을 도시하면 다음과 같다.

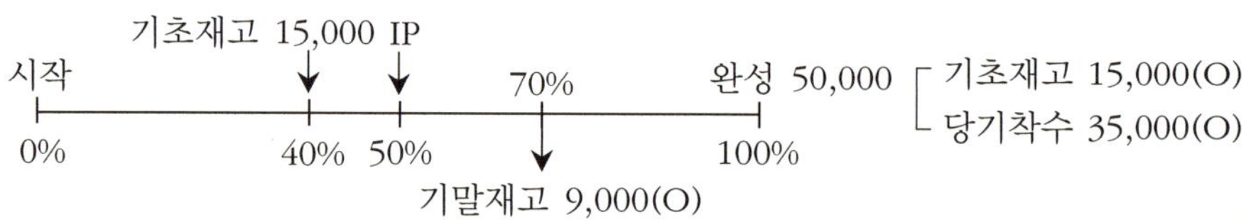

O: 당기에 검사시점을 통과한 물량
IP: 검사시점

4) 종합원가계산은 흐름생산(flow production)에 적용되는 원가계산 방식이므로 실제의 물량흐름을 반영한다. 따라서, 기초재공품은 당기에 모두 완성되고 당기투입물량의 일부가 기말재공품이 되는 것으로 물량흐름을 파악한다. 또한, 기초재공품을 당기에 완성하는 과정에서는 공손이 발생하지 않으며, 공손품은 모두 당기착수물량에서만 발생하는 것으로 가정한다. 만일 기초재공품을 당기에 완성하는 과정에서도 공손이 발생한다면, 기초재공품 공손에 대하여는 기초재공품원가의 일부를 배부하여 공손원가를 계산해야 하므로 공손품회계가 매우 복잡해진다. 이러한 이유로 이후에 공손원가를 계산할 때에도 당기투입원가만을 배부하여 공손원가(정상공손원가 및 비정상공손원가)를 계산하게 된다.

5) 여기서, 합격품과 완성품을 혼동해서는 안 된다. 검사시점이 완성시점이 아닌 한, 검사를 통과한 직후의 합격품은 재공품이고 이를 추가가공해야 비로소 완성품이 된다.

40% 시점에 투입된 기초재공품 15,000단위는 당기에 검사시점을 통과하여 모두 완성되었다. 당기투입물량 45,000단위는 공손품 1,000단위, 완성품 35,000단위와 기말재공품 9,000단위가 되며, 기말재공품 9,000단위도 당기에 검사를 통과하여 70% 시점에서 차기로 이월된다. 이때에는 기초재공품도 당기에 검사시점을 통과하였으므로 당기에 검사를 통과한 합격품은 기초재공품 15,000단위, 당기투입완성량 35,000단위와 기말재공품 9,000단위의 합계인 59,000단위이다.

따라서, 정상공손수량은 59,000단위의 1%인 590단위이고, 비정상공손수량은 총공손수량 1,000단위에서 정상공손수량을 차감한 410단위가 된다. 이러한 계산 결과는 [도표 8-2]에 요약되어 있다.

도표 8-2 | 검사시점이 50%인 경우

구분	물량
당기에 검사시점을 통과한 물량	59,000단위
정상공손율	1%
정상공손수량	590단위
비정상공손수량	410
공손수량	1,000

(4) 검사시점이 100%인 경우

검사시점이 공정의 100%시점이라면 완성품에 대해서만 검사를 실시하는 것으로 공정흐름을 도시하면 다음과 같다.

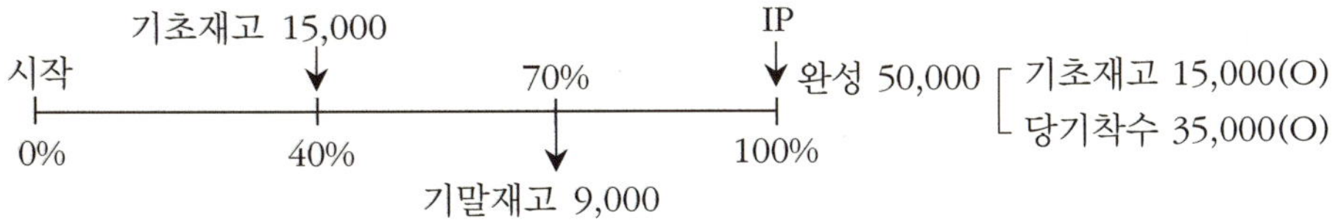

O: 당기에 검사시점을 통과한 물량
IP: 검사시점

기초재공품 15,000단위와 당기투입완성품 35,000단위는 완성시점에 검사를 받아 합격품이 되었으며, 기말재공품 9,000단위는 검사를 받기 전이다. 이 경우에 당기에 검사를 통과한 합격품은 기초재공품 15,000단위와 당기투입완성량 35,000단위의 합계인 50,000단위이다.

따라서, 정상공손수량은 50,000단위의 1%인 500단위이고, 비정상공손수량은 총공손수량 1,000단위에서 정상공손수량을 차감한 500단위가 된다. 이러한 계산 결과는 [도표 8-3]에 요약되어 있다.

도표 8-3 | 검사시점이 100%인 경우

구분	물량
당기에 검사시점을 통과한 물량	50,000단위
정상공손율	1%
정상공손수량	500단위
비정상공손수량	500
공손수량	1,000

총공손수량에서 정상공손수량을 차감한 나머지가 비정상공손수량이므로, 정상공손수량을 정확하게 파악하는 것과 당기에 검사시점을 통과한 합격품 물량을 파악하는 것이 중요하다.

3. 공손의 완성품환산량 계산

공손품수량을 정상공손과 비정상공손으로 구분한 후에는 원가흐름가정에 따라 완성품환산량을 계산하여야 한다. 일단 검사시점에서 공손품으로 판명되면, 더 이상의 원가가 투입되지 않도록 하기 위해 공손품을 공정에서 분리한다. 따라서, 검사시점이 공손품의 전환원가 완성도가 된다.

예제 8-2

상기 기본자료 중 검사시점이 20%인 경우, 선입선출법과 가중평균법에 의한 완성품환산량을 계산하시오.

| 해답 |

	[1] 물량단위	[2] 완성품환산량	
		직접재료원가	전환원가
기초재고	15,000	15,000	6,000
당기착수	45,000		
	60,000		
완성품(50,000단위)			
기초재고	15,000	0	9,000
당기착수	35,000	35,000	35,000
정상공손	440	440①	88②
비정상공손	560	560①	112②
기말재고	9,000	9,000	6,300
	60,000		
선입선출법(당기완성품환산량)		45,000	50,500
기초재고		(+)15,000	(+)6,000
가중평균법(총완성품환산량)		60,000	56,500

① 직접재료는 공정 초기에 모두 투입되므로, 20% 시점까지 가공된 공손품(정상공손 및 비정상공손)의 직접재료원가 완성도는 100%이다.

② 공손품은 검사시점에서 분리되므로 검사시점(20%)이 곧 공손품의 전환원가 완성도가 된다.

제3절 공손품의 회계처리

공손품의 회계처리방법에는 분리계산법(정상인식법)과 비분리계산법(무인식법)이 있다.

1. 분리계산법(정상인식법)

분리계산법은 정상공손의 원가를 별도로 계산하는 방법이다. 즉, 공손원가를 분리계산하여 정상공손원가는 검사시점을 통과한 합격품에 물량단위를 기준으로 재배부하고, 비정상공손원가는 당기비용으로 처리한다. 이 방법은 공손원가를 별도로 계산해야 하므로 정상공손 및 비정상공손품의 환산량을 완성품환산량 계산에 포함시킨다.

분리계산법은 정상공손의 원가를 검사시점을 통과한 합격품에 물량기준으로 배부한다. 예를 들어, 검사가 공정 완료시점에 실시된다면 모든 정상공손원가는 완성품원가에 포함시킨다. 만일, 검사시점이 공정 완료시점 이전이고 기말재공품이 검사시점을 이미 통과하였다면, 정상공손원가는 완성품과 기말재공품에 다음 식에 의하여 안분되어야 한다.

완성품에 배부되는 정상공손원가

$$= \text{정상공손원가} \times \frac{\text{완성품수량}}{\text{완성품수량} + \text{기말재공품수량}}$$

기말재공품에 배부되는 정상공손원가

$$= \text{정상공손원가} \times \frac{\text{기말재공품수량}}{\text{완성품수량} + \text{기말재공품수량}}$$

분리계산법에서 정상공손원가를 완성품과 기말재공품에 배부하는 방법은 선입선출법과 가중평균법에서 동일하게 적용된다.

2. 비분리계산법(무인식법)

비분리계산법은 정상공손의 원가를 별도로 계산하지 않는 방법이다. 즉, 정상공손원가는 따로 계산하지 않고, 비정상공손원가만을 별도로 계산하여 당기비용으로 처리한다. 이 방법은 비정상공손원가만을 별도로 계산하므로 비정상공손품의 환산량만을 완성품환산량 계산에 포함시킨다.

비분리계산법은 정상공손원가를 별도로 계산하지 않으므로 분리계산법보다 간편하여 실무에서 많이 이용되나, 검사시점을 통과하지 않은 기말재공품에도 정상공손원가가 배부되고, 정상공손원가의 일부가 비정상공손에 배부되어 당기비용으로 처리되는 문제점이 있다. 분리계산법과 비분리계산법의 차이를 비교하면 [도표 8-4]와 같다.

도표 8-4 | 분리계산법과 비분리계산법

구분	분리계산법	비분리계산법
정상공손원가	계산함(합격품에 배부)	계산하지 않음
비정상공손원가	계산함(당기비용처리)	계산함(당기비용처리)

다음의 구체적인 사례를 통하여 분리계산법과 비분리계산법의 차이점과 비분리계산법의 문제점을 알아보자.

3. 공손품회계처리의 사례

(1) 기본자료

현대자동차 엔진공정은 선입선출법에 의한 종합원가계산에 의하여 제품원가를 계산하고 있으며, 당기의 생산 및 원가자료는 다음과 같다(단, 괄호 안은 전환원가 완성도를 의미한다). 직접재료는 공정 초기에 전량 투입되고 전환원가는 공정 전반에 걸쳐 균등하게 발생한다. 검사는 공정의 50% 시점에서 이루어진다. 회사는 검사시점을 통과한 합격품의 10%를 정상공손으로 간주한다.

구분	물량단위	직접재료원가	전환원가
기초재공품	1,000(30%)	₩10,600	₩32,281
당기투입	3,500	43,400	134,589
완성품	3,100		
기말재공품	900(80%)		

주어진 자료에 의하면, 투입물량은 기초재공품수량과 당기투입량을 더한 4,500단위이고 산출물량은 완성량과 기말재공품수량을 더한 4,000단위이다. 따라서, 공정 중에 발생한 공손은 500단위로 파악된다.

재공품－물량

기초재고	1,000	완성량	3,100
		공손품	500
당기투입	3,500	기말재고	900
계	4,500	계	4,500

공손품 500단위를 정상공손과 비정상공손으로 구분하기 위하여 공정흐름을 도시하면 다음과 같다.

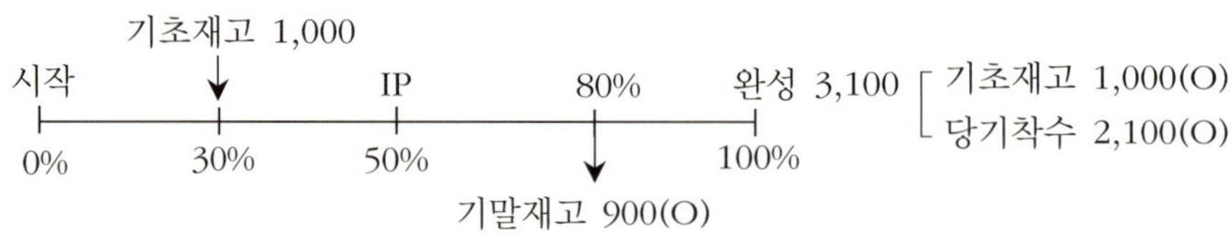

O: 당기에 검사시점을 통과한 물량
IP: 검사시점

기초재공품 1,000단위는 30% 시점에 투입되어 당기에 검사시점을 통과하였고 모두 완성되었다. 당기투입물량 3,500단위는 공손품 500단위, 당기투입완성량 2,100단위, 기말재공품 900단위가 되었는데, 공손품 500단위는 검사시점에서 분리되고 당기투입완성량과 기말재공품은 모두 검사시점을 통과한 합격품이다. 따라서, 당기에 검사시점을 통과한 합격품은 4,000단위(=1,000단위+2,100+900)이고 정상공손수량은 400단위가 된다.

구분	물량
당기에 검사시점을 통과한 물량	4,000단위
정상공손율	10%
정상공손수량	400단위
비정상공손수량	100
공손수량	500

여기까지의 분석은 공손의 회계처리방법이 분리계산법이든 비분리계산법이든, 원가흐름가정이 선입선출법이든 가중평균법이든 관계없이 동일하게 이루어진다. 이제 분리계산법에 의한 공손품회계처리에 대하여 살펴보자.

(2) 분리계산법(정상인식법)

분리계산법은 공손원가를 계산하여 정상공손원가는 검사시점을 통과한 합격품에 물량을 기준으로 배부하고, 비정상공손원가는 당기비용으로 처리하는 방법이다. 분리계산법에 의한 종합원가계산을 단계별로 살펴보면 다음과 같다.

■ 1단계: 물량단위의 요약

투입물량과 산출물량을 일치시키는 단계로 공손품을 파악하고, 공정흐름을 도시하여 공손품을 정상공손과 비정상공손으로 구분한다. 정상공손은 합격품수량의 일정비율로 주어지기 때문에, 당기에 검사시점을 통과한 합격품을 정확하게 계산하는 것이 중요하다.

■ 2단계: 완성품환산량 계산

원가요소(직접재료원가, 전환원가)별로 완성품환산량을 계산한다. 공손품은 품질검사 직후에 공정에서 분리되므로, 공손품의 전환원가 완성도는 검사시점이다. 분리계산법에서는 정상공손원가와 비정상공손원가를 각각 계산해야 하므로, 정상공손 및 비정상공손의 완성품환산량을 모두 고려하여야 한다.

■ 3단계: 배부대상원가의 요약

기초재공품원가와 당기투입원가를 원가요소별로 요약한다.

■ 4단계: 완성품환산량단위당 원가의 결정

배부대상원가를 토대로 원가요소별로 완성품환산량단위당 원가를 계산한다.

■ 5단계: 원가배부

완성품원가, 정상공손원가, 비정상공손원가, 기말재공품원가를 각각 계산한다. 정상공손원가는 다음 단계에서 검사시점을 통과한 합격품에 배부하고, 비정상공손원가는 당기비용으로 처리한다.

■ 6단계: 정상공손원가의 배부

[제1단계]에서 도시한 공정흐름을 참고하여 당기에 검사시점을 통과한 합격품의 물량을 확인한 후, 정상공손원가를 합격품에 배부한다.

■ 7단계: 배부후 원가

[제5단계]에서 계산된 완성품원가와 기말재공품원가에 [제6단계]에서 배부된 정상공손원가를 더하여 최종원가를 산출한다.

공손품회계가 추가될 경우 분리계산법에 의한 종합원가계산은 5단계에 '[6단계] 정상공손원가의 배부'와 '[7단계] 배부후 원가'의 2단계가 추가되어 7단계에 걸쳐 이루어진다. 위에서 설명한 각 단계에 따라 선입선출법에 의한 제조원가보고서를 작성하면 [도표 8-5]와 같다.

도표 8-5 | 제조원가보고서: 분리계산법(선입선출법)

	[1] 물량단위	[2] 완성품환산량	
		직접재료원가	전환원가
기초재고	1,000	1,000	300
당기착수	3,500		
	4,500		
완성품(3,100단위)			
기초재고	1,000	0	700
당기착수	2,100	2,100	2,100
정상공손	400	400	200①
비정상공손	100	100	50
기말재고	900	900	720
	4,500	3,500	3,770

[3] 배부대상원가			합계
기초재고			₩42,881
당기투입	₩43,400	₩134,589	177,989
총원가			₩220,870
완성품환산량	÷3,500	÷3,770	
[4] 환산량단위당 원가	₩12.4	₩35.7	

[5] 원가배부			
완성품			₩168,881②
정상공손원가	₩4,960	₩7,140	12,100 (재배부)
비정상공손원가	1,240	1,785	3,025
기말재공품	11,160	25,704	36,864
총원가			₩220,870

① 400단위×50%=200단위

② ₩220,870−(12,100+3,025+36,864)=₩168,881

완성품원가		
기초재공품원가		₩42,881
기초재공품 당기완성원가	700단위×₩35.7=	24,990
당기착수완성원가	2,100단위×(₩12.4+35.7)=	101,010
계		₩168,881

[6] 정상공손원가의 배부 − 물량기준

정상공손원가는 당기에 검사시점을 통과한 합격품인 완성품과 기말재공품에 물량기준(3,100:900)으로 배부한다.

가. 완성품에 배부되는 정상공손원가

$$₩12,100 \times \frac{3,100}{3,100+900} = ₩9,378$$

나. 기말재공품에 배부되는 정상공손원가

$$₩12,100 \times \frac{900}{3,100+900} = ₩2,722$$

[7] 배부후 원가

	배부전 원가	정상공손원가의 배부	배부후 원가
완성품	₩168,881	₩9,378	₩178,259
정상공손원가	12,100	(12,100)	0
비정상공손원가	3,025	−	3,025*
기말재공품	36,864	2,722	39,586
계	₩220,870	₩0	₩220,870

* 비정상공손원가는 '기타비용'으로 처리한다.

[도표 8-5]의 결과를 회계처리하면 다음과 같다.

차변		대변	
제품	178,259	재공품	181,284
비정상공손(기타비용)	3,025		

예제 8-3

[도표 8-5]의 자료를 참고하여 가중평균법에 의한 제조원가보고서를 작성하시오.

| 해답 |

가중평균법에 의한 제조원가보고서

	[1] 물량단위	[2] 완성품환산량		
		직접재료원가	전환원가	
완성품	3,100	3,100	3,100	
정상공손	400	400	200	
비정상공손	100	100	50	
기말재고	900	900	720	
	4,500	4,500	4,070	
[3] 배부대상원가				합계
기초재고		₩10,600	₩32,281	₩42,881
당기투입		43,400	134,589	177,989
총원가		₩54,000	₩166,870	₩220,870
완성품환산량		÷4,500	÷4,070	
[4] 환산량단위당 원가		₩12	₩41	
[5] 원가배부				
완성품		₩37,200	₩127,100	₩164,300
정상공손원가		4,800	8,200	13,000
비정상공손원가		1,200	2,050	3,250
기말재공품		10,800	29,520	40,320
총원가				₩220,870

[6] 정상공손원가의 배부 – 물량기준(3,100:900)

가. 완성품에 배부되는 정상공손원가

$$₩13,000 \times \frac{3,100}{3,100+900} = ₩10,075$$

나. 기말재공품에 배부되는 정상공손원가

$$₩13,000 \times \frac{900}{3,100+900} = ₩2,925$$

[7] 배부후 원가

	배부전 원가	정상공손원가의 배부	배부후 원가
완성품	₩164,300	₩10,075	₩174,375
정상공손원가	13,000	(13,000)	0
비정상공손원가	3,250	−	3,250
기말재공품	40,320	2,925	43,245
계	₩220,870	₩0	₩220,870

(3) 비분리계산법(무인식법)

비분리계산법은 비정상공손원가만을 별도로 계산하여 당기비용으로 처리하는 방법이다. 이 방법은 정상공손원가를 따로 계산하지 않기 때문에 분리계산법에서 설명한 7단계에서 '[6단계] 정상공손원가의 배부'나 '[7단계] 배부후 원가'의 절차가 필요 없다. 기본자료를 토대로 비분리계산법에 의한 제조원가보고서를 작성하면 [도표 8-6]과 같다.

도표 8-6 | 제조원가보고서: 비분리계산법(선입선출법)

		[2] 완성품환산량	
	[1] 물량단위	직접재료원가	전환원가
기초재고	1,000	1,000	300
당기착수	3,500		
	4,500		
완성품(3,100단위)			
기초재고	1,000	0	700
당기착수	2,100	2,100	2,100
정상공손	400	− ①	− ①
비정상공손	100	100	50
기말재고	900	900	720
	4,500	3,100	3,570

[3] 배부대상원가			합계
기초재고			₩42,881
당기투입	₩43,400	₩134,589	177,989
총원가			₩220,870
완성품환산량	÷3,100	÷3,570	
[4] 환산량단위당 원가	₩14	₩37.7	
[5] 원가배부			
완성품			₩177,841②
비정상공손원가	₩1,400	₩1,885	3,285
기말재공품	12,600	27,144	39,744
총원가			₩220,870

① 정상공손의 완성품환산량은 제외

② 완성품원가

기초재공품원가		₩42,881
기초재공품 당기완성원가	700단위×₩37.7=	26,390
당기착수완성원가	2,100단위×(₩14+37.7)=	108,570
계		₩177,841

[도표 8-6]에서 보듯이, 비분리계산법은 정상공손원가를 따로 계산하지 않으므로 완성품환산량을 계산할 때 비정상공손의 환산량만을 포함하였다. 비분리계산법은 5단계에 의하여 종합원가계산이 종료되므로 분리계산법에 비하여 간단하다. [도표 8-6]의 결과를 회계처리하면 다음과 같다.

차변		대변	
제품	177,841	재공품	181,126
비정상공손(기타비용)	3,285		

(4) 비분리계산법의 문제점

선입선출법에 의한 분리계산법과 비분리계산법의 원가계산 결과를 비교하여 비분리계산법의 논리적 문제점을 살펴보자. [도표 8-5]의 [5단계]에서 계산된 정상공손원가 ₩12,100은 직접재료원가 ₩4,960과 전환원가 ₩7,140으로 구성되어 있다. 정상공손원가의 직접재료원가와 전환원가를 각각의 당기완성품환산량 비율로 완성품과 기말재공품, 비정상공손에 배부한 결과가 [도표 8-7]에 요약되어 있다.

도표 8-7 | 정상공손원가의 배부과정

구분	정상공손원가	정상공손원가의 배부		
		완성품	기말재공품	비정상공손
직접재료원가	₩4,960	₩3,360①	₩1,440	₩160
전환원가	7,140	5,600②	1,440	100
합계	₩12,100	₩8,960	₩2,880	₩260

* 완성품, 기말재공품, 비정상공손에 직접재료원가 ₩4,960은 2,100:900:100의 비율로 배부하고, 전환원가 ₩7,140은 2,800:720:50의 비율로 배부하였음.

① $₩4,960 \times \frac{2,100}{2,100+900+100} = ₩3,360$

② $₩7,140 \times \frac{2,800}{2,800+720+50} = ₩5,600$

[도표 8-7]의 정상공손원가배부액을 [도표 8-5]의 [5단계]에서 계산된 완성품원가, 기말재공품원가, 비정상공손원가에 더하면, [도표 8-6]의 비분리계산법에서 산출된 금액과 동일한 결과를 얻을 수 있다. 즉, 비분리계산법은 정상공손원가를 별도로 계산하여 재배부하지 않았으나, 결과적으로 정상공손원가를 완성품, 기말재공품, 비정상공손에 당기완성품환산량의 비율로 배부한 것과 동일하게 된다.

도표 8-8 | 분리계산법과 비분리계산법의 비교

구분	완성품	기말재공품	비정상공손
분리계산법(A)	₩168,881	₩36,864	₩3,025
정상공손원가배부(B)	8,960	2,880	260
비분리계산법(A+B)	₩177,841	₩39,744	₩3,285

[도표 8-8]에서 알 수 있듯이, 비분리계산법에서는 정상공손원가 중 ₩260을 비정상공손에도 배부하는데, 이는 제품원가에 포함되어야 할 정상공손원가의 일부가 비정상공손에 배부되어 당기비용으로 처리되는 결과를 가져온다. 또한, 당기완성품환산량에 비례하여 정상공손원가를 완성품과 기말재공품에 배부하기 때문에, 기말재공품이 검사시점을 통과하지 않은 경우에도 정상공손원가의 일부가 배부되고, 기말재공품이 차기에 완성된 경우 또다시 차기의 정상공손원가가 배부되는 문제점이 있다. 따라서, 공손품회계는 기본적으로 분리계산법에 의하여 처리하고, 비분리계산법은 실무적 편의를 위해 제한적으로 사용하는 것이 바람직하다.[6)]

4. 공손품의 처분가치

지금까지는 공손품이 발견되면 모두 폐기하는 것으로 가정하였다. 만일 공손품의 처분가치가 있는 경우에는 처분가치를 어떻게 회계처리해야 할까? 여기서, 공손품의 처분가치란 공손품의 처분으로 인한 순실현가능가치(net realizable value: NRV)를 말하며, 다음과 같이 회계처리한다.[7)]

먼저, 정상공손과 비정상공손으로 구분하여 공손원가를 계산한다.

둘째, 정상공손과 비정상공손 각각의 순실현가능가치를 구하여, 앞서 계산한 공손원가에서 차감한다.

셋째, 순실현가능가치를 차감한 후의 정상공손원가는 검사시점을 통과한 합격품에 배부하고, 비정상공손원가는 당기비용으로 처리한다.

마지막으로, 공손품의 순실현가능가치는 재고자산(저장품 등)으로 처리한다.

예제 8-4

[도표 8−5]의 자료를 이용하되, 공손품의 처분가치가 단위당 ₩5이라고 한다.

| 물음 |

1. 비정상공손원가, 정상공손원가가 배부된 후의 완성품원가 및 기말재공품원가를 구하시오.
2. [물음 1]의 결과를 회계처리하시오.

| 해답 |

1. 배부후 원가

(1) 순공손원가의 계산

	총공손원가	공손품의 처분가치(NRV)	순공손원가
정상공손	₩12,100	₩2,000①	₩10,100
비정상공손	3,025	500②	2,525
계	₩15,125	₩2,500	₩12,625

6) 본서에서는 특별한 언급이 없는 한 분리계산법에 의하여 공손원가를 처리한다.

7) 순실현가능가치는 예상처분가치에서 처분시점까지 추가로 발생하게 될 비용을 차감한 금액이다. 예를 들어, 공손품의 예상처분가치가 ₩100이고 처분과 관련된 부대비용(운반비 등)이 ₩20으로 예상된다면, 공손품의 순실현가능가치는 ₩80이 된다.

① 400단위 × ₩5 = ₩2,000
② 100단위 × ₩5 = ₩500

(2) 정상공손원가의 배부 – 물량기준(3,100:900)

가. 완성품에 배부되는 정상공손원가

$$₩10,100 \times \frac{3,100}{3,100+900} = ₩7,828$$

나. 기말재공품에 배부되는 정상공손원가

$$₩10,100 \times \frac{900}{3,100+900} = ₩2,272$$

(3) 배부후 원가

	배부전 원가	정상공손원가의 배부	배부후 원가
완성품	₩168,881	₩7,828	₩176,709
정상공손원가	10,100	(10,100)	0
비정상공손원가	2,525	–	2,525
공손품의 처분가치	2,500	–	2,500
기말재공품	36,864	2,272	39,136
계	₩220,870	₩0	₩220,870

공손품의 처분가치 ₩2,500은 재고자산(저장품 등)으로 처리한다.

2. 회계처리

차변		대변	
제품	176,709	재공품	181,734
비정상공손(기타비용)	2,525		
재고자산(저장품 등)	2,500		

연습 문제

| 객관식 문제 |

01. 다음 중 공손에 대한 설명으로 옳지 않은 것은?

① 공손은 생산과정에서 나오는 원재료의 찌꺼기를 말한다.
② 정상공손원가는 당기에 검사시점을 통과한 합격품인 완성품과 기말재공품에 물량기준으로 배분한다.
③ 비정상공손원가는 기타비용으로 처리한다.
④ 공손품의 처분가치가 있는 경우 정상공손원가는 순실현가능가치를 차감한 금액만을 합격품에 배부한다.

02. 다음 자료에 의한 정상공손의 전환원가 완성품환산량은?

기초재공품	15,000단위(전환원가 완성도 40%)
당기착수량	45,000
당기완성량	50,000
기말재공품	9,000(전환원가 완성도 70%)

- 직접재료는 공정 초기에 모두 투입되며, 전환원가는 공정 전반에 걸쳐 균등하게 발생한다.
- 공손품 검사는 공정의 50% 시점에서 실시하며, 정상공손허용수준은 당기합격품의 1%이다. 원가흐름가정은 선입선출법에 의한다.

① 590단위　② 295단위　③ 220단위　④ 440단위

03. 한국출판은 20×1년 5월 기초재고의 완성도는 60%, 기말재고의 완성도는 60%였다. 한국출판은 선입선출법을 사용하고 있으며 공손검사시점은 완성도는 50%이다. 5월말 현재 정상공손원가의 배부에 대한 다음 설명 중 옳은 것은?

	기초재고	기말재고	당월착수 및 완성
①	배부함	배부함	배부함
②	배부하지 않음	배부함	배부함
③	배부하지 않음	배부하지 않음	배부함
④	배부하지 않음	배부하지 않음	배부함

| 객관식 문제 해답 및 해설 |

01. ①

생산과정에서 나오는 원재료의 찌꺼기는 작업폐물을 말한다.

02. ②

정상공손수량=(50,000+9,000)×0.01=590단위

정상공손 전환원가 완성품환산량=590×0.5=295단위

03. ②

정상공손원가는 당기에 검사시점을 통과한 합격품에 배부한다. 기초재고는 완성도가 60%로서 전기에 검사받았고 당기에는 검사를 받지 않았으므로 정상공손원가를 기초재고에 배부하지 않는다.

| 주관식 문제 |

01. 완성품원가

한국시멘트의 당월의 재공품계정은 다음과 같다.

재공품

기초재고(2,000단위)	₩44,000	완성품(12,000단위)	?
직접재료원가	96,000	정상공손(1,000단위)	?
전환원가	150,000	기말재고(1,000단위)	?

모든 직접재료는 공정의 초기에 전량 투입된다. 기초재고는 직접재료원가 ₩16,000과 전환원가 ₩28,000으로 구성되어 있으며, 전환원가 완성도는 50%이다. 기말재고의 전환원가 완성도는 70%이고, 재고자산 평가방법은 선입선출법이다. 공손품 검사는 공정의 80% 시점에서 실시한다.

| 물음 |

완성된 제품의 원가는 얼마인가?

| 풀이 |

공손의 검사시점은 전환원가 완성도 80%이고 기말재공품는 전환원가 완성도 70% 시점에 있다. 따라서 당기의 공손원가(정상공손원가)는 모두 완성품에만 배부된다. 제조원가보고서를 작성하지 않고 완성품원가만 계산하면 다음과 같다.

1. 완성품환산량(선입선출법)
   직접재료원가: 12,000단위 − 2,000 + 1,000 + 1,000 = 12,000단위
   전환원가: 12,000단위 − 2,000 × 0.5 + 1,000 × 0.8* + 1,000 × 0.7 = 12,500단위
   * 공손검사시점이 전환원가 완성도 80%이므로 공손의 전환원가 완성도는 80%가 된다.

2. 환산량단위당 원가
   직접재료원가: ₩96,000 ÷ 12,000단위 = ₩8
   전환가공원가: ₩150,000 ÷ 12,500단위 = ₩12

3. 완성품원가

기초재공품원가	₩44,000
기초재공품 당기완성원가	
(2,000단위 × 0.5 × ₩12)	12,000
당기착수완성원가	
[10,000단위 × (₩8 + 12)]	200,000
정상공손원가	
(1,000단위 × ₩8 + 1,000단위 × 0.8 × ₩12)	17,600
계	₩273,600

02. 공손품회계(1)

다음은 삼성제지의 5월 한 달간 생산활동에 대한 자료이다. 단, 괄호 안은 전환원가 완성도를 의미한다.

구분	물량단위	직접재료원가	전환원가
기초재공품	1,000(80%)	₩540,000	₩880,000
당기투입	9,000	5,000,000	9,460,000
완성품	7,000		
기말재공품	1,500(60%)		

회사는 완성품의 10%를 정상공손으로 간주하며, 모든 공손은 완성시점에 발견된다. 직접재료는 공정 초에 모두 투입되고 재공품 평가방법은 가중평균법이다.

| 물음 |

1. 비정상공손원가는 얼마인가?
2. 완성품원가를 구하시오.

| 풀이 |

1. 비정상공손원가

(1) 물량단위

재공품 - 물량

기초재고	1,000	완성	7,000	
		공손품	1,500	정상 700* / 비정상 800
당기착수	9,000	기말재고	1,500	
	10,000		10,000	

* 7,000단위 × 10% = 700단위

(2) 완성품환산량

직접재료원가: 7,000단위 + 700 + 800 + 1,500 = 10,000단위

전환원가: 7,000단위 + 700* + 800* + 1,500 × 0.6 = 9,400단위

* 공손은 완성시점에 발견되므로 공손품(정상, 비정상)의 전환원가 완성도는 100%가 된다.

(3) 환산량단위당 원가

직접재료원가: (₩540,000 + 5,000,000) ÷ 10,000단위 = ₩554

전환원가: (₩880,000 + 9,460,000) ÷ 9,400 = ₩1,100

(4) 비정상공손원가

800단위 × ₩554 + 800 × ₩1,100 = ₩1,323,200

2. 완성품원가

공손은 완성시점에 발견되므로 정상공손원가는 모두 완성품원가에 배부된다.

7,000단위 × (₩554 + 1,100) + 700 × (₩554 + 1,100) = ₩12,735,800

03. 공손품회계(2)

삼성제지의 11월중 생산활동에 대한 자료는 다음과 같다. 단, 괄호 안은 전환원가 완성도를 의미한다.

구분	물량단위	직접재료원가	전환원가
기초재공품	4,000(40%)	₩22,800	₩46,420
당기투입	16,000	81,600	216,450
완성품	15,000		
기말재공품	3,000(75%)		

직접재료는 공정 초에 전량 투입되며, 전환원가는 공정 전반에 걸쳐 균등하게 발생한다. 공손품 검사는 공정의 50% 시점에서 실시하며, 당기에 검사를 받은 합격품의 5%를 정상공손으로 간주한다.

| 물음 |

선입선출법을 적용하여 완성품원가와 기말재공품원가를 구하시오.

| 풀이 |

1. 물량단위

재공품 – 물량

기초재고	4,000	완성	15,000	정상 900
		공손품	2,000*	
당기착수	16,000	기말재고	3,000	비정상 1,100
	20,000		20,000	

* 20,000단위 – (15,000 + 3,000) = 2,000단위

2. 공정흐름

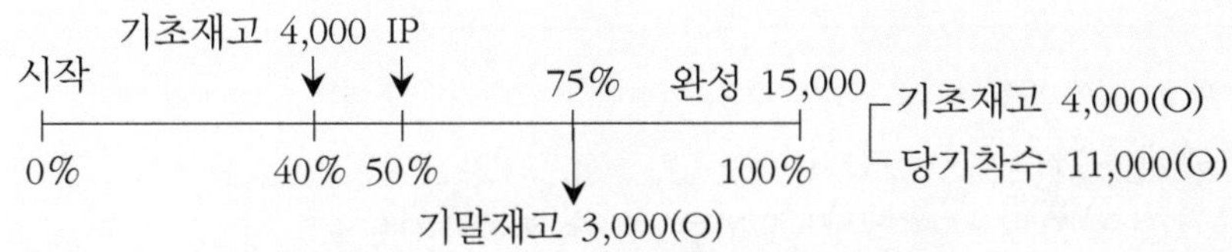

O: 당기에 검사를 받은 합격품
IP: 검사시점

- 정상공손수량: 18,000단위 × 5% = 900단위
- 비정상공손수량: 2,000단위 – 900 = 1,100단위

기말재공품이 검사시점을 통과하였으므로 정상공손원가는 완성품과 기말재공품에 15,000: 3,000의 비율로 배부한다.

3. 제조원가보고서(선입선출법)

	[1] 물량단위	[2] 완성품환산량	
		직접재료원가	전환원가
기초재고	4,000	4,000	1,600①
당기착수	16,000		
	20,000		
완성품(15,000단위)			
기초재고	4,000	0	2,400
당기착수	11,000	11,000	11,000
정상공손	900	900	450②
비정상공손	1,100	1,100	550③
기말재고	3,000	3,000	2,250
	20,000	16,000	16,650

[3] 배부대상원가			합계
기초재고			₩69,220
당기투입	₩81,600	₩216,450	298,050
총원가			₩367,270
완성품환산량	÷16,000	÷16,650	
[4] 환산량단위당 원가	₩5.1	₩13	
[5] 원가배부			
완성품			₩299,520④
정상공손원가	₩4,590	₩5,850	10,440
비정상공손원가	5,610	7,150	12,760
기말재공품	15,300	29,250	44,550
총원가			₩367,270

① 4,000단위×40%=1,600단위

② 공손품의 전환원가 완성도는 검사시점임. 900단위×50%=450단위

③ 1,100단위×50%=550단위

④ 역산함. ₩367,270－(₩10,440+12,760+44,550)=₩299,520

완성품원가는 ₩69,220+2,400단위×₩13+11,000단위×(₩5.1+13)=₩299,520으로 계산할 수도 있음.

[6] 정상공손원가의 배부(15,000:3,000)

가. 완성품에 배부되는 정상공손원가

$$₩10,440 \times \frac{15,000}{15,000+3,000} = ₩8,700$$

나. 기말재공품에 배부되는 정상공손원가

$$₩10,440 \times \frac{3,000}{15,000+3,000} = ₩1,740$$

[7] 배부후 원가

	배부전 원가	정상공손원가의 배부	배부후 원가
완성품	₩299,520	₩8,700	₩308,220
정상공손원가	10,440	(10,440)	0
비정상공손원가	12,760	－	12,760
기말재공품	44,550	1,740	46,290
계	₩367,270	₩0	₩367,270

4. 원가계산 결과

완성품원가 ₩308,220, 기말재공품원가 ₩46,290

04. 공손품회계(3)

건국공업은 3개의 제조공정을 통하여 제품을 생산한다. 마지막 공정인 제3공정에서는 공정 초기에 직접재료를 전량 투입하는데, 이 직접재료의 투입직전에 공손품 검사가 실시된다. 제3공정은 기초 및 기말재공품을 보유하고 있지 않으며, 전환원가는 공정 전체에 걸쳐 균등하게 발생한다. 당년도 7월의 생산 및 원가자료는 다음과 같다. 회사는 당기투입량의 10%까지는 정상공손으로 간주한다.

구분	물량단위	전공정원가	직접재료원가	전환원가
당기투입	40,000	₩140,000	₩70,000	₩280,000
완성품	35,000			

| 물음 |

제3공정의 (1) 비정상공손원가와 (2) 정상공손원가가 배부된 후의 완성품원가를 구하시오.

| 풀이 |

1. 공손품수량

재공품 - 물량

당기착수	40,000	완성	35,000	
		공손품	5,000	정상 4,000 비정상 1,000
	40,000		40,000	

정상공손수량은 4,000단위(=40,000단위×10%)이고, 비정상공손수량은 1,000단위이다. 기초재공품이 없으므로 원가흐름가정은 불필요하고, 기말재공품이 없으므로 정상공손원가는 모두 완성품에 배부한다.

2. 제조원가보고서

	[1] 물량단위	[2] 완성품환산량 전공정원가	직접재료원가	전환원가	
완성품	35,000	35,000	35,000	35,000	
정상공손	4,000	4,000	0	0	
비정상공손	1,000	1,000	0	0	
	40,000	40,000	35,000	35,000	
[3] 배부대상원가					합계
당기투입(총원가)		₩140,000	₩70,000	₩280,000	₩490,000
완성품환산량		÷40,000	÷35,000	÷35,000	
[4] 환산량단위당 원가		₩3.5	₩2	₩8	

[5] 원가배부

완성품	₩122,500	₩70,000	₩280,000	₩472,500
정상공손	14,000	0	0	14,000
비정상공손	3,500	0	0	3,500
총원가				₩490,000

[6] 배부후 원가

	배부전 원가	정상공손원가의 배부	배부후 원가
완성품	₩472,500	₩14,000	₩486,500*
정상공손	14,000	(14,000)	0
비정상공손	3,500	–	3,500
계	₩490,000	₩0	₩490,000

* 완성품원가는 당기투입원가 ₩490,000에서 비정상공손원가 ₩3,500을 차감하면 간단하게 계산될 수 있다.

05. 공손품회계(4)

한국과학은 두 개의 공정을 거쳐 플라스틱 완구를 생산하고 있다. 두 번째 공정에서 직접재료는 공정의 90% 시점에서 전량 투입된다. 회사는 공정의 80% 시점에서 품질검사를 실시하며, 품질검사를 통과한 합격품의 10%를 정상공손으로 간주한다. 재공품 평가방법은 가중평균법이다. 다음은 두 번째 공정의 당기 생산 및 원가자료이다. 단, 괄호 안은 전환원가 완성도를 의미한다.

구분	물량단위	전공정원가	직접재료원가	전환원가
기초재공품	10,000(25%)	₩82,900	–	₩42,000
당기투입	70,000	647,500	₩655,200	1,251,600
완성품	50,000			
기말재공품	20,000(95%)			

| 물음 |

두 번째 공정의 비정상공손원가, 정상공손원가가 배부된 후의 완성품원가 및 기말재공품원가를 구하시오.

| 풀이 |

1. 물량단위

재공품－물량

기초재고	10,000	완성	50,000
		공손품	10,000* ┬ 정상 7,000 / └ 비정상 3,000
당기착수	70,000	기말재고	20,000
	80,000		80,000

* 80,000단위－(50,000＋20,000)＝10,000단위

2. 공정흐름

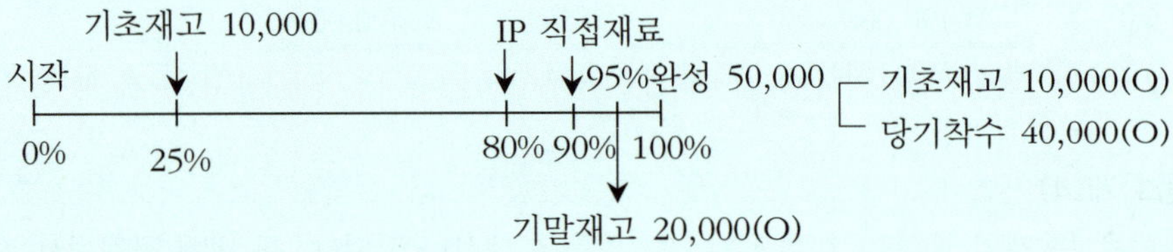

O: 당기에 검사시점을 통과한 물량
IP: 검사시점

직접재료가 90% 시점에 모두 투입되므로 기말재고 20,000단위에는 직접재료가 모두 투입되었으나 공손품에는 직접재료가 투입되지 않았다. 또한, 당기에 검사시점을 통과한 합격품은 70,000단위이다.

• 정상공손수량: 70,000단위×10%＝7,000단위
• 비정상공손수량: 10,000단위－7,000＝3,000단위

기말재공품이 검사시점을 통과하였으므로 정상공손원가는 완성품과 기말재공품에 50,000: 20,000의 비율로 배부한다.

3. 제조원가보고서(가중평균법)

	[1] 물량단위	[2] 완성품환산량		
		전공정원가	직접재료원가	전환원가
완성품	50,000	50,000	50,000	50,000
정상공손	7,000	7,000	0	5,600
비정상공손	3,000	3,000	0	2,400
기말재고	20,000	20,000	20,000	19,000
	80,000	80,000	70,000	77,000

[3] 배부대상원가

				합계
기초재고	₩82,900	−	₩42,000	₩124,900
당기투입	647,500	₩655,200	1,251,600	2,554,300
총원가	₩730,400	₩655,200	₩1,293,600	₩2,679,200
완성품환산량	÷80,000	÷70,000	÷77,000	
[4] 환산량단위당 원가	₩9.13	₩9.36	₩16.8	

[5] 원가배부

완성품	₩456,500	₩468,000	₩840,000	₩1,764,500
정상공손원가	63,910	0	94,080	157,990
비정상공손원가	27,390	0	40,320	67,710
기말재공품	182,600	187,200	319,200	689,000
총원가				₩2,679,200

[6] 정상공손원가의 배부(50,000:20,000)

가. 완성품에 배부되는 정상공손원가

$$₩157,990 \times \frac{50,000}{50,000+20,000} = ₩112,850$$

나. 기말재공품에 배부되는 정상공손원가

$$₩157,990 \times \frac{20,000}{50,000+20,000} = ₩45,140$$

[7] 배부후 원가

	배부전 원가	정상공손원가의 배부	배부후 원가
완성품	₩1,764,500	₩112,850	₩1,877,350
정상공손원가	157,990	(157,990)	0
비정상공손원가	67,710	−	67,710
기말재공품	689,000	45,140	734,140
계	₩2,679,200	₩0	₩2,679,200

06. 공손품의 처분가치

선입선출법에 의하여 완성품환산량을 적절히 계산한 후, 완성품환산량단위당 원가가 다음과 같이 계산되었다.

전공정원가	직접재료원가	전환원가
₩15	₩10	₩20

당기중 생산현황은 다음과 같다. 정상공손과 비정상공손 수량은 각각 100단위와 200단위이다. 직접재료는 공정의 40% 시점에 전량 투입되며, 공손품은 공정의 70% 시점에서 검사·분리된다. 모든 공손품은 단위당 ₩6에 처분된다.

구분	물량단위	전환원가 완성도
기초재공품	1,000단위	60%
기말재공품	2,000	60%
완성품	5,000	

| 물음 |

1. 완성품원가에 포함될 정상공손원가는 얼마인가?
2. 당기에 실제로 발생한 전환원가는 얼마인가?

| 풀이 |

1. 완성품원가에 포함될 정상공손원가

(1) 공정흐름

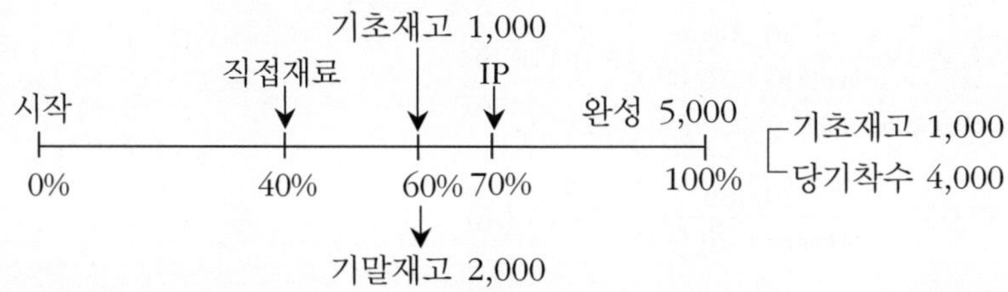

IP: 검사시점

직접재료가 공정의 40% 시점에서 투입되므로 공손품의 직접재료원가 완성도는 100%이고, 기말재공품이 검사시점에 도달하지 않았으므로 정상공손원가는 모두 완성품에 배부된다.

(2) 완성품원가에 포함될 정상공손원가

100단위 × ₩15 + 100 × ₩10 + 100 × 0.7 × ₩20 − 100단위 × ₩6
= ₩3,300

2. 당기에 실제로 발생한 전환원가

(1) 전환원가 완성품환산량

5,000단위 − 1,000 × 0.6 + 100 × 0.7 + 200 × 0.7 + 2,000 × 0.6 = 5,810단위

(2) 당기에 실제로 발생한 전환원가

5,810단위 × ₩20 = ₩116,200

07. 공손품회계(5)

명지제지는 연속적인 두 개의 공정을 통하여 완제품을 생산하고 있다. 제1공정에서는 직접재료를 공정의 초기에 전량 투입하며 공손은 발생하지 않는다. 제2공정의 직접재료는 공정의 착수시점에 35%가 투입되고, 나머지는 공정 완료시점에 투입된다. 제2공정의 60% 시점에서 공손품 검사를 실시하며, 당기완성량의 1%를 정상공손으로 허용하고 있다. 직접노무원가와 제조간접원가는 두 공정 전체에 걸쳐 균등하게 발생한다. 각 공정의 당기 생산 및 원가자료는 다음과 같다. 단, 괄호 안은 전환원가 완성도를 의미한다.

1. 제1공정

구분	물량단위	직접재료원가	전환원가
기초재공품	1,000(20%)	₩4,400	₩12,025
당기투입	20,000	20,800	58,850
완성품	?		
기말재공품	1,500(50%)		

2. 제2공정

구분	물량단위	전공정원가	직접재료원가	전환원가
기초재공품	2,000(10%)	₩42,360	₩11,865	₩28,335
당기투입	?	?	23,790	52,000
완성품	20,000			
기말재공품	1,000(70%)			

제1공정은 가중평균법, 제2공정은 선입선출법으로 평가한다.

| 물음 |

1. 제1공정의 완성품원가와 기말재공품원가를 구하시오.
2. 제2공정의 비정상공손원가, 정상공손원가가 배부된 후의 완성품원가 및 기말재공품원가를 구하시오.

| 풀이 |

1. 제1공정

(1) 물량단위

재공품 – 물량

기초재고	1,000	완성	19,500*
당기착수	20,000	기말재고	1,500
	21,000		21,000

* 21,000단위 – 1,500 = 19,500단위

(2) 제조원가보고서(가중평균법)

	[1] 물량단위	[2] 완성품환산량 직접재료원가	전환원가	합계
완성품	19,500	19,500	19,500	
기말재고	1,500	1,500	750	
	21,000	21,000	20,250	
[3] 배부대상원가				
기초재고		₩4,400	₩12,025	₩16,425
당기투입		20,800	58,850	79,650
총원가		₩25,200	₩70,875	₩96,075
완성품환산량		÷21,000	÷20,250	
[4] 환산량단위당 원가		₩1.2	₩3.5	
[5] 원가배부				
완성품		₩23,400	₩68,250	₩91,650
기말재공품		1,800	2,625	4,425
총원가				₩96,075

완성품 19,500단위와 완성품원가 ₩91,650은 제2공정으로 대체된다.

2. 제2공정

(1) 물량단위

재공품 - 물량

기초재고	2,000	완성	20,000
		공손품	500* (정상 200, 비정상 300)
당기착수	19,500	기말재고	1,000
	21,500		21,500

* 21,500단위 - (20,000 + 1,000) = 500단위

(2) 공정흐름

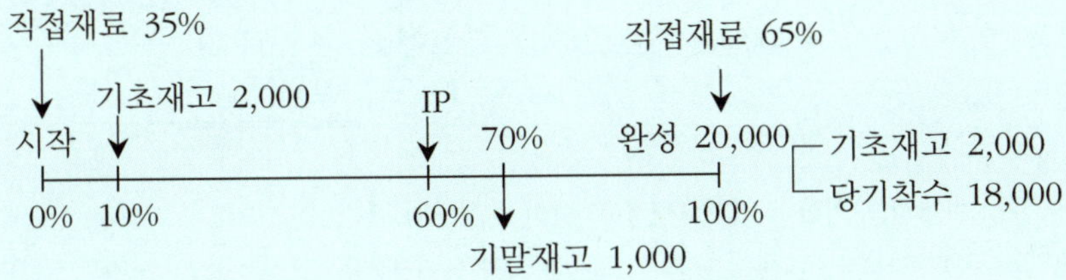

IP: 검사시점

회사는 당기완성량의 1%를 정상공손으로 허용하고 있으므로 정상공손수량은 200단위(= 20,000단위 × 1%)이다. 공정의 착수시점에 직접재료가 35%만 투입되므로, 당기착수완성량 18,000단위를 제외한 물량(기초재고 2,000단위, 기말재고 1,000단위, 공손품 500단위)의 직접재료원가 완성도는 35%가 된다. 또한 기말재공품이 검사시점을 통과하였으므로 정상공손원가는 완성품과 기말재공품에 20,000:1,000의 비율로 배부한다.

(3) 제조원가보고서(선입선출법)

	[1] 물량단위	[2] 완성품환산량		
		전공정원가	직접재료원가	전환원가
기초재고	2,000	2,000	700①	200
당기착수	19,500			
	21,500			
완성품(20,000단위)				
기초재고	2,000	0	1,300②	1,800
당기착수	18,000	18,000	18,000	18,000
정상공손	200	200	70	120
비정상공손	300	300	105	180
기말재고	1,000	1,000	350③	700
	21,500	19,500	19,825	20,800

[3] 배부대상원가				합계
기초재고				₩82,560
당기투입	₩91,650	₩23,790	₩52,000	167,440
총원가				₩250,000
완성품환산량	÷19,500	÷19,825	÷20,800	
[4] 환산량단위당 원가	₩4.7	₩1.2	₩2.5	
[5] 원가배부				
완성품				₩239,820④
정상공손원가	₩940	₩84	₩300	1,324
비정상공손원가	1,410	126	450	1,986
기말재공품	4,700	420	1,750	6,870
총원가				₩250,000

① 2,000단위×35%=700단위

② 기초재공품을 완성하면서 투입한 직접재료원가(65%)의 환산량임.

③ 1,000단위×35%=350단위

④ 역산함. ₩250,000－(₩1,324＋1,986＋6,870)＝₩239,820

[6] 정상공손원가의 배부(20,000:1,000)

가. 완성품에 배부되는 정상공손원가

$$₩1,324\times\frac{20,000}{20,000+1,000}=₩1,261$$

나. 기말재공품에 배부되는 정상공손원가

$$₩1,324\times\frac{1,000}{20,000+1,000}=₩63$$

[7] 배부후 원가

	배부전 원가	정상공손원가의 배부	배부후 원가
완성품	₩239,820	₩1,261	₩241,081
정상공손원가	1,324	(1,324)	0
비정상공손원가	1,986	–	1,986
기말재공품	6,870	63	6,933
계	₩250,000	₩0	₩250,000

08. 공손품회계와 재무제표 작성 [엑셀이용]

다음은 건국화학의 20×1년 회계연도 자료이다.

1. 20×1년 12월 31일 현재 수정전시산표

차변		대변	
현금	₩240,000	매입채무	₩3,080,000
매출채권	600,000	미지급비용	100,000
직접재료	1,300,000	단기차입금	6,940,000
재공품	360,000	대손충당금	20,000
제품	230,000	감가상각누계액-건물	3,000,000
건물	16,000,000	감가상각누계액-기계장치	1,200,000
기계장치	9,000,000	제품보증충당부채	200,000
급여와임금	400,000	자본금	3,000,000
전력비	580,000	이익잉여금	8,530,000
이자비용	680,000	매출	2,620,000
		이자수익	420,000
		잡이익	280,000
합계	₩29,390,000	합계	₩29,390,000

2. 수정사항(아래의 모든 사항은 상기 수정전시산표에 반영되지 않았다)
   (1) 직접재료: 기초재고 ₩400,000, 기말재고 ₩300,000
   (2) 당기말 현재 급여와임금 미지급액은 ₩200,000이다.
   (3) 이자비용 ₩680,000에는 내년도 지급이자 ₩180,000이 포함되어 있다.
   (4) 감가상각방법은 정률법(상각률은 기계장치 10%, 건물 5%)이다.
   (5) 기말 매출채권의 미래현금흐름의 현재가치를 ₩588,000으로 추정하였다.
   (6) 당기말 미수이자 발생액은 ₩80,000이다.
   (7) 제품보증충당부채 당기 설정금액은 ₩120,000이다.

3. 원가계산자료
   다음 원가계산자료는 상기 '2. 수정사항'을 반영한 후의 금액을 이용한다.
   (1) 기초재공품 내역

구분	전공정원가	직접재료원가	전환원가	합계
제1공정	–	₩100,000	₩140,000	₩240,000
제2공정	₩20,000	40,000	60,000	120,000

(2) 당기의 직접재료원가는 제1공정에 60%, 제2공정에 40%의 비율로 할당되었다. 각 공정의 직접재료는 공정의 착수시점에 모두 투입된다.

(3) 직접재료원가를 제외한 나머지 원가는 다음 기준에 의하여 전환원가와 판매비와관리비로 나뉜다. 전환원가는 공정 전반에 걸쳐 균등하게 발생한다.

구분	공장(제조)	본사(판매관리)
급여와임금	60%	40%
전력비	50	50
제품보증비	60	40
감가상각비-건물	30	70
감가상각비-기계장치	100	–

(4) 부문별 전환원가 소비비율은 다음과 같다.

구분	부문개별원가				부문공통원가
	제1공정	제2공정	동력부	수선부	
급여와임금	30%	30%	20%	10%	10%
전력비	20	30	20	15	15
제품보증비	30	30	10	10	20
감가상각비	25	25	10	10	30

(5) 부문공통원가는 합계금액을 다음 비율에 의하여 각 부문에 배부한다.

구분	제1공정	제2공정	동력부	수선부
부문공통원가	40%	30%	20%	10%

(6) 보조부문원가를 각 공정에 배부하기 위한 용역제공량은 다음과 같다. 배부방법은 직접배부법이다.

보조부문	제1공정	제2공정	동력부	수선부
동력부	40	40	20	20
수선부	35	35	30	10

(7) 공정별 생산량과 재공품 평가방법은 다음과 같다. 단, 괄호 안은 전환원가 완성도를 의미한다.

구분	제1공정	제2공정
기초재공품	1,000단위(40%)	1,200단위(20%)
당기투입	8,000	?
완성품	6,000	6,000
기말재공품	2,000(20%)	500(80%)
원가흐름가정	가중평균법	선입선출법

(8) 제1공정은 공정의 50% 시점에서, 제2공정은 공정의 70% 시점에서 품질검사를 실시하며, 당기에 검사시점을 통과한 합격품을 기준으로 정상공손수량을 파악한다. 정상공손허용수준은 제1공정 10%, 제2공정 15%이다. 회사는 분리계산법에 의하여 공손품원가를 처리한다.

(9) 당기에 기초제품과 당기제품제조원가의 50%가 판매되었다(즉, 매출원가=기초제품원가+당기제품제조원가×50%).

| 물음 |

1. 제1공정과 제2공정에 대해서 다음을 구하시오.
   (1) 정상공손원가가 배부된 후의 완성품원가 및 기말재공품원가
   (2) 비정상공손원가
2. (1) 제조원가명세서, (2) 손익계산서와 (3) 재무상태표를 작성하시오. 단, 손익계산서와 재무상태표의 양식은 자유임.

| 풀이 |

본 문제의 풀이과정은 엑셀(Excel)을 이용하여 이해하면 훨씬 효과적이다.

1. 직접재료원가

	제1공정	제2공정	합계
직접재료원가	₩600,000②	₩400,000	₩1,000,000①

① 수정전시산표상의 직접재료 ₩1,300,000은 기초재고와 당기매입액의 합계이므로 기말재고 ₩300,000을 차감한 ₩1,000,000이 직접재료원가가 된다.

② ₩1,000,000×60%=₩600,000

2. 전환원가와 판매비와관리비 구분

구분	수정전 금액	수정사항	수정후 금액	전환원가③	판매비와관리비③
급여와임금	₩400,000	₩200,000	₩600,000	₩360,000	₩240,000
전력비	580,000	0	580,000	290,000	290,000
제품보증비	0	120,000	120,000	72,000	48,000
감가상각비-건물	0	650,000①	650,000	195,000	455,000
감가상각비-기계장치	0	780,000②	780,000	780,000	0
합계	₩980,000	₩1,750,000	₩2,730,000	₩1,697,000	₩1,033,000

① (₩16,000,000−3,000,000)×0.05=₩650,000

② (₩9,000,000−1,200,000)×0.1=₩780,000

③ 수정후 금액을 '3. 원가계산자료(3)'의 비율에 의하여 전환원가(공장)와 판매비와관리비(본사)로 안분한다.

3. 전환원가의 집계와 배부

구분	부문개별원가				부문공통원가	합계[①]
	제1공정	제2공정	동력부	수선부		
가. 원가집계[②]						
급여와임금	₩108,000	₩108,000	₩72,000	₩36,000	₩36,000	₩360,000
전력비	58,000	87,000	58,000	43,500	43,500	290,000
제품보증비	21,600	21,600	7,200	7,200	14,400	72,000
감가상각비	243,750	243,750	97,500	97,500	292,500	975,000
소계	₩431,350	₩460,350	₩234,700	₩184,200	₩386,400	₩1,697,000
나. 부문공통원가배부	154,560	115,920	77,280	38,640	(386,400)	
다. 부문원가	₩585,910	₩576,270	₩311,980	₩222,840	₩0	
라. 부문원가대체						
동력부(40:40)	155,990	155,990	(311,980)	−		
수선부(35:35)	111,420	111,420	−	(222,840)		
마. 배부후 원가[③]	₩853,320	₩843,680	₩0	₩0		

① 상기 '2'에서 전환원가로 구분된 금액임
② 원가집계는 전환원가를 '3. 원가계산자료(4)'에 주어진 비율에 의해 부문별로 배부되었다.
③ 배부후 원가는 제1공정 및 제2공정의 전환원가로 투입된 금액이다.

4. 공정별원가계산

(1) 제1공정

가. 물량단위와 공정흐름

재공품 - 물량

기초재고	1,000	완성	6,000
		공손품	1,000 (정상 600, 비정상 400)
당기착수	8,000	기말재고	2,000
	9,000		9,000

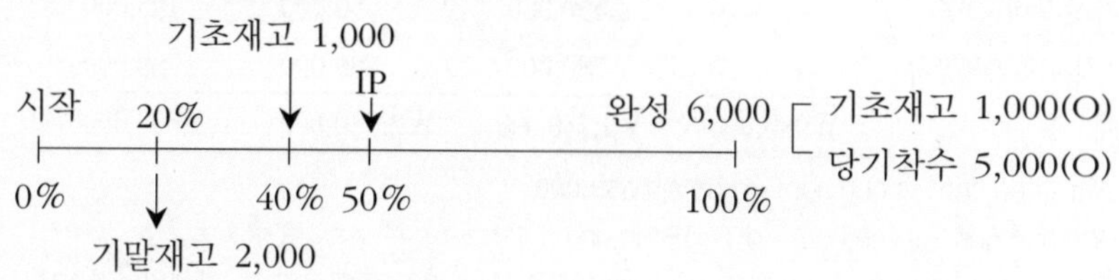

O: 당기에 검사를 받은 합격품
IP: 검사시점

• 정상공손수량: 6,000단위×10%=600단위
• 비정상공손수량: 1,000단위−600=400단위

기말재공품이 검사시점을 통과하지 않았으므로 정상공손원가는 완성품에만 배부한다.

나. 제조원가보고서: 가중평균법

	[1] 물량단위	[2] 완성품환산량 직접재료원가	전환원가	합계
완성품	6,000	6,000	6,000	
정상공손	600	600	300	
비정상공손	400	400	200	
기말재고	2,000	2,000	400	
	9,000	9,000	6,900	
[3] 배부대상원가				
기초재고		₩100,000	₩140,000	₩240,000
당기투입		600,000	853,320	1,453,320
총원가		₩700,000	₩993,320	₩1,693,320
[4] 환산량단위당 원가		₩78	₩144	
[5] 원가배부				
완성품				₩1,330,424
정상공손원가				89,854
비정상공손원가				59,903
기말재공품				213,139
총원가				₩1,693,320

〈최종〉

완성품원가	₩1,420,278*
비정상공손원가	59,903
기말재공품원가	213,139
합계	₩1,693,320

* ₩1,330,424+89,854=₩1,420,278

(2) 제2공정

가. 물량단위와 공정흐름

재공품－물량

기초재고	1,200	완성	6,000
		공손품	700 (정상 700, 비정상 0)
당기착수	6,000*	기말재고	500
	7,200		7,200

* 제1공정 완성품수량

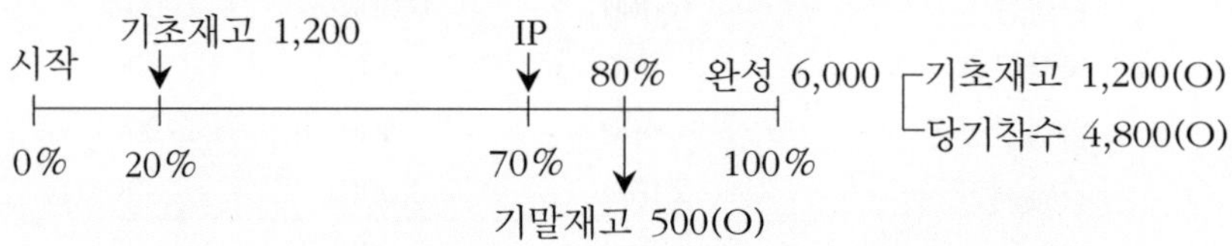

O: 당기에 검사를 받은 합격품

IP: 검사시점

- 정상공손수량: 6,500단위×15%=975단위
- 비정상공손수량: 정상공손허용수준(975단위)이 실제로 발생한 공손품수량 700단위보다 크므로, 비정상공손수량은 없다. 이 경우 회사는 차기의 정상공손허용수준을 15%보다 낮게 설정하여 공손품을 관리하게 된다.

  기말재공품이 검사시점을 통과하였으므로 정상공손원가는 완성품과 기말재공품에 6,000:500의 비율로 배부한다.

나. 제조원가보고서: 선입선출법

	[1] 물량단위	[2] 완성품환산량		
		전공정원가	직접재료원가	전환원가
기초재고	1,200	1,200	1,200	240
당기착수	6,000			
	7,200			
완성품(6,000단위)				
기초재고	1,200	0	0	960
당기착수	4,800	4,800	4,800	4,800
정상공손	700	700	700	490
비정상공손	0	0	0	0
기말재고	500	500	500	400
	7,200	6,000	6,000	6,650

[3] 배부대상원가

				합계
기초재고				₩120,000
당기투입	₩1,420,278	₩400,000	₩843,680	2,663,958
총원가				₩2,783,958
[4] 환산량단위당 원가	₩237	₩67	₩127	

[5] 원가배부

완성품원가	₩2,306,989
정상공손원가	274,532
기말재공품원가	202,437
총원가	₩2,783,958

〈최종〉

완성품원가	₩2,560,402①
비정상공손원가	0
기말재공품원가	223,556②
합계	2,783,958

① 정상공손원가 배부후 금액

$$₩2,306,989 + 274,532 \times \frac{6,000}{6,000+500} = ₩2,560,402$$

② 정상공손원가 배부후 금액

$$₩202,437 + 274,532 \times \frac{500}{6,000+500} = ₩223,556$$

5. 제조원가명세서

Ⅰ. 직접재료원가	₩1,000,000
Ⅱ. 전환원가	1,697,000①
Ⅲ. 당기총제조원가	₩2,697,000
Ⅳ. 기초재공품원가	360,000②
Ⅴ. 합계	₩3,057,000
Ⅵ. 기말재공품원가	(−)436,695③
Ⅶ. 비정상공손원가	(−)59,903④
Ⅷ. 당기제품제조원가	₩2,560,402⑤

① 전환원가는 직접노무원가 ₩360,000과 제조간접원가 ₩1,337,000으로 나누어 표시해야 하나 편의상 합쳐서 작성하였다.

② 제1공정 기초재공품원가(₩240,000)와 제2공정 기초재공품원가(₩120,000)의 합계임.

③ 제1공정 기말재공품원가(₩213,139)와 제2공정 기말재공품원가(₩223,556)의 합계임.

④ 비정상공손원가는 손익계산서의 기타비용으로 대체(타계정대체)되어야 함.

⑤ 제2공정의 완성품원가와 일치함을 확인하기 바란다.

6. 손익계산서 예시

Ⅰ. 매출	₩2,620,000
Ⅱ. 매출원가	(−)1,510,201①
Ⅲ. 매출총이익	₩1,109,799
Ⅳ. 판매비와관리비	(−)1,033,000
Ⅴ. 영업이익	₩76,799
Ⅵ. 기타수익	(+)288,000②
Ⅶ. 기타비용	(−)59,903③
Ⅷ. 금융수익	(+)500,000④
Ⅸ. 금융비용	(−)500,000⑤
Ⅹ. 당기순이익	₩304,896

① ₩230,000 + 2,560,402 × 0.5 = ₩1,510,201
② 잡이익 ₩280,000과 대손충당금환입 ₩8,000의 합계임.
③ 비정상공손원가 ₩59,903
④ 이자수익 ₩500,000(= ₩420,000 + 80,000)
⑤ 이자비용 ₩500,000(= ₩680,000 − 180,000)

7. 재무상태표 예시

자산		부채와 자본	
현금	₩240,000	매입채무	₩3,080,000
매출채권	600,000	미지급비용	300,000
대손충당금	(−)12,000	단기차입금	6,940,000
직접재료	300,000	제품보증충당부채	320,000
재공품	436,695	자본금	3,000,000
제품	1,280,201	기초이익잉여금	8,530,000
선급비용(선급이자)	180,000	당기순이익	304,896
미수수익(미수이자)	80,000		
건물	16,000,000		
감가상각누계액	(−)3,650,000		
기계장치	9,000,000		
감가상각누계액	(−)1,980,000		
계	₩22,474,896	계	₩22,474,896

9 Chapter

결합원가의 배부

Cost Accounting

제1절 결합제품

1. 결합제품

결합제품 또는 연산품(joint products)이란 동일한 원재료를 투입하여 동일공정에서 생산되는 서로 다른 제품들을 말한다. 석유정제업에서 원유(crude oil)를 가공하여 생산되는 휘발유·경유·등유·아스콘, 화학공업에서 나프타를 원료로 생산되는 메틸렌·에틸렌·프로판, 제련업에서의 금·은·동을 예로 들 수 있다.

이러한 결합제품은 일정한 생산단계에 도달할 때까지는 개별제품으로 구별할 수 없으며, 특정한 생산단계가 지나서야 비로소 개별제품으로 식별된다. 정육업에서 소를 가공하여 등심·안심·갈비·뼈·가죽 등을 생산한다고 할 때, 이들 제품은 도축공정이 어느 정도 이루어진 후에야 개별적으로 식별된다. 또한, 결합제품은 한 가지 제품을 생산하는 과정에서 다른 제품의 생산이 필연적으로 수반된다. 예를 들어, 안심을 생산하기 위해서는 등심이나 갈비의 생산이 부득이하며, 휘발유를 생산하기 위해서는 등유나 경유가 어쩔 수 없이 생산된다. 결합제품은 제품구성(product mix)을 인위적으로 조정하는데 한계가 있다. 앞의 예에서 소를 가공하여 안심만 생산하거나 원유를 정제하여 휘발유만 생산할 수는 없는 것이다.

2. 주산품과 부산품

결합제품은 수익에 대한 상대적인 중요성에 따라 크게 주산품(main products)과 부산품(byproducts)으로 구분된다. 주산품은 결합제품 중에서 수익에 대한 상대적인 중요성이 큰 제품이고, 부산품은 주산품의 생산과정에서 부수적으로 생산되는 제품으로 수익에 대한 상대적인 중요성이 낮은 제품이다. 소를 가공하면 등심·갈비 이외에 우족·가죽 등이 생산되는데, 우족이나 가죽은 등심·갈비에 비하여 상대적으로 판매가치가 낮으므로 부산품이다.

기업의 기본목표는 주산품을 생산하는 것이므로 부산품을 제거함으로써 주산품의 생산을 증가시킬 수 있다면 그러한 방향으로 생산방법을 변화시키려 할 것이다. 그런데 주산품과 부산품의 판단은 기업의 경제적 사정에 따라 달라질 수 있다. 즉, 부산품의 수요가 증가하면 부산품이었던 제품이 주산품이 되어, 부산품과 주산품이 서로 뒤바뀔 수도 있다. 만일, 부산품이었던 우족의 수요가 갑자기 증가하여 주산품인 안심이나 등심보다 가격이 오르게 되면 우족은 더 이상 부산품이 아닌 주산품으로 간주되어야 한다.

제2절 결합원가의 배부

1. 결합원가와 분리점

결합제품은 공정의 일정시점이 지난 후에야 비로소 개별제품으로 식별될 수 있다. 결합제품을 개별적으로 식별할 수 있는 공정의 일정시점을 분리점(split-off point)이라 한다. 분리점에서 식별된 개별제품은 곧바로 판매될 수도 있고, 추가가공을 거쳐서 판매될 수도 있다. 결합원가(joint costs)란 결합제품이 분리점에 도달할 때까지 생산과정에 투입된 제조원가를 말한다. 결합원가는 결합제품에 대한 공통원가인데, 결합원가를 각 제품별로 인과관계를 찾아 배부한다는 것은 매우 어려운 일이다. 소를 가공하여 등심·안심·

갈비를 생산할 경우에 결합원가는 투입된 소의 원가, 직접노무원가와 제조간접원가의 합계이다. 이 결합원가가 등심·안심·갈비에 각각 얼마씩 투입되었는지 직접 추적하는 것은 불가능하다. 따라서, 결합원가는 제4장에서 공부한 공통원가 배부기준 중에서 인과관계기준이 아닌 차선의 기준(즉, 부담능력기준이나 수혜기준)에 의하여 배부하게 된다.

결합제품이 분리점에서 판매되지 않고 후속공정에서 추가가공되는 경우에 추가가공과 관련하여 발생된 원가를 개별원가(separable costs) 또는 추가가공원가(additional processing costs)라고 한다. 개별원가는 추가가공이 이루어진 개별제품과 관련된 직접원가이므로 결합원가와는 달리 원가배부의 문제가 발생하지 않는다. 소를 가공하여 등심·안심·갈비를 생산하고, 등심을 모두 스테이크용 등심으로 추가가공하는 경우에 공정흐름을 나타내면 [도표 9-1]과 같다.

도표 9-1 | 정육업의 공정흐름

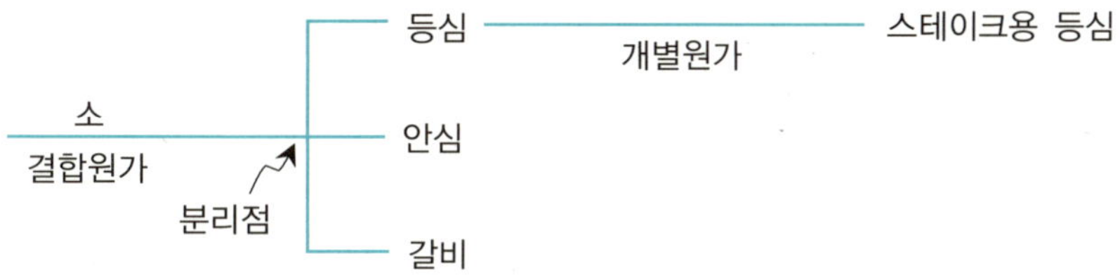

2. 결합원가 배부방법

결합원가는 결합제품에 대한 공통원가이나 인과관계에 의하여 배부하는 것이 어렵기 때문에 부담능력기준이나 수혜기준에 의하여 배부한다. 결합원가를 배부하는 방법은 크게 물량기준법과 시가기준법이 있으며, 시가기준법은 다시 상대적 판매가치법, 순실현가능가치법, 균등매출총이익률법으로 나누어진다.

(1) 물량기준법

물량기준법(physical quantities method)은 분리점에서 개별제품의 수량·중량·부피·면적 등과 같은 공통의 물리적 단위를 기준으로 결합원가를 배부하는 방법이다. 이 방법은 상대적으로 많이 생산된 제품이 결합원가로부터 보다 많은 경제적 효익을 얻었다고 볼 수 있으므로 그 제품에 보다 많은 원가를 배부해야 한다는 수혜기준에 따라 결합원가를 배부하는 것이다.

물량기준법은 물량단위에 의한 결합원가배부액이 제품의 경제적 가치를 적절하게 반영하는 경우에는 합리적인 배부방법이 될 수 있으나, 그렇지 못한 경우에는 부적합한 방법이다. 제련공장에서 금과 구리가 함유된 원석을 가공하는 경우, 생산량은 금이 구리보다 작을지라도 판매가치는 금이 구리보다 훨씬 크다. 따라서, 원석 가공에 투입된 결합원가를 금과 구리에 생산량을 기준으로 배부한다면 각 제품에 배부된 원가는 그 제품의 경제적 가치를 올바르게 반영하지 못할 것이다.

예제 9-1

한국화학은 하나의 공정에서 원재료 6,000리터를 투입하여 결합제품 A, B와 C를 생산하고 있다. 당월 중 생산량과 단위당 판매가격은 다음과 같다.

제품	생산량	단위당 판매가격
A	1,000리터	₩100
B	2,000	150
C	3,000	50

당월중 공정에 투입된 제조원가는 ₩330,000이었고, 생산된 제품은 모두 판매되었다.

| 물음 |

물량기준에 의하여 결합원가를 배부하고, 제품별 매출총이익을 계산하시오.

| 해답 |

결합원가계산은 먼저 공정흐름을 통하여 기본자료를 요약하는 것이 중요하다.

1. 공정흐름도

원재료 6,000리터 / 결합원가 ₩330,000	
	A제품 1,000리터(판매가격 ₩100)
	B제품 2,000리터(판매가격 ₩150)
	C제품 3,000리터(판매가격 ₩50)

2. 결합원가의 배부

제품	생산량	배부비율	결합원가배부액	단위당 원가
A	1,000리터	1/6	₩55,000	₩55
B	2,000	2/6	110,000	55
C	3,000	3/6	165,000	55
계	6,000리터	6/6	₩330,000	

물량기준법으로 결합원가를 배부하면 결합제품의 단위당 원가가 동일해진다.

3. 제품별 매출총이익

	A제품	B제품	C제품	합계
매출액	₩100,000	₩300,000	₩150,000	₩550,000
매출원가*	55,000	110,000	165,000	330,000
매출총이익	₩45,000	₩190,000	₩(15,000)	₩220,000

* 생산된 제품은 모두 판매되었으므로 제품별 결합원가배부액이 곧 매출원가이다.

(2) 시가기준법

시가기준법(market value method)은 분리점에서 개별제품의 시가를 기준으로 결합원가를 배부하는 것으로 개별제품의 수익창출능력을 반영하는 방법이다. 이 방법은 시가가 높은 제품일수록 원가를 부담할 능력도 크기 때문에 결합원가를 더 많이 배부해야 한다는 부담능력기준에 따라 결합원가를 배부하는 것이다. 시가기준법은 원가를 배부하기 위하여 판매가치를 이용하므로 가격계산을 위한 원가계산으로는 부적합하다.

1) 상대적 판매가치법

분리점에서 개별제품의 판매가치가 존재하는 경우에 판매가치의 상대적 비율에 따라 결합원가를 배부하는 방법을 상대적 판매가치법(relative sales value method)이라 한다. 이 방법은 결합원가가 각 제품의 이익을 창출하는데 동일한 공헌을 하는 것으로 가정하기 때문에 분리점에서 개별제품의 매출총이익률이 동일하게 나타난다.

한국채택국제회계기준과 일반기업회계기준은 결합제품이 분리되어 식별가능한 시점 또는 완성된 시점에 각 결합제품별 상대적 판매가치를 기준으로 결합원가를 배부하도록 규정하고 있다. 다만, 상대적 판매가치법보다 생산량 등을 기준으로 결합원가를 배부하는 것이 더 합리적이라고 판단되는 경우에 한해 물량기준법을 적용하여 결합원가를 배부하는 것을 허용하고 있다.[1)]

1) 한국채택국제회계기준(K-IFRS) 기업회계기준서 제1002호 문단14; 일반기업회계기준 문단7.9

예제 9-2

[예제 9-1]의 자료를 이용하여 판매가치를 기준으로 결합원가를 배부하고, 제품별 매출총이익을 계산하시오.

| 해답 |

1. 결합원가의 배부

제품	생산량	판매가치	배부비율	결합원가배부액	단위당 원가
A	1,000리터	₩100,000	2/11	₩60,000	₩60
B	2,000	300,000	6/11	180,000	90
C	3,000	150,000	3/11	90,000	30
계	6,000리터	₩550,000	11/11	₩330,000	

상대적 판매가치법으로 결합원가를 배부하면 제품별 단위당 원가의 상대적 비율과 판매가격의 상대적 비율이 동일하다. 이는 판매가치가 클수록 그에 상응하는 원가를 배부받았기 때문이다.

	결합원가배부액		판매가치	
제품	단위당	비율	단위당	비율
A	₩60	2	₩100	2
B	90	3	150	3
C	30	1	50	1

2. 제품별 매출총이익

	A제품	B제품	C제품	합계
매출액	₩100,000	₩300,000	₩150,000	₩550,000
매출원가	60,000	180,000	90,000	330,000
매출총이익	₩40,000	₩120,000	₩60,000	₩220,000
매출총이익률	40%	40%	40%	40%

결합제품의 매출총이익률이 전체매출총이익률과 동일하게 나타났다. 이는 각 제품의 원가부담능력에 비례하여 결합원가를 배부했기 때문이다.

2) 순실현가능가치법

순실현가능가치법(net realizable value method)은 분리점에서 개별제품의 판매가치가 형성되어 있지 않은 경우에 개별제품의 순실현가능가치를 판매가치의 대용치(proxy)로 하여 순실현가능가치의 상대적 비율에 의해 결합원가를 배부하는 방법이다. 결합제품의 순실현가능가치는 최종판매가치에서 추가가공에 따른 개별원가와 예상판매비용을 차감하여 계산된다. 순실현가능가치법은 상대적 판매가치법의 변형된 형태라고 볼 수 있다.

순실현가능가치 = 개별제품의 최종판매가치 − (개별원가 + 예상판매비용)

예제 9-3

건국화학은 제1공정에 원재료 10,000kg을 투입하여 X제품 6,000kg과 Y제품 4,000kg을 생산하였다. X제품은 분리점에서 단위당 ₩25에 판매되나 Y제품은 분리점에서의 판매가 불가능하므로 제2공정에서 추가가공을 거친 후 Z제품으로 전환되어 단위당 ₩40에 판매되었다. 당월에 생산된 제품은 모두 판매되었으며, 원가자료는 다음과 같다.

구분	제1공정	제2공정
직접재료원가	₩90,000	−
직접노무원가	28,000	₩18,000
제조간접원가	67,000	42,000
합계	₩185,000	₩60,000

| 물음 |

순실현가능가치를 기준으로 결합원가를 배부하고, 제품별 매출총이익을 계산하시오.

| 해답 |

1. 공정흐름도

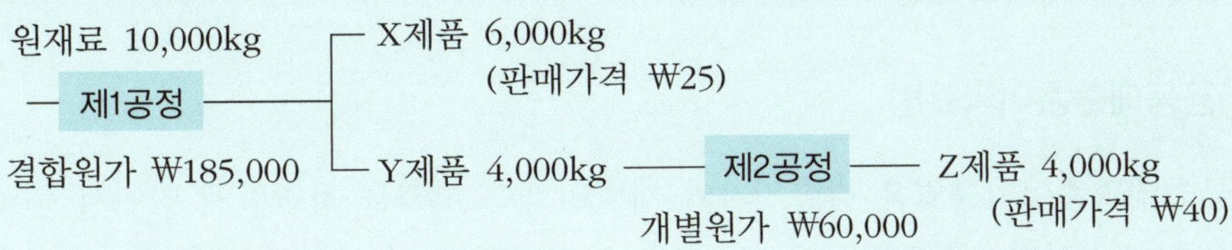

2. 결합원가의 배부

제품	생산량	순실현가능가치 최종판매가치	개별원가	NRV	배부비율	결합원가배부액
X	6,000kg	₩150,000	–	₩150,000	60%	₩111,000
Z	4,000	160,000	₩60,000	100,000*	40	74,000
계	10,000kg	₩310,000	₩60,000	₩250,000	100%	₩185,000

* ₩160,000 − 60,000 = ₩100,000

3. 제품별 매출총이익

〈각 제품의 총제조원가(매출원가)〉

제품	결합원가배부액	개별원가	총제조원가	단위당 원가
X	₩111,000	–	₩111,000	₩18.5
Z	74,000	₩60,000	134,000	₩33.5
계	₩185,000	₩60,000	₩245,000	

〈손익계산서〉

	X제품	Z제품	합계
매출액	₩150,000	₩160,000	₩310,000
매출원가	111,000	134,000	245,000
매출총이익	₩39,000	₩26,000	₩65,000
매출총이익률	26%	16.25%	20.97%

[예제 9-3]의 손익계산서에서 알 수 있듯이 순실현가능가치법에서는 상대적 판매가치법과 달리 개별제품의 매출총이익률이 동일하지 않게 된다. 이는 분리점에서의 순실현가능가치, 즉 최종판매가치에서 개별원가를 차감한 금액에 비례하여 결합원가를 배부함으로써 분리점 이후의 개별원가는 단지 회수대상일 뿐이고 분리점 이전의 결합원가만이 이익창출에 기여하는 것으로 간주하기 때문이다.

3) 균등매출총이익률법

균등매출총이익률법은 결합원가와 개별원가가 이익을 창출함에 있어서 동일한 공헌을 한다고 가정하고, 제품별 매출총이익률이 동일하게 되도록 결합원가를 배부하는 방법이다. 균등이익률에 의한 배부절차는 다음과 같다.

■ 1단계: 개별제품의 최종판매가치 총액에서 결합원가와 개별원가의 합계를 차감하여 결합제품 전체의 매출총이익을 계산한다.

■ 2단계: 전체매출총이익을 최종판매가치 총액으로 나누어 평균매출총이익률을 계산한다.

■ 3단계: 제품별로 최종판매가치에 평균매출총이익률을 곱하여 매출총이익을 계산한다.

■ 4단계: 개별제품의 최종판매가치에서 매출총이익과 개별원가를 차감하여 결합원가 배부액을 계산한다.

예제 9-4

단국화학은 하나의 공정에서 결합제품 A, B와 C를 생산하고 있다. A제품은 분리점에서 즉시 판매할 수 있으나, B제품과 C제품은 추가가공 후에 판매된다. 당기의 생산 및 원가자료는 다음과 같다.

제품	생산량	개별원가	단위당 판매가격
A	6,000단위	−	₩3
B	2,500	₩7,200	15
C	1,500	6,000	24

당기 중 ₩60,000의 결합원가가 발생하였고, 기초 및 기말재고자산은 없었다.

| 물음 |

균등매출총이익률법에 의하여 결합원가를 배부하고, 제품별 매출총이익을 계산하시오.

| 해답 |

1. 결합제품 전체의 매출총이익

최종판매가치		₩91,500①
총원가(비용)		
결합원가	₩60,000	
개별원가	13,200②	73,200
전체매출총이익		₩18,300

① 6,000단위 × ₩3 + 2,500단위 × ₩15 + 1,500단위 × ₩24 = ₩91,500

② ₩7,200 + 6,000 = ₩13,200

2. 평균매출총이익률

$$평균매출총이익률 = \frac{전체매출총이익}{최종판매가치} = \frac{₩18,300}{91,500}$$

$$= 0.2(20\%)$$

3. 제품별 매출총이익

제품	판매가치	매출총이익*
A	₩18,000	₩3,600
B	37,500	7,500
C	36,000	7,200
계	₩91,500	₩18,300

* 판매가치×20%

4. 결합원가의 배부

제품	㉠ 판매가치	㉡ 매출총이익	㉢ 개별원가	㉣=㉠-[㉡+㉢] 결합원가배부액
A	₩18,000	₩3,600	–	₩14,400
B	37,500	7,500	₩7,200	22,800
C	36,000	7,200	6,000	22,800
계	₩91,500	₩18,300	₩13,200	₩60,000

5. 제품별 매출총이익

	A제품	B제품	C제품	합계
매출액	₩18,000	₩37,500	₩36,000	₩91,500
매출원가				
결합원가	14,400	22,800	22,800	60,000
개별원가	–	7,200	6,000	13,200
매출총이익	₩3,600	₩7,500	₩7,200	₩18,300
매출총이익률	20%	20%	20%	20%

균등매출총이익률법으로 결합원가를 배부한 결과 제품별 매출총이익률이 평균매출총이익률인 20%로 균등하게 되었다.

3. 분리점이 2개인 경우

결합제품이 판매가능한 상태가 되기 전에 2개 이상의 결합공정을 거치는 경우가 있다. [도표 9-2]는 소를 가공하여 1차 분리점에서 등심·안심·갈비를 생산하고, 여기에서 생산된 등심을 추가가공하여 2차 분리점에서 스테이크용 등심과 햄버거용 등심을 생산하는 경우의 공정흐름을 나타낸 것이다. 이 경우 1차 분리점 이후 발생한 개별원가는 후속 분리점에서 보면 결합원가가 된다. 즉, [도표 9-2]에서 등심을 스테이크용 등심과 햄버거용 등심으로 가공하는데 투입한 원가는 1차 분리점에서 보면 개별원가이지만 2차 분리점에서 보면 결합원가이다. 따라서, 1차 분리점 이전에 발생한 결합원가 중 등심에 배부된 원가는 등심을 추가가공하는데 투입된 개별원가와 합하여 다시 2차 분리점 결합제품인 스테이크용 등심과 햄버거용 등심에 배부해야 한다.

도표 9-2 | 정육업의 공정흐름: 2개의 분리점

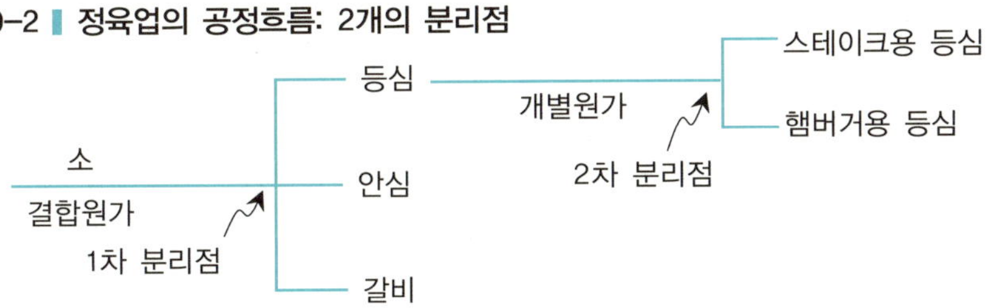

분리점이 2개 이상인 경우 물량기준법에 의한 결합원가배부는 간단하다. 결합제품의 공통된 물량단위를 기준으로 1차 분리점에서부터 순차적으로 결합원가를 배부해 나가면 되기 때문이다. 순실현가능가치법을 사용하면 결합원가 배부과정이 조금 복잡해지는데, 다음과 같은 절차에 따라 배부한다.

- 1단계: 공정흐름도를 도표로 나타내고, 이 도표에 제품의 물리적 흐름, 결합원가, 개별원가, 최종판매가치 등을 표시한다.
- 2단계: 2차 분리점에서의 제품별 순실현가능가치를 계산하여 결합원가 배부비율을 산출한다.
- 3단계: 1차 분리점에서의 순실현가능가치에 의한 배부비율을 계산한다. 이때 1차 분리점에서 판매가치가 형성되어 있지 않아 추가가공한 제품의 판매가치는 2차 분리

점 순실현가능가치의 합계가 된다. 예를 들어, 1차 분리점에서 A제품의 판매가치가 형성되어 있지 않아 B제품과 C제품으로 추가가공하였다면, 2차 분리점에서 B제품과 C제품의 순실현가능가치 합계를 A제품의 판매가치로 보고 A제품의 순실현가능가치를 계산한다는 것이다.

■ 4단계: [2단계]와 [3단계]에서 구한 순실현가능가치 비율에 의하여 1차 분리점에서 2차 분리점으로 결합원가를 배부한다.

예제 9-5

동국화학은 동일한 원재료를 투입하여 여러 가지 제품을 생산하고 있다. 당월중 원재료 10,000kg이 제1공정에 투입되어 A제품 8,000kg과 B제품 2,000kg이 생산되었다. B제품 2,000kg는 또 다른 원재료 4,000kg과 함께 제2공정에 투입되어 C제품 2,000kg와 D제품 4,000kg가 생산되었다. D제품은 제3공정에서 추가가공되어 완제품으로 전환된다. 당월중 각 공정별 발생원가는 다음과 같다.

구분	제1공정	제2공정	제3공정
직접재료원가	₩110,000	₩20,000	–
직접노무원가	40,000	15,000	₩10,000
제조간접원가	40,000	5,000	10,000
합계	₩190,000	₩40,000	₩20,000

최종제품인 A, C, D의 단위당 판매가격은 각각 ₩22.5, ₩50, ₩20이다.

| 물음 |

1. 공정흐름도를 나타내 보시오.
2. 순실현가능가치를 기준으로 결합원가를 배부하고 완제품 단위당 원가를 계산하시오.

| 해답 |

1. 공정흐름도

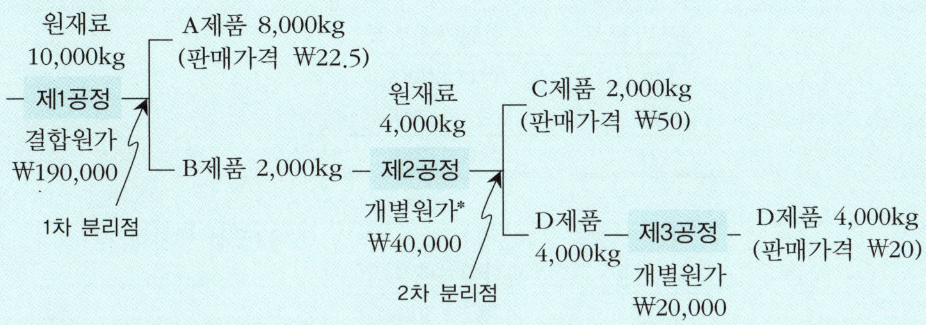

* 제2공정의 개별원가는 C제품과 D제품의 관점에서는 결합원가이다.

2. 결합원가의 배부와 완제품 단위당 원가

(1) 결합원가 배부비율

가. 2차 분리점

제품	판매가치	제3공정 개별원가	NRV	배부비율
C	₩100,000	–	₩100,000	0.625
D	80,000	₩20,000	60,000	0.375
계	₩180,000	₩20,000	₩160,000	1.000

나. 1차 분리점

제품	판매가치	제2공정 개별원가	NRV	배부비율
A	₩180,000	–	₩180,000	0.6
B	160,000*	₩40,000	120,000	0.4
계	₩340,000	₩40,000	₩300,000	1.0

* B제품은 1차 분리점에서 판매가치가 형성되어 있지 않으므로 2차 분리점에서 C제품과 D제품의 순실현가능가치의 합을 B제품의 판매가치로 간주한다.

(2) 결합원가의 배부

가. 1차 분리점

제품	배부비율	결합원가배부액
A	0.6	₩114,000
B	0.4	76,000
계	1.0	₩190,000

나. 2차 분리점

+ 제2공정 개별원가 ₩40,000

제품	배부비율	결합원가배부액
C	0.625	₩72,500
D	0.375	43,500
계	1.000	₩116,000*

* 2차 분리점에서 C제품과 D제품에 배부하여야 할 결합원가는 1차 분리점에서 B제품에 배부된 결합원가와 제2공정에서 발생한 개별원가의 합이다.

(3) 완제품 단위당 원가

완제품	총제조원가	생산량	단위당 원가
A	₩114,000	8,000kg	₩14.25
C	72,500	2,000	36.25
D	63,500①	4,000	15.875
계	₩250,000②	14,000kg	

① D제품의 총제조원가(₩63,500)는 2차 분리점에서의 결합원가배부액(₩43,500)과 제3공정 개별원가(₩20,000)의 합이다.

② 기초 및 기말재공품이 없으므로 총제조원가는 모든 공정에서 발생한 원가의 합계와 일치한다.

	총발생원가
제1공정	₩190,000
제2공정	40,000
제3공정	20,000
계	₩250,000

4. 결합원가배부의 한계

결합원가 배부방법에 따라 개별제품에 배부되는 결합원가가 상이하므로, 개별제품의 경제적 가치를 올바르게 반영할 수 있는 배부방법을 선택하는 것이 무엇보다 중요하다. 앞서 설명한 결합원가 배부방법은 서로 다른 가정과 상황하에서 적용될 수 있는 것이기 때문에 어느 것 하나를 지정하여 이것이 가장 적절한 방법이라고 말하기가 어렵다.

결합원가배부는 인과관계가 아닌 임의적인 배부기준(수혜기준이나 부담능력기준)에 따라 이루어지는 것이므로, 결합원가배부액을 기준으로 의사결정을 하면 그릇된 결과를 가져올 수 있다. 예를 들어, [예제 9-1]의 C제품은 물량기준법에 의할 경우 손실을 보고하였으나, 상대적 판매가치법에 의할 경우에는 이익을 보고하였다. 만일, 물량기준법의 결과만을 가지고 C제품 생산을 중단하는 의사결정을 한다면, 회사전체 매출액은 A제품과 B제품 매출액의 합계인 ₩400,000(=₩100,000+300,000)이나 매출원가는 결합원가 총액인 ₩330,000이 되어 회사전체 이익은 ₩70,000이 된다.[2] 따라서, C제품을 생산하는 경우보다 오히려 이익이 ₩150,000만큼 감소하는 결과를 초래한다.

제3절 부산품의 회계처리

부산품은 결합공정에서 주산품과 함께 생산되는 제품으로 주산품에 비하여 판매가치나 수량 면에서 중요성이 작은 제품을 말한다. 부산품 회계처리는 부산품 인식시점과 처분수익의 처리방법에 따라 구분된다.[3] 즉, 부산품을 생산시점에 인식할 것인가(생산기준법) 아니면 판매시점에 인식할 것인가(판매기준법)와 처분수익을 결합원가에서 차감할 것인가(원가차감법) 아니면 잡이익으로 처리할 것인가(수익계상법)에 따라 다음과 같은 4가지 방법이 가능하다.

도표 9-3 | 부산품의 회계처리

구분	생산기준법	판매기준법
원가차감법	제1법	제2법
수익계상법	제3법	제4법

2) 결합제품의 일부를 생산하지 않더라도 생산공정의 일부가 수정되지 않는 한 결합원가는 감소하지 않는다.
3) 여기서 '인식(recognition)'이란 장부에 기록하는 것을 의미한다.

제2법인 판매기준법하의 원가차감법은 부산품이 생산되었을 때는 아무런 회계처리를 하지 않고 있다가, 판매시점에 부산품 처분수익을 제조원가에서 차감하는 방법이다. 이 방법은 부산물을 판매할 때마다 제조원가를 수정해야 하므로 실제 적용하기가 곤란하다. 제3법은 생산기준법하의 수익계상법이다. 이는 부산품이 생산된 시점에서 미래의 처분수익을 추정하여 잡이익으로 계상하는 것으로 실현되지 않은 수익을 인식하기 때문에 일반적인 수익인식기준에 어긋난다. 따라서, 제3법도 실제로 적용하기 어렵다. 결국, [도표 9-3]에서 부산품 회계처리방법은 4가지가 가능하나, 실제 적용이 곤란한 제2법과 제3법을 제외하면 제1법과 제4법 두 가지로 설명될 수 있다.

1. 제1법: 생산기준법하의 원가차감법

생산기준법하의 원가차감법은 부산품이 생산된 시점에 부산품의 처분수익을 결합원가에서 차감하여 부산품재고로 인식하는 방법이다. 이때 부산품의 처분수익은 순실현가능가치로 추정한다. 이 방법에 의한 회계처리를 살펴보면 [도표 9-4]와 같다.

도표 9-4 | 생산기준법하의 원가차감법 회계처리

차변		대변	
가. 부산품 생산시점			
부산품(저장품)	×××①	재공품	×××
나. 부산품에 대한 추가가공			
부산품(저장품)	×××	제원가	×××
다. 부산품 판매시점			
현금	×××②	부산품(저장품) 잡이익	××× ×××

① 순실현가능가치=판매가치−추가가공원가

② 판매가치=순실현가능가치+추가가공원가. 부산품 생산시점에서 순실현가능가치를 계산하기 위하여 추정한 판매가치대로 실제 처분되었다면, 부산품 판매시점에서는 추가적인 손익(잡이익이나 잡손실)이 인식되지 않는다.

부산품 생산시점에는 부산품의 순실현가능가치를 추정하여 부산품(또는 저장품)이라는 재고자산으로 계상하고 그만큼 재공품계정 대변에 기록한다.[4] 만일 부산품을 판매하기 위하여 추가가공을 하였다면 추가가공원가를 부산품원가에 가산한다. 부산품이 판매된 때에는 판매가치와 장부금액의 차이를 잡이익이나 잡손실로 처리한다.

예제 9-6

대한화학은 동일한 원재료를 사용하여 주산품 X, Y와 부산품 B를 생산하고 있다. 당월중 생산 및 판매활동에 관한 자료는 다음과 같다.

제품	생산량	개별원가	단위당 판매가격
X	40,000개	₩30,000	₩4.0
Y	20,000	32,000	5.1
B	5,000	2,000	4.4

당월중 결합원가는 ₩80,000이었으며 순실현가능가치를 기준으로 배부한다. 기초 및 기말 재고자산은 없다.

| 물음 |

부산품 B를 생산기준법하의 원가차감법으로 처리한다고 가정하고 각 제품의 단위당 원가를 계산하시오.

| 해답 |

생산기준법하의 원가차감법에서는 먼저 부산품의 순실현가능가치를 계산하여야 한다.

1. 부산품 B의 순실현가능가치(NRV)

   5,000개×₩4.4−2,000=₩20,000

2. 배부대상 결합원가

결합원가	₩80,000
부산품 B의 NRV	20,000
배부대상 결합원가	₩60,000

4) 부산품의 순실현가능가치를 재공품계정 대변에 기록하면 그만큼 완성품에 배부되는 원가는 감소하게 된다.

3. 결합원가의 배부

제품	판매가치	개별원가	NRV	배부 비율	결합원가 배부액
X	₩160,000①	₩30,000	₩130,000	0.65	₩39,000
Y	102,000②	32,000	70,000	0.35	21,000
계	₩262,000	₩62,000	₩200,000	1.00	₩60,000
B	₩22,000	₩2,000	₩20,000		20,000③
					₩80,000

① 40,000개 × ₩4.0 = ₩160,000

② 20,000개 × ₩5.1 = ₩102,000

③ 부산품 B에는 순실현가능가치 ₩20,000만큼 결합원가가 배부된다.

4. 각 제품의 단위당 원가

제품	결합원가 배부액	개별원가	총제조원가	생산량	단위당 원가
X	₩39,000	₩30,000	₩69,000	40,000개	₩1.725
Y	21,000	32,000	53,000	20,000	2.65
B	20,000	2,000	22,000	5,000	4.40
계	₩80,000	₩64,000	₩144,000	65,000개	

2. 제4법: 판매기준법하의 수익계상법

판매기준법하의 수익계상법은 부산품이 판매된 시점에서 처분수익을 모두 잡이익으로 처리하는 방법이다. 따라서, 부산품이 생산된 시점에서는 부산품에 어떠한 원가도 배부하지 않으나,[5] 만일 부산품을 추가가공하는 경우에는 그 추가가공원가를 부산품재고로 인식한다. 이 방법에 의한 회계처리를 살펴보면 [도표 9-5]와 같다.

[도표 9-5]에서 보듯이 부산품 생산시점에는 아무런 회계처리도 하지 않는다. 만일 부산품을 판매하기 위하여 추가가공을 하였다면, 추가가공원가를 부산품원가로 계상하고, 부산품이 판매된 때에는 판매가치와 장부금액의 차이를 잡이익이나 잡손실로 처리한다.

5) 부산품이 생산된 시점에 부산품을 재고자산으로 인식하지 않으므로 부산품이 부외자산(asset out of books) 형태로 존재하게 된다.

도표 9-5 | 판매기준법하의 수익계상법 회계처리

차변		대변	
가. 부산품 생산시점			
분개 없음			
나. 부산품에 대한 추가가공			
부산품(저장품)	×××	제원가	×××
다. 부산품 판매시점			
현금	×××	부산품(저장품)	×××
		잡이익	×××

예제 9-7

[예제 9-6]에 주어진 자료를 이용한다. 부산품 B를 판매기준법하의 수익계상법으로 처리한다고 가정하고 각 제품의 단위당 원가를 계산하시오.

| 해답 |

1. 결합원가의 배부

제품	NRV	배부비율	결합원가배부액
X	₩130,000	0.65	₩52,000
Y	70,000	0.35	28,000
계	₩200,000	1.00	₩80,000

2. 각 제품의 단위당 원가

제품	결합원가배부액	개별원가	총제조원가	생산량	단위당 원가
X	₩52,000	₩30,000	₩82,000	40,000개	₩2.05
Y	28,000	32,000	60,000	20,000	3.00
B	0	2,000	2,000	5,000	0.40
계	₩80,000	₩64,000	₩144,000	65,000개	

예제 9-8

[예제 9-6]에 주어진 자료를 이용한다. 부산품 B가 주산품으로 분류되는 경우에 각 제품의 단위당 원가를 계산하시오.

| 해답 |

1. 결합원가의 배부

제품	순실현가능가치	배부비율	결합원가배부액
X	₩130,000	13/22	₩47,273
Y	70,000	7/22	25,455
B	20,000	2/22	7,272
계	₩220,000	22/22	₩80,000

2. 각 제품의 단위당 원가

제품	결합원가배부액	개별원가	총제조원가	생산량	단위당 원가
X	₩47,273	₩30,000	₩77,273	40,000개	₩1.9318
Y	25,455	32,000	57,455	20,000	2.8728
B	7,272	2,000	9,272	5,000	1.8544
계	₩80,000	₩64,000	₩144,000	65,000개	

부산품 회계처리방법의 선택은 전적으로 회계담당자의 판단에 달려 있다. 만일 부산품의 처분수익이 작거나 중요하지 않으며 판매가능성이 불확실하다면, 부산품을 판매기준법하의 수익계상법으로 처리하는 것이 바람직하다.[6] 반면에, 부산품의 처분수익이 크고 중요하며 판매가능성도 매우 높다면, 부산품을 재고자산의 하나로 기록하는 것이 바람직하므로 생산기준법하의 원가차감법이 타당할 것이다.[7]

6) 부산품보다도 판매가치가 작거나 판매가치가 거의 없는 것은 작업폐물로 간주된다. 판매가치의 크기순으로 보면, 작업폐물<부산품<주산품이다.

7) 부산품의 회계처리와 관련하여 한국채택국제회계기준(K-IFRS)과 일반기업회계기준은 다음과 같이 규정한다.

① K-IFRS 기업회계기준서 제1002호 문단14: 대부분의 부산물은 본래 중요하지 않은데, 이 경우 부산물은 흔히 순실현가능가치로 측정하며 주산물의 원가에서 차감된다. 따라서 주산물의 장부금액은 원가와 중요한 차이가 없다.

② 일반기업회계기준 문단7.9: 중요하지 않은 부산물은 순실현가능가치를 측정하여 동 금액을 주요 제품의 제조원가에서 차감하여 처리할 수 있다.

연습 문제

| 객관식 문제 |

01. 결합원가배부와 관련된 설명으로 옳지 않은 것은?
① 결합원가를 배부하기 위해서는 인위적 배부기준을 설정하여야 한다.
② 순실현가능가치법에 근거한 결합원가배부는 타 제품의 판매가치에 영향을 받지 않는다는 장점이 있다.
③ 물량과 판매가격 사이에 합리적인 관계가 있다면 물량기준법으로 배부할 수 있다.
④ 분리점에서의 판매가치가 없는 경우에는 상대적 판매가치법을 적용할 수 없다.
⑤ 추가가공원가는 개별제품과 관련하여 발생하므로 원가배부를 할 필요가 없다.

02. 다음 중 부산물에 대한 설명으로 옳은 것은?
① 작업폐물로 처리될 원재료로부터 생산된 제품
② 주산품보다 더 높은 판매가치를 가지는 제품
③ 주산품의 생산 시에 함께 생산되나 판매가치가 원가에 미치지 못하는 제품
④ 주산품의 수익에 비해 적은 수익을 창출하는 제품

03. 청람출판은 제1공정에서 주산품 A, B와 부산품 Z를 생산하고 있다. 제1공정은 결합공정이며 직접재료원가는 ₩700,000, 전환원가는 ₩1,500,000이 발생되었다. 제품 A는 제1공정을 거친 후에 곧바로 판매가능하며, 제품 B는 추가로 제2공정을 거친다면 제품 C로 가공되어 판매될 수 있다. 제2공정의 추가가공원가는 ₩1,000,000이다. 제품 A의 판매가치는 ₩1,000,000, 제품 C의 판매가치는 ₩2,500,000이며 제품 Z의 판매가치가 ₩200,000일 경우 순실현가능가치법에 의한 제품 C의 총원가는 얼마인가? 단, 부산품에 대해서는 생산기준법하의 원가차감법으로 회계처리한다.

① ₩1,600,000 ② ₩1,800,000 ③ ₩2,000,000 ④ ₩2,200,000

[04~05] 고려화학은 동일한 원재료를 투입하여 여러 가지 제품을 생산하고 있다. 당월중 원재료 11,000kg이 제1공정에 투입되어 A제품 6,600kg과 C제품 4,400kg이 생산되었다. A제품은 제2공정에 투입되어 Alpha제품 4,620kg과 부산품 Beta 1,980kg이 생산되고 Alpha제품은 제4공정에 추가 투입되어 최종완성된다. C제품은 제3공정에 투입되어 Gamma제품 4,000kg이 생산

되었다. 공정별 원가자료 및 제품별 1kg당 판매가격은 다음과 같다. 단, 부산품을 판매하기 위해서는 총 ₩8,100의 판매비가 예상된다.

구분	제1공정	제2공정	제3공정	제4공정
제조원가	₩120,000	₩38,000	₩165,000	₩23,660

구분	Alpha제품	부산품 Beta	Gamma제품
단위당 판매가격	₩50	₩12	₩120

Alpha제품과 Gamma제품은 주산품이며, Beta제품은 부산품이다. 부산품에는 결합원가를 배부하지 않는다.

04. 순실현가능가치법으로 결합원가를 배부할 때, Alpha제품에 배부될 결합원가는 얼마인가? 단, 부산품 Beta의 순실현가능가치는 Alpha제품의 판매가치에 추가되어야 한다.

① ₩44,400 ② ₩45,605 ③ ₩41,956 ④ ₩40,511

05. 물량기준법으로 결합원가를 배부할 때, Gamma제품의 kg당 제조원가는 얼마인가?

① ₩48.41 ② ₩53.25 ③ ₩12 ④ ₩41.25

06. (주)오성의 공정 A에서 반제품을 생산하고 있으며, 이후 공정 B와 C로 분리되어 추가가공된다. 공정 B를 거치면 표준제품이 생산되고, 공정 C를 거치면 고급제품이 생산된다. 20×1년중 공정 A의 결합원가는 ₩1,200,000이었다. 공정 B의 추가가공원가는 ₩40,000이고, 공정 C의 추가가공원가는 ₩160,000이었다. 20×1년중 표준제품은 800개가 생산되어 개당 ₩950에 판매되었고, 고급제품은 1,200개가 생산되어 개당 ₩1,200에 판매되었다면 순실현가능가치법에 의한 고급제품의 제조원가는 얼마인가? 단, A와 B, C공정 모두 재공품은 없다.

① ₩432,000 ② ₩778,000 ③ ₩928,000 ④ ₩945,000

07. 다음 자료를 이용하여 순실현가능가치법에 의하여 결합원가를 배부하는 경우 연산품 C에 배부되는 결합원가가 ₩3,850,000으로 계산되었다면, 결합원가총액은 얼마인가?

결합제품	수량	단위당 판매가치	추가가공원가 총액
A	23단위	₩200,000	₩190,000
B	70	60,000	420,000
C	50	113,000	1,240,000

① ₩8,000,000 ② ₩9,000,000 ③ ₩10,000,000 ④ ₩11,000,000

08. 청람회사는 동일한 원재료를 투입하여 결합제품 A와 B를 생산한다. 7월중 A와 B의 생산공정에서 발생한 직접재료원가는 ₩140,000, 전환원가는 ₩180,000이었다. 분리점에서 A의 판매가치는 ₩280,000인 반면, B는 추가가공을 거쳐 C제품으로 전환되어 ₩500,000에 판매된다. 이와 관련하여 추가가공원가 ₩80,000이 발행하였다. 최종판매시점에서 A제품과 B제품의 매출총이익률은 각각 얼마인가?

	제품 A	제품 B		제품 A	제품 B
①	25.71%	61.60%	②	45.71%	61.60%
③	45.71%	38.40%	④	54.29%	45.60%

09. 동일한 원재료를 결합공정에 투입하여 주산품 X, Y와 부산품 B를 생산한다. 결합원가는 순실현가능가치를 기준으로 제품에 배부한다. 당기에 결합공정에 투입된 총원가는 ₩150,000이고, 주산품 X, Y 및 부산품 B의 분리점에서 순실현가능가치의 상대적 비율은 6:3:1이었다. 주산품 X에 배부된 결합원가가 ₩80,000이었다면, 부산품 B의 순실현가능가치는 얼마인가? 단, 부산품은 생산된 시점에서 순실현가능가치로 평가하여 재고자산으로 계상한다.

① ₩15,000 ② ₩30,000 ③ ₩35,000 ④ ₩43,333

| 객관식 문제 해답 및 해설 |

01. ②

순실현가능가치법은 상대적 판매가치법의 변형된 형태로 볼 수 있으며, 상대적으로 판매가치가 높을수록 결합원가를 더 많이 배부하므로 타 제품의 판매가치에 영향을 받는다.

02. ④

부산물은 주산품의 수익에 비해 적은 수익을 창출하는 제품을 말한다.

03. ④

결합제품	순실현가능가치	배부비율	결합원가배부액	개별원가	총원가
A	₩1,000,000	0.4	₩ 800,000	–	₩800,000
C	1,500,000	0.6	1,200,000	₩1,000,000	2,200,000
계	₩2,500,000	1.0	₩2,000,000	₩1,000,000	₩3,000,000
Z	200,000		200,000		

04. ①

결합제품	순실현가능가치	배부비율	결합원가배부액
Alpha	₩185,000	0.37	₩44,400
Gamma	315,000	0.63	75,600
계	₩500,000	1.00	₩120,000

Alpha제품의 순실현가능가치: (4,620 × ₩50 − 23,660) + (1,980 × ₩12 − 8,100) − ₩38,000 = ₩185,000
Gamma제품의 순실현가능가치: 4,000 × ₩120 − ₩165,000 = ₩315,000

05. ②

(120,000 × 4,400/11,000 + 165,000)/4,000kg = ₩53.25

06. ③

결합제품	순실현가능가치	배부비율	결합원가배부액
표준제품(B)	₩720,000①	0.36	₩432,000
고급제품(C)	1,280,000②	0.64	768,000
계	₩2,000,000	1.00	₩1,200,000

① 800 × ₩950 − ₩40,000 = ₩720,000
② 1,200 × ₩1,200 − ₩160,000 = ₩1,280,000

고급제품 제조원가 = 결합원가배부액 + 공정 C의 추가가공원가
= ₩768,000 + 160,000
= ₩928,000

07. ④

결합제품	판매가치	추가가공원가	순실현가능가치	배부비율
A	₩4,600,000	₩190,000	₩4,410,000	0.35
B	4,200,000	420,000	3,780,000	0.30
C	5,650,000	1,240,000	4,410,000	0.35
계	₩14,450,000	₩1,850,000	₩12,600,000	1.00

결합제품 C에 배부되는 결합원가 ₩3,850,000 = 결합원가총액 × 0.35
결합원가총액 = ₩3,850,000/0.35 = ₩110,000,000

08. ④

결합제품	순실현가능가치	배부비율	결합원가배부액	추가가공원가	제조원가
A	₩280,000	0.4	₩128,000	–	₩128,000
B(C)	420,000	0.6	192,000	₩80,000	272,000
계	₩700,000	1.0	₩320,000	₩80,000	₩400,000

* B의 순실현가능가치: ₩500,000 − 80,000 = ₩420,000

	결합제품 A	결합제품 B
매출액	₩280,000	₩500,000
매출원가	128,000	272,000
매출총이익	₩152,000	₩228,000
매출총이익률	54.29%	45.60%

09. ②

생산기준법하의 원가차감법에서 결합원가 ₩150,000은 우선 부산품의 순실현가능가치 Ⓑ만큼 부산품에 먼저 배부하고 나머지 금액 Ⓐ를 주산품 X와 Y에 배부한다. 따라서 결합원가 ₩150,000과 주산품에 배부할 금액 Ⓐ의 차이가 부산품의 순실현가능가치 Ⓑ이다.

결합제품	순실현가능가치의 상대적 비율	배부비율	결합원가배부액
X	6	6/9	₩80,000
Y	3	3/9	?
계	9	1	Ⓐ
부산품 B	1		Ⓑ
			₩150,000

주산품에 배부된 결합원가 Ⓐ = ₩80,000 × 9/6 = ₩120,000
부산품 B의 순실현가능가치 Ⓑ = ₩150,000 − Ⓐ
= ₩150,000 − 120,000 = ₩30,000

| 주관식 문제 |

01. 결합원가 배부방법

고려화학의 당기중 생산활동에 관한 자료는 다음과 같다. 분리점까지 발생한 결합원가는 ₩360,000이다.

결합제품	생산량	kg당 판매가격	kg당 판매비
X	1,000kg	₩300	₩50
Y	500	600	300

| 물음 |

다음 각 방법에 의하여 결합원가를 배부할 때 결합제품의 kg당 원가는 얼마인가?

1. 물량기준법
2. 상대적 판매가치법
3. 순실현가능가치법
4. 균등매출총이익률법

| 풀이 |

공정흐름도

결합원가 ₩360,000
- X제품 1,000kg(판매가격 ₩300)
- Y제품 500kg(판매가격 ₩600)

1. 물량기준법

결합제품	생산량	배부비율	결합원가배부액	단위당 원가
X	1,000kg	2/3	₩240,000	₩240
Y	500	1/3	120,000	240
계	1,500kg	3/3	₩360,000	

2. 상대적 판매가치법

결합제품	판매가치	배부비율	결합원가배부액	단위당 원가
X	₩300,000	0.5	₩180,000	₩180
Y	300,000	0.5	180,000	360
계	₩600,000	1.0	₩360,000	

3. 순실현가능가치법

결합제품	순실현가능가치			배부	결합원가	단위당
	판매가치	판매비	NRV	비율	배부액	원가
X	₩300,000	₩50,000	₩250,000	0.625	₩225,000	₩225
Y	300,000	150,000	150,000	0.375	135,000	270
계	₩600,000	₩200,000	₩400,000	1.00	₩360,000	

4. 균등매출총이익률법

가. 결합제품 전체의 매출총이익

최종판매가치		₩600,000
총원가(비용)		
결합원가	₩360,000	
개별원가	–	360,000
전체매출총이익		₩240,000

나. 평균매출총이익률

$$\frac{\text{전체매출총이익}}{\text{최종판매가치}} = \frac{₩240,000}{600,000} = ₩0.4(40\%)$$

다. 결합원가배부 및 단위당 원가

결합제품	[㉠] 판매가치	[㉡=㉠×40%] 매출총이익	[㉢=㉠−㉡] 결합원가배부액	단위당 원가
X	₩300,000	₩120,000	₩180,000	₩180
Y	300,000	120,000	180,000	360
계	₩600,000	₩240,000	₩360,000	

개별원가가 없으므로 결합원가배부액 및 단위당 원가가 상대적 판매가치법의 결과와 동일하게 나타났다.

02. 순실현가능가치법

동양화학은 한 가지 원재료를 투입하여 세 가지 제품 X, Y, Z를 생산하고 있다. 제품 X와 Y는 분리점에서 즉시 판매되나, Z제품은 추가가공을 거쳐서 판매된다. 분리점에서 Z제품의 시장가격은 존재하지 않는다. 당월의 제품별 생산량과 판매가격은 다음과 같다.

결합제품	생산량	기말재고량	톤당 판매가격
X	300톤	180톤	₩1,500
Y	400	60	1,000
Z	500	25	700

결합원가는 ₩400,000이고, Z제품의 추가가공원가는 ₩200,000이며, 각 결합제품의 기초재고는 없었다.

| 물음 |

순실현가능가치법으로 결합원가를 배부할 때, (1) 재무상태표에 계상될 기말재고액과 (2) 손익계산서에 계상될 매출원가를 구하시오.

| 풀이 |

1. 공정흐름도

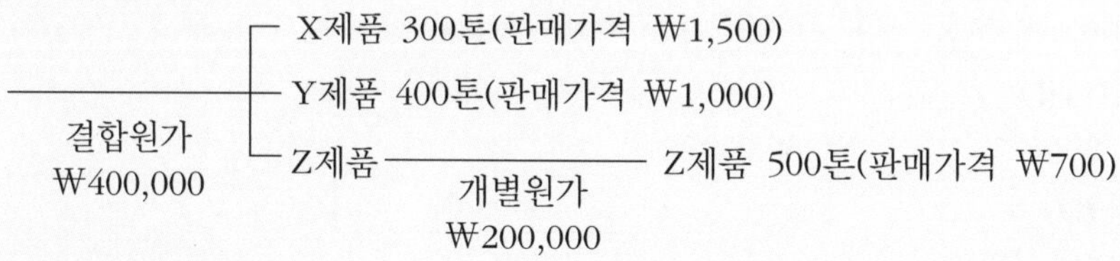

2. 완제품 단위당 원가

결합제품	순실현가능가치(NRV) 판매가치	개별원가	NRV	배부비율	결합원가 배부액	총제조원가	톤당 원가
X	₩450,000	–	₩450,000	0.45	₩180,000	₩180,000	₩600②
Y	400,000	–	400,000	0.4	160,000	160,000	400
Z	350,000	₩200,000	150,000	0.15	60,000	260,000①	520
계	₩1,200,000	₩200,000	₩1,000,000	1.0	₩400,000	₩600,000	

① 결합원가배부액과 개별원가의 합계임.

② ₩180,000÷300톤=₩600

3. 기말재고액과 매출원가

결합제품	톤당 원가	기말재고액 수량	기말재고액 금액	매출원가 수량	매출원가 금액
X	₩600	180톤	₩108,000	120톤①	₩72,000
Y	400	60	24,000	340②	136,000
Z	520	25	13,000	475③	247,000
계			₩145,000		₩455,000

① 300톤−180=120톤

② 400톤−60=340톤

③ 500톤−25=475톤

03. 복수의 분리점(1)

남해화학은 동일한 원재료를 투입하여 여러 가지 제품을 생산하고 있다. 당월중 제1공정에서는 F제품 1,000단위와 R제품 2,000단위를 생산하였으며 ₩15,000의 원가가 투입되었다. R제품은 제2공정에 투입되어 G제품 1,000단위와 H제품 1,000단위로 추가가공되었고, 이때 발생된 원가는 ₩12,000이다. 또한, G제품과 H제품을 최종제품으로 완성하는데 추가로 발생된 원가는 각각 ₩5,000과 ₩10,000이다. 최종제품 F, G와 H의 단위당 판매가격은 각각 ₩17, ₩10과 ₩20이다.

| 물음 |

결합원가를 순실현가능가치법으로 배부할 경우 최종제품의 제조원가는 얼마인가?

| 풀이 |

1. 공정흐름도

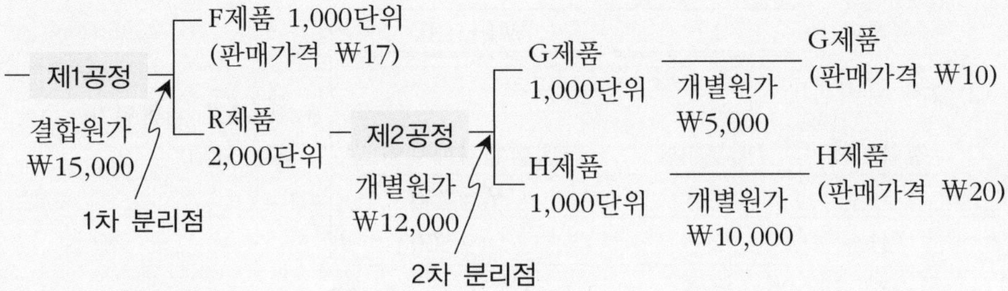

2. 결합원가배부비율

(1) 2차 분리점

결합제품	판매가치	개별원가	순실현가능가치	배부비율
G	₩10,000	₩5,000	₩5,000	1/3
H	20,000	10,000	10,000	2/3
계	₩30,000	₩15,000	₩15,000	3/3

(2) 1차 분리점

결합제품	판매가치	제2공정 개별원가	순실현가능가치	배부비율
F	₩17,000	–	₩17,000	0.85
R	15,000	₩12,000	3,000	0.15
계	₩32,000	₩12,000	₩20,000	1.00

3. 결합원가의 배부

(1) 1차 분리점

결합제품	배부비율	결합원가배부액
F	0.85	₩12,750
R	0.15	2,250
계	1.0	₩15,000

(2) 2차 분리점

+ 제2공정 개별원가 ₩12,000

결합제품	배부비율	결합원가배부액
G	1/3	₩4,750
H	2/3	9,500
계	3/3	₩14,250

4. 완제품의 제조원가

결합제품	결합원가배부액	개별원가	총제조원가
F	₩12,750	–	₩12,750
G	4,750	₩5,000	9,750
H	9,500	10,000	19,500
계	₩27,000	₩15,000	₩42,000

04. 복수의 분리점(2)

한국공업은 부문 1에서 원재료를 가공하여 결합제품 A와 B를 생산한다. 제품 A는 부문 2에서 3개의 결합제품 C, D, E로 분리된 후 각기 별도의 추가가공을 거쳐 판매되고, 제품 B는 부문 3에서 추가가공을 거쳐 판매된다. 당해연도 5월의 각 부문에서 발생한 원가자료는 다음과 같다.

- 부문 1: 제품 A, B의 결합원가 ₩82,000
- 부문 2: 제품 C, D, E의 결합원가 ₩64,000

  개별원가: 제품 C ₩24,000, 제품 D ₩16,000, 제품 E ₩18,000
- 부문 3: 제품 B의 개별원가 ₩11,000

5월의 제품별 생산량과 kg당 판매가격은 다음과 같다.

결합제품	생산량	kg당 판매가격
C	1,200kg	₩60
D	800	100
E	1,500	44
B	700	50
합계	4,200kg	

| 물음 |

1. 공정흐름도를 그리시오.
2. 순실현가능가치를 기준으로 결합원가를 배부하고, 제품 B, C, D, E의 단위당 원가를 구하시오.

| 풀이 |

1. 공정흐름도

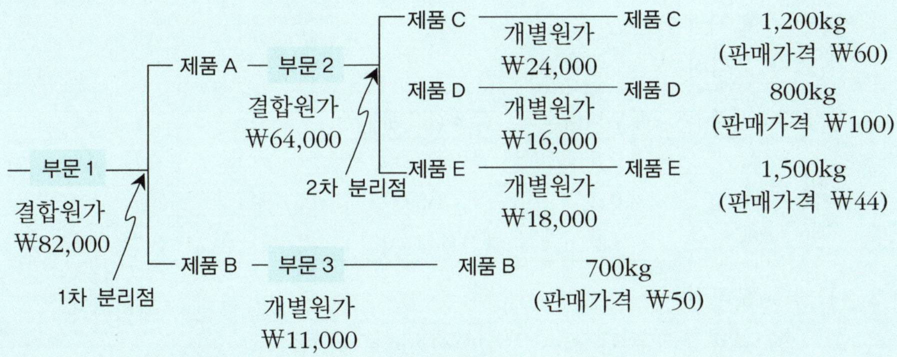

2. 단위당 원가

(1) 결합원가배부비율

가. 2차 분리점

결합제품	판매가치	개별원가	순실현가능가치	배부비율
C	₩72,000	₩24,000	₩48,000	0.3
D	80,000	16,000	64,000	0.4
E	66,000	18,000	48,000	0.3
계	₩218,000	₩58,000	₩160,000	1.0

나. 1차 분리점

결합제품	판매가치	개별원가	순실현가능가치	배부비율
A	₩160,000	₩64,000	₩96,000	0.8
B	35,000	11,000	24,000	0.2
계	₩195,000	₩75,000	₩120,000	1.0

(2) 결합원가의 배부

가. 1차 분리점

결합제품	배부비율	결합원가배부액
A	0.8	₩65,600
B	0.2	16,400
계	1.0	₩82,000

+부문 2의 개별원가 ₩64,000

나. 2차 분리점

결합제품	배부비율	결합원가배부액
C	0.3	₩38,880
D	0.4	51,840
E	0.3	38,880
계	1.0	₩129,600

(3) 완제품의 단위당 원가

결합제품	결합원가배부액	개별원가	총제조원가	단위당 원가
C	₩38,880	₩24,000	₩62,880	₩52.4
D	51,840	16,000	67,840	84.8
E	38,880	18,000	56,880	37.92
B	16,400	11,000	27,400	39.14
계	₩146,000	₩69,000	₩215,000	

05. 복수의 분리점(3)

현대정유는 당월에 A공정에서 20,000리터의 원유(raw petroleum)를 투입하여 휘발유 12,000리터와 경유 8,000리터를 생산하였다. B공정에서는 12,000리터의 휘발유를 추가가공하여 프리미엄 휘발유와 보급형 휘발유를 각각 6,000리터씩 생산하였고, C공정에서는 경유를 추가가공하여 프리미엄 경유와 보급형 경유를 각각 4,000리터씩 생산하였다. 각 공정에서 발생한 원가는 다음과 같다.

A공정: ₩1,200,000 B공정: ₩150,000 C공정: ₩50,000

2차 분리점 이후 각 제품의 개별원가와 리터당 판매가격은 다음과 같다.

결합제품	개별원가	리터당 판매가격
프리미엄 휘발유	₩300,000	₩250
보급형 휘발유	120,000	120
프리미엄 경유	40,000	70
보급형 경유	40,000	50
합계	₩500,000	

| 물음 |

순실현가능가치법에 의하여 결합원가를 배부하고, 제품별 제조원가를 구하시오.

| 풀이 |

1. 공정흐름도

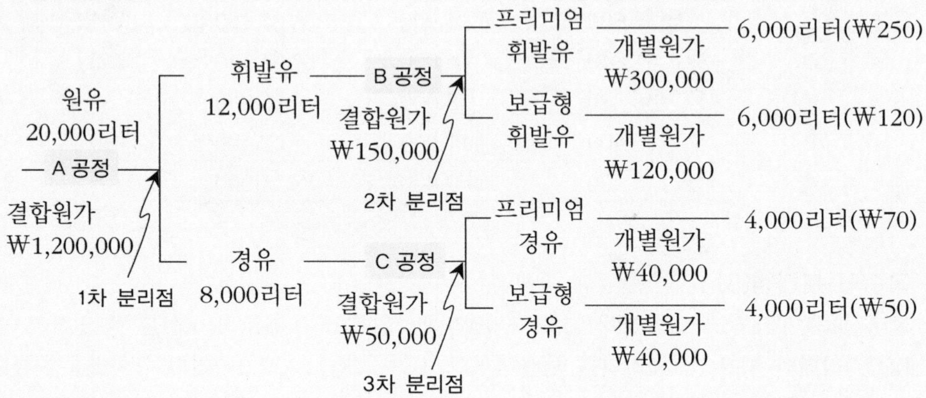

2. 결합원가배부비율

(1) 3차 분리점

결합제품	판매가치	개별원가	순실현가능가치	배부비율
프리미엄 경유	₩280,000	₩40,000	₩240,000	0.6
보급형 경유	200,000	40,000	160,000	0.4
계	₩480,000	₩80,000	₩400,000	1.0

(2) 2차 분리점

결합제품	판매가치	개별원가	순실현가능가치	배부비율
프리미엄 휘발유	₩1,500,000	₩300,000	₩1,200,000	2/3
보급형 휘발유	720,000	120,000	600,000	1/3
계	₩2,220,000	₩420,000	₩1,800,000	3/3

(3) 1차 분리점

결합제품	판매가치	개별원가	순실현가능가치	배부비율
휘발유	₩1,800,000①	₩150,000	₩1,650,000	0.825
경유	400,000②	50,000	350,000	0.175
계	₩2,200,000	₩200,000	₩2,000,000	1.0

① 2차 분리점의 순실현가능가치 합계
② 3차 분리점의 순실현가능가치 합계

3. 결합원가의 배부

(1) 1차 분리점

결합제품	배부비율	결합원가배부액
휘발유	0.825	₩990,000
경유	0.175	210,000
계	1.0	₩1,200,000

+B공정 결합원가 ₩150,000

(2) 2차 분리점

결합제품	배부비율	결합원가배부액
프리미엄 휘발유	2/3	₩760,000
보급형 휘발유	1/3	380,000
계	3/3	₩1,140,000

+C공정 결합원가 ₩50,000

(3) 3차 분리점

결합제품	배부비율	결합원가배부액
프리미엄 경유	0.6	₩156,000
보급형 경유	0.4	104,000
계	1.0	₩260,000

4. 제품별 제조원가

결합제품	결합원가배부액	개별원가	총제조원가
프리미엄 휘발유	₩760,000	₩300,000	₩1,060,000
보급형 휘발유	380,000	120,000	500,000
프리미엄 경유	156,000	40,000	196,000
보급형 경유	104,000	40,000	144,000
계	₩1,400,000	₩500,000	₩1,900,000

06. 부산품 회계처리(1)

경기화학은 주산품 A, B와 부산품 X를 생산하고 있다. 부산품 X의 순실현가능가치는 결합원가에서 차감한다. 당기의 결합원가는 ₩54,000이었으며, 기타 관련자료는 다음과 같다.

결합제품	최종판매가치	개별원가
A	₩40,000	−
B	60,000	−
X	7,000	₩3,000

| 물음 |

제품 A에 배부되는 결합원가는 얼마인가?

| 풀이 |

1. 부산품 X의 순실현가능가치

₩7,000 − 3,000 = ₩4,000

2. 제품 A에 배부되는 결합원가: 상대적 판매가치법

$$(₩54,000 - 4,000) \times \frac{₩40,000}{₩40,000 + 60,000} = ₩20,000$$

07. 부산품 회계처리(2)

강원화학은 한 가지 원재료를 투입하여 주산품 M, C와 부산품 B를 생산하고 있다. 20×1년 5월중 생산 및 판매활동에 관한 자료는 다음과 같다.

결합제품	생산량	판매량	개별원가	단위당 판매가격
M	5,000단위	4,000단위	₩40,000	₩60
C	3,000	2,000	20,500	50
B	1,000	900	−	5

5월중 결합원가는 ₩195,100이었으며, 순실현가능가치를 기준으로 배부한다. 당월중 다음과 같은 판매비가 발생하였다. 부산품 회계처리방법은 생산기준법하의 원가차감법이다.

결합제품	판매비
M	₩20,000
C	8,000
B	360

| 물음 |

다음을 계산하시오.

1. 제품단위당 원가와 기말재고자산원가
2. 5월의 순이익

| 풀이 |

단위당 판매비

결합제품	판매비	판매량	단위당 판매비
M	₩20,000	4,000단위	₩5
C	8,000	2,000	4
B	360	900	0.4

1. 제품단위당 원가와 기말재고자산원가

(1) 부산품 B의 순실현가능가치

(₩5－0.4)×1,000단위* ＝₩4,600

* 생산량

(2) 배부대상 결합원가

₩195,100－4,600＝₩190,500

(3) 결합원가배부

결합제품	판매가치	개별원가	판매비	순실현가능가치	배부비율	결합원가배부액
M	₩300,000①	₩40,000	₩25,000②	₩235,000	2/3	₩127,000
C	150,000	20,500	12,000③	117,500	1/3	63,500
계	₩450,000	₩60,500	₩37,000	₩352,500	3/3	₩190,500
B	₩5,000	－	₩400④	₩4,600		4,600
						₩195,100

① 5,000단위×₩60＝₩300,000

② 5,000단위×₩5＝₩25,000

③ 3,000단위×₩4＝₩12,000

④ 1,000단위×₩0.4＝₩400

결합원가를 배부하기 위한 순실현가능가치를 계산하는 과정이므로 생산량을 기준으로 판매가치나 판매비를 구하여야 한다.

(4) 제품단위당 원가

결합제품	결합원가배부액	개별원가	총제조원가	생산량	단위당 원가
M	₩127,000	₩40,000	₩167,000	5,000단위	₩33.4
C	63,500	20,500	84,000	3,000	28.0
B	4,600	－	4,600	1,000	4.6
계	₩195,100	₩60,500	₩255,600	9,000단위	

(5) 기말재고자산원가

결합제품	단위당 원가	기말재고수량	기말재고원가
M	₩33.4	1,000단위	₩33,400
C	28.0	1,000	28,000
B	4.6	100	460
계		2,100단위	₩61,860

2. 5월의 순이익

	제품 M	제품 C	제품 B	합계
매출액	₩240,000①	₩100,000	₩4,500	₩344,500
매출원가	133,600②	56,000	4,140	193,740
매출총이익	₩106,400	₩44,000	₩360	₩150,760
판매비	20,000	8,000	360	28,360
당기순이익	₩86,400	₩36,000	₩0	₩122,400

① 4,000단위 × ₩60 = ₩240,000
② 4,000단위 × ₩33.4 = ₩133,600

08. 부산품 회계처리(3)

태평수산은 제1공정에서 고등어를 가공하여 '튀김용'과 '조림용'으로 생산하는데, 이 과정에서 부산품인 '내장'이 생산된다. '조림용'은 제2공정에 투입되어 추가가공을 거쳐야 한다. 당월에 '튀김용' 20,000단위, '조림용' 2,000단위와 '내장' 4,000단위를 생산하였으며, 제1공정과 제2공정에 투입된 원가는 각각 ₩300,000과 ₩80,000이다. '튀김용'과 '조림용'의 단위당 판매가격은 ₩20과 ₩40이다.

이 회사의 경영자는 부산품에 대한 적절한 회계처리방법을 모색하고 있다. 최근 내장의 단위당 판매가격은 ₩25이며, 지금까지는 모든 부산품 처분수익을 잡이익으로 계상하였다. 그러나, 원가관리부장은 이러한 회계처리방법 때문에 '튀김용'의 이익이 과소계상되고 있다고 이의를 제기하면서 '내장'은 더 이상 부산품이 아닌 주산품으로 취급되어야 한다고 주장하였다. 회사의 결합원가 배부방법은 순실현가능가치법이다.

| 물음 |

1. '내장'이 주산품으로 간주될 경우 '튀김용'의 단위당 원가는 얼마인가?
2. 부산품의 처분수익을 잡이익으로 처리할 경우 '튀김용'의 단위당 원가는 얼마인가?
3. 부산품을 생산기준법하의 원가차감법으로 평가하는 경우에 '튀김용'의 단위당 원가는 얼마인가?
4. 위의 각 경우에 있어서 원가부담의 차이가 발생되는 이유는 무엇인가?

| 풀이 |

공정흐름도

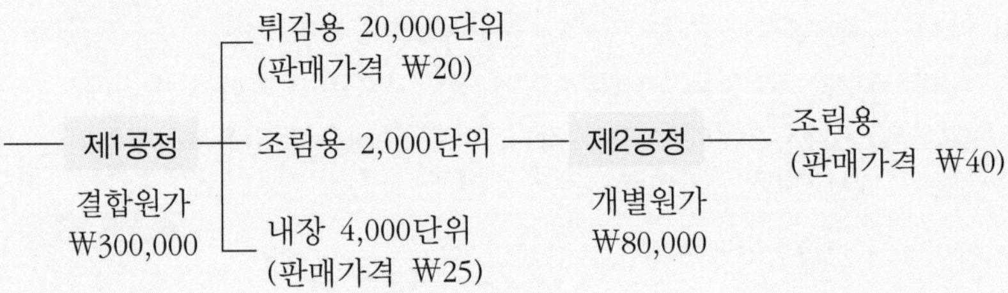

1. '내장'이 주산품으로 간주될 경우

(1) 결합원가의 배부

결합제품	판매가치	개별원가	순실현가능가치	배부 비율	결합원가 배부액	총제조원가
튀김용	₩400,000	–	₩400,000	0.8	₩240,000	₩240,000
조림용	80,000	₩80,000	0	0	0	80,000
내장	100,000	–	100,000	0.2	60,000	60,000
계	₩580,000	₩80,000	₩500,000	1.0	₩300,000	₩380,000

(2) '튀김용'의 단위당 원가

₩240,000÷20,000단위＝₩12

2. 부산품 처분수익을 잡이익으로 처리할 경우

이 경우 부산품에는 결합원가를 배부하지 않는다. 또한 '조림용'의 순실현가능가치가 ₩0이므로 결합원가는 모두 '튀김용'에 배부한다.

• 튀김용의 단위당 원가: ₩300,000÷20,000단위＝₩15

3. 생산기준법하의 원가차감법

(1) 부산품의 순실현가능가치

4,000단위×₩25＝₩100,000

(2) 배부대상 결합원가

결합원가	₩300,000
부산품의 순실현가능가치	(－)100,000
배부대상 결합원가	₩200,000

(3) 결합원가의 배부

부산품에는 순실현가능가치인 ₩100,000만큼 결합원가를 배부하고, 배부대상 결합원가 ₩200,000은 모두 '튀김용'에 배부한다.

(4) '튀김용'의 단위당 원가
₩200,000÷20,000단위=₩10

4. 원가부담의 차이
'튀김용'의 단위당 원가는 부산품을 처분시점에 잡이익으로 처리하는 방법에서 가장 크고, 생산기준법하의 원가차감액에서 가장 작다. 이는 주산품(튀김용)에 배부되는 결합원가가 차이가 나기 때문이다.

부산품처리방법	결합원가배부액	단위당 원가
물음 1	₩240,000	₩12
물음 2	300,000	15
물음 3	200,000	10

그러나 회사 전체의 이익은 부산품처리방법에 관계없이 ₩200,000으로 동일하다.

총판매가치		₩580,000
총원가(비용)		
결합원가	₩300,000	
개별원가	80,000	380,000
전체매출총이익		₩200,000

Part 3

원가회계

Cost Accounting

관리적 목적의 원가회계

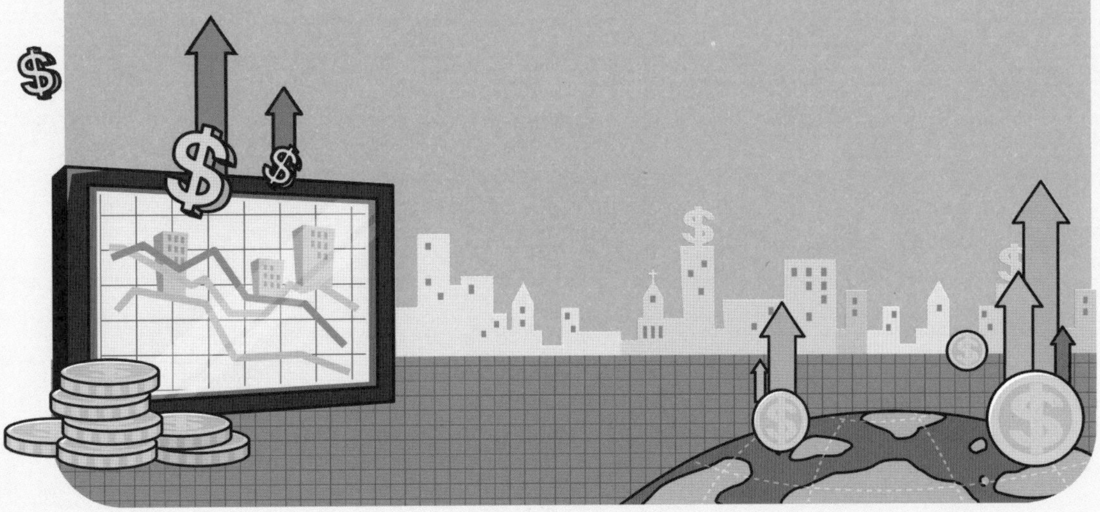

Cost Accounting

Chapter 10

평준화원가계산

Cost Accounting

제1절 평준화원가계산

1. 의의

제2장에서 살펴본 바와 같이 원가계산시스템은 원가의 집계방법에 따라 개별원가계산과 종합원가계산으로, 원가의 측정방법에 따라 실제원가계산과 예정원가계산으로 구분된다. 우리가 앞서 공부한 개별원가계산과 종합원가계산은 실제원가계산을 전제로 한 것이었다. 기업이 외부보고목적의 재무상태표와 손익계산서를 작성할 때에는 기업회계기준에 따라 재고자산과 매출원가를 반드시 실제원가계산에 의하여 평가해야 한다. 예정원가계산은 제조간접원가만을 예정원가에 의하고 직접재료원가, 직접노무원가는 실제원가에 의하여 제품원가를 계산하는 평준화원가계산(normal costing)과 모든 제조원가를 예정원가로 측정하는 표준원가계산(standard costing)으로 나눌 수 있다.[1] 본 장에서는 평준화원가계산에 의한 개별원가계산과 종합원가계산을 다룬다.

실제원가계산은 제조간접원가의 배부를 원가계산 기말까지 미루어야 한다는 점과 동

1) 본서에서는 'normal costing'을 평준화원가계산으로 번역하였으나, 교과서에 따라서는 정상원가계산이라고 번역하여 사용하기도 한다.

일한 제품에 배부되는 제조간접원가가 원가계산기간별로 차이가 날 수 있다는 두 가지의 중요한 단점이 있다. 즉, 실제원가계산에서는 제조간접원가배부율이 원가계산 기말에 가서야 산출되므로, 기중에는 제품원가를 알 수 없어 원가정보의 적시성이라는 관점에서 유용성이 떨어진다.

도표 10-1 | 예정원가계산

제조원가	예정원가계산	
	평준화원가계산	표준원가계산
직접재료원가	실제원가	예정원가
직접노무원가	실제원가	예정원가
제조간접원가	예정원가	예정원가

또한, 원가계산기간별로 제조간접원가발생액이 동일하다 하더라도 조업도(생산량) 총계가 차이가 나는 경우 조업도가 낮은 기간의 제품단위당 원가는 높아지고, 조업도가 높은 기간의 단위당 원가는 낮아지는 현상이 발생한다. 이러한 단위당 원가의 변동은 제조간접원가 중에서 고정원가가 차지하는 비중이 클수록 크게 나타난다. [예제 10-1]은 원가계산기간별로 단위당 제조간접원가가 달라짐에 따라 발생하게 되는 문제점을 다루고 있다.

예제 10-1

다음은 월별로 제품원가를 계산하는 고려당의 아이스크림 사업부와 관련된 제조간접원가 자료이다.

기간	조업도(생산량)	제조간접원가		
		변동원가	고정원가	합계
1월	1,000개	₩10,000	₩20,000	₩30,000
6월	4,000	40,000	20,000	60,000
계	5,000개	₩50,000	₩40,000	₩90,000

| 물음 |

1. 1월과 6월의 제품단위당 제조간접원가는 얼마인가?
2. 제품단위당 원가가 차이가 나는 이유는 무엇인가?

| 해답 |

1. 제품단위당 제조간접원가

기간	생산량	단위당		
		변동원가	고정원가	합계
1월	1,000개	₩10	₩20	₩30
6월	4,000	10	5	15

2. 단위당 원가의 차이

1월에 비하여 6월에 단위당 원가가 ₩15만큼 감소하였는데, 이는 단위당 고정원가의 감소로 인한 것이다. 1월과 6월에 고정원가 총액이 동일함에도 불구하고 단위당 고정원가가 ₩20에서 ₩5으로(즉, 1/4 수준으로) 감소한 것은 생산량이 1,000개에서 4,000개로(4배) 증가했기 때문이다.

[예제 10-1]에서 보듯이 원가계산기간별로 제품단위당 변동제조간접원가와 고정제조간접원가총액이 매월 동일하게 발생하더라도 조업도에 따라 단위당 원가가 달라지는데, 이러한 단위당 원가를 월별로 비교하는 것은 원가통제목적상 아무런 의미가 없다. 제품원가의 통제를 위하여 보다 나은 방법은 연평균 단위당 제조간접원가를 구하는 것이다. 상기의 예에서 1월과 6월의 자료만으로 평균 단위당 제조간접원가를 구하면 ₩18(=₩90,000÷5,000개)인데, 이는 조업도의 기간별 차이를 평준화(normalize)한 것이다. 평준화원가계산은 실제원가계산의 두 가지 단점인 제품원가정보의 적시성 상실과 제품원가의 기간별 변동을 해결하기 위해 연초에 평준화된 단위당 제조간접원가를 계산하고, 이를 이용하여 기중에 생산된 제품에 제조간접원가를 배부한다.[2)]

2) 원가계산준칙은 실제원가계산을 원칙으로 하나, 예정가격 등의 적용 특례규정에 의하여 재료의 가격, 임률 및 경비를 예정가격 또는 예정액으로 계산할 수 있으며, 제조간접원가는 예정배부율을 적용할 수 있다(원가계산준칙 제8조 및 제13조 참조). 이는 제10장 평준화원가계산과 제11장 표준원가계산이 적용될 수 있는 근거가 된다.

2. 제조간접원가 예정배부율

평준화원가계산에서 제조간접원가를 제품에 배부하기 위해서는 연초에 연평균 제조간접원가 배부율을 결정해야 하는데, 이를 제조간접원가 예정배부율(predetermined overhead rate)이라고 한다.

$$\text{제조간접원가 예정배부율} = \frac{\text{제조간접원가예산}}{\text{예정배부기준(조업도)총계}}$$

제조간접원가예산은 다음 연도에 발생할 것으로 예상되는 제조간접원가로 예정배부기준이 되는 조업도에 비례하여 발생하는 변동원가와 조업도에 관계없이 원가 총액이 일정하게 발생하는 고정원가로 나누어 추정한다. 예정배부기준은 계절적·주기적 변동이나 추세에 따른 변동을 평준화시키기에 충분히 긴 기간(보통 3년에서 5년)에 걸친 평준화조업도(정상조업도: normal capacity)를 사용한다. 평준화조업도(정상조업도)를 추정하기가 곤란한 경우에는 다음 연도에 발생할 것으로 예상되는 연간기대조업도(annual expected capacity)를 사용할 수 있는데, 조업도가 매년 큰 폭으로 변동하지 않는다면 연간기대조업도와 평준화조업도(정상조업도)는 거의 일치하게 된다.

$$\begin{aligned}\text{제조간접원가 예정배부율} &= \frac{\text{변동제조간접원가예산} + \text{고정제조간접원가예산}}{\text{예정배부기준총계}} \\ &= \text{단위당 변동제조간접원가예산} + \frac{\text{고정제조간접원가예산}}{\text{예정배부기준총계}}\end{aligned}$$

예제 10-2

고려당의 원가 담당자는 내년에 변동제조간접원가는 직접노무시간당 ₩100, 고정제조간접원가는 총 ₩250,000, 직접노무시간은 1,000시간으로 추정하였다.

| 물음 |

제조간접원가 예정배부율은 얼마인가?

| 해답 |

$$제조간접원가\ 예정배부율 = \frac{1{,}000시간 \times ₩100 + ₩250{,}000}{1{,}000시간}$$

$$= ₩100 + \frac{₩250{,}000}{1{,}000시간}$$

$$= ₩350$$

3. 공장전체 및 부문별 예정배부율

제조부문이 두 개 이상인 경우에는 공장전체배부율이나 부문별배부율을 이용하여 제조간접원가를 제품에 배부한다. 부문별배부율에 의하여 제조간접원가를 예정배부하는 경우에는 먼저, 제조부문과 보조부문 각각의 예산을 세운 후 보조부문 예산을 제조부문에 대체하여 제조부문별 제조간접원가예산을 확정한다. 제조부문별 제조간접원가예산을 부문별 예정배부기준총계로 나누면 부문별 예정배부율이 계산된다.

반면에, 공장전체배부율에 의하여 제조간접원가를 예정배부하는 경우에는 제조간접원가를 부문별로 집계할 필요가 없으므로, 제조부문과 보조부문의 제조간접원가예산을 합하여 공장전체 제조간접원가예산을 설정한 후 이를 공장전체 예정배부기준총계로 나누어 예정배부율을 산정한다.

예제 10-3

고려당의 아이스크림 사업부는 2개의 제조부문과 2개의 보조부문으로 운영되고 있다. 기초에 회사는 다음과 같이 예측하였다.

(1) 각 부문의 연간 용역 사용비율

제공부서	제조부문		보조부문		합계
	P1	P2	S1	S2	
S1	35%	35%	−	30%	100%
S2	50	30	20%	−	100

(2) 부문별 제조간접원가예산

구분	제조부문		보조부문		합계
	P1	P2	S1	S2	
제조간접원가예산	₩1,000,000	₩800,000	₩500,000	₩200,000	₩2,500,000
예정배부기준총계					
직접노무시간	2,200시간	300시간	–	–	2,500시간
기계시간	200	1,000	–	–	1,200

| 물음 |

1. 직접노무시간을 기준으로 제조간접원가를 배부한다고 할 때 공장전체 예정배부율을 구하시오.
2. P1부문은 직접노무시간을, P2부문은 기계시간을 기준으로 제조간접원가를 배부한다고 할 때, 부문별 예정배부율을 구하시오. 단, 보조부문원가를 제조부문에 배부할 때는 직접배부법에 의한다.

| 해답 |

1. 공장전체 예정배부율: 직접노무시간

$$\frac{₩2,500,000}{2,500시간}=₩1,000$$

2. 부문별 예정배부율

구분	제조부문		보조부문		합계
	P1	P2	S1	S2	
배부전 예산	₩1,000,000	₩800,000	₩500,000	₩200,000	₩2,500,000
보조부문원가배부					
S1(35:35)	250,000	250,000	(500,000)	–	0
S2(50:30)	125,000	75,000	–	(200,000)	0
배부후 예산	₩1,375,000	₩1,125,000	₩0	₩0	₩2,500,000
예정배부기준	÷2,200시간①	÷1,000시간②			
예정배부율	₩625	₩1,125			

① P1의 예정직접노무시간

② P2의 예정기계시간

제2절 평준화개별원가계산

1. 의의

개별원가계산은 제품의 종류나 규격이 다양한 주문생산에 적합한 원가계산방식으로 개별작업별로 작성되는 작업원가표에 제조원가가 집계된다. 작업원가표에 직접재료원가와 직접노무원가는 발생될 때마다 기록하지만, 제조간접원가는 기말에 일괄하여 배부한다. 만일 제조간접원가배부율이 사전에 결정되어 있다면 작업을 종료함과 동시에 예정배부율에 의하여 제조간접원가를 배부함으로써 제품원가계산을 신속하게 할 수 있다. 경영자는 기중에 얻은 제품원가정보를 활용하여 그 제품(주문)의 가격을 결정하거나 새로운 주문의 수락 여부를 판단할 수 있다. 따라서, 평준화원가계산은 개별원가계산과 종합원가계산에 모두 적용이 가능하지만 특히, 작업별로 원가계산이 이루어지는 개별원가계산에서 그 유용성이 크다.

2. 평준화개별원가계산의 절차

평준화개별원가계산의 절차는 제6장에서 살펴본 실제원가에 의한 개별원가계산과 기본적으로 동일하며, 다음의 절차에 따라 행해진다.

- 1단계: 직접재료원가와 직접노무원가는 인과관계에 따라 발생시점에 실제원가로 개별 작업에 할당한다.

- 2단계: 제조간접원가는 기초에 설정한 예정배부율에 특정 작업의 실제배부기준을 곱하여 작업별로 배부한다.

> 제조간접원가 예정배부액
> = 제조간접원가 예정배부율×각 제품의 실제배부기준

- 3단계: 기말에 제조간접원가 실제발생액과 기중에 예정배부된 금액의 차이를 조정한다.

예제 10-4

고려당은 직접노무시간을 기준으로 제조간접원가를 예정배부하고 있다. 회사는 기초에 연간 제조간접원가는 ₩375,000, 직접노무시간은 1,500시간으로 예상하였다. 당기중에 #101, #102, #103 세 가지 작업을 착수하여 #102와 #103을 완성하였다. 작업별로 집계된 직접재료원가, 직접노무원가와 실제발생 직접노무시간은 다음과 같다.

구분	#101	#102	#103	합계
직접재료원가	₩30,000	₩85,000	₩150,000	₩265,000
직접노무원가	70,000	90,000	325,000	485,000
직접노무시간	200시간	300시간	500시간	1,000시간

| 물음 |

제조간접원가를 예정배부하여 작업별 제조원가를 구하시오.

| 해답 |

가. 제조간접원가 예정배부율

$$\frac{₩375,000}{1,500시간} = ₩250$$

나. 작업별 제조원가

구분	#101	#102	#103	합계
직접재료원가	₩30,000	₩85,000	₩150,000	₩265,000
직접노무원가	70,000	90,000	325,000	485,000
제조간접원가				
예정배부액(₩250)	50,000①	75,000②	125,000③	250,000
계	₩150,000	₩250,000	₩600,000	₩1,000,000

① ₩250×200시간=₩50,000

② ₩250×300시간=₩75,000

③ ₩250×500시간=₩125,000

3. 배부차이의 처리

제조간접원가를 예정배부하게 되면, 제조간접원가 차변에는 실제로 발생한 제조간접원가가 기록되고 대변에는 예정배부된 제조간접원가가 기록된다.

도표 10-2 ▌ 평준화원가계산의 제조간접원가계정

차변	대변
실제발생액	예정배부액 = 예정배부율×각 제품의 실제배부기준
배부차이	

기말에는 제조간접원가 차변합계와 대변합계가 일치하지 않아 차이가 발생하는데, 이를 배부차이라고 한다. [예제 10-4]에서 당기중에 실제로 발생한 제조간접원가가 ₩300,000이라면 개별작업에 배부된 제조간접원가의 합계 ₩250,000과 ₩50,000의 배부차이가 발생하게 된다. 배부차이는 다시 부족배부차이(과소배부차이)와 초과배부차이(과대배부차이)로 구분된다. 배부차이는 기초에 예정배부율 산정요소인 제조간접원가예산이나 예정배부기준총계를 부정확하게 예측한 데서 기인한 것이다.

도표 10-3 ▌ 제조간접원가 배부차이

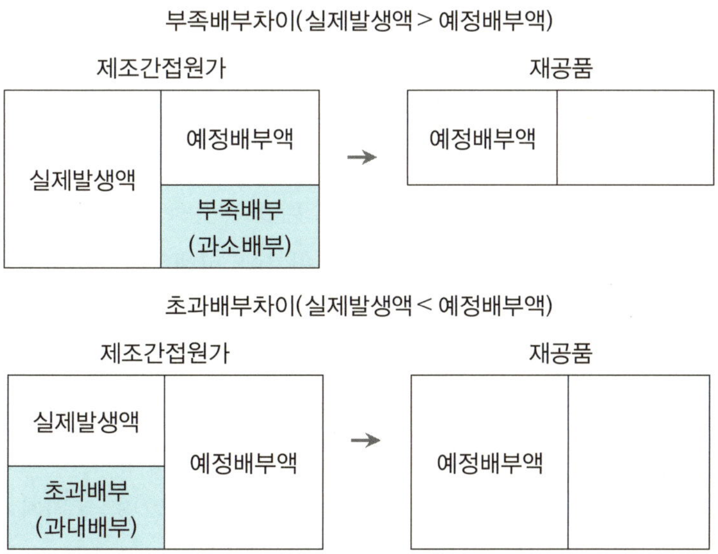

한편, 외부보고용 재무제표를 작성할 때 재고자산 금액은 실제원가로 계상해야 하므로 제조간접원가 예정배부액으로 평가되어 있는 기말재공품, 기말제품과 매출원가에 배부차이를 조정해 주어야 한다.[3] 배부차이를 조정하는 방법에는 매출원가조정법과 비례배

부법이 있다.

(1) 매출원가조정법

매출원가조정법은 배부차이의 금액이 상대적으로 작고 중요하지 않을 때 이용될 수 있다. 이 방법은 배부차이를 전액 매출원가에 가감하는 것으로, 부족배부액은 매출원가에 가산하고 초과배부액은 매출원가에서 차감하여 조정한다. 회계처리를 예시하면 [도표 10-4]와 같다.

도표 10-4 ▌ 매출원가조정법

차변		대변	
가. 부족배부액(과소배부액)			
매출원가	×××	제조간접원가	×××
나. 초과배부액(과대배부액)			
제조간접원가	×××	매출원가	×××

(2) 비례배부법

비례배부법은 배부차이의 금액이 상대적으로 크고 중요한 경우에 이용될 수 있다. 이 방법은 배부차이를 기말재공품, 기말제품, 매출원가에 비례하여 각 계정에 안분하는 것으로 총원가기준법과 원가요소기준법의 두 가지가 있다. 총원가기준법은 기말재공품, 기말제품, 매출원가에 집계된 총원가의 상대적 비율에 따라 배부차이를 안분하는 방법이고, 원가요소기준법은 기말재공품, 기말제품, 매출원가 각 계정에 포함되어 있는 제조간접원가배부액의 상대적 비율에 따라 배부차이를 안분하는 방법이다. 원가요소기준법은 각 계정의 제조간접원가배부액에 관한 정보를 알아야 하는 반면, 총원가기준법은 각 계정의 총원가만 알면 되므로 원가요소기준법에 비하여 훨씬 수월하게 배부차이를 조정할 수 있다. 비례배부법의 회계처리를 예시하면 [도표 10-5]와 같다.

3) 배부차이는 일정한 기준에 따라 회계연도의 매출원가와 기말재고자산에 배부한다(원가계산준칙 제33조 참조).

도표 10-5 | 비례배부법

차변		대변	
가. 부족배부액(과소배부액)			
재공품	×××	제조간접원가	×××
제품	×××		
매출원가	×××		
나. 초과배부액(과대배부액)			
제조간접원가	×××	재공품	×××
		제품	×××
		매출원가	×××

예제 10-5

[예제 10-4]의 자료에서 당기중에 실제로 발생한 제조간접원가는 ₩300,000이고 #103은 판매되었다고 하자.

| 물음 |

1. 제조간접원가 배부차이는 얼마인가?
2. 다음의 방법으로 제조간접원가계정을 마감하고 필요한 분개를 하시오.
   (1) 매출원가조정법
   (2) 총원가기준 비례배부법
   (3) 원가요소기준 비례배부법

| 해답 |

1. 배부차이

실제발생액	₩300,000
예정배부액	250,000
부족배부	₩50,000

2. 배부차이 조정

(1) 매출원가조정법

가. 배부차이 조정

부족배부차이 ₩50,000을 전부 매출원가에 가산한다.

나. 분개

차변		대변	
매출원가	50,000	제조간접원가	50,000

제조간접원가 (차)	제조간접원가 (대)	매출원가 (차)	매출원가 (대)
실제 300,000	배부 250,000	#103 600,000	
	배부차이 50,000	배부차이 50,000	

다. 조정후 금액

	조정전 금액	배부차이 조정	조정후 금액
기말재공품(#101)	₩150,000	–	₩150,000
기말제품(#102)	250,000	–	250,000
매출원가(#103)	600,000	₩50,000	650,000
계	₩1,000,000	₩50,000	₩1,050,000

(2) 총원가기준 비례배부법

가. 배부차이 조정

	총원가	비율	배부차이 조정
기말재공품(#101)	₩150,000	15%	₩7,500
기말제품(#102)	250,000	25	12,500
매출원가(#103)	600,000	60	30,000
계	₩1,000,000	100%	₩50,000

나. 분개

차변		대변	
재공품	7,500	제조간접원가	50,000
제품	12,500		
매출원가	30,000		

제조간접원가 (차)	제조간접원가 (대)	재공품 (차)	제품 (차)	매출원가 (차)
실제 300,000	배부 250,000	#101 150,000	#102 250,000	#103 600,000
	배부차이 50,000	배부차이 7,500	배부차이 12,500	배부차이 30,000

다. 조정후 금액

	조정전 금액	배부차이 조정	조정후 금액
기말재공품(#101)	₩150,000	₩7,500	₩157,500
기말제품(#102)	250,000	12,500	262,500
매출원가(#103)	600,000	30,000	630,000
계	₩1,000,000	₩50,000	₩1,050,000

(3) 원가요소기준 비례배부법

가. 배부차이 조정

	제조간접원가 배부액	비율	배부차이 조정
기말재공품(#101)	₩50,000	20%	₩10,000
기말제품(#102)	75,000	30	15,000
매출원가(#103)	125,000	50	25,000
계	₩250,000	100%	₩50,000

나. 분개

차변		대변	
재공품	10,000	제조간접원가	50,000
제품	15,000		
매출원가	25,000		

제조간접원가 (차)	제조간접원가 (대)	재공품 (차)	재공품 (대)	제품 (차)	제품 (대)	매출원가 (차)	매출원가 (대)
실제 300,000	배부 250,000	#101 150,000		#102 250,000		#103 600,000	
	배부차이 50,000	배부차이 10,000		배부차이 15,000		배부차이 25,000	

다. 조정후 금액

	조정전 금액	배부차이 조정	조정후 금액
기말재공품(#101)	₩150,000	₩10,000	₩160,000
기말제품(#102)	250,000	15,000	265,000
매출원가(#103)	600,000	25,000	625,000
계	₩1,000,000	₩50,000	₩1,050,000

4. 평준화개별원가계산 사례

지금까지 공부한 평준화개별원가계산의 절차와 회계처리에 대하여 다음 사례를 가지고 정리해 보기로 한다.

(1) 기본자료

현대조선은 당해연도 1월에 영업을 개시하였다. 회사는 개별원가계산제도를 채택하고 있으며, 직접노무원가를 기준으로 제조간접원가를 예정배부한다. 기초에 연간 제조간접원가는 ₩325,000, 직접노무원가는 ₩500,000으로 예상하였다. 당기중에 #101, #102, #103의 작업을 착수하여 #102, #103이 완성되었고, #103은 ₩750,000에 외상으로 판매하였다. 개별작업과 관련된 직접원가는 다음과 같다.

구분	#101	#102	#103	합계
직접재료원가	₩170,600	₩146,000	₩363,400	₩680,000
직접노무원가	296,400	114,000	159,600	570,000

당기중에 ₩700,000의 원재료를 외상으로 구입하였으며, 노무원가 발생액은 ₩620,000으로 이 중 ₩500,000은 현금으로 지급하고 나머지는 당기말 현재 미지급이다. 당기중 실제발생 제조간접원가는 다음과 같다.

구분	금액
간접노무원가	₩50,000
감가상각비	300,000
수도광열비	25,000
합계	₩375,000

수도광열비 중 ₩15,000은 당기말 현재 미지급상태이다. 회사는 제조간접원가 배부차이를 원가요소기준 비례배부법으로 조정하고 있다.

(2) 작업별 제조원가

회사의 제조간접원가 예정배부율은 직접노무원가의 65%가 된다.

$$\text{제조간접원가 예정배부율} = \frac{\text{제조간접원가예산}}{\text{예정배부기준총계}}$$

$$= \frac{₩325,000}{₩500,000} = 0.65(\text{직접노무원가의 } 65\%)$$

위에서 계산한 예정배부율에 따라 작업별 제조원가를 계산한다. 당기에 #102와 #103이 완성되었고 #103은 판매되었으므로, #101은 기말재공품, #102는 기말제품, #103은 매출원가가 된다.

구분	#101	#102	#103	합계
직접재료원가	₩170,600	₩146,000	₩363,400	₩680,000
직접노무원가	296,400	114,000	159,600	570,000
제조간접원가*	192,660	74,100	103,740	370,500
합계	₩659,660	₩334,100	₩626,740	₩1,620,500
상태	기말재공품	기말제품	매출원가	

* 제조간접원가 예정배부액 = 작업별 직접노무원가 × 65%

(3) 제조간접원가 배부차이의 조정

제조간접원가 예정배부액은 ₩370,500이고 실제발생원가는 ₩375,000이므로 배부차이는 ₩4,500(부족배부)이 된다. 회사는 배부차이를 원가요소기준 비례배부법으로 조정하므로 각 계정의 제조간접원가배부액에 비례하여 안분한다.

구분	제조간접원가배부액	배부비율	배부차이 조정
재공품(#101)	₩192,660	52%	₩2,340
제품(#102)	74,100	20	900
매출원가(#103)	103,740	28	1,260
합계	₩370,500	100%	₩4,500

(4) 회계처리

위에서 살펴본 계산과정과 원가흐름을 회계처리하면 다음과 같다.

차변		대변	
가. 원재료 구입			
원재료	700,000	매입채무	700,000
나. 원재료 사용			
재공품	680,000	원재료	680,000
다. 노무원가 발생			
노무원가	620,000	현금	500,000
		미지급임금	120,000
라. 직접노무원가 대체			
재공품	570,000	노무원가	570,000
마. 제조간접원가 배부			
재공품	370,500	제조간접원가	370,500
바. 제품대체			
제품(#102, #103)	960,840	재공품	960,840
사. 매출			
매출채권	750,000	매출	750,000
매출원가(#103)	626,740	제품	626,740
아. 제조간접원가 발생			
감가상각비	300,000	감가상각누계액	300,000
수도광열비	25,000	현금	10,000
		미지급비용	15,000
자. 제조간접원가 집계			
제조간접원가	375,000	노무원가	50,000
		감가상각비	300,000
		수도광열비	25,000
차. 제조간접원가 배부차이 조정			
재공품(#101)	2,340	제조간접원가	4,500
제품(#102)	900		
매출원가(#103)	1,260		

제조간접원가 배부차이 중 ₩1,260이 매출원가에 배부되어 가산되므로 조정 후 매출원가는 ₩628,000(=₩626,740+1,260)이고, 매출총이익은 ₩122,000(=₩750,000−628,000)이다.

제3절 평준화종합원가계산

1. 의의

평준화원가계산은 개별원가계산뿐만 아니라 종합원가계산에도 적용될 수 있다. 본 절에서는 정상종합원가계산에 대하여 살펴본다. 평준화종합원가계산에서는 각 공정에 실제원가로 집계된 직접재료원가, 직접노무원가와 예정배부된 제조간접원가를 합하여 이를 완성품환산량의 비율로 완성품과 기말재공품에 배부한다. 종합원가계산에서는 개별원가계산과 달리 제조간접원가를 제품별로 배부하는 문제가 발생하지 않는다.

2. 평준화종합원가계산의 사례

(1) 기본자료

현대자동차 엔진공정은 선입선출법에 의한 평준화종합원가계산을 적용하여 제품원가를 계산하고 있다. 직접재료는 공정 초기에 모두 투입되고 전환원가는 공정 전반에 걸쳐 균등하게 발생한다. 제조간접원가는 직접노무원가의 100%를 예정배부한다. 11월중 생산 및 실제발생원가 자료는 다음과 같다. 단, 괄호 안의 숫자는 전환원가 완성도를 의미한다.

구분	물량단위	직접재료원가	전환원가
기초재공품	1,200($33\frac{1}{3}$%)	₩6,000	₩4,000
당기투입	9,800	49,000	111,500
기말재공품	1,000(50%)		

당기투입 전환원가 중 직접노무원가는 ₩50,500이고 제조간접원가는 ₩61,000이다.

(2) 제조원가보고서

위의 기본자료를 이용하여 선입선출법에 의한 제조원가보고서를 작성하면 [도표 10-6]과 같다.

[도표 10-6]에서 당기투입 전환원가 ₩101,000은 실제 직접노무원가 ₩50,500과 제조간접원가 예정배부액 ₩50,500의 합계이다. 또한, 제조간접원가 배부차이는 예정배부액 ₩50,500과 실제원가 ₩61,000의 차이인 ₩10,500(부족배부차이)이 된다.

도표 10-6 | 제조원가보고서 – 선입선출법

		[2] 완성품환산량		
	[1] 물량단위	직접재료원가	전환원가	
기초재고	1,200	1,200	400	
당기착수	9,800			
	11,000			
완성품(10,000단위)①				
기초재고	1,200	0	800	
당기착수	8,800	8,800	8,800	
기말재고	1,000	1,000	500	
	11,000	9,800	10,100	
[3] 배부대상원가				합계
기초재고				₩10,000
당기투입		₩49,000	₩101,000②	150,000
총원가				₩160,000
완성품환산량		÷9,800	÷10,100	
[4] 환산량단위당 원가		₩5	₩10	

[5] 원가배부

완성품			
기초재공품원가			₩10,000
기초재공품 당기완성원가	–	₩8,000	8,000
당기착수완성원가	₩44,000	88,000	132,000
계			₩150,000
기말재공품	5,000	5,000	10,000
총원가			₩160,000

① 11,000단위 – 1,000 = 10,000단위

② 전환원가 = 직접노무원가 + 제조간접원가 예정배부액
= ₩50,500 + 50,500 × 100%
= ₩101,000

예제 10-6

기본자료 및 [도표 10-6]의 계산결과를 이용한다.

| 물음 |

가중평균법에 의한 제조원가보고서를 작성하시오.

| 해답 |

	[1] 물량단위	[2] 완성품환산량 직접재료원가	[2] 완성품환산량 전환원가
완성품	10,000	10,000	10,000
기말재고	1,000	1,000	500
	11,000	11,000	10,500

[3] 배부대상원가			합계
기초재고	₩6,000	₩4,000	₩10,000
당기투입	49,000	101,000	150,000
총원가	₩55,000	₩105,000	₩160,000
완성품환산량	÷11,000	÷10,500	
[4] 환산량단위당 원가	₩5	₩10	

[5] 원가배부

완성품	₩50,000	₩100,000	₩150,000*
기말재공품	5,000	5,000	10,000
총원가			₩160,000

* [도표 10-6]의 선입선출법의 결과와 동일하게 계산되었는데, 이는 가중평균법과 선입선출법의 완성품환산량단위당 원가가 우연하게도 서로 일치했기 때문이다.

연습 문제

| 객관식 문제 |

01. 평준화원가계산에 대한 설명으로 옳지 않은 것은?

① 제조간접원가 예정배부율이 미리 결정되므로 제품생산에 따른 제조간접원가배부액을 즉시 파악할 수 있다.
② 회계기말의 회계처리가 줄어든다.
③ 제조간접원가 실제발생액과 조업도 변화에 따른 영향을 재고자산에서 제거할 수는 없다.
④ 실제원가계산의 단점을 해결할 수 있다.
⑤ 제조간접원가 배부차액에 대한 회계처리 문제가 발생한다.

02. 제조간접원가의 실제배부보다 예정배부가 선호되는 이유로 타당하지 않은 것은?

① 특정 제품별로 제조간접원가의 배부액을 매기 균등하게 유지할 수 있다.
② 제조원가의 신속한 계산이 가능하다.
③ 제조간접원가의 대부분은 변동원가의 형태로 나타나므로, 예정배부 시 제조간접원가배부율은 이를 항상 고려하여 타당하게 적용하여야 한다.
④ 예정배부율은 계절변동이나 조업도변동 등 배부기준변동에 영향을 받지 않고 매기 일정하게 유지되므로 제품원가의 기간별 변동의 문제점을 해결해준다.

03. 평준화원가계산에서 제조간접원가 배부차이에 관한 설명 중 옳은 것은?

① 제조간접원가배부액에 비하여 제조간접원가 실제발생액이 많은 경우 그 차이를 제조간접원가 초과배부(과대배부)라 한다.
② 제조간접원가 배부차이의 금액이 상대적으로 크고 중요하며 기말재공품, 기말제품, 매출원가 각 계정에 포함되어 있는 제조간접원가배부액을 파악할 수 있는 경우에 총원가기준법을 적용한다.
③ 제조간접원가 배부차이를 조정함에 있어 원가요소기준법을 적용하는 것이 총원가기준법을 적용하는 것보다 훨씬 수월하다.
④ 제조간접원가 배부차이의 금액이 상대적으로 작고 중요하지 않을 때 매출원가조정법을 적용한다.

[04~05] 고려회사는 직접노무시간을 기준으로 제조간접원가를 예정배부하고 있다. 회사는 당기중에 세 가지 작업 #101, #102, #103을 새로 착수할 것으로 예상하고 있으며, 이와 관련된 예산자료는 다음과 같다.

구분	#101	#102	#103	합계
직접노무시간	300시간	400시간	500시간	1,200시간
제조간접원가				₩360,000

당기중 작업별로 집계된 실제원가 및 직접노무시간 자료는 다음과 같다.

구분	#101	#102	#103	합계
직접재료원가	₩30,000	₩85,000	₩150,000	₩265,000
직접노무원가	70,000	90,000	325,000	485,000
직접노무시간	250시간	350시간	400시간	1,000시간

회사는 기말까지 작업 #102와 작업 #103을 완성하였고 작업 #103은 판매되었다. 당기중 실제로 발생한 제조간접원가는 ₩250,000이다.

04. 실제개별원가계산에 의할 경우 기말재공품은 얼마인가?

① ₩175,000 ② ₩162,500 ③ ₩262,500 ④ ₩575,000

05. 평준화개별원가계산에 의할 경우 당기매출원가는 얼마인가?

① ₩595,000 ② ₩575,000 ③ ₩280,000 ④ ₩175,000

[06~07] (주)동국은 선입선출법으로 종합원가계산을 적용하여 제품원가를 산출하고 있다. 원가담당자는 제1공정에 대하여 다음과 같이 원가계산을 한 후에 퇴사하였다.

	물량단위	완성품환산량	
		직접재료원가	전환원가
완성품			
기초재고	300	0	150
당기착수	900	900	900
기말재고	100	100	50
계	1,300	1,000	1,100

신입사원인 당신은 원가계산을 끝내야 하는 임무를 부여받았다고 하자. 당기에 회사가 평준화종합원가계산을 적용할 경우 제조간접원가는 직접노무원가의 125%를 예정배부한다. 결산일에 집계한 실제발생원가 자료는 다음과 같다.

구분	직접재료원가	전환원가
기초재고	₩9,900	₩11,500
당기투입	30,000	82,500

당기투입 전환원가 중 직접노무원가는 ₩35,000이고 제조간접원가는 ₩47,500이다.

06. 평준화종합원가계산을 적용할 경우 당기완성품원가는 얼마인가?

① ₩123,570 ② ₩127,150 ③ ₩146,335 ④ ₩141,600

07. 평준화종합원가계산을 적용할 경우 당기투입 제조간접원가의 배부차이는 얼마인가?

① 초과배부 ₩4,000 ② 부족배부 ₩4,000
③ 초과배부 ₩3,750 ④ 부족배부 ₩3,750

08. (주)서울은 제조간접원가를 직접노무시간으로 배부하고 있다. 당해 연도초의 제조간접원가 예상액은 ₩6,000,000이고 예상직접노무시간은 50,000시간이다. 당기말 현재 제조간접원가 실제발생액은 ₩6,150,000이고 실제직접노무시간은 52,500시간이다. 당기의 제조간접원가 배부차이는 얼마인가?

① ₩150,000(과소배부) ② ₩150,000(과대배부)
③ ₩250,000(과소배부) ④ ₩250,000(과대배부)

09. (주)강동은 연초에 설립되었으며 평준화원가계산을 적용하고 있다. 제조간접원가는 직접노무시간을 기준으로 예정배부한다. 회사는 제조간접원가 배부차이를 기말재고자산 및 매출원가에 포함된 제조간접원가 예정배부액에 비례하여 안분한다. 당기에 기말재공품, 기말제품 및 매출원가에는 1:3:4의 비율로 제조간접원가가 각각 예정배부되었고, 기말재공품에 차감하여 조정된 배부차이는 ₩2,500이었다. 당기의 실제제조간접원가는 ₩180,000이고, 실제직접노무시간은 총 1,250시간이었다면, 제조간접원가 예정배부율은 직접노무시간당 얼마인가?

① ₩144 ② ₩160 ③ ₩168 ④ ₩170

10. (주)건국은 평준화개별원가계산을 적용하고 있다. 제조간접원가 예정배부율은 직접노무원가의 60%이다. 제조간접원가의 배부차이는 매기말 매출원가에서 전액 조정한다. 당기에 실제 발생한 직접재료원가는 ₩24,000이며, 직접노무원가는 ₩16,000이다. 기초재공품은 ₩5,600이며, 기말재공품에는 직접재료원가 ₩1,200과 제조간접원가 배부액 ₩1,500이 포함되어 있다. 또한 기초제품은 ₩5,000이며, 기말제품은 ₩8,000이다. 제조간접원가 배부차이를 조정한 매출원가가 ₩49,400이라면, 당기에 발생한 실제제조간접원가는 얼마인가?

① ₩7,200 ② ₩9,600 ③ ₩10,400 ④ ₩12,000

| 객관식 문제 해답 및 해설 |

01. ③

평준화원가계산은 실제원가계산의 두 가지 단점인 제품원가정보의 적시성 상실과 조업도변화에 따른 제품원가의 기간별 변동을 해결하기 위해 연초에 평준화된 단위당 제조간접원가를 계산하고, 이를 이용하여 기중에 생산된 제품에 제조간접원가를 배부한다.

02. ③

제조간접원가의 대부분은 고정원가의 형태로 나타나므로 예정배부 시 일정하게 나타난다.

03. ④

① 초과배부(과대배부) → 부족배부(과소배부)
② 총원가기준법 → 원가요소기준법
③ 원가요소기준법을 적용하는 경우 기말재공품, 기말제품 및 매출원가의 각 계정에 포함되어 있는 제조간접원가배부액을 파악해야 하므로 총원가기준법을 적용하는 것보다 수월하지 않다.

04. ②

제조간접원가 실제배부율＝₩250,000/1,000직접노무시간
＝직접노무시간당 ₩250

실제개별원가계산

구분	#101	#102	#103	합계
직접재료원가	₩30,000	₩85,000	₩150,000	₩265,000
직접노무원가	70,000	90,000	325,000	485,000
제조간접원가	62,500①	87,500	100,000	250,000
총제조원가	₩162,500	₩262,500	₩575,000	₩1,000,000
	재공품	제품	매출원가	

① ₩250×250시간

05. ①

제조간접원가 예정배부율＝₩360,000/1,200직접노무시간
＝직접노무시간당 ₩300

평준화개별원가계산

구분	#101	#102	#103	합계
직접재료원가	₩30,000	₩85,000	₩150,000	₩265,000
직접노무원가	70,000	90,000	325,000	485,000
제조간접원가	75,000①	105,000	120,000	300,000
총제조원가	₩175,000	₩280,000	₩595,000	₩1,050,000
	재공품	제품	매출원가	

① ₩300×250시간

06. ①

평준화종합원가계산

	직접재료원가	전환원가	합계
• 배부대상원가			
기초재고			₩21,400
당기투입	₩30,000	₩78,750*	108,750
총원가			₩130,150
완성품환산량	÷1,000	÷1,100	
• 완성품환산량단위당 원가	₩30.0	₩71.6	

* 당기투입 전환원가: ₩35,000＋₩35,000×1.25＝₩78,750

	직접재료원가	전환원가	합계
• 원가배부			
완성품원가			
가. 기초재공품원가			₩21,400
나. 기초재공품 당기완성원가	-	₩10,740	10,740
다. 당기착수완성원가	₩27,000	64,430	91,430
완성품원가 계	₩27,000	₩75,170	₩123,570
기말재공품원가	3,000	3,580	6,580
총원가	₩30,000	₩78,750	₩130,150

07. ④

배부차이 = ₩47,500 − ₩35,000 × 1.25 = ₩3,750(부족배부)

08. ②

예정배부율: ₩6,000,000/50,000시간 = ₩120/시간

예정배부액: ₩120 × 52,500시간 = ₩6,300,000

배부차이: ₩6,150,000 − 6,300,000 = ₩150,000(과대배부)

09. ②

배부차이가 기말재공품에 차감하여 조정되었다는 것은 제조간접원가 예정배부액이 초과배부되었다는 것을 의미한다. 즉, 제조간접원가 예정배부액이 실제발생 제조간접원가보다 크다는 의미이다.

1. 기말재공품에 차감하여 조정된 배부차이 ₩2,500 = 제조간접원가 배부차이 총액 × 1/8
   따라서, 제조간접원가 배부차이 총액 = ₩2,500 × 8 = ₩20,000
   그러므로, 제조간접원가 예정배부액 = 180,000 + 20,000 = ₩200,000
2. 제조간접원가 예정배부액 = 예정배부율 × 실제배부기준
   ₩200,000 = 예정배부율 × 1,250시간
   따라서, 예정배부율 = ₩200,000/1,250시간 = ₩160/시간

10. ④

1. 제조간접원가 배부차이 조정전 매출원가

(1) 당기총제조원가 = 직접재료원가 + 직접노무원가 + 제조간접원가 예정배부액
= ₩24,000 + 16,000 + 16,000 × 0.6 = ₩49,600

(2) 당기제품제조원가 = 당기총제조원가 + 기초재공품재고액 − 기말재공품재고액
= ₩49,600 + 5,600 − (1,200 + 1,500/0.6 + 1,500) = ₩50,000

(3) 매출원가＝당기제품제조원가＋기초제품재고액－기말제품재고액
＝₩50,000＋5,000－8,000＝₩47,000

2. 제조간접원가 배부차이
매출원가조정법으로 배부차이를 조정하고 있으므로 배부차이를 조정한 매출원가(₩49,400)와 배부차이 조정전 매출원가(₩47,000)의 차이인 ₩2,400이 제조간접원가 배부차이가 된다. 그리고 배부차이가 매출원가에 가산처리되었으므로 부족배부 상태이다. 즉, 실제발생 제조간접원가가 제조간접원가 예정배부액보다 배부차이만큼 크게 발생했다는 의미이다. 따라서,
실제제조간접원가＝제조간접원가 예정배부액＋부족배부차이
＝₩16,000×0.6＋2,400＝₩12,000

| 주관식 문제 |

01. 실제배부율과 예정배부율

한샘가구는 묶음단위로 주방용 식탁을 생산하고 있다. 당해연도 1월, 2월, 6월, 7월, 9월에 생산된 식탁 1묶음(식탁 10개)당 직접재료원가는 ₩2,000, 직접노무원가는 ₩3,500이었다. 당기의 월별 직접노무원가와 제조간접원가는 다음과 같다.

월	직접노무원가	제조간접원가
1	₩20,000	₩16,000
2	20,000	18,000
3	14,000	12,400
4	10,000	9,000
5	5,000	6,000
6	5,000	6,000
7	14,000	14,000
8	20,000	19,000
9	30,000	21,000
10	40,000	24,000
11	25,000	17,000
12	30,000	24,000
합계	₩233,000	₩186,400

제조간접원가는 직접노무원가에 비례하여 제품에 배부한다.

| 물음 |

1. 월별 제조간접원가 실제배부율을 사용하는 경우 주방용 식탁의 묶음별 총원가와 단위당 원가를 구하시오.
2. 당기초에 제조간접원가와 직접노무원가예산을 각각 ₩186,400, ₩233,000으로 추정하였다. 제조간접원가 예정배부율을 사용하는 경우 주방용 식탁의 묶음별 총원가와 단위당 원가를 구하시오.
3. [물음 1]과 [물음 2]의 결과에 대하여 간략히 논평하시오.

| 풀이 |

1. 월별 제조간접원가 실제배부율

월별	1월	2월	6월	7월	9월
제조간접원가	₩16,000	₩18,000	₩6,000	₩14,000	₩21,000
직접노무원가	÷20,000	÷20,000	÷5,000	÷14,000	÷30,000
실제배부율	₩0.8①	₩0.9	₩1.2	₩1.0	₩0.7

묶음별 제조원가					
직접재료원가	₩2,000	₩2,000	₩2,000	₩2,000	₩2,000
직접노무원가	3,500	3,500	3,500	3,500	3,500
제조간접원가	2,800②	3,150③	4,200④	3,500	2,450
총원가	₩8,300	₩8,650	₩9,700	₩9,000	₩7,950
생산량	10단위	10단위	10단위	10단위	10단위
단위당 원가	₩830	₩865	₩970	₩900	₩795

① ₩16,000÷20,000=₩0.8

② ₩3,500×₩0.8=₩2,800

③ ₩3,500×₩0.9=₩3,150

④ ₩3,500×₩1.2=₩4,200

2. 제조간접원가 예정배부율

(1) 예정배부율

$$\frac{₩186,400}{₩233,000} = ₩0.8$$

(2) 묶음별 제조원가

묶음별 제조원가	1월	2월	6월	7월	9월
직접재료원가	₩2,000	₩2,000	₩2,000	₩2,000	₩2,000
직접노무원가	3,500	3,500	3,500	3,500	3,500
제조간접원가	2,800①	2,800②	2,800	2,800	2,800
총원가	₩8,300	₩8,300	₩8,300	₩8,300	₩8,300
생산량	10단위	10단위	10단위	10단위	10단위
단위당 원가	₩830	₩830	₩830	₩830	₩830

① ₩3,500×₩0.8=₩2,800 ② ₩3,500×₩0.8=₩2,800

3. 논평

월별 제조간접원가 실제배부율을 사용하는 경우 매월의 단위당 원가변동이 심하게 나타난다. 이러한 현상은 제조간접원가에서 고정원가가 차지하는 비중이 클수록 뚜렷해진다. 제조간접원가 예정배부율을 사용하는 경우에는 제조간접원가 배부율을 사전에 결정함으로써 단위당 제조간접원가의 평준화(normalize)를 가져올 수 있다.

02. 제조간접원가 예정배부(1)

한국섬유는 제조간접원가를 예정배부하고 있으며, 당기초에 회사는 다음과 같이 예측하였다.

구분	방직부문	염색부문	합계
직접재료원가	₩800,000	₩500,000	₩1,300,000
직접노무원가	100,000	400,000	500,000
제조간접원가			
부문개별원가	₩300,000	₩150,000	₩450,000
부문공통원가	250,000	100,000	350,000
직접노무시간	12,500시간	50,000시간	62,500시간
기계작업시간	55,000	25,000	80,000

1월중에 A제품이 완성되었으며, 이 제품과 관련된 실제원가자료는 다음과 같다.

구분	방직부문	염색부문	합계
직접재료원가	₩7,000	₩5,000	₩12,000
직접노무원가	4,000	8,000	12,000
직접노무시간	500시간	1,000시간	1,500시간
기계작업시간	1,700	800	2,500

| 물음 |

1. 직접노무시간을 기준으로 제조간접원가를 제품에 배부하는 경우에 다음을 계산하시오.
   (1) 공장전체 제조간접원가 예정배부율
   (2) A제품에 배부되는 제조간접원가
   (3) A제품의 제조원가

2. 방직부문은 기계작업시간, 염색부문은 직접노무시간을 기준으로 제조간접원가를 제품에 배부하는 경우에 다음을 계산하시오.
   (1) 부문별 제조간접원가 예정배부율
   (2) A제품에 배부되는 제조간접원가
   (3) A제품의 제조원가
   (4) 당기중 방직 및 염색부문에서 발생한 실제제조간접원가는 각각 ₩580,000과 ₩260,000이었고, 방직부문에서의 실제기계작업시간은 50,000시간, 염색부문에서의 실제직접노무시간은 53,000시간이었다. 각 부문 및 공장전체의 제조간접원가 배부차이는 얼마인가?

| 풀이 |

1. 공장전체배부율

(1) 공장전체 예정배부율: 직접노무시간

$$\frac{₩450,000+350,000}{62,500\text{시간}}=₩12.8$$

(2) A제품에 배부되는 제조간접원가

₩12.8×1,500시간=₩19,200

(3) A제품의 제조원가

직접재료원가	₩12,000
직접노무원가	12,000
제조간접원가배부액	19,200
계	₩43,200

2. 부문별배부율

(1) 부문별 예정배부율

부문	배부기준	제조간접원가 예정배부율
방직부문	기계작업시간	$\frac{₩300,000+250,000}{55,000\text{시간}}=₩10$
염색부문	직접노무시간	$\frac{₩150,000+100,000}{50,000\text{시간}}=₩5$

(2) A제품에 배부되는 제조간접원가

₩10×1,700시간+₩5×1,000시간=₩22,000

(3) A제품의 제조원가

직접재료원가	₩12,000
직접노무원가	12,000
제조간접원가배부액	22,000
계	₩46,000

(4) 배부차이

제조간접원가	방직부문	염색부문	공장전체
실제원가	₩580,000	₩260,000	₩840,000
예정배부액	500,000①	265,000②	765,000
배부차이	₩80,000	₩5,000	₩75,000
	부족배부	초과배부	부족배부

① ₩10×50,000시간=₩500,000

② ₩5×53,000시간=₩265,000

03. 제조간접원가 예정배부(2)

한국기계는 다양한 제품을 생산·판매하고 있으며, 개별원가계산제도를 채택하고 있다. 당해연도 4월 1일 현재 재공품의 내용은 다음과 같다.

구분	#601	#602
직접재료원가	₩1,400	₩700
직접노무원가	1,800	1,300
제조간접원가배부액	1,280	800
계	₩4,480	₩2,800

4월중 제품별 원재료 소비액과 노무원가는 다음과 같다.

작업지시서	직접재료원가	직접노무원가
#601	–	₩500
#602	₩600	800
#603	1,000	700
#604	1,400	2,300
계	₩3,000	₩4,300

4월중 #601과 #602가 완성되었고, #602는 제조원가에 20%의 이익을 가산한 가격으로 판매하였다. 제조간접원가는 공정의 진척정도에 따라 기본원가의 40%를 배부한다. 당월중 발생한 실제제조간접원가는 ₩3,520이다.

| 물음 |

1. 4월 30일 현재 기말재공품 및 기말제품원가는 얼마인가?
2. 4월중의 거래를 회계처리하시오.

| 풀이 |

1. 4월 30일 현재 기말재공품 및 기말제품원가
   (1) 작업별 제조간접원가배부액

	당기발생			[기본원가×40%]
작업지시서	직접재료원가	직접노무원가	기본원가	제조간접원가배부액
#601	–	₩500	₩500	₩200
#602	₩600	800	1,400	560
#603	1,000	700	1,700	680
#604	1,400	2,300	3,700	1,480
합계	₩3,000	₩4,300	₩7,300	₩2,920

   (2) 기말재공품 및 기말제품원가

	#601	#602	#603	#604	합계
기초재공품원가	₩4,480	₩2,800	–	–	₩7,280
직접재료원가	–	600	₩1,000	₩1,400	3,000
직접노무원가	500	800	700	2,300	4,300
제조간접원가 배부액	200	560	680	1,480	2,920
제조원가	₩5,180	₩4,760	₩2,380	₩5,180	₩17,500
	완성	완성 및 판매	미완성	미완성	

따라서, 기말재공품원가(#603, #604)는 ₩7,560이고, 기말제품원가(#601)는 ₩5,180이다.

2. 회계처리

차변		대변	
가. 원재료 소비액			
재공품 #602	600	원재료	3,000
#603	1,000		
#604	1,400		
나. 노무원가 소비액			
재공품 #601	500	노무원가	4,300
#602	800	(또는 미지급임금)	
#603	700		
#604	2,300		
다. 제조간접원가배부액			
재공품 #601	200	제조간접원가	2,920①
#602	560		
#603	680		
#604	1,480		
라. 제조간접원가 실제발생액			
제조간접원가	3,520	제원가	3,520
마. 완성품 대체			
제품	9,940	재공품 #601	5,180
		#602	4,760
바. 매출			
매출채권	5,712	매출	5,712②
사. 매출원가			
매출원가	4,760	제품	4,760

① 작업별 제조간접원가배부액의 합계

② ₩4,760 × (1 + 0.2) = ₩5,712

참고로, 주요 계정흐름은 다음과 같다.

제조간접원가

차변	대변
실제발생 3,520	예정배부 2,920
	배부차이 600

재공품

차변	금액	대변	금액
기초(#601, 602)	7,280	완성(#601, 602)	9,940
직접재료원가	3,000		
직접노무원가	4,300		
제조간접원가	2,920	기말(#603, 604)	7,560
	17,500		17,500

제품

차변	금액	대변	금액
기초	−	매출원가	4,760
당기제품제조원가	9,940	기말(#601)	5,180
	9,940		9,940

04. 배부차이의 처리

대우기계는 금년 1월에 영업을 개시하였다. 회사는 제조간접원가를 예정배부하여 제품원가를 산정하고 있다. 금년 12월 31일에 제조간접원가 차변잔액이 ₩45,000 발생하였고, 기말현재 계정별 원가구성은 다음과 같다.

구분	재공품	제품	매출원가
직접재료원가	₩50,000	₩60,000	₩90,000
직접노무원가	20,000	160,000	220,000
제조간접원가배부액	10,000	80,000	110,000
계	₩80,000	₩300,000	₩420,000

| 물음 |

1. 회사의 금년중 실제 발생한 제조간접원가는 얼마인가?
2. 다음의 각 방법으로 제조간접원가 계정을 마감하고 필요한 분개를 하시오.
   (1) 매출원가조정법
   (2) 총원가기준 비례배부법
   (3) 원가요소기준 비례배부법

| 풀이 |

회사는 당기에 영업을 개시하였으므로 기초재공품 및 기초제품이 없는 상황이다. 기초재고자산과 다른 원가요소(직접재료원가와 직접노무원가)를 무시하고 제조간접원가가 제품에 배부되어 소멸되는 과정을 계정흐름으로 분석해 보면 다음과 같다.

[제조간접원가 배부차이 분석]

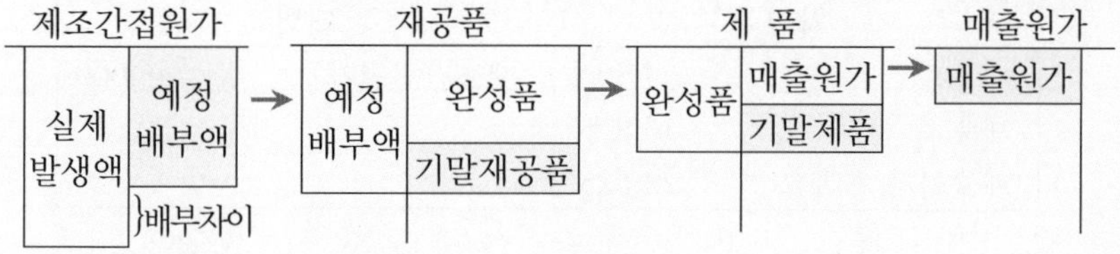

즉,

제조간접원가 예정배부액＝기말재공품에 포함된 제조간접원가
　　　　　　　　　　　　＋기말제품에 포함된 제조간접원가
　　　　　　　　　　　　＋매출원가에 포함된 제조간접원가

1. 제조간접원가 실제발생액

제조간접원가배부액 (₩10,000＋80,000＋110,000)	₩200,000
제조간접원가 차변잔액(부족배부)	45,000
실제발생액	₩245,000

2. 배부차이의 처리

(1) 매출원가 조정법

가. 배부차이 조정

부족배부차이 ₩45,000을 전부 매출원가에 가산한다.

나. 분개

차변		대변	
매출원가	45,000	제조간접원가	45,000

(2) 총원가기준 비례배부법

가. 배부차이 조정

	총원가	비율	배부차이 조정
기말재공품	₩80,000	10%	₩4,500
기말제품	300,000	37.5	16,875
매출원가	420,000	52.5	23,625
계	₩800,000	100%	₩45,000

나. 분개

차변		대변	
재공품	4,500	제조간접원가	45,000
제품	16,875		
매출원가	23,625		

(3) 원가요소기준 비례배부법

가. 배부차이 조정

	제조간접원가배부액	비율	배부차이 조정
기말재공품	₩10,000	5%	₩2,250
기말제품	80,000	40	18,000
매출원가	110,000	55	24,750
계	₩200,000	100%	₩45,000

나. 분개

차변		대변	
재공품	2,250	제조간접원가	45,000
제품	18,000		
매출원가	24,750		

05. 평준화개별원가계산(1)

성북기계는 평준화개별원가계산을 채택하고 있으며, 제조간접원가 배부기준은 기계시간이다. 회사는 연초에 제조간접원가예산을 ₩3,000,000, 기계시간을 2,000시간으로 예상하였다.

(1) 당기중 작업지시서 #100, #101, #102를 착수하여, #100, #101을 완성하였고, #102는 기말 현재 가공중이다.

(2) 당기중 ₩4,000,000의 원재료를 구입하였고 기말 현재 ₩1,500,000의 원재료가 재고로 남아있다.

(3) 당기중 지급한 노무원가는 ₩3,500,000이며, 기말 미지급노무원가는 ₩500,000, 기초 미지급노무원가는 ₩200,000이었다.

(4) 당기중 제조경비로 수도광열비 ₩800,000, 수선비 ₩900,000, 감가상각비 ₩1,200,000이 발생하였다.

(5) 작업별 실제발생 원가자료는 다음과 같다.

구분	#100	#101	#102	합계
직접재료원가	₩1,000,000	₩1,000,000	₩500,000	₩2,500,000
직접노무원가	1,500,000	800,000	1,300,000	3,600,000
기계시간	900시간	630시간	270시간	1,800시간

(6) 기초재고자산은 없었고, 작업 #100이 당기중에 ₩5,500,000에 판매되었다.

| 물음 |

1. 다음을 계산하시오.
   (1) 제조간접원가 예정배부율
   (2) 작업별 제조원가
   (3) 제조간접원가 배부차이
2. 제조간접원가 배부차이를 다음 각 방법으로 조정하고, 각 방법에 대한 매출총이익을 계산하시오.
   (1) 매출원가조정법
   (2) 원가요소기준 비례배부법

| 풀이 |

1. 평준화개별원가계산

(1) 제조간접원가 예정배부율

$$\frac{₩3,000,000}{2,000시간} = ₩1,500$$

(2) 작업별 제조원가

	#100	#101	#102	합계
직접재료원가	₩1,000,000	₩1,000,000	₩500,000	₩2,500,000
직접노무원가	1,500,000	800,000	1,300,000	3,600,000
제조간접원가 배부액	1,350,000①	945,000②	405,000③	2,700,000
제조원가	₩3,850,000	₩2,745,000	₩2,205,000	₩8,800,000

① ₩1,500×900시간=₩1,350,000

② ₩1,500×630시간=₩945,000

③ ₩1,500×270시간=₩405,000

(3) 제조간접원가 배부차이

가. 실제발생액

간접노무원가	₩200,000①
경비원가	2,900,000②
계	₩3,100,000

① ₩3,500,000 + 500,000 − 200,000 − 3,600,000 = ₩200,000

② ₩800,000 + 900,000 + 1,200,000 = ₩2,900,000

* 참고로 재료원가소비액 ₩2,500,000(=₩4,000,000 − 1,500,000)은 모두 직접재료원가이며, 간접재료원가는 없다.

나. 예정배부액: ₩2,700,000

다. 배부차이: ₩3,100,000 − 2,700,000 = ₩400,000 부족배부

2. 배부차이 조정과 매출총이익

(1) 매출원가조정법

가. 배부차이 조정

부족배부차이 ₩400,000을 전부 매출원가에 가산한다.

나. 매출총이익

매출액	₩5,500,000
매출원가	4,250,000*
매출총이익	₩1,250,000

* #100의 제조원가 ₩3,850,000에 부족배부차이 ₩400,000을 더한 금액임.

(2) 원가요소기준 비례배부법

가. 배부차이 조정

	제조간접원가 배부액	비율	배부차이 조정
기말재공품(#102)	₩405,000	15%	₩60,000
기말제품(#101)	945,000	35	140,000
매출원가(#100)	1,350,000	50	200,000
계	₩2,700,000	100%	₩400,000

나. 매출총이익

매출액	₩5,500,000
매출원가	4,050,000*
매출총이익	₩1,450,000

* #100의 제조원가 ₩3,850,000에 부족배부차이 ₩200,000을 더한 금액임.

06. 평준화개별원가계산(2)

한국가구사는 금년 12월에 영업을 개시하였다. 회사는 평준화개별원가계산을 적용하고 있다. 12월의 영업활동은 다음과 같았다.

(1) 12월의 원재료 매입액은 ₩90,000이었다.

(2) 원재료 출고현황은 다음과 같다.

구분	#101	#102	#103	#104	#105	계
직접재료원가	₩20,000	₩15,000	₩18,000	₩16,000	₩6,000	₩75,000
간접재료원가						₩4,500

(3) 12월중의 실제노무원가는 다음과 같다.

구분	#101	#102	#103	#104	#105	계
직접노무시간	250시간	2,500시간	2,000시간	1,800시간	400시간	6,950시간
직접노무원가	₩1,500	₩15,000	₩11,500	₩9,000	₩2,200	₩39,200
간접노무원가						6,000

(4) 당기초에 제조간접원가는 ₩600,000, 직접노무시간은 75,000시간으로 추정하였다. 제조간접원가배부는 직접노무시간을 기준으로 예정배부한다.

(5) 12월중 기타 제조간접원가 발생액은 다음과 같다.
공장설비의 감가상각비 ₩14,000, 수도광열비 ₩20,000,
보험료 ₩2,000, 재산세 ₩3,000, 잡비 ₩2,000

(6) 작업지시서 #101, #102, #103, #104는 당월에 완성되어 제품계정으로 대체되었다.

(7) 작업지시서 #101, #102는 당월에 ₩155,000에 판매되었다.

| 물음 |

1. 작업지시서별 제조원가를 구하시오.
2. 제조간접원가 배부차이는 얼마인가?
3. 총원가기준 비례배부법으로 제조간접원가계정을 마감하고 필요한 분개를 하시오.

| 풀이 |

1. 작업지시서별 제조원가

	#101	#102	#103	#104	#105	합계
직접재료원가	₩20,000	₩15,000	₩18,000	₩16,000	₩6,000	₩75,000
직접노무원가	1,500	15,000	11,500	9,000	2,200	39,200
제조간접원가 배부액	2,000①	20,000②	16,000	14,400	3,200	55,600
	₩23,500	₩50,000	₩45,500	₩39,400	₩11,400	₩169,800
	완성 및 판매	완성 및 판매	완성	완성	미완성	

① ₩8×250시간=₩2,000

② ₩8×2,500시간=₩20,000

제조간접원가 예정배부율: $\frac{₩600{,}000}{75{,}000시간}$ =₩8

2. 제조간접원가 배부차이

(1) 실제발생액

간접재료원가	₩4,500
간접노무원가	6,000
경비원가	41,000*
계	₩51,500

* ₩14,000+20,000+2,000+3,000+2,000=₩41,000

(2) 예정배부액: ₩55,600

(3) 배부차이: ₩51,500−55,600=₩4,100 초과배부

3. 총원가기준 비례배부법

(1) 배부차이 조정

	총원가	비율	배부차이 조정
기말재공품(#105)	₩11,400	6.7%	₩275
기말제품(#103, #104)	84,900	50.0	2,050
매출원가(#101, #102)	73,500	43.3	1,775
계	₩169,800	100.0%	₩4,100

* 비율은 소수점 넷째 자리에서 반올림하였고, 배부차이 조정금액은 소수점 첫째 자리에서 반올림하였다.

(2) 분개

차변		대변	
제조간접원가	4,100	재공품	275
		제품	2,050
		매출원가	1,775

참고로, 재무제표에 계상되는 기말재공품, 기말제품 및 매출원가는 다음과 같다.

기말재공품	₩11,125(=₩11,400−275)
기말제품	82,850(=₩84,900−2,050)
매출원가	71,725(=₩73,500−1,775)
계	₩165,700

11 Chapter

표준원가계산

Cost Accounting

제1절 표준원가

1. 표준원가계산

원가계산시스템은 원가의 집계방법에 따라 개별원가계산과 종합원가계산, 원가의 측정방법에 따라 실제원가계산과 예정원가계산으로 구분할 수 있음은 앞서 살펴본 바와 같다. 예정원가계산은 다시 평준화원가계산과 표준원가계산으로 나누어지는데, 본 장에서는 표준원가계산에 의한 개별원가계산과 종합원가계산을 다룬다. 표준원가계산은 직접재료원가, 직접노무원가, 제조간접원가 등 모든 제조원가를 표준원가로 측정하여 제품원가를 계산한다. 표준원가란 제품을 생산하기 전에 정상적이고 효율적인 영업환경에서 당연히 발생하리라고 예상되는 일종의 예정원가(또는 사전원가)이다.[1] 이러한 표준원가를 기업의 공식적인 회계제도 내에 도입한 것이 표준원가계산이다. 표준원가계산이 도입된 경우에도 기업이 외부보고 목적의 재무상태표와 손익계산서를 작성할 때에는 기업회계기준에 따라 재고자산과 매출원가를 반드시 실제원가에 의하여 평가해야 한다.[2] 단, 한

1) 회계학에서 사용되는 표준(standard)이란 성과평가의 기준으로서 특정 작업의 효율적 수행 여부를 판단하는 근거가 되는 기준을 말한다.

국채택국제회계기준(K-IFRS)과 일반기업회계기준에서는 재고자산의 표준원가가 실제원가와 유사한 경우에 한하여 편의상 재고자산을 표준원가로 평가할 수 있도록 하고 있다.[3)]

2. 표준원가

표준원가(standard costs)는 특정 제품을 생산하기 전에 객관적이고 합리적인 방법에 의하여 결정된 원가이다. 원가는 수량과 가격을 곱하여 계산되므로 제품단위당 표준원가도 수량표준과 가격표준으로 나뉘어 설정된다. 표준원가는 원가요소별로 설정되는 것이 일반적이며, 정상적인 재료원가, 소모품원가, 노무원가 및 효율성과 생산능력 활용도를 반영한다. 표준원가는 정기적으로 검토하여야 하며 생산조건 등에 변화가 있는 경우와 같이 필요한 경우 현재 상황에 맞게 적절히 수정 또는 조정하여야 한다.[4)]

표준원가 = 수량표준 × 가격표준

(1) 직접재료원가

직접재료원가 수량표준은 생산공정의 기술적 특징을 고려하여 산업공학적인 추정치를 이용하여 결정된다. 수량표준은 제품 한 단위를 생산하기 위해서 투입되어야 할 직접재료 수량으로 산업공학적인 투입량에 정상적인 공손이나 감손, 작업폐물 등을 더하여 산정한다. 가격표준은 직접재료 단위당 구입가격에 대한 표준이며, 매입가격에 매입운임, 하역과 창고보관료 등의 부대비용을 더하고, 매입할인 등을 차감하여 구한다. 표준가격은 과거 및 현재의 시장가격과 장래에 예측되는 가격동향이나 거래관습 등 제반 경제적 여건을 고려하여 정한다. 만일 직접재료 수량표준이 3kg이고 가격표준이 ₩10이라면 제품단위당 표준직접재료원가는 ₩30이 된다.

---

2) 우리나라 원가계산준칙 제3장(제26조부터 제33조까지)은 표준원가의 산정, 원가차이 산정과 회계처리 등에 대해서 규정하고 있다.

3) 한국채택국제회계기준(K-IFRS) 기업회계기준서 제1002호 문단21, 일반기업회계기준 문단7.14

4) 한국채택국제회계기준(K-IFRS) 기업회계기준서 제1002호 문단21, 일반기업회계기준 문단7.14

(2) 직접노무원가

직접노무원가 수량표준은 표준직접노무시간을 의미하는데, 표준직접노무시간 역시 직접재료원가 수량표준과 마찬가지로 산업공학적 방법인 시간연구나 동작연구를 통하여 구한다. 즉, 제품 한 단위를 생산하기 위해 수행되는 기본 동작과 동선을 측정하여 추정된 직접노무시간에 작업준비에 소요되는 시간, 정상적인 휴식시간, 반품처리에 허용되는 시간 등을 더하여 표준시간을 산정한다. 가격표준은 직접노무시간 한 시간당 지급되는 표준임률로서 직접적인 임금뿐만 아니라 퇴직금, 복리후생비, 각종 사회보험(건강보험, 고용보험, 산재보험, 국민연금 등) 중 회사부담액을 포함한다. 직접노무원가 수량표준과 가격표준을 개인별로 설정하기는 어려우므로 보통은 종업원을 숙련공・비숙련공으로 나누거나, 동일한 부서 내에 있는 종업원에 대해서 동일한 하나의 표준임률을 설정하기도 한다. 예를 들어, 제품단위당 표준직접노무시간이 4시간이고 직접노무시간당 표준임률은 ₩3이라면, 제품단위당 표준직접노무원가는 ₩12이 된다.

(3) 제조간접원가

직접재료원가와 직접노무원가는 변동원가로서 투입과 산출의 인과관계가 명확한 원가이므로 표준원가를 설정하기가 용이하다. 반면에, 제조간접원가는 간접재료원가, 간접노무원가와 제조경비 등 다양한 원가항목으로 구성되며, 원가행태도 변동원가와 고정원가가 혼합되어 있어 표준원가 설정이 용이하지 않다. 또한, 제조간접원가는 항목별로 표준을 설정하는 것이 비용・효익 측면에서 바람직하지 않기 때문에 총액에 대하여 표준원가를 설정한다.

제조간접원가 수량표준은 제품 1단위를 생산하기 위하여 투입되는 제조간접원가 배부기준이다. 예를 들어, 제조간접원가 배부기준이 직접노무시간이고, 제품단위당 표준직접노무시간이 4시간이라면 제조간접원가 수량표준은 제품단위당 4시간이 된다. 따라서, 이 경우 제조간접원가 수량표준은 직접노무원가 수량표준과 동일하다.[5] 제조간접원가 가격표준을 설정하기 위해서는 제조간접원가예산과 예정배부기준이 먼저 결정되어야 하는데, 제조간접원가예산과 예정배부기준은 평준화원가계산에서 설명한 바와 같다. 즉, 제조간

5) 표준원가계산에서 제조간접원가 배부기준으로 직접노무시간을 가정한 경우, 직접노무원가 수량표준(즉, 제품단위당 표준직접노무시간)이 곧 제조간접원가 수량표준이다.

접원가예산은 변동제조간접원가예산과 고정제조간접원가예산으로 나누어 추정하고, 예정배부기준은 계절적·주기적 변동이나 추세에 따른 변동을 평준화시키기에 충분히 긴 기간에 걸친 평준화조업도(정상조업도: normal capacity)를 사용한다.

$$\text{제조간접원가 가격표준} = \frac{\text{변동제조간접원가예산} + \text{고정제조간접원가예산}}{\text{예정배부기준총계}}$$

예정배부기준이 직접노무시간이라면, 제조간접원가예산을 예정직접노무시간으로 나누어 제조간접원가 가격표준을 산출한다. 예를 들어, 내년도 예정생산량은 10,000단위, 제조간접원가예산은 ₩200,000, 제품단위당 표준직접노무시간이 4시간이라면, 제조간접원가 가격표준은 다음과 같이 ₩5이고, 제품단위당 표준제조간접원가는 ₩20(=4시간×₩5)이 된다.

$$\text{제조간접원가 가격표준} = \frac{₩200{,}000}{4\text{시간} \times 10{,}000\text{단위}} = ₩5$$

예제 11-1

(주)한국산업의 원가담당자는 내년에 변동제조간접원가는 직접노무시간당 ₩10, 고정제조간접원가는 총 ₩25,000, 제조간접원가 배부기준인 직접노무시간은 1,000시간으로 추정하였다. 제품단위당 표준직접노무시간은 5시간이다.

| 물음 |

제조간접원가에 대한 표준원가를 설정하시오.

| 해답 |

1. 제조간접원가예산

   1,000시간×₩10+₩25,000=₩35,000

2. 가격표준

   $$\frac{₩35{,}000}{1{,}000\text{시간}} = ₩35$$

3. 표준원가

	수량표준	가격표준	제품단위당 표준원가
제조간접원가	5시간	₩35	₩175

지금까지 예로 든 표준원가를 원가요소별로 정리하면 [도표 11-1]과 같으며, 제품단위당 표준원가는 ₩62이다.

도표 11-1 ▌ 표준원가의 예

	수량표준	가격표준	제품단위당 표준원가
직접재료원가	3kg	₩10	₩30
직접노무원가	4시간	3	12
제조간접원가	4시간	5	20
계			₩62

3. 표준원가의 유용성

[도표 11-1]에서 설정된 제품단위당 표준원가 ₩62은 다음과 같은 목적에 이용될 수 있다.

(1) 제품원가계산 목적

표준원가가 설정되어 있으면 기중에 생산된 제품수량에 표준원가를 곱하여 신속하게 제품원가를 계산할 수 있다. 물론 이렇게 계산된 제품원가는 실제원가에 의한 것이 아니므로 외부보고 목적의 재무제표를 작성하기 위한 매출원가나 재고자산 평가목적으로는 사용될 수 없다. 그러나 기중에 복잡한 원가계산을 거치지 않고도 매출액에서 표준원가에 의한 매출원가를 차감하면 손익에 대한 정보를 쉽게 알 수 있다. 예를 들어, 5월중에 4,000단위를 판매하여 매출액이 ₩280,000이었다면, 표준원가에 의한 매출원가는 ₩248,000(=₩62×4,000단위)이므로 매출총이익은 ₩32,000이 된다. 경영자는 이러한 매출총이익 정보를 활용하여 목표이익을 달성하는데 필요한 조치를 적시에 취할 수 있다.

(2) 계획(예산편성) 목적

표준원가는 제품단위당 예산이므로, 표준원가가 사전에 설정되어 있으면 예산편성과정이 용이해진다. 예를 들어, [도표 11-1]과 같이 표준원가가 설정되어 있고 내년에 10,000단위를 생산·판매하기로 한 경우의 예산은 [도표 11-2]와 같다. 여기서, 제조간접원가예산은 표준원가 설정 당시 추정하였던 제조간접원가예산 ₩200,000이다. 또한, 내년에 10,000단위를 생산·판매하기 위한 직접재료 소요량은 30,000kg(=10,000단위×3kg), 직접노무시간은 40,000시간(=10,000단위×4시간)으로 예상할 수 있다.

도표 11-2 | 예산편성

	산출과정	예산(생산 및 판매량: 10,000단위)
직접재료원가	10,000단위×₩30	₩300,000
직접노무원가	10,000단위×₩12	120,000
제조간접원가		200,000
계		₩620,000

(3) 통제(원가차이분석) 목적

표준원가를 이용하여 편성된 예산은 기말에 실제원가와의 차이를 계산함으로써 차이분석을 통한 원가통제가 가능해진다. 기말에 예산생산·판매량을 달성하였으나, 실제원가는 [도표 11-2]의 예산과 달리 발생한 경우 원가차이(cost variances)를 예시하면 [도표 11-3]과 같다. 이와 같은 원가차이는 유리한 차이(favorable variance: F)와 불리한 차이(unfavorable variance: U)로 나누어진다. 유리한 차이는 실제원가가 표준원가(또는 예산)보다 적게 발생하여 영업이익을 증가시키는 차이이고, 불리한 차이는 실제원가가 표준원가(또는 예산)보다 많이 발생하여 영업이익을 감소시키는 차이를 말한다. 경영자는 [도표 11-3]에서 원가요소별로 계산된 차이가 허용한도 내에서 발생한 것인지 파악하여 허용한도를 벗어난 차이에 대하여 특별한 주의를 기울임으로써 예외에 의한 원가관리(management by exception)를 할 수 있다.

도표 11-3 | 성과평가(차이분석)

	실제원가	예산	실제원가와 예산의 차이
직접재료원가	₩320,000	₩300,000	₩20,000U
직접노무원가	110,000	120,000	(−)10,000F
제조간접원가	240,000	200,000	40,000U
계	₩670,000	₩620,000	₩50,000U

위에서 언급한 표준원가의 세 가지 목적 중 우리가 여기서 공부할 내용은 표준원가의 제품원가계산 측면이다. 표준원가를 계획(예산편성)이나 통제(원가차이분석) 목적으로 활용하는 것은 관리회계에서 상세하게 다루기로 한다. 따라서 다음 절에서는 표준원가의 제품원가계산 측면에서의 회계처리를 논의하기에 앞서 원가차이분석을 살펴본다.

제2절 원가차이분석

원가차이분석(cost variance analysis)이란 실제원가와 실제생산량에 허용된 표준원가(즉, 변동예산: flexible budget)를 비교하여 그 차이를 분석하는 것을 말한다.[6] 원가차이분석은 직접재료원가, 직접노무원가, 변동제조간접원가, 고정제조간접원가 각각의 원가요소에 대하여 수행되며, 중요한 차이에 대해서는 그 원인을 분석하고 책임을 규명하게 된다.

1. 직접재료원가 차이분석

직접재료원가 총차이는 실제직접재료원가와 실제생산량에 허용된 표준직접재료원가의 차이를 말한다. 직접재료원가 총차이는 직접재료원가 가격차이(price variance)와 직접재료원가 수량차이(quantity variance)로 나누어진다. 그런데 직접재료원가 가격차이는

6) 본서에서는 투입생산요소(원재료, 노동력)가 한 종류이며, 이를 이용하여 단일 제품을 생산하는 경우의 차이분석만을 살펴본다. 현실적으로는 투입생산요소(원재료, 노동력)가 두 가지 이상일 수 있으며, 단일의 제품 또는 복수의 제품을 생산할 수 있다. 복수 투입요소의 원가차이분석은 관리회계에서 다룬다.

직접재료 구매시점에서 계산할 수도 있고 직접재료 사용시점에서 계산할 수도 있다. 먼저 직접재료원가 가격차이가 사용시점에서 계산되는 경우를 다음 예를 통해 살펴보기로 한다.

> [예 1] 회사는 당월 중 1,000kg의 직접재료를 ₩100,000에 구입하였다. 그 가운데 950kg을 제품생산에 사용하였다. 직접재료의 수량표준은 2.0kg이며, 가격표준은 ₩110이다. 당월의 예산생산량은 500단위이고, 실제생산량은 450단위이다. 단, 직접재료의 월초재고는 없었다.

설명의 편의를 위해 직접재료에 대한 단위당 실제구입가격을 AP, 실제사용량을 AQu, 실제구입량을 AQp, 가격표준인 단위당 표준구입가격을 SP, 실제생산량에 허용된 표준사용량을 SQ라고 하자.

(1) 직접재료원가 가격차이를 사용시점에서 분리하는 경우

직접재료원가 총차이 = 실제원가(즉, 실제사용량에 대한 실제구입가격)

− 실제생산량에 허용된 표준원가(즉, 변동예산)

$= AP \times AQu - SP \times SQ$

$= ₩100^{①} \times 950kg - ₩110 \times 900kg^{②}$

$= ₩95{,}000 - ₩99{,}000 = (-)₩4{,}000F$

① AP = ₩100,000 ÷ 1,000kg = ₩100

② SQ = 450단위 × 단위당 2.0kg = 900kg

직접재료원가 가격차이는 직접재료의 수량을 실제사용량(AQu)으로 고정시킨 상태에서 직접재료의 가격변화(AP−SP)가 원가에 미치는 영향을 나타내고, 직접재료원가 수량차이는 직접재료의 가격을 표준구입가격(SP)으로 고정시킨 상태에서 직접재료의 실제사용량과 실제생산량에 허용된 직접재료 표준사용량의 차이(AQu−SQ)가 원가에 미치는 영향을 나타낸다.

직접재료원가 총차이 $= AP \times AQu - SP \times SQ$

$= AP \times AQu - SP \times AQu + SP \times AQu - SP \times SQ$

$$= (AP - SP) \times AQu + (AQu - SQ) \times SP$$

= 직접재료원가 가격차이 + 직접재료원가 수량차이

= (₩100 − ₩110) × 950kg + (950kg − 900kg) × ₩110

= (−)₩9,500F + ₩5,500U = (−)₩4,000F

[예 1]에서 직접재료원가 총차이는 ₩4,000이며, 이것은 두 가지로 분리되는데 가격차이가 ₩9,500F이며 수량차이는 ₩5,500U이다. 총차이가 ₩4,000이 되는 것은 F와 U로 표시되는 유리한 차이와 불리한 차이가 있기 때문이다. 즉, 실제구입가격 또는 실제사용수량이 표준구입가격 또는 실제생산량에 허용된 표준사용량을 초과하면 불리한 차이가 되고, 반대의 경우 유리한 차이가 된다.[7)]

직접재료원가 차이분석을 요약하면 다음과 같다.

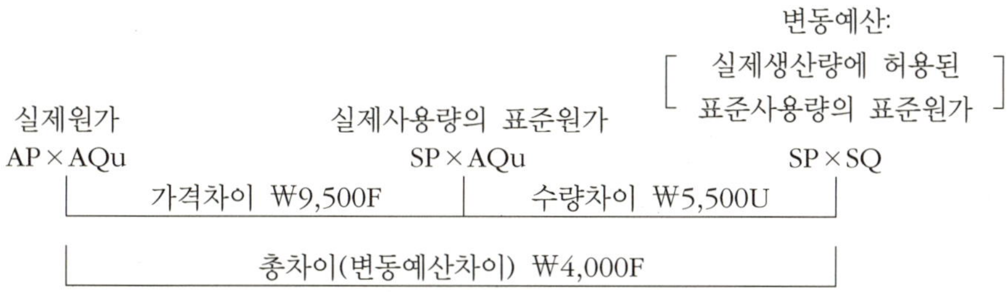

직접재료원가의 가격차이가 발생하는 원인은 원재료시장의 공급과 수요의 차이, 구매담당자의 업무능력, 표준설정 시 원재료의 품질수준과 실제 구입한 원재료의 품질차이, 구입처의 변경 등이 있다. 수량차이가 발생하는 원인은 생산과정에서 원재료의 비효율적 사용, 표준설정 시의 원재료 품질과의 차이, 점진적인 기술혁신 등이 그 원인이 될 수 있다. 그러나 정상적인 상황에서도 차이는 발생하게 된다. 그 차이가 관리범위 내에 있다면 크게 중요하지 않다고 보아야 한다. 만약 구매담당자가 가격차이에 대한 책임감을 너무

7) 여기서 실제구입가격(AP)이 표준구입가격(SP)보다 큰 경우 불리한 가격차이가 발생하며 반대의 경우에는 유리한 가격차이가 발생하게 된다. 또한 실제사용량(AQ)이 표준사용량(SQ)보다 큰 경우 불리한 수량차이가 발생하며 반대의 경우에는 유리한 수량차이가 발생하게 된다. 유리 혹은 불리한 차이는 반드시 표현 그대로의 의미를 지니는 것은 아니다. 예를 들어 표준구입가격보다 저렴한 가격으로 직접재료를 구입하게 되면 유리한 가격차이가 나타나게 된다. 다른 조건이 동일한 상황에서 구매 담당자가 가격협상을 잘하여 저렴한 가격으로 직접재료를 구입하였다면 진실로 유리한 차이라고 할 수 있겠으나 만일 예상하지 못했던 직접재료가격의 하락으로 인하여 유리한 가격차이가 발생했다면 진실로 유리한 차이라고 할 수 없다.

지나치게 느낀다면 품질이 낮은 원재료를 구매할 가능성이 있다. 이는 완제품의 품질이 떨어지는 원인이 될 수 있기 때문에 주의가 필요하다.[8] 표준원가계산제도가 종업원들을 비판하거나 과도하게 통제하는데 사용되어서는 안 된다.

(2) 직접재료원가 가격차이를 구입시점에서 분리하는 경우

앞서 언급했듯이 직접재료원가 가격차이는 구입시점에서 계산할 수도 있다. 직접재료원가 가격차이를 사용시점까지 기다리지 않고 구입시점에서 가능한 한 빨리 분리하여 계산한다면 구매담당자가 이를 즉시 인식하여 피드백 정보로 활용할 수 있게 된다. 따라서, 직접재료를 구입하는 시점에서 가격차이를 분리하는 것이 원가통제 목적상 적합하다고 할 수 있다.

이처럼 직접재료원가 가격차이를 사용시점이 아닌 구입시점에서 분리하는 경우에는 직접재료원가 가격차이는 구입량을 기초로 계산하고 직접재료원가 수량차이는 사용량을 기초로 다음과 같이 계산한다.

직접재료원가 가격차이 = 실제구입액 − 실제구입량의 표준원가
= AP × AQp − SP × AQp
= (AP − SP) × AQp
= (₩100 − ₩110) × 1,000kg = (−)₩10,000F

직접재료원가 수량차이 = 실제사용량의 표준원가
− 실제생산량에 허용된 표준원가(즉, 변동예산)
= SP × AQu − SP × SQ
= (AQu − SQ) × SP
= (950kg − 900kg) × ₩110 = ₩5,500U

8) 직접재료원가 가격차이는 다시 순수가격차이와 가격・수량혼합차이로 구분된다.
직접재료원가 가격차이 = (AP − SP) × AQu = (AP − SP) × {SQ + (AQu − SQ)}
= (AP − SP) × SQ + (AP − SP) × (AQu − SQ) = 순수가격차이 + 가격・수량혼합차이
경영자는 주로 외부요인에 의해 발생하는 가격차이보다는 수량차이를 통제함으로써 불리한 차이의 발생을 억제할 수 있으므로 가능한 한 순수한 수량차이[(AQu − SQ) × SP]를 얻기 위해 가격・수량혼합차이는 가격차이의 일부로 간주한다. 일반적으로 경영자는 가격차이보다는 원재료 사용의 효율성을 나타내는 수량차이에 더 관심을 가져야 한다.

이 경우 직접재료원가 차이분석을 요약하면 다음과 같다.

실제구입액	실제구입량의 표준원가	변동예산: [실제생산량에 허용된 표준사용량의 표준원가]
$AP \times AQp$	$SP \times AQp$	$SP \times SQ$

가격차이 ₩10,000F (실제구입액 – 실제구입량의 표준원가)

실제사용량의 표준원가

$SP \times AQu$

수량차이 ₩5,500U (실제사용량의 표준원가 – 변동예산)

총차이(변동예산차이) ₩4,500F

2. 직접노무원가 차이분석

직접노무원가 총차이는 실제직접노무원가와 실제생산량에 허용된 표준직접노무원가의 차이를 말한다. 직접노무원가 총차이는 직접노무원가 임률차이(rate variance)와 직접노무원가 능률차이(efficiency variance)로 나누어진다. 다음 [예 2]를 통해 직접노무원가의 차이분석을 살펴보자.

> [예 2] 회사는 당월중 1,000시간의 직접노무시간을 기록하였고, 실제 발생한 직접노무원가는 ₩4,100,000(시간당 ₩4,100)이었다. 당월중 실제생산량은 450단위이다. 직접노무원가 수량표준은 2.5시간이고, 가격표준인 표준임률은 ₩4,000이다.

설명의 편의를 위해 직접노무에 대한 실제임률을 AR, 실제투입시간을 AH, 표준임률을 SR, 실제생산량에 허용된 표준투입시간을 SQ라고 하자.

직접노무원가 총차이 = 실제원가 − 실제생산량에 허용된 표준원가(즉, 변동예산)

= $AR \times AH - SR \times SH$

= ₩4,100 × 1,000시간 − ₩4,100 × 1,125시간①

= ₩4,100,000 − ₩4,500,000 = (−)₩400,000F

① 450단위 × 2.5시간 = 1,125시간

직접노무원가 임률차이는 실제투입시간(AH)으로 고정시킨 상태에서 임률변화(AR−SR)가 원가에 미치는 영향을 나타내고, 직접노무원가 능률차이는 임률을 표준임률(SR)로 고정시킨 상태에서 실제투입시간과 표준투입시간의 차이(AH−SH)가 원가에 미치는 영향을 나타낸다.

$$
\begin{aligned}
\text{직접노무원가 총차이} &= AR \times AH - SR \times SH \\
&= AR \times AH - SR \times AH + SR \times AH - SR \times SH \\
&= (AR - SR) \times AH + (AH - SH) \times SR \\
&= \text{직접노무원가 임률차이} + \text{직접노무원가 능률차이} \\
&= (₩4{,}100 - ₩4{,}000) \times 1{,}000\text{시간} \\
&\quad + (1{,}000\text{시간} - 1{,}125\text{시간}) \times ₩4{,}000 \\
&= ₩100{,}000U - ₩500{,}000F = (-)₩400{,}000F
\end{aligned}
$$

[예 2]에서 직접노무원가 총차이는 ₩400,000F이며, 임률차이가 ₩100,000U이고 능률차이는 ₩500,000F이다.

직접노무원가 차이분석을 요약하면 다음과 같다.

실제원가 AR×AH	실제투입시간의 표준원가 SR×AH	변동예산: [실제생산량에 허용된 표준투입시간의 표준원가] SR×SH
임률차이 ₩100,000U	능률차이 ₩500,000F	
총차이(변동예산차이) ₩400,000F		

3. 변동제조간접원가 차이분석

변동제조간접원가 총차이는 실제변동제조간접원가와 실제생산량에 허용된 표준변동제조간접원가의 차이를 말한다. 변동제조간접원가 총차이는 변동제조간접원가 소비차이(spending variance)와 변동제조간접원가 능률차이(efficiency variance)로 나누어진다.

다음 [예 3]을 통해 변동제조간접원가의 차이분석을 살펴보자.

> **[예 3]** 회사는 변동제조간접원가 배부기준으로 직접노무시간을 사용한다. 이 회사의 당월 중 변동제조간접원가의 실제발생액이 ₩2,100,000이었다. 실제생산량은 450단위이며, 실제 투입된 직접노무시간은 1,000시간이다. 제품단위당 표준직접노무시간은 2.5시간이고, 변동제조간접원가 표준배부율은 직접노무시간당 ₩2,000이다.

설명의 편의를 위해 변동제조간접원가에 대한 실제배부율을 AR, 실제조업도를 AH, 표준배부율을 SR, 실제생산량에 허용된 표준조업도을 SH라고 하자. [예 3]에서 조업도는 생산요소의 투입량으로 직접노무시간을 말한다.

변동제조간접원가 총차이 = 실제원가 − 실제생산량에 허용된 표준원가(즉, 변동예산)

= AR × AH − SR × SH

= ₩2,100^①^ × 1,000시간 − ₩2,000 × 1,125시간^②^

= ₩2,100,000 − ₩2,250,000 = (−)₩150,000F

① 실제배부율(AR): ₩2,100,000 ÷ 1,000시간 = ₩2,100

② 표준조업도(SH): 450단위 × 2.5시간 = 1,125시간

변동제조간접원가 소비차이는 실제변동제조간접원가와 실제조업도에 대한 표준변동제조간접원가(SR × AH)의 차이를 나타내고, 변동제조간접원가 능률차이는 실제조업도에 대한 표준변동제조간접원가(SR × AH)와 실제생산량에 허용된 표준조업도의 표준원가(SR × SH)와의 차이를 나타낸다. 변동제조간접원가에 대한 배부기준으로 직접노무시간을 사용하는 경우 직접노무원가 능률차이는 변동제조간접원가 능률차이에 영향을 미치게 된다.

변동제조간접원가 총차이 = AR × AH − SR × SH

= AR × AH − SR × AH + SR × AH − SR × SH

= (AR − SR) × AH + (AH − SH) × SR

= 변동제조간접원가 소비차이 + 변동제조간접원가 능률차이

=(₩2,100−₩2,000)×1,000시간
+(1,000시간−1,125시간)×₩2,000
=₩100,000U−₩250,000F=(−)₩150,000F

[예 3]에서 변동제조간접원가 총차이는 ₩150,000F이며, 소비차이가 ₩100,000U이며 능률차이는 ₩250,000F이다.

변동제조간접원가 차이분석을 요약하면 다음과 같다.

실제원가 AR×AH	실제조업도의 표준원가 SR×AH	변동예산: [실제생산량에 허용된 표준조업도의 표준원가] SR×SH
소비차이 ₩100,000U	능률차이 ₩250,000F	
총차이(변동예산차이) ₩150,000F		

통상적으로 변동제조간접원가 소비차이는 실제가격(실제배부율)이 표준가격(표준배부율)과 다르기 때문에 발생하는 것으로 알려져 있다. 그러나 변동제조간접원가 소비차이는 가격뿐만 아니라 능률에 관한 항목도 소비차이를 발생시키는 원인이 될 수 있다. 예를 들어 변동제조간접원가를 구성하는 항목으로 간접노무원가, 윤활유, 동력비 등을 고려해 보자. 이 경우 변동제조간접원가 소비차이는 두 가지에 의해 영향을 받는다. 첫째, 소비차이는 단지 가격이 변동예산에서의 가격보다 높아졌기 때문에 발생할 수 있다. 즉, 당해연도에 변동간접제조원가 항목에 실제로 지급된 가격이 상승하여 결과적으로 불리한 차이를 가져올 수 있다. 둘째, 소비차이는 변동제조간접원가 항목들을 낭비했거나 비능률적으로 사용함으로 인해 영향을 받는다.

변동제조간접원가 능률차이는 변동제조간접원가를 사용하는데 있어서의 능률과는 무관하므로 이 용어 자체가 잘못 붙여진 것이다. 이 차이가 실제로 나타내 주는 것은 변동제조간접원가의 배부기준이 얼마나 능률적으로 이용되고 있는가 하는 점이다. 변동제조간접원가 배부기준이 직접노무시간인 경우, 변동제조간접원가 능률차이는 직접노무시간의 능률과 직접 관련이 된다. 따라서 만약 직접노무원가 차이분석에서 유리한 능률차이가 발생하였다면 변동제조간접원가 능률차이도 유리한 차이가 발생하게 된다.

4. 고정제조간접원가 차이분석

고정제조간접원가는 앞서 논의한 직접재료원가, 직접노무원가 그리고 변동제조간접원가와는 다른 원가행태를 보여준다. 즉, 고정제조간접원가는 관련범위 내에서 조업도에 관계없이 일정하게 발생하므로 변동제조원가와는 달리 투입·산출 간의 비례관계가 존재하지 않는다. 고정제조간접원가를 효율적으로 관리한다고 하더라도 그 발생금액은 변화가 없기 때문에, 고정제조간접원가에서는 능률차이가 인식되지 않는다. 따라서 실제발생원가와 예산을 총액으로 비교하여 그 차이 전액을 예산차이(budget variance)로 관리하게 된다. 또한 제품원가계산 목적상 제조간접원가 표준배부액과 예산과는 차이가 발생하게 되는데 이는 기준조업도와 실제생산량에 허용된 표준조업도가 다르기 때문에 발생하는 차이로 조업도차이(생산조업도차이: production volume variance)라고 한다.

보다 구체적으로 말하면 고정제조간접원가 총차이는 실제고정제조간접원가와 고정제조간접원가 표준배부액과의 차이이다. 여기서 고정제조간접원가 표준배부액은 실제생산량에 허용된 표준조업도에 조업도 단위당 고정제조간접원가 표준배부율을 곱한 금액이다. 고정제조간접원가 표준배부율은 제품원가계산 목적상 다음과 같이 계산된다.

$$\text{고정제조간접원가 표준배부율} = \frac{\text{고정제조간접원가예산}}{\text{기준조업도(배부기준)}}$$

여기서, 기준조업도(denominator volume)는 고정제조간접원가를 제품원가에 배부하기 위한 기준이 되는 조업도로 직접노무시간, 기계가동시간, 생산량 등으로 표현된다.[9] 다음 [예 4]를 통해 기준조업도, 표준조업도, 고정제조간접원가 표준배부율 그리고 고정

[9] 기준조업도를 어느 수준에서 결정하는가에 따라 고정제조간접원가 표준배부율이 달라진다. 일반적으로 기준조업도(denominator volume)로 사용되는 것은 다음과 같다. ① 이론적 조업도(theoretical capacity): 최대의 능률로 생산설비를 활용할 경우 달성될 수 있는 조업도수준이다. ② 실제최대조업도(practical capacity): 이론적 조업도에서 기계고장, 수선, 종업원의 휴가, 휴식 불가피한 작업중단 등을 고려하여 설정한 조업도수준이다. 보통 실제최대조업도는 이론적 조업도의 70~85% 정도에 해당한다. ③ 평준화조업도(정상조업도: normal capacity): 과거의 조업도를 기초로 미래의 예상되는 조업도 증감을 고려하여 장기적으로(보통 3~5년으로) 평균한 조업도수준이다. ④ 연간 기대조업도(annual expected capacity): 다음 연도 예상판매량을 기초로 한 기대조업도수준으로 예산편성의 기초로 많이 활용되기 때문에 예산조업도(budgeted capacity)라고도 한다. 이 중 기준조업도로는 보통 평준화조업도(정상조업도)와 연간 기대조업도를 이용하게 된다.

제조간접원가의 차이분석에 대해 구체적으로 살펴보기로 하자.[10)]

> [예 4] 회사는 고정제조간접원가 배부기준으로 직접노무시간을 사용한다. 이 회사의 당월 고정제조간접원가예산은 ₩10,000이며, 예산조업도는 1,000직접노무시간이다. 제품단위당 표준직접노무시간은 2시간이고, 고정제조간접원가 실제발생액은 ₩7,000이다. 당월 실제생산량은 400단위이다.

① 기준조업도는 고정제조간접원가 표준배부율을 산정할 때 사용되는 예산조업도이므로 1,000직접노무시간이다.

② 표준조업도는 실제생산량(400단위)에 단위당 표준직접노무시간(2시간)을 곱한 값으로 800직접노무시간이다.

③ 고정제조간접원가 표준배부율은 고정제조간접원가 예산금액(₩10,000)을 기준조업도(1,000직접노무시간)로 나눈 값으로 직접노무시간당 ₩10이다.

④ 고정제조간접원가 총차이 = 실제원가 − 표준배부액
= 실제원가 − (표준조업도 × 표준배부율)
= ₩7,000 − (800직접노무시간 × ₩10)
= ₩7,000 − ₩8,000 = (−)₩1,000F

⑤ 고정제조간접원가 예산차이 = 실제원가 − 예산
= 실제원가 − (기준조업도 × 표준배부율)
= ₩7,000 − (1,000직접노무시간 × ₩10)
= ₩7,000 − ₩10,000 = (−)₩3,000F

⑥ 고정제조간접원가 조업도차이 = 예산 − 표준배부액
= (기준조업도 × 표준배부율) − (표준조업도 × 표준배부율)
= (기준조업도 − 표준조업도) × 표준배부율
= (1,000직접노무시간 × ₩10) − (800직접노무시간 × ₩10)
= (1,000직접노무시간 − 800직접노무시간) × ₩10
= ₩2,000U

10) 기준조업도와 표준조업도의 차이를 간략하게 설명하면 다음과 같다. 기준조업도는 고정제조간접원가 표준배부율을 구하기 위해 미리 설정해 놓은 예산조업도를 말한다. 기준조업도는 한 번 선택되면 일정기간 동안 변동되지 않는다. 왜냐하면 그 기간 동안 생산된 제품에 배부되는 제조간접원가의 금액이 안정적이어야 하기 때문이다. 표준조업도는 실제생산량에 허용된 조업도수준을 의미한다.

[예 4]에서 고정제조간접원가 총차이는 ₩1,000(F)이며, 이것은 두 가지로 분리되는데 예산차이가 ₩3,000(F)이며 조업도차이는 ₩2,000(U)이다. 여기에서 조업도차이가 불리한 차이인 것은 예산생산량 500단위(=1,000시간÷2시간)보다 실제생산량(400단위)이 낮아졌으니 불리한 상황이기 때문이라고 쉽게 해석할 수 있을 것이다. 그러나 보다 엄밀하게 말하면 조업도차이와 관련하여 유리한 차이 혹은 불리한 차이의 진정한 의미는 표준원가 배부액을 재무제표에 보고하기 위해 실제원가로 조정하는 과정에서 나타난다. [예 4]에서 조업도차이가 불리한 차이인 이유는 고정제조간접원가가 예산액보다 과소배부되어 있어 상향조정되어야 하며 그 결과 이익이 하향조정되어야 하기 때문이다.

실제생산량에 허용된 표준조업도가 기준조업도보다 큰 경우에는 고정제조간접원가예산보다 제품에 배부되는 금액이 더 클 것이며 이로 인해 불리한 조업도차이가 나타난다. 반대로 기준조업도보다 작은 경우에는 고정제조간접원가예산보다 제품에 배부되는 금액이 더 작을 것이며 이로 인해 유리한 조업도차이가 나타난다.

고정제조간접원가 차이분석을 요약하면 다음과 같다.

실제원가	고정제조간접원가예산 (=기준조업도×표준배부율)	표준배부액: [실제생산량에 허용된 표준조업도×표준배부율]
예산차이 ₩3,000F	조업도차이 ₩2,000U	
총차이 ₩1,000F		

예제 11-2

다음은 한국회사가 생산하고 있는 단일 제품 P에 대한 20×1년 5월중 원가 및 생산활동에 관한 자료이다.

	수량표준	가격표준	제품단위당 표준원가
직접재료원가	6kg	₩4	₩24
직접노무원가	3시간	10	30
변동제조간접원가	3시간	6	18
고정제조간접원가	3시간	4	12
			₩84

- 월간 고정제조간접원가예산 ₩80,000
- 실제생산량 6,000단위
- 구입한 직접재료(40,000kg @₩4.8) ₩192,000
- 직접재료 사용량 38,000kg
- 직접노무원가(19,000시간 @₩9) ₩171,000
- 실제변동제조간접원가 ₩108,000
- 실제고정제조간접원가 ₩78,000

회사는 직접재료원가 가격차이를 구입시점에서 분리하여 계산한다.

| 물음 |

주어진 자료를 근거로 다음의 원가차이를 계산하시오.

1. 직접재료원가 가격차이와 수량차이
2. 직접노무원가 임률차이와 능률차이
3. 변동제조간접원가 소비차이와 능률차이
4. 고정제조간접원가 예산차이와 조업도차이

| 해답 |

1. 직접재료원가 차이분석

(1) 가격차이 = (AP − SP) × AQp

= (₩4.8 − ₩4) × 40,000kg = ₩32,000U

* 직접재료원가 가격차이를 사용시점에서 분리하는 경우,
가격차이 = (AP − SP) × AQu
= (₩4.8 − ₩4) × 38,000kg = ₩30,400U

(2) 수량차이 = (AQu − SQ) × SP

= (38,000kg − 36,000kg*) × ₩4 = ₩8,000U

* 6,000단위 × 6kg = 36,000kg

2. 직접노무원가 차이분석

(1) 임률차이 = (AR − SR) × AH

= (₩9 − ₩10) × 19,000시간 = ₩19,000F

(2) 능률차이 = (AH − SH) × SR

= (19,000시간 − 18,000시간*) × ₩10 = ₩10,000U

* 6,000단위 × 3시간 = 18,000시간

3. 변동제조간접원가 차이분석

(1) 소비차이＝(AR－SR)×AH＝AR×AH－SR×AH

＝₩108,000－₩6×19,000시간＝₩6,000F

(2) 능률차이＝(AH－SH)×SR

＝(19,000시간－18,000시간)×₩6＝₩6,000U

4. 고정제조간접원가 차이분석

(1) 예산차이＝실제액－예산

＝₩78,000－₩80,000＝₩2,000F

(2) 조업도차이＝예산－표준배부액

＝₩80,000－(6,000단위×3시간×₩4)＝₩8,000U

제3절 회계처리

표준원가계산을 구체적으로 공부하기에 앞서 표준원가계산에서의 원가흐름을 이해할 필요가 있다. 표준원가계산에서는 표준원가에 의하여 재공품 차변원가가 집계되고, 완성품원가와 매출원가도 모두 표준원가에 의하여 산출되기 때문에 실제원가계산보다 원가흐름이 간단하다. 그러나 실제원가와 표준원가의 차이, 즉 원가차이가 발생한 경우에는 이를 적절히 회계처리해야 한다. 실제원가가 표준원가보다 더 많이 발생한 경우에는 그 차액을 원가차이계정의 차변에 기록하는데, 이는 비용의 과다발생과 유사한 의미를 갖는다. 반대로, 실제원가가 표준원가보다 적게 발생한 경우에는 그 차액을 원가차이계정의 대변에 기록하는데, 이는 수익발생과 유사한 의미를 갖는다.

다음의 사례를 통하여 표준원가계산에서의 원가흐름과 회계처리에 대해서 구체적으로 설명하기로 한다.

1. 기본자료: (주)한국제조

(주)한국제조는 단일의 전자제품을 생산·판매하며 제품의 원가계산에 표준원가계산제도를 적용하고 있다. 다음은 처음으로 생산을 시작한 20×1년 5월에 대한 정보를 수집한 것이다.

■ 표준 및 예산조업도에 관한 정보
- 직접재료원가: 제품 1단위당 4kg, 직접재료 1kg당 ₩20
- 직접노무원가: 제품 1단위당 2시간, 1시간당 ₩30
- 변동제조간접원가: 직접노무시간을 기준으로 배부하며 직접노무시간당 ₩10
- 고정제조간접원가 월 예산액: ₩32,000
- 월 예산조업도: 제품기준으로 400단위 또는 800직접노무시간

■ 실제원가 및 실제조업도에 관한 정보
- 직접재료구입량: 4,000kg, 1kg당 ₩24
- 직접재료사용량: 2,200kg, 1kg당 ₩24
- 직접노무원가: 1,200시간, 1시간당 ₩27
- 변동제조간접원가 발생액: ₩11,400
- 고정제조간접원가 발생액: ₩33,600
- 5월중 500단위가 생산에 착수되어 생산이 완료되었으며, 이 중 400단위를 판매하였다.

회사는 직접재료원가 가격차이를 구입시점에서 분리하여 계산한다.

2. 원가차이분석: (주)한국제조

(주)한국제조의 20×1년 5월중 제품단위당 표준원가는 다음과 같다.

	수량표준	가격표준	제품단위당 표준원가
직접재료원가	4kg	₩20	₩80
직접노무원가	2시간	30	60
변동제조간접원가	2시간	20	40
고정제조간접원가	2시간	40	80
			₩260

표준원가계산하에서의 원가흐름과 회계처리를 설명하기에 앞서 (주)한국제조의 20×1년 5월중 각 원가요소별로 차이분석을 수행한 결과는 다음과 같다.

(1) 직접재료원가 차이분석

AP×AQp	SP×AQp	SP×AQu	SP×SQ
₩24×4,000kg =₩96,000	20×4,000kg =₩80,000	₩20×2,200kg =₩44,000	₩20×(500단위×4kg) =₩40,000
가격차이 ₩16,000U		수량차이 ₩4,000U	

* 직접재료원가가격차이를 사용시점에서 분리하는 경우,
가격차이=(AP−SP)×AQu=(₩24−₩20)×2,200kg=₩8,800U

(2) 직접노무원가 차이분석

AR×AH	SR×AH	SR×SH
₩27×1,200시간 =₩32,400	₩30×1,200시간 =₩36,000	₩30×(500단위×2시간) =₩30,000
임률차이 ₩3,600F	능률차이 ₩6,000U	

(3) 변동제조간접원가 차이분석

AR×AH	SR×AH	SR×SH
₩11,400 (=₩9.5×1,200시간)	₩10×1,200시간 =₩12,000	₩10×(500단위×2시간) =₩10,000
소비차이 ₩600F	능률차이 ₩2,000U	

(4) 고정제조간접원가 차이분석

고정제조간접원가 표준배부율은 고정제조간접원가 예산금액(₩32,000)을 기준조업도(800직접노무시간)로 나눈 값으로 직접노무시간당 ₩40이다.

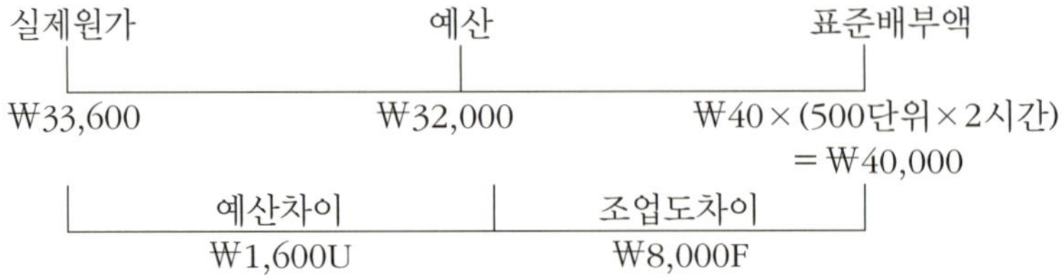

3. 회계처리: (주)한국제조

(1) 직접재료원가

(주)한국제조는 직접재료의 구입시점에 실제구입금액을 매입채무계정의 대변에 계상하고, 직접재료계정의 차변에는 직접재료의 실제구입수량을 표준구입가격으로 표시한 금액을 기록한다. 직접재료의 구입시점에서 분리된 불리한 가격차이는 직접재료원가가격차이계정의 차변에 기록한다. (주)한국제조는 직접재료의 사용시점에 직접재료의 실제사용량을 표준구입가격으로 표시한 금액을 직접재료계정의 대변에 기록하며, 재공품계정의 차변에 기록되는 표준원가는 실제생산량에 제품단위당 표준직접재료원가를 곱한 금액이다.

직접재료의 실제사용량을 표준구입가격으로 표시한 금액을 직접재료계정의 대변에 기록하며, 이때 재공품계정의 차변에 기록되는 표준원가는 실제생산량에 단위당 표준직접재료원가를 곱한 금액이다. 직접재료의 사용시점에서 분리된 불리한 수량차이는 직접재료원가수량차이계정의 차변에 기록한다.

직접재료의 구입 및 사용과 관련된 회계처리는 다음과 같다.

차변		대변	
① 직접재료의 구입			
직접재료	80,000ⓑ	매입채무	96,000ⓐ
직접재료원가가격차이	16,000		
ⓐ 4,000kg×₩24=₩96,000			
ⓑ 4,000kg×₩20=₩80,000			
② 직접재료의 사용			
재공품	40,000ⓑ	직접재료	44,000ⓐ
직접재료원가수량차이	4,000		
ⓐ 2,200kg×₩20=₩44,000			
ⓑ 500단위×₩80=₩40,000 또는 500단위×4kg×₩20=₩40,000			

만약 직접재료원가 가격차이를 사용시점에서 분리하는 경우에는, 직접재료를 구입하는 시점에서는 직접재료계정 차변에 실제구입가격으로 기록한다. 직접재료가 소비되는 시점에서는 직접재료계정 대변에 기록되는 실제원가와 재공품계정 차변에 기록되는 표준원가의 차이를 원가차이로 기록한다. 이때 재공품계정의 차변에 기록되는 표준원가는 실제생산량에 제품단위당 표준직접재료원가를 곱한 금액이다.

차변		대변	
가. 구입시점			
직접재료	96,000[ⓐ]	매입채무	96,000[ⓐ]
나. 사용시점			
재공품	40,000[ⓒ]	직접재료	52,800[ⓑ]
직접재료원가가격차이	8,800[ⓓ]		
직접재료원가수량차이	4,000[ⓔ]		

ⓐ 4,000kg × ₩24 = ₩96,000
ⓑ 2,200kg × ₩24 = ₩52,800
ⓒ 500단위 × ₩80 = ₩40,000 또는 500단위 × 4kg × ₩20 = 40,000
ⓓ (₩24 − ₩20) × 2,200kg = ₩8,800U
ⓔ (2,200kg − 2,000kg) × ₩20 = ₩4,000U

(2) 직접노무원가

직접노무원가가 발생하는 경우, 실제생산량에 제품단위당 표준직접노무원가를 곱한 금액을 재공품계정 차변에 기록하고, 직접노무원가 실제발생액은 미지급된 것으로 가정하여 미지급임금계정의 대변에 기록한다. 이때에도 재공품계정의 차변에 기록되는 금액과 미지급임금계정의 대변에 기록되는 금액의 차이는 직접노무원가임률차이와 직접노무원가능률차이로 구분하여 기록한다. 직접노무원가의 발생과 관련된 회계처리는 다음과 같다.

차변		대변	
③ 직접노무원가의 발생			
재공품	30,000[ⓐ]	미지급임금	32,400[ⓑ]
직접노무원가능률차이	6,000	직접노무원가임률차이	3,600

ⓐ 500단위 × ₩60 = ₩30,000 또는 500단위 × 2시간 × ₩30 = ₩30,000
ⓑ 1,200시간 × ₩27 = ₩32,400

(3) 제조간접원가

표준원가계산제도하에서 제조간접원가는 변동제조간접원가와 고정제조간접원가로 나누어 회계처리하는 것이 일반적이다. 변동제조간접원가(또는 고정제조간접원가)는 실제 발생액이 집계되기 전에 표준원가에 의하여 재공품계정에 예정배부되는 것이 보통이다. 변동제조간접원가와 고정제조간접원가 각각에 대한 회계처리과정은 다음과 같다.

첫째, 당기 생산량에 제품단위당 표준변동제조간접원가(또는 표준고정제조간접원가)를 곱한 금액을 재공품계정의 차변과 변동제조간접원가배부(또는 고정제조간접원가배부)계정의 대변에 기록한다.[11] 둘째, 당기에 실제로 발생한 변동제조간접원가(또는 고정제조간접원가)는 변동제조간접원가(또는 고정제조간접원가)계정의 차변에 기록되어 집계되는데, 이 금액은 기말이 되어야 최종적으로 알 수 있다. 셋째, 변동제조간접원가(또는 고정제조간접원가)계정의 차변에 기록된 실제발생액과 변동제조간접원가배부(또는 고정제조간접원가배부)계정의 대변에 기록된 표준원가의 차이를 변동제조간접원가소비차이와 변동제조간접원가능률차이(또는 고정제조간접원가예산차이와 고정제조간접원가조업도차이)로 구분하여 기록한다. 여기서 주의할 점은 직접재료원가나 직접노무원가와 달리, 변동제조간접원가(또는 고정제조간접원가)의 각 원가차이는 기말에 가서야 일괄적으로 파악된다는 것이다.

변동제조간접원가와 고정제조간접원가 각각에 대한 회계처리과정은 다음과 같다.

---

11) 별도로 변동제조간접원가의 배부액을 대변에 집계하는 '변동제조간접원가배부(Variable Overhead Allocated)' 계정은 실제로 발생한 변동제조간접원가를 차변에 집계하는 '변동제조간접원가(변동제조간접원가통제: Variable Overhead Control)'계정의 상쇄계정(평가계정: contra account)이다. 변동제조간접원가의 배부에 대한 대체적 회계처리방법은 변동제조간접원가배부액을 별도의 '변동제조간접원가배부'계정의 대변에 기록하는 대신에 '변동제조간접원가(변동제조간접원가통제)'계정의 대변에 기록하는 것이다. 마찬가지로, 별도로 고정제조간접원가의 배부액을 대변에 집계하는 '고정제조간접원가배부(Fixed Overhead Allocated)'계정은 실제로 발생한 고정제조간접원가를 차변에 집계하는 '고정제조간접원가(고정제조간접원가통제: Fixed Overhead Control)'계정의 상쇄계정(평가계정: contra account)이다. 고정제조간접원가의 배부에 대한 대체적 회계처리방법은 고정제조간접원가배부액을 별도의 '고정제조간접원가배부'계정의 대변에 기록하는 대신에 '고정제조간접원가(고정간접제조원가통제)'계정의 대변에 기록하는 것이다.

차변	대변
④ 변동제조간접원가의 배부	
재공품 10,000[a]	변동제조간접원가배부 10,000[a]
ⓐ 500단위×₩20=₩10,000 또는 500단위×2시간×₩10=₩10,000	
⑤ 변동제조간접원가 실제발생액의 집계	
변동제조간접원가 11,400	제계정(미지급비용 등) 11,400
⑥ 변동제조간접원가차이의 계상*	
변동제조간접원가배부 10,000 변동제조간접원가능률차이 2,000	변동제조간접원가 11,400 변동제조간접원가소비차이 600
* 위의 분개를 통하여 변동제조간접원가계정과 변동제조간접원가배부계정은 각각 마감되고 이들의 차이인 원가차이를 각각 별도로 계산하여 기록함.	
⑦ 고정제조간접원가의 배부	
재공품 40,000[b]	고정제조간접원가배부 40,000[b]
ⓑ 500단위×₩20=₩10,000 또는 500단위×2시간×₩10=₩10,000	
⑧ 고정제조간접원가 실제발생액의 집계	
고정제조간접원가 33,600	제계정(미지급비용 등) 33,600
⑨ 고정제조간접원가차이의 계상*	
고정제조간접원가배부 40,000 고정제조간접원가예산차이 1,600	고정제조간접원가 33,600 고정제조간접원가조업도차이 8,000
* 위의 회계처리를 통하여 고정제조간접원가계정과 고정제조간접원가배부계정은 각각 마감되고 이들의 차이인 원가차이를 각각 별도로 계상하여 기록함.	

(4) 제품 및 매출원가로의 대체

제품이 완성되면 당기제품제조원가는 표준원가로 재공품계정에서 제품계정으로 대체되고, 판매가 이루어졌을 경우에는 다시 매출원가계정으로 대체된다.

재공품계정에서 제품계정으로 대체와 제품계정에서 매출원가계정으로 대체에 관한 회계처리는 다음과 같다.

차변		대변	
⑩ 재공품계정에서 제품계정으로 대체			
제품	120,000[ⓐ]	재공품	120,000[ⓐ]
ⓐ 생산량(500단위) × 제품단위당 표준원가(₩240) = ₩120,000			
⑪ 제품계정에서 매출원가계정으로 대체			
매출원가	96,000[ⓑ]	제품	96,000[ⓑ]
ⓑ 판매량(400단위) × 제품단위당 표준원가(₩240) = ₩96,000			

4. 원가흐름: (주)한국제조

지금까지 살펴본 (주)한국제조의 표준원가계산제도하에서의 원가흐름을 T계정을 사용하여 나타내면 [도표 11-4]와 같다. 앞에서 설명한 회계처리에 대하여 관련된 일련번호를 따라가면 원가흐름을 파악할 수 있다.

도표 11-4 | (주)한국제조의 원가흐름

매입채무

차변	대변
	① 96,000

직접재료

차변		대변	
기초	0	②	44,000
①	80,000	잔액	36,000
	80,000		80,000

직접재료원가가격차이

차변	대변
① 16,000	

직접재료원가수량차이

차변	대변
② 4,000	

미지급임금

차변	대변
	③ 32,400

재공품

차변		대변	
기초	0	⑩	120,000
②	40,000		
③	30,000		
④	10,000		
⑦	40,000	잔액	0
	120,000		120,000

직접노무원가임률차이

차변	대변
	③ 3,600

직접노무원가능률차이

차변	대변
③ 6,000	

변동제조간접원가	
⑤ 11,400	⑥ 11,400

변동제조간접원가배부	
⑥ 10,000	④ 10,000

변동제조간접원가소비차이	
	⑥ 600

변동제조간접원가능률차이	
⑥ 2,000	

고정제조간접원가	
⑧ 33,600	⑨ 33,600

고정제조간접원가배부	
⑨ 40,000	⑦ 40,000

고정제조간접원가예산차이	
⑨ 1,600	

고정제조간접원가조업도차이	
	⑨ 8,000

제품	
기초 0	⑪ 96,000
⑩ 120,000	잔액 24,000
120,000	120,000

매출원가	
⑪ 96,000	

5. 원가차이의 처리: (주)한국제조

지금까지 (주)한국제조의 20×1년 5월중 원가요소별로 표준원가에 의한 회계처리과정을 살펴보았다. 표준원가계산제도에서는 기말직접재료, 기말재공품, 기말제품, 매출원가가 모두 표준원가로 기록되나, 외부보고용 재무제표를 작성할 때에는 기말직접재료, 기말재공품, 기말제품, 매출원가를 실제원가로 평가해야 한다. 따라서, 표준원가계산제도를 채택하고 있는 경우에는 기말에 원가차이를 조정하여 표준원가로 계상된 금액을 실제원가나 그 근사치로 조정하여야 한다.[12)]

원가통제목적	실제원가 − 표준원가 = ± 원가차이
재무제표 작성목적	표준원가 ± 원가차이 = 실제원가

12) 한국채택국제회계기준(K-IFRS)과 일반기업회계기준에서는 표준원가법의 원가측정방법은 그러한 방법으로 평가한 결과가 실제원가와 유사한 경우에 편의상 사용할 수 있도록 규정하고 있다(기업회계기준서 제1002호 재고자산 문단21, 일반기업회계기준 문단7.14).

원가차이를 조정하는 방법은 제10장에서 살펴본 제조간접원가 배부차이의 처리방법과 기본적으로 동일하다. 즉, 원가차이계정의 차변잔액(즉, 불리한 원가차이)은 실제원가보다 재공품계정 차변에 배부된 표준원가가 작아서 발생한 것이므로 부족배부(과소배부)에 해당하고, 원가차이계정의 대변잔액은 반대의 경우이므로 초과배부(과대배부)에 해당한다. 이러한 원가차이를 처리하는 방법에는 매출원가조정법과 비례배부법이 있다.

(1) 매출원가조정법

매출원가조정법은 원가차이의 금액이 상대적으로 작고 중요하지 않을 때 이용되며, 원가차이를 전액 매출원가에 가감하여 조정한다. 즉, 원가차이계정의 차변잔액은 매출원가에 가산하고 원가차이계정의 대변잔액은 매출원가에서 차감한다. 따라서 외부보고용 재무제표를 작성할 때 매출원가조정법은 기말직접재료, 기말재공품, 기말제품 등 재고자산은 표준원가로 평가한 결과를 재무상태표에 그대로 보고하고, 불리한 원가차이는 매출원가에 가산하며 유리한 차이는 매출원가에서 차감한다. 이 방법에서의 회계처리를 예시하면 [도표 11-5]와 같다.

도표 11-5 | 매출원가조정법

차변		대변	
가. 원가차이계정의 차변잔액(부족배부)			
매출원가	×××	원가차이	×××
나. 원가차이계정의 대변잔액(초과배부)			
원가차이	×××	매출원가	×××

[도표 11-6]은 (주)한국제조의 20×1년 5월중 발생한 원가차이를 모두 집계한 것이다. 원가차이를 집계할 때 편의상 불리한 차이는 가산하고, 유리한 차이는 차감하였다.

도표 11-6 | 원가차이의 집계

직접재료원가가격차이	₩16,000U
직접재료원가수량차이	(+)4,000U
직접노무원가임률차이	(−)3,600F
직접노무원가능률차이	(+)6,000U
변동제조간접원가소비차이	(−)600F
변동제조간접원가능률차이	(+)2,000U
고정제조간접원가예산차이	(+)1,600U
고정제조간접원가조업도차이	(−)8,000F
계	₩17,400U

20×1년 5월말 (주)한국제조의 원가차이는 ₩17,400U 부족배부로, 이를 전액 매출원가에 가산하는 회계처리는 다음과 같다.

차변		대변	
직접노무원가임률차이	3,600	직접재료원가가격차이	16,000
변동제조간접원가소비차이	600	직접재료원가수량차이	4,000
고정제조간접원가조업도차이	8,000	직접노무원가능률차이	6,000
매출원가	17,400	변동제조간접원가능률차이	2,000
		고정제조간접원가예산차이	1,600

(2) 비례배부법

비례배부법은 원가차이의 금액이 상대적으로 크고 중요한 경우에 이용될 수 있다. 이 방법은 원가차이를 표준원가로 계상된 기말직접재료, 기말재공품, 기말제품, 매출원가에 비례하여 각 계정에 안분하는 것으로 총원가기준법과 원가요소기준법의 두 가지가 있다. 총원가기준법은 기말직접재료, 기말재공품, 기말제품, 매출원가에 집계된 총원가의 상대적 비율에 따라 원가차이를 안분하는 것이고, 원가요소기준법은 기말직접재료, 기말재공품, 기말제품, 매출원가 각 계정에 포함된 원가요소의 상대적 비율에 따라 원가차이를 안분하는 방법이다. 비례배부법의 회계처리를 예시하면 [도표 11-7]과 같다.

도표 11-7 | 비례배부법

차변		대변	
가. 원가차이계정의 차변잔액(부족배부)			
직접재료	×××	원가차이	×××
재공품	×××		
제품	×××		
매출원가	×××		
나. 원가차이계정의 대변잔액(초과배부)			
원가차이	×××	직접재료	×××
		재공품	×××
		제품	×××
		매출원가	×××

다음 [예제 11-3]을 통해 직접재료원가 가격차이를 사용시점에서 분리한 경우의 원가차이배부에 대해서 살펴보기로 한다. 직접재료원가 가격차이가 사용시점에서 분리되는 경우에 직접재료계정은 실제원가로 기록되므로 어떠한 원가차이도 배부되어서는 안 된다.

예제 11-3

(주)한국산업은 표준원가계산제도를 채택하고 있으며, 당기말 계정잔액은 다음과 같다. 회사는 직접재료원가의 가격차이를 사용시점에서 분리한다.

항목	재공품	제품	매출원가
직접재료원가	₩28,000	₩72,000	₩100,000
전환원가	32,000	48,000	80,000
계	₩60,000	₩120,000	₩180,000

당기중 발생한 원가차이는 다음과 같다. 회사는 매년말 외부보고 목적의 재무제표를 작성하기 위하여 원가차이를 배부하고 있다.

	원가차이
직접재료원가	(−)₩14,000F
전환원가	26,000U
계	₩12,000U

| 물음 |

1. 다음 각 방법에 의하여 원가차이계정을 마감하기 위한 분개를 하시오.
   (1) 매출원가조정법
   (2) 총원가기준 비례배부법
   (3) 원가요소기준 비례배부법
2. [물음 1]의 각 방법에 의하여 수정된 기말재공품, 기말제품, 매출원가는 얼마인가?

| 해답 |

1. 원가차이계정의 마감

(1) 매출원가조정법

불리한 원가차이 ₩12,000은 전액 매출원가에 가산하여 조정한다.

차변		대변	
매출원가	12,000	원가차이	12,000

(2) 총원가기준 비례배부법

가. 원가차이배부

	총원가	비율	원가차이
재공품	₩60,000	1/6	₩2,000U
제품	120,000	2/6	4,000U
매출원가	180,000	3/6	6,000U
계	₩360,000	6/6	₩12,000U

나. 회계처리

차변		대변	
재공품	2,000	원가차이	12,000
제품	4,000		
매출원가	6,000		

(3) 원가요소기준 비례배부법

가. 원가차이배부

	원가요소금액		비율		원가차이		
	직접재료 원가	전환 원가	직접재료 원가	전환 원가	직접재료 원가	전환 원가	계
재공품	₩28,000	₩32,000	14%	20%	(−)₩1,960F	₩5,200U	₩3,240
제품	72,000	48,000	36	30	(−)5,040F	7,800U	2,760
매출원가	100,000	80,000	50	50	(−)7,000F	13,000U	6,000
계	₩200,000	₩160,000	100%	100%	(−)₩14,000F	₩26,000U	₩12,000

나. 회계처리

차변		대변	
재공품	3,240	원가차이	12,000
제품	2,760		
매출원가	6,000		

2. 조정후 재고자산 및 매출원가

(1) 매출원가조정법

	조정전 금액	원가차이배부	조정후 금액
재공품	₩60,000	−	₩60,000
제품	120,000	−	120,000
매출원가	180,000	₩12,000	192,000
계	₩360,000	₩12,000	₩372,000

(2) 총원가기준 비례배부법

	조정전 금액	원가차이배부	조정후 금액
재공품	₩60,000	₩2,000	₩62,000
제품	120,000	4,000	124,000
매출원가	180,000	6,000	186,000
계	₩360,000	₩12,000	₩372,000

(3) 원가요소기준 비례배부법

	조정전 금액	원가차이배부	조정후 금액
재공품	₩60,000	₩3,240	₩63,240
제품	120,000	2,760	122,760
매출원가	180,000	6,000	186,000
계	₩360,000	₩12,000	₩372,000

다음에서는 원가요소기준 비례배부법을 적용하여 (주)한국제조의 원가차이([도표 11-6] 참조)를 관련된 각 계정에 배부하는 과정과 회계처리에 대하여 논의하기로 한다.

(가) 직접재료원가 가격차이의 배부

(주)한국제조의 경우 직접재료의 구입시점에서 계산한 직접재료원가 가격차이 ₩16,000U은 관련계정들인 직접재료계정, 직접재료원가 수량차이계정, 제품계정 및 매출원가계정에 배부한다. 이 회사의 재공품계정에는 직접재료원가 가격차이가 포함되지 않는다. 그 이유는 생산이 모두 완료되어 재공품계정에 속해 있던 모든 원가가 제품계정으로 대체되었기 때문이다. 직접재료원가 가격차이를 각 관련계정에 포함되어 있는 표준직접재료원가금액(즉, [도표 11-8]에서 ⓐ에 해당)을 기준으로 배부한다. 이 금액들의 합계액 ₩80,000은 직접재료의 구입수량에 직접재료 단위당 표준구입가격을 곱한 금액(4,000kg×₩20)과 일치한다. 따라서 이들 관련계정의 잔액에 대한 상대적 비율을 계산한 후([도표 11-8]에서 ⓑ에 해당), 이 비율을 이용하여 직접재료원가 가격차이를 관련계정에 배부한다.

도표 11-8 | 직접재료원가 가격차이의 배부

계정	ⓐ 관련계정잔액	ⓑ 비율	원가차이배부액 (=ⓑ×₩16,000)
직접재료	₩36,000	45%	₩7,200
직접재료원가수량차이	4,000	5	800
재공품	0	0	0
제품	8,000①	10	1,600
매출원가	32,000②	40	6,400
계	₩80,000	100%	₩16,000

① 100단위×₩80=₩8,000
② 400단위×₩80=₩32,000

(주)한국제조의 직접재료원가 가격차이배부에 대한 회계처리는 다음과 같다.

차변		대변	
⑫ 직접재료원가 가격차이의 배부			
직접재료	7,200	직접재료원가가격차이	16,000
직접재료원가수량차이	800		
제품	1,600		
매출원가	6,400		

(나) 직접재료원가 수량차이의 배부

직접재료의 구입시점에서 계산된 직접재료원가 가격차이를 직접재료원가 수량차이를 포함한 관련계정에 배부한 후, 다음 단계로서 직접재료원가 수량차이 ₩4,000U을 배부한다. 앞에서 설명한 직접재료원가 가격차이의 배부액 ₩800이 집계된 후의 직접재료원가 수량차이 금액은 ₩4,800U이 된다. [도표 11-9]는 ₩4,800U을 관련계정들인 제품계정과 매출원가계정에 배부하는 과정을 보이고 있다. 제품계정은 재고수량을 제품단위당 표준직접재료원가로 표시한 금액인 ₩8,000에 직접재료원가 가격차이배부액 ₩1,600을 더한 금액 ₩9,600을 기준으로, 매출원가계정은 판매된 제품수량을 제품단위당 표준직접재료원가로 표시한 ₩32,000에 직접재료원가 가격차이배부액 ₩6,400을 더한 금액인 ₩38,400을 기준으로 배부한다.

도표 11-9 | 직접재료원가 수량차이의 배부

계정	ⓐ 관련계정잔액	ⓑ 비율	원가차이배부액(=ⓑ×₩4,800)
재공품	₩0	0%	₩0
제품	9,600①	20	960
매출원가	38,400②	80	3,840
계	₩48,000	100%	₩4,800

① ₩8,000+1,600=₩9,600
② ₩32,000+6,400=₩38,400

(주)한국제조의 직접재료원가 수량차이배부에 대한 회계처리는 다음과 같다.

차변		대변	
⑬ 직접재료원가 수량차이의 배부			
제품	960	직접재료원가수량차이	4,800
매출원가	3,840		

(다) 전환원가차이의 배부

직접노무원가와 제조간접원가 차이는 이들 원가차이 금액의 합계액 ₩2,600F을 관련계정의 잔액에 포함된 표준원가를 기준으로 배부한다. (주)한국제조의 제품단위당 표준전환원가는 ₩180이므로, 제품은 ₩18,000(=₩180×100단위)을 기준으로, 매출원가는 ₩72,000(=₩180×400단위)을 기준으로 배부한다.[13] [도표 11-10]은 전환원가차이를 배부하는 과정을 나타낸다.

도표 11-10 ▍전환원가차이의 배부

가. 원가차이의 집계

직접노무원가임률차이	(−)₩3,600F
직접노무원가능률차이	(+)6,000U
변동제조간접원가소비차이	(−)600F
변동제조간접원가능률차이	(+)2,000U
고정제조간접원가예산차이	(+)1,600U
고정제조간접원가조업도차이	(−)8,000F
계	(−)₩2,600F

나. 원가차이의 배부

계정	ⓐ 관련계정잔액	ⓑ 비율	원가차이배부액(=ⓑ×₩2,600)
재공품	₩0	0%	₩0
제품	18,000	20	520
매출원가	72,000	80	2,080
계	₩90,000	100%	₩2,600

13) 원가차이의 정확한 배부를 위해서는 직접노무원가차이는 각 관련계정에 속해 있는 직접노무원가를 기준으로, 제조간접원가차이는 각 관련계정에 속해 있는 제조간접원가를 기준으로 배부하여야 하지만, (주)한국제조의 경우에는 월 예산조업도가 직접노무시간이기 때문에 직접노무시간당 표준전환원가를 계산하여 제품과 매출원가에 각각 배부해도 동일한 결과를 얻게 된다.

(주)한국제조의 전환원가차이 배부에 대한 회계처리는 다음과 같다.

차변		대변	
⑭ 전환원가차이의 배부			
직접노무원가임률차이	3,600	제품	520
변동제조간접원가소비차이	600	매출원가	2,080
고정제조간접원가조업도차이	8,000	직접노무원가능률차이	6,000
		변동제조간접원가능률차이	2,000
		고정제조간접원가예산차이	1,600

6. 원가차이의 배부와 원가흐름: (주)한국제조

[도표 11-11]은 T계정을 사용하여 원가차이를 관련된 계정에 배부하는 과정과 원가흐름을 나타내고 있다. 임시계정인 각 원가차이계정들은 배부과정을 통하여 마감된다. 또한 (주)한국제조의 경우에는 20×1년 5월초에 처음으로 생산을 시작하였기 때문에 직접재료, 재공품 및 제품의 기초재고액은 없다. 따라서 5월말 현재 기말직접재료재고액은 ₩43,200이 되며, 5월중 착수한 모든 제조과정은 완성되었으므로 기말재공품은 없고, 기말제품재고액은 ₩26,040이 된다. 20×1년 5월의 매출원가는 배부된 원가차이를 포함하여 ₩104,160이 되며, 이는 집합손익계정에 대체된다.

도표 11-11 | (주)한국제조: 원가차이의 배부와 원가흐름

직접재료원가가격차이

차변	대변
① 16,000	⑫ 배부 16,000

직접재료원가수량차이

차변	대변
② 4,000	⑬ 배부 4,800
⑫ 직접재료원가가격차이 800	
4,800	4,800

직접재료

차변	대변
기초 0	
① 80,000	② 44,000
⑫ 직접재료원가가격차이 7,200	기말 43,200
87,200	87,200

직접노무원가임률차이

차변	대변
⑭ 배부 3,600	③ 3,600

재공품

차변	대변
기초 0	⑩ 120,000
② 40,000	
③ 30,000	
④ 10,000	
⑦ 40,000	기말 0
120,000	120,000

직접노무원가능률차이

차변	대변
③ 6,000	⑭ 배부 6,000

변동제조간접원가소비차이

차변	대변
⑭ 배부 600	⑥ 600

제품

차변	대변
기초 0	⑪ 96,000
⑩ 120,000	⑭ 전환원가차이 520
⑫ 직접재료원가가격차이 1,600	
⑬ 직접재료원가수량차이 960	
	기말 26,040
122,560	122,560

변동제조간접원가능률차이

차변	대변
⑥ 2,000	⑭ 배부 2,000

고정제조간접원가예산차이

차변	대변
⑨ 1,600	⑭ 배부 1,600

매출원가

차변	대변
⑪ 96,000	⑭ 전환원가차이 2,080
⑫ 직접재료원가가격차이 6,400	
⑬ 직접재료원가수량차이 3,840	집합손익 104,160
106,240	106,240

고정제조간접원가조업도차이

차변	대변
⑭ 배부 8,000	⑨ 8,000

제4절 표준종합원가계산

1. 의의

표준원가계산은 개별원가계산과 종합원가계산 어느 방법과도 결합이 가능하다. 그런데 다품종소량생산 또는 주문생산형태에 적용되는 개별원가계산은 개별주문(작업)이 반복적으로 발생하지 않는 한, 표준원가를 설정하는 것이 곤란하고 원가통제의 피드백 효과도 크지 않으므로 표준원가계산제도의 도입으로 인한 유용성이 적다. 반면에, 동종 제품을 연속적으로 대량생산하는 형태에 적합한 종합원가계산은 표준원가의 설정이 용이하고 이를 통한 효과적인 원가통제도 가능하므로 표준원가제도의 도입으로 인한 유용성이 크다. 따라서, 표준원가에 의한 제품원가계산이라고 하면 일반적으로 표준종합원가계산을 의미한다. 본서에서도 표준종합원가계산에 대해서만 구체적으로 설명하고자 한다.

2. 특징

표준종합원가계산은 제7장과 제8장에서 공부한 실제원가에 의한 종합원가계산(이를 표준종합원가계산과 구별하기 위하여 '실제종합원가계산'이라고 하자)과 비교하여 다음과 같은 차이가 있다.

첫째, 실제종합원가계산에서는 선입선출법이나 가중평균법 원가흐름가정에 의하여 완성품과 기말재공품을 평가한다. 표준종합원가계산의 주된 목적은 당기에 투입된 원가의 효율성을 측정하는 것이므로 당기투입 실제원가와 당기완성품환산량에 허용된 표준원가의 차이를 비교하여 원가차이분석을 한다. 즉, 표준종합원가계산에서는 항상 당기완성품환산량을 구하여야 하는데, 이는 선입선출법 원가흐름가정에 따라 완성품환산량을 계산하는 과정에서 자연스럽게 구해진다. 따라서, 표준종합원가계산에서는 선입선출법에 의한 당기완성품환산량에 표준원가를 곱하여 완성품원가와 기말재공품원가를 산정한다.

둘째, 실제종합원가계산에서는 배부대상원가를 완성품환산량으로 나누어 완성품환산량 단위당 원가를 구하지만, 표준종합원가계산에서는 표준원가가 곧 완성품환산량 단위당 원가이므로 별도의 계산과정이 불필요하다. 표준종합원가계산에서도 실제종합원가계산과 마찬가지로 원가계산과정이 제조원가보고서에 요약된다. 두 방법의 주요한 차이점을 요약하면 [도표 11-12]와 같다.

도표 11-12 | 제조원가보고서 작성과정

	실제종합원가계산	표준종합원가계산
[1단계]	물량단위의 요약	물량단위의 요약
[2단계]	완성품환산량 계산(선입선출법, 가중평균법)	완성품환산량 계산(선입선출법)
[3단계]	배부대상원가	환산량단위당 원가(표준원가)
[4단계]	환산량단위당 원가(실제원가)	배부대상원가
[5단계]	원가배부	원가배부

[도표 11-12]에서 알 수 있듯이, 실제종합원가계산과 표준종합원가계산은 [3단계]와 [4단계]에서 서로 다르다. 다음으로는 [도표 11-12]를 참고하여 표준종합원가계산에서의 제조원가보고서 작성과정을 사례를 통하여 살펴보자.

3. 표준종합원가계산 사례 및 제조원가보고서

(1) 기본자료

한국전선은 표준원가에 의한 종합원가계산을 적용하고 있다. 이 회사가 설정한 제품단위당 표준원가는 다음과 같다.

	수량표준	가격표준	제품단위당 표준원가
직접재료원가	7kg	₩4	₩28
직접노무원가	4시간	9	36
변동제조간접원가	4시간	6	24
고정제조간접원가	4시간	3	12
계			₩100

20×1년 10월에 기초재공품은 300단위(전환원가 완성도 60%)이고, 기말재공품은 100단위(전환원가 완성도 30%)이었으며, 1,200단위를 완성하였다. 직접재료는 공정 초에 모

두 투입되고, 전환원가는 공정 전반에 걸쳐 균등하게 발생한다. 이 회사의 월간 고정제조간접원가예산은 ₩12,000이다. 직접재료의 10월 기초재고량과 기말재고량은 각각 1,500kg과 300kg이었으며, 10월중 직접재료 6,000kg을 kg당 ₩4.20에 구입하였다. 10월중 실제 사용된 직접노무시간은 4,500시간으로 시간당 실제임률은 ₩8.50이었다. 10월중 실제로 발생한 변동제조간접원가와 고정제조간접원가는 각각 ₩30,000과 ₩10,000이었다. 회사는 직접재료원가 가격차이를 구입시점에서 분리하여 계산한다.

(2) 제조원가보고서

이 회사의 공정흐름은 다음과 같다. 기초재공품은 60% 시점에 투입되어 당기에 40%를 추가가공하여 완성품이 되었다. 당기착수량 1,000단위(=1,200단위+100−300) 중 900단위는 완성되었고 나머지 100단위는 30% 시점에서 차기로 이월되었다.

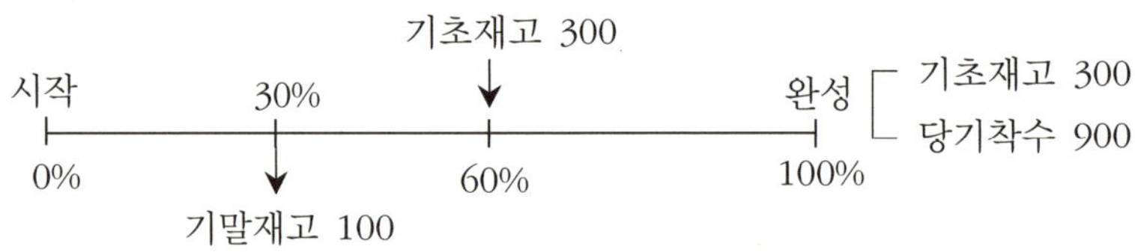

표준종합원가계산에서는 선입선출법에 의한 당기완성품환산량을 계산하여야 한다. 원가계산과정을 제조원가보고서에 요약하면 [도표 11-13]과 같다.

도표 11-13 | 제조원가보고서: 표준종합원가계산

	[1] 물량단위	[2] 완성품환산량	
		직접재료원가	전환원가
기초재고	300	300	180
당기착수	1,000		
	1,300		
완성품(1,200단위)			
기초재고	300	0	120
당기착수	900	900	900
기말재고	100	100	30
	1,300	1,000	1,050

[3] 완성품환산량단위당 원가 (표준원가)	₩28	₩72	
[4] 배부대상원가			합 계
기초재고	₩8,400①	₩12,960②	₩21,360
당기투입	28,000③	75,600④	103,600
총원가			₩124,960
[5] 원가배부			
완성품			₩120,000⑤
기말재공품	₩2,800⑥	₩2,160⑦	4,960
총원가			₩124,960

(두 총원가 ₩124,960: 일치)

① 300단위×₩28=₩8,400
② 180단위×₩72=₩12,960
③ 1,000단위×₩28=₩28,000
④ 1,050단위×₩72=₩75,600
⑤ 1,200단위×(₩28+72)=₩120,000
⑥ 100단위×₩28=₩2,800
⑦ 30단위×₩72=₩2,160

[도표 11-13]에서 당기완성품환산량은 직접재료원가가 1,000단위, 전환원가가 1,050단위이다. [3단계]의 완성품환산량단위당 원가는 원가요소별 표준원가를 기록하고, 기초재공품원가와 당기투입원가는 각각의 완성품환산량에 표준원가를 곱하여 계산한다. 표준원가계산에서 완성품원가는 완성품수량 1,200단위에 단위당 표준원가 ₩100을 곱하여 간단히 계산된다. [5단계] 원가배부의 합인 ₩124,960은 재공품계정의 대변에 집계된 원가의 합계이므로 항상 [4단계] 배부대상원가의 합과 일치해야 한다. 상기의 원가계산 결과를 재공품계정에 나타내면 다음과 같다.

재공품

차변	금액	대변	금액
기초재고	₩21,360	완성	₩120,000
직접재료원가	28,000		
전환원가	75,600	기말재고	4,960
	₩124,960		₩124,960

(3) 원가차이분석

원가요소별 차이분석에 앞서, 직접재료와 직접노무시간의 실제생산량에 허용된 표준투입량을 계산하면 다음과 같다.

표준직접재료사용량(SQ) = 1,000단위 × 7kg = 7,000kg

표준직접노무시간(SH) = 1,050단위 × 4시간 = 4,200시간

원가요소별 차이분석은 다음과 같다.

① 직접재료원가 가격차이 = (₩4.2 − 4) × 6,000kg* = ₩1,200U

* 당월의 실제구입량

② 직접재료원가 수량차이 = (7,200kg* − 7,000) × ₩4 = ₩800U

* 1,500kg + 6,000 − 300 = 7,200kg

③ 직접노무원가 임률차이 = (₩8.5 − 9) × 4,500시간 = (−)₩2,250F

④ 직접노무원가 능률차이 = (4,500시간 − 4,200) × ₩9 = ₩2,700U

⑤ 변동제조간접원가 소비차이 = ₩30,000 − 4,500시간 × ₩6 = ₩3,000U

⑥ 변동제조간접원가 능률차이 = (4,500시간 − 4,200) × ₩6 = ₩1,800U

⑦ 고정제조간접원가 예산차이 = ₩10,000 − 12,000 = (−)₩2,000F

⑧ 고정제조간접원가 조업도차이 = ₩12,000 − 4,200시간 × ₩3 = (−)₩600F

예제 11-4

한국전선은 예산과 장부기록 및 성과평가에 도움을 주기 위하여 표준원가계산제도를 도입하였으며, 20×1년 10월 제품단위당 표준원가는 다음과 같이 설정되었다.

	수량표준	가격표준	제품단위당 표준원가
직접재료원가	10kg	₩1	₩10
직접노무원가	2시간	5	10
변동제조간접원가	2시간	4	8
고정제조간접원가	2시간	6	12
계			₩40

직접재료는 공정 초에 전량 투입되며, 전환원가는 공정 전반에 걸쳐 균등하게 발생한다. 20×1년 10월중에 기초재공품은 500단위(전환원가 완성도 40%), 완성품은 1,900단위, 기말재공품은 600단위(전환원가 완성도 70%)였다.

| 물음 |

1. 20×1년 10월의 완성품환산량을 구하시오.
2. 표준원가에 의한 완성품원가와 기말재공품원가를 구하시오.

| 해답 |

1. 20×1년 10월의 완성품환산량

	[1] 물량단위	[2] 완성품환산량	
		직접재료원가	전환원가
기초재고	500	500	200
당기착수	2,000		
	2,500		
완성품(1,900단위)			
기초재고	500	0	300
당기착수	1,400	1,400	1,400
기말재고	600	600	420
	2,500	2,000	2,120

20×1년 10월의 완성품환산량은 직접재료원가 2,000단위, 전환원가 2,120단위이다.

2. 원가배부

(1) 완성품원가: 1,900단위×₩40=₩76,000

(2) 기말재공품원가: 600단위×₩10+420단위×(₩10+20)=₩18,600

연습 문제

| 객관식 문제 |

01. 다음 중 표준원가계산의 목적으로 볼 수 없는 것은?

① 효과적인 원가관리 ② 원가의 통제 ③ 노무원가의 절감
④ 제조기술의 향상 ⑤ 예산편성

02. 다음은 표준원가 및 생산활동 자료이다.

완제품 실제생산량	1,000개
직접재료 표준구매가격	₩64/kg
직접재료 표준사용량	21kg/완성품 1개
직접재료 실제발생원가	₩1,400,000
직접재료 수량차이	₩64,000 유리

직접재료 가격차이는 얼마인가? 단, 직접재료와 재공품, 제품의 기초 및 기말재고는 없는 것으로 가정한다.

① ₩0 ② ₩120,000 불리 ③ ₩120,000 유리
④ ₩130,000 불리 ⑤ ₩130,000 유리

03. 직접재료원가의 제품단위당 표준사용량은 5kg이고, 표준가격은 kg당 ₩3이다. 당월에 직접재료 20,000kg을 총 ₩65,000에 구입하여 18,000kg을 사용하였다. 당월에 제품 3,000단위를 생산했을 때, 직접재료원가의 가격차이와 수량차이는? 단, 직접재료원가의 가격차이는 구입시점에서 계산한다.

	가격차이	수량차이
①	₩5,000 불리	₩6,000 불리
②	₩5,000 불리	₩9,000 불리
③	₩6,000 유리	₩6,000 유리
④	₩6,000 유리	₩15,000 유리
⑤	₩11,000 불리	₩15,000 유리

04. 제품 10,000개를 생산하였을 경우 총직접노무시간은 50,000시간으로 추정하고 있으며 표준임률은 시간당 ₩1,000이다. 당기실제제품생산량은 12,000개였고, 실제로 사용된 직접노무시간은 55,000시간이었다. 당기에 ₩2,750,000만큼 불리한 직접노무원가 임률차이가 발생하였다면 실제임률은 얼마이겠는가?

① ₩950 ② ₩1,050 ③ ₩1,100 ④ ₩1,150

05. (주)한국은 표준원가계산제도를 채택하고 있다. 20×1년도 9월에 제품 2,100개를 생산했으며, 직접노무원가는 ₩4,000,000이 발생하였다. 시간당 실제임률은 ₩1,000이며, 시간당 표준임률은 ₩900이고, 제품단위당 표준직접노무시간은 2시간이다. 20×1년 9월의 직접노무원가 능률차이는 얼마인가? 단, 재공품은 없다.

① ₩150,000 유리 ② ₩160,000 유리 ③ ₩170,000 불리
④ ₩180,000 유리 ⑤ ₩190,000 불리

06. 생산활동과 원가에 관한 다음 자료를 이용하여 변동제조간접원가의 소비차이와 능률차이를 계산하면 각각 얼마인가?

변동제조간접원가 실제발생액	₩5,100
변동제조간접원가 표준배부율	₩110(작업시간당)
실제작업시간	44시간
실제생산량에 허용된 표준작업시간	40시간

	소비차이	능률차이		소비차이	능률차이
①	₩260 불리	₩440 불리	②	₩700 불리	₩440 불리
③	₩260 불리	₩440 유리	④	₩700 불리	₩440 유리

07. 표준원가계산제도를 사용하여 제품원가를 계산할 경우 다음 자료를 이용하여 실제발생 고정제조간접원가는 얼마인가?

정상조업도: 300단위 예산생산량: 220단위 실제생산량: 250단위
예산차이: ₩2,500 유리 조업도차이: ₩1,500 불리
제품단위당 고정제조간접원가 배부율: ₩30

① ₩6,500 ② ₩7,500 ③ ₩9,000 ④ ₩10,500

[08~09] (주)건국은 선입선출법에 의한 종합원가계산을 적용하여 제품원가를 산출하고 있다. 원가 담당자는 제1공정에 대하여 다음과 같이 원가계산을 한 후에 퇴사하였다.

	물량단위	완성품환산량	
		직접재료원가	전환원가
완성품			
기초재고	300	0	150
당기착수	900	900	900
기말재고	100	100	50
계	1,300	1,000	1,100

신입사원인 당신은 원가계산을 끝내야 하는 임무를 부여받았다고 하자. 회사가 표준종합원가계산을 적용하는 경우 제품단위당 표준원가는 다음과 같다.

	수량표준	가격표준	제품단위당 표준원가
직접재료원가	3.2kg	₩10	₩32
직접노무원가	2시간	20	40
제조간접원가	2시간	23	46
계			₩118

결산일에 집계한 당기중 실제발생원가 자료는 다음과 같다.

	직접재료원가	전환원가	
		직접노무원가	제조간접원가
기초재고	₩9,900	₩5,000	₩6,500
당기투입	30,000	35,000	47,500

08. 표준종합원가계산을 적용할 경우 당기완성품원가는 얼마인가?

① ₩127,150 ② ₩140,500 ③ ₩123,570 ④ ₩141,600

09. 표준종합원가계산을 적용할 경우 당기의 직접재료원가 총차이는 얼마인가? 단, 유리한 차이는 F, 불리한 차이는 U로 표시한다.

① ₩30,000F ② ₩2,000U ③ ₩2,000F ④ ₩32,000U

| 객관식 문제 해답 및 해설 |

01. ④

제11장 제1절 3. 표준원가의 유용성 참조

02. ②

직접재료원가차이

AP × AQ	SP × AQ	SP × SQ
₩1,400,000	₩1,280,000*	₩64 × 1,000 × 21kg = ₩1,344,000
₩120,000 불리 가격차이	₩64,000 유리 수량차이	

* ₩1,344,000 − 64,000 = ₩1,280,000

03. ②

직접재료원가차이

실제구입량을 AQp라고 하면,

AP × AQp	SP × AQp
₩65,000	₩3 × 20,000kg = ₩60,000
₩5,000 불리 가격차이	

실제사용량을 AQu라고 하면,

SP × AQu	SP × SQ
₩3 × 18,000kg = ₩54,000	₩3 × 3,000 × 5kg = ₩45,000
₩9,000 불리 능률차이	

04. ②

직접노무원가차이

실제임률을 AR이라고 하면,

AR × AH	SR × AH
AR × 55,000시간	₩1,000 × 55,000시간 = ₩55,000,000
₩2,750,000 불리 임률차이	

따라서, AR × 55,000시간 = ₩55,000,000 + 2,750,000

∴ 실제임률(AR) = ₩1,050

05. ④

직접노무원가 능률차이=(AH−SH)×SR
=(₩4,000,000/₩1,000−2시간×2,100)×₩900
=(−)₩180,000 유리

06. ①

변동제조간접원가차이

AR×AH	SR×AH	SR×SH
₩5,100	₩110×44시간=₩4,840	₩110×40시간=₩4,400

₩260 불리 (소비차이) / ₩440 불리 (능률차이)

07. ①

고정제조간접원가차이

고정제조간접원가 실제발생액을 AFMOH라고 하면,

실제발생액	고정제조간접원가예산	표준배부액
AFMOH	₩30×300단위=₩9,000	₩30×250단위=₩7,500

₩2,500 유리 (예산차이) / ₩1,500 불리 (조업도차이)

고정제조간접원가 실제발생액(AFMOH)=₩9,000−2,500=₩6,500

[08~09]

	직접재료원가	전환원가	합계
단위당 표준원가	₩32	₩86①	
• 배부대상원가			
기초재고	₩9,600②	₩12,900③	₩22,500
당기투입	32,000④	94,600⑤	126,600
총원가	₩41,600	₩107,500	₩149,100

① ₩40+46=₩86
② 300×₩32=₩9,600
③ 150×₩86=₩12,900
④ 1,000×₩32=32,000
⑤ 1,100×₩86=₩94,600

	직접재료원가	전환원가	합계
• 원가배부			
완성품원가			
가. 기초재고	₩9,600	₩12,900	₩22,500
나. 기초재고 당기완성원가	−	12,900	12,900
다. 당기착수완성원가	28,800	77,400	106,200
완성품원가 계	₩38,400	₩103,200	₩141,600*
기말재고	3,200	4,300	7,500
총원가	₩41,600	₩107,500	₩149,100

* 완성품수량 × 제품단위당 표준원가 = 1,200단위 × ₩118 = ₩141,600

08. ④

09. ③

직접재료원가 총차이 = ₩30,000 − ₩32,000* = (−)₩2,000F

* 1,000단위 × ₩32

| 주관식 문제 |

01. 표준원가계산의 원가차이분석과 회계처리

(주)한국화학은 표준원가계산제도를 사용하고 있으며, 회사가 설정한 제품단위당 표준원가는 다음과 같다.

	수량표준	가격표준	표준원가
직접재료원가	4kg	₩3	₩12
직접노무원가	3시간	₩8	24
변동제조간접원가	3시간	₩4	12
고정제조간접원가	3시간	₩2	6
			₩54

고정제조간접원가 표준배부율은 월평균 조업도수준인 2,000 직접노무시간을 기준으로 산출되었다. 당월중 600단위의 제품을 생산하였으며, 기초 및 기말재공품은 없었다. 다음은 당월에 발생한 실제원가자료이다.

직접재료	
기초재고	−
당월구입	3,000kg(@₩2.5)
기말재고	500kg
직접노무원가	
직접노무시간	1,700시간(@₩8.5)
제조간접원가 발생액	
변동원가	₩7,000
고정원가	4,500

회사는 직접재료원가 가격차이를 구입시점에서 분리한다.

| 물음 |

1. 다음 각 원가요소별 차이분석을 하시오.
   (1) 직접재료원가 가격차이와 수량차이
   (2) 직접노무원가 임률차이와 능률차이
   (3) 변동제조간접원가 소비차이와 능률차이
   (4) 고정제조간접원가 예산차이와 조업도차이
2. 당월중 발생한 거래를 회계처리하시오.

| 풀이 |

1. 원가차이분석
   표준투입량계산
      표준재료사용량(SQ): 600단위×4kg=2,400kg
      표준노무시간(SH): 600단위×3시간=1,800시간
   (1) 직접재료원가
      ① 가격차이: (₩2.5−3)×3,000kg=₩1,500F
      ② 수량차이: (2,500kg−2,400)×₩3=₩300U
   (2) 직접노무원가
      ① 임률차이: (₩8.5−8)×1,700시간=₩850U
      ② 능률차이: (1,700시간−1,800)×₩8=₩800F
   (3) 변동제조간접원가
      ① 소비차이: ₩7,000−1,700시간×₩4=₩200U
      ② 능률차이: (1,700시간−1,800)×₩4=₩400F
   (4) 고정제조간접원가
      ① 예산차이: ₩4,500−2,000시간*×₩2=₩500U
         * 기준조업도
      ② 조업도차이: (2,000시간−1,800)×₩2=₩400U

2. 거래의 분개

표준원가계산제도하에서 불리한 차이(U)는 차변에, 유리한 차이(F)는 대변에 기록된다.

차변		대변	
가. 직접재료 구입시점			
직접재료	9,000②	매입채무	7,500①
		직접재료원가가격차이	1,500
① 3,000kg×₩2.5=₩7,500　② 3,000kg×₩3=₩9,000			
나. 직접재료의 사용			
재공품	7,200②	직접재료	7,500①
직접재료원가수량차이	300		
① (3,000kg−500kg)×₩3=₩7,500 ② 600단위×₩12=₩7,200 또는 600단위×4kg×₩3=₩7,200			
다. 직접노무원가의 발생			
재공품	14,400①	미지급임금	14,450②
직접노무원가임률차이	850	직접노무원가능률차이	800
① 600단위×₩24=₩14,400 또는 600단위×3시간×₩8=₩14,400 ② 1,700시간×₩8.5=₩14,450			
라. 변동제조간접원가의 배부			
재공품	7,200*	변동제조간접원가배부	7,200
* 600단위×₩12=₩7,200 또는 600단위×3시간×₩4=₩7,200			
마. 변동제조간접원가 실제발생액의 집계			
변동제조간접원가	7,000	제계정(미지급비용 등)	7,000
바. 변동제조간접원가차이의 계상			
변동제조간접원가배부	7,200	변동제조간접원가	7,000
변동제조간접원가소비차이	200	변동제조간접원가능률차이	400
사. 고정제조간접원가의 배부			
재공품	3,600*	고정제조간접원가배부	3,600
* 600단위×₩6=₩3,600 또는 600단위×3시간×₩2=₩3,600			
아. 고정제조간접원가 실제발생액의 집계			
고정제조간접원가	4,500	제계정(미지급비용 등)	4,500
자. 고정제조간접원가차이의 계상			
고정제조간접원가배부	3,600	고정제조간접원가	4,500
고정제조간접원가예산차이	500		
고정제조간접원가조업도차이	400		
차. 재공품계정에서 제품계정으로 대체			
제품	32,400*	재공품	32,400*
* 당기제품제조원가(표준)=600단위×제품단위당 표준원가(₩54)=₩32,400			

위의 거래내용을 계정흐름으로 요약하면 다음과 같다.

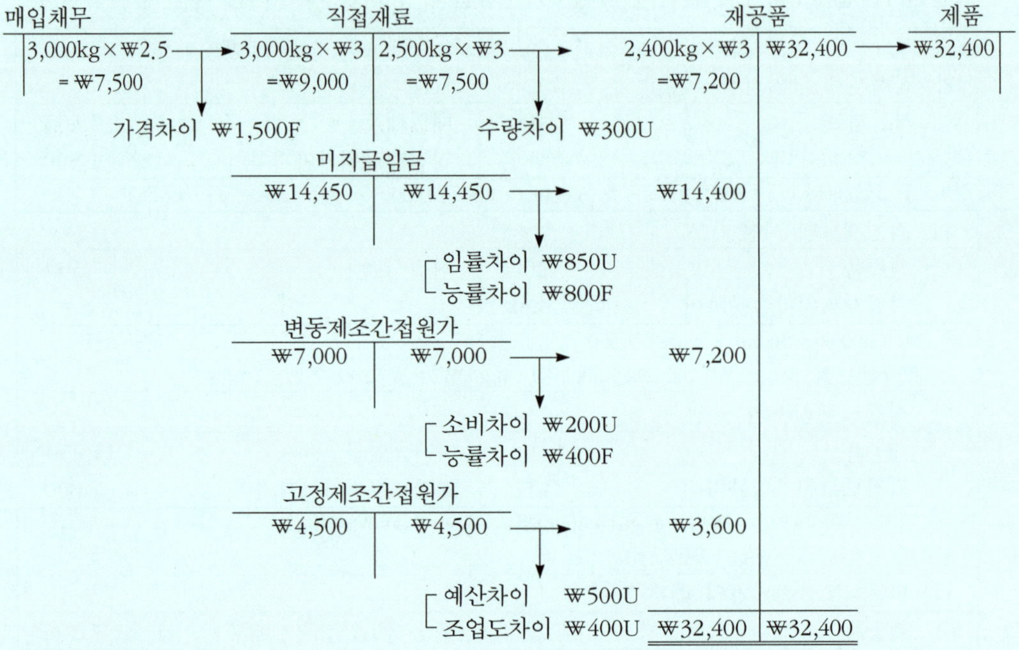

02. 원가차이의 배부

한국공업은 표준원가계산제도를 채택하고 있으며, 당기말 계정잔액은 다음과 같다.

항목	재공품	제품	매출원가
직접재료원가	₩30,000	₩70,000	₩100,000
전환원가	20,000	30,000	50,000
계	₩50,000	₩100,000	₩150,000

한편, 당기중 발생한 원가차이는 다음과 같다. 회사는 직접재료원가 가격차이를 사용시점에서 분리하며, 매년 말 외부보고 목적의 재무제표를 작성하기 위하여 원가차이를 배부하고 있다.

	원가차이
직접재료원가	₩2,000U
전환원가	(−)20,000F
계	(−)₩18,000F

| 물음 |

다음 각 방법에 의하여 원가차이를 조정하고, 조정 후 기말재공품과 기말제품 및 매출원가를 구하시오.

1. 매출원가조정법
2. 총원가기준 비례배부법
3. 원가요소기준 비례배부법

| 풀이 |

1. 매출원가조정법

유리한 원가차이 ₩18,000은 전액 매출원가에 차감하여 조정한다.

	조정전 금액	원가차이 배부	조정후 금액
재공품	₩50,000	–	₩50,000
제품	100,000	–	100,000
매출원가	150,000	(−)₩18,000F	132,000
계	₩300,000	(−)₩18,000F	₩282,000

2. 총원가기준 비례배부법

(1) 원가차이배부

	총원가	비율	원가차이
재공품	₩50,000	1/6	(−)₩3,000F
제품	100,000	2/6	(−)6,000F
매출원가	150,000	3/6	(−)9,000F
계	₩300,000	6/6	(−)₩18,000F

(2) 조정후 금액

	조정전 금액	원가차이 배부	조정후 금액
재공품	₩50,000	(−)₩3,000F	₩47,000
제품	100,000	(−)6,000F	94,000
매출원가	150,000	(−)9,000F	141,000
계	₩300,000	(−)₩18,000F	₩282,000

3. 원가요소기준 비례배부법

(1) 원가차이배부

	원가요소 금액		비율		원가차이		
	직접재료 원가	전환 원가	직접재료 원가	전환 원가	직접재료 원가	전환 원가	계
재공품	₩30,000	₩20,000	15%	20%	₩300U	(−)₩4,000F	(−)₩3,700
제품	70,000	30,000	35	30	700U	(−)6,000F	(−)5,300
매출원가	100,000	50,000	50	50	1,000U	(−)10,000F	(−)9,000
계	₩200,000	₩100,000	100%	100%	₩2,000U	(−)₩20,000F	(−)₩18,000

(2) 조정후 금액

	조정전 금액	원가차이 배부	조정후 금액
재공품	₩50,000	(−)₩3,700	₩46,300
제품	100,000	(−)5,300	94,700
매출원가	150,000	(−)9,000	141,000
계	₩300,000	(−)₩18,000	₩282,000

03. 표준종합원가계산(1)

명지공업은 표준종합원가계산을 채택하고 있다. 제품단위당 표준원가는 다음과 같다.

	수량표준	가격표준	제품단위당 표준원가
직접재료원가	2kg	₩25	₩50
직접노무원가	3시간	3	9
변동제조간접원가	3시간	2	6
고정제조간접원가	3시간	5	15
계			₩80

당기중 재고자산의 물량흐름은 다음과 같았다. 직접재료 당기 소비량은 12,000kg이고, 완성품 수량은 4,500단위이며, 판매된 수량은 3,000단위이다.

구분	직접재료	재공품	제 품
기초재고	12,000kg	1,000단위(전환원가 완성도: 20%)	−
기말재고	6,000	1,500단위(전환원가 완성도: 60%)	1,500단위
소비(완성, 판매)	12,000	4,500단위	3,000단위

직접재료는 공정 초에 모두 투입되고 전환원가는 공정 전반에 걸쳐 균등하게 발생한다. 당기

중에 직접재료 구입가격은 kg당 ₩27.5이었고, 전환원가 실제발생액은 ₩148,000이었다.

| 물음 |

제조원가보고서를 작성하고 표준원가에 의한 완성품원가와 기말재공품원가를 구하시오.

| 풀이 |

	[1] 물량단위	[2] 완성품환산량 직접재료원가	[2] 완성품환산량 전환원가	합계
기초재고	1,000	1,000	200	
당기착수	5,000			
	6,000			
완성품(4,500단위)				
기초재고	1,000	0	800	
당기착수	3,500	3,500	3,500	
기말재고	1,500	1,500	900	
	6,000	5,000	5,200	
[3] 환산량단위당 원가		₩50	₩30	
[4] 배부대상원가				
기초재고		₩50,000①	₩6,000②	₩56,000
당기투입		250,000③	156,000④	406,000
총원가				₩462,000
[5] 원가배부				
완성품				₩360,000⑤
기말재공품		₩75,000⑥	₩27,000⑦	102,000
총원가				₩462,000

① 1,000단위 × ₩50 = ₩50,000
② 200단위 × ₩30 = ₩6,000
③ 5,000단위 × ₩50 = ₩250,000
④ 5,200단위 × ₩30 = ₩156,000
⑤ 4,500단위 × (₩50 + 30) = ₩360,000
⑥ 1,500단위 × ₩50 = ₩75,000
⑦ 900단위 × ₩30 = ₩27,000

따라서, 완성품원가는 ₩360,000, 기말재공품원가는 ₩102,000이다.

〈참고〉 완성품원가와 기말재공품원가는 상기의 제조원가보고서를 작성하지 않고도 간단히 계산할 수 있다.

가. 완성품원가: 4,500단위 × ₩80 = ₩360,000

나. 기말재공품원가: 1,500단위 × ₩50 + 1,500단위 × 60% × ₩30 = ₩102,000

04. 표준종합원가계산(2)

[문제 3]의 자료에 추가하여 명지공업은 당기중에 3,000단위의 제품을 단위당 ₩150에 판매하였다. 회사는 직접재료원가 가격차이를 사용시점에서 분리하며, 회계기말 외부보고 목적의 재무제표를 작성하기 위하여 원가차이를 배부하고 있다.

| 물음 |

1. 원가차이를 구하시오.
2. 원가차이를 총원가기준 비례배부법으로 조정하고, 조정 후 기말재공품, 기말제품, 매출원가를 구하시오.

| 풀이 |

표준원가계산의 주요 목적은 당기투입원가의 효율성을 측정하기 위하여 당기투입원가와 당기완성품환산량(선입선출법에 의한 완성품환산량, 즉 당기투입원가로 작업한 물량)에 허용된 표준원가의 차이를 비교하여 원가차이를 분석하는 것이다. [문제 3]과 같이 재공품이 존재하는 경우에는 반드시 당기완성품환산량을 기초로 원가차이를 계산해야 한다.

1. 원가차이

	실제원가	표준원가	원가차이
직접재료원가	₩330,000①	₩250,000②	₩80,000U
전환원가	148,000	156,000③	(−)8,000F
계	₩478,000	₩406,000	₩72,000U

① 12,000kg × ₩27.5 = ₩330,000
② 5,000단위(직접재료원가 당기완성품환산량) × ₩50 = ₩250,000
③ 5,200단위(전환원가 당기완성품환산량) × ₩30 = ₩156,000

2. 총원가기준 비례배부법

(1) 원가차이 배부

	총원가	비율	원가차이
재공품	₩102,000	22%	₩15,840U
제품	120,000①	26	18,720U
매출원가	240,000②	52	37,440U
계	₩462,000	100%	₩72,000U

* 비율은 소수점 셋째 자리에서 반올림하여 계산함.

① 1,500개 × ₩80 = ₩120,000
② 3,000개 × ₩80 = ₩240,000

(2) 조정후 금액

	조정전 금액	원가차이 배부	조정후 금액
재공품	₩102,000	₩15,840U	₩117,840
제품	120,000	18,720U	138,720
매출원가	240,000	37,440U	277,440
계	₩462,000	₩72,000U	₩534,000

05. 원가차이의 배부

(주)한국은 표준원가계산제도를 채택하고 있으며, 20×1년말 계정잔액은 다음과 같다.

	직접재료	재공품	제품	매출원가
표준원가				
직접재료원가	₩60,000	₩35,000	₩65,000	₩100,000
전환원가	–	32,000	48,000	80,000
합계	₩60,000	₩67,000	₩113,000	₩180,000

20×1년중 당기중 발생한 원가차이는 다음과 같다.

직접재료원가 가격차이	₩24,000U
직접재료원가 수량차이	(−)10,000F
직접노무원가 총차이	15,000U
제조간접원가 총차이	12,000U
	₩41,000U

회사는 직접재료원가 가격차이를 구입시점에서 분리하며, 매년말 외부보고 목적의 재무제표를 작성하기 위하여 원가차이를 배부하고 있다.

| 물음 |

1. 원가요소기준 비례배부법에 의하여 원가차이를 배부할 경우, 20×1년말의 실제원가에 의한 각 계정의 잔액을 계산한 후 20×1년말에 행하여야 할 분개를 하시오.
2. 총원가기준 비례배부법에 의하여 원가차이를 배부할 경우, 20×1년말의 실제원가에 의한 각 계정의 잔액을 계산하시오.

| 풀이 |

1. 원가요소기준 비례배부법

(1) 원가차이의 비례배부

	합계	배부대상 계정잔액 직접재료	수량차이	재공품	제품	매출원가
① 표준원가						
기준Ⅰ	₩250,000	₩60,000	(−)₩10,000F	₩35,000	₩65,000	₩100,000
기준Ⅱ	200,000			35,000	65,000	100,000
기준Ⅲ	160,000			32,000	48,000	80,000
② 표준원가						
기준Ⅰ①	100%	24%	(−)4%	14%	26%	40%
기준Ⅱ②	100			17.5	32.5	50
기준Ⅲ③	100			20	30	50
③ 차이배부						
가격차이	₩24,000U	₩5,760	(−)₩960	₩3,360	₩6,240	₩9,600
수량차이	(−)10,000F		(−)10,000			
			(−)₩10,960	(−)1,918	(−)3,562	(−)5,480
직접노무원가총차이	15,000U			3,000	4,500	7,500
제조간접원가총차이	12,000U			2,400	3,600	6,000
합계	₩41,000U	₩5,760		₩6,842	₩10,778	₩17,620

① 직접재료원가 가격차이는 기준Ⅰ에 의하여 각 계정에 배분된다.
② 직접재료원가 수량차이는 기준Ⅱ에 의하여 각 계정에 배분된다.
③ 전환원가차이는 기준Ⅲ에 의하여 각 계정에 배분된다.
* 괄호는 음(−)수를 의미한다.

(2) 20×1년말의 실제원가에 의한 각 계정잔액

	직접재료	재공품	제품	매출원가
배부전 잔액	₩60,000	₩67,000	₩113,000	₩180,000
차이배부액	5,760	6,842	10,778	17,620
배부후 잔액	₩65,760	₩73,842	₩123,778	₩197,620

(3) 20×1년말 분개

차변		대변	
직접재료	5,760	직접재료원가가격차이	24,000
재공품	6,842	직접노무원가총차이	15,000
제품	10,778	제조간접원가총차이	12,000
매출원가	17,620		
직접재료원가수량차이	10,000		

2. 총원가기준 비례배부법

(1) 원가차이의 비례배부

		배부대상 계정잔액			
	합계	직접재료	재공품	제품	매출원가
① 표준원가					
기준Ⅰ	₩420,000	₩60,000	₩67,000	₩113,000	₩180,000
기준Ⅱ	360,000		67,000	113,000	180,000
② 표준원가					
기준Ⅰ①	420/420	60/420	67/420	113/420	180/420
기준Ⅱ②	360/360		67/360	113/360	180/360
③ 차이배부					
가격차이	₩24,000U	₩3,429	₩3,829	₩6,457	₩10,285
수량차이	(−)10,000F		(−)1,861	(−)3,139	(−)5,000
전환원가차이 순액	27,000U		5,025	8,475	13,500
합계	₩41,000U	₩3,429	₩6,993	₩11,793	₩18,785

① 직접재료원가 가격차이는 기준Ⅰ에 의하여 각 계정에 배부된다.
② 직접재료원가 수량차이와 전환원가차이는 기준Ⅱ에 의하여 각 계정에 배부된다.
* 괄호는 음(−)수를 의미한다.

(2) 20×1년말의 각 계정잔액

	직접재료	재공품	제품	매출원가
배부전 잔액	₩60,000	₩67,000	₩113,000	₩180,000
차이배부액	3,429	6,993	11,793	18,785
배부후 잔액	₩63,429	₩73,993	₩124,793	₩198,785

06. 종합예제: 표준원가계산과 원가차이분석(2013년 KICPA 기출문제)

원가계산주기가 1개월인 (주)한국은 표준원가계산제도를 사용하고 있으며, 직접노무시간을 변동제조간접원가와 고정제조간접원가의 배부기준으로 사용하고 있다. 20×1년도에 (주)한국의 제품단위당 표준은 다음과 같다.

구분	수량표준	가격표준
직접재료원가	5kg	₩300
직접노무원가	?	₩1,000
변동제조간접원가	?	?
고정제조간접원가	?	?

20×1년도 연간 예산변동제조간접원가 총액은 ₩6,000,000으로서 예산직접노무시간 12,000시간을 기준으로 설정되었다. 연간 예산고정제조간접원가 총액은 ₩12,000,000이며, 표준배부율은 기준조업도(생산량) 7,500단위를 기초로 계산한다. 원가관리목적상 고정제조간접원가 예산은 월별로 균등하게 배분한다.

20×1년도 5월초 직접재료와 재공품 재고는 없었으며, 5월말 재공품 재고도 없었다. 20×1년도 5월중 제품의 실제생산량은 500단위이며, 원가요소별로 발생한 구체적인 내역은 다음과 같다.

① 직접재료의 구매시점에서 분리한 직접재료원가 가격차이: ₩200,000 불리
② 직접재료 kg당 가격차이: ₩50
③ 직접재료원가 수량차이: ₩150,000 유리
④ 직접노무원가 실제발생액: ₩960,000
⑤ 직접노무원가 임률차이: ₩160,000 불리
⑥ 변동제조간접원가 실제발생액: ₩450,000
⑦ 변동제조간접원가 능률차이: ₩100,000 유리
⑧ 고정제조간접원가 예산차이: ₩100,000 불리

| 물음 |

1. 다음 각 물음에 답하시오.
   (1) 20×1년도 5월중 직접재료 구입량과 직접재료 실제사용량은 계산하시오.
   (2) 직접재료원가 가격차이를 구입시점에서 분리하는 경우, 20×1년도 5월중 직접재료 사용시점에서의 회계처리를 하시오.
   (3) 직접재료원가 가격차이를 사용시점에서 분리하는 경우, 20×1년도 5월중 직접재료 사용시점에서의 회계처리를 하시오.

2. 다음 각 물음에 답하시오
   (1) 20×1년도 5월중 실제 투입된 직접노무시간을 계산하시오.
   (2) 20×1년도 5월중 직접노무원가 능률차이를 계산하시오.
3. 20×1년도 5월중 변동제조간접원가와 관련된 회계처리를 하시오. 단, 변동제조간접원가의 발생에 대한 상대계정으로는 미지급비용을 사용하시오.
4. 20×1년도 5월중 고정제조간접원가 실제발생액과 조업도차이는?
5. (주)한국의 변동제조간접원가항목 중 윤활유가 있는데, 20×1년도 5월중 윤활유를 리터당 표준가격보다 비싸게 구입한 결과, 수량은 예상(표준)보다 적게 투입되었으며, 이로 인해 직접노무시간이 표준시간보다 적게 투입되었다고 하자. 이 경우 변동제조간접원가 소비차이, 변동제조간접원가 능률차이, 고정제조간접원가 예산차이 및 고정제조간접원가 조업도차이 각각에 대해 어떠한 영향(즉, 유리, 불리, 무관, 불확실)을 미치게 되는지를 밝히고 그 이유를 간략히 설명하시오.

| 풀이 |

1. (1)

   ① 실제구입량(AQp) = 직접재료원가 가격차이/kg당 가격차이
   = ₩200,000/₩50 = 4,000kg

   ② 직접재료원가 수량차이 = (AQu − SQ) × SP = − ₩150,000
   (AQu − 500단위 × 5kg) × ₩300 = − ₩150,000
   실제사용량(AQu) = 2,000kg

   (2) 회계처리

차변		대변	
재공품	750,000②	직접재료	600,000①
		직접재료원가수량차이	150,000
① 2,000kg × ₩300 = ₩600,000 ② 500단위 × ₩1,500 = ₩750,000 또는 500단위 × 5kg × ₩300 = ₩750,000			

   (3) 회계처리

차변		대변	
재공품	750,000②	직접재료	700,000①
직접재료원가가격차이	100,000	직접재료원가수량차이	150,000
① 2,000kg × ₩350 = ₩700,000(여기서 AP = ₩300 + kg당 가격차이 ₩50 = ₩350) ② 500단위 × ₩1,500 = ₩750,000 또는 500단위 × 5kg × ₩300 = ₩750,000			

2.

(1) 직접노무원가 임률차이 = (AR − SR) × AH = ₩160,000
AR × AH − SR × AH = ₩160,000
₩960,000 − ₩1,000 × AH = ₩160,000
실제 투입된 직접노무시간(AH) = 800시간

(2) 변동제조간접원가 능률차이 = (AH − SH) × SR = − ₩100,000
(800시간 − SH) × ₩500 × = − ₩100,000 → SH = 1,000시간

* SR = ₩6,000,000/12,000시간 = ₩500

직접노무원가 능률차이 = (AH − SH) × SR = (800시간 − 1,000시간) × ₩1,000
= ₩200,000F

3. 회계처리

차변		대변	
① 변동제조간접원가의 배부			
재공품	500,000*	변동제조간접원가배부	500,000
* 500단위 × ₩1,000 = ₩500,000 또는 500단위 × 2시간 × ₩500 = ₩500,000			
② 변동제조간접원가 실제발생액의 집계			
변동제조간접원가	450,000	미지급비용	450,000
③ 변동제조간접원가차이의 계상			
변동제조간접원가배부	500,000	변동제조간접원가	450,000
변동제조간접원가소비차이	50,000	변동제조간접원가능률차이	100,000

4.

(1) 고정제조간접원가 예산차이 = 실제발생액 − 예산액(₩1,000,000*)
= ₩100,000 → 실제발생액 = ₩1,100,000

* 고정제조간접원가 5월 예산액 = ₩12,000,000/12개월 = ₩1,000,000

(2) 고정제조간접원가 표준배부율 = ₩12,000,000/(7,500단위 × 2시간) = ₩800
고정제조간접원가 표준배부액 = ₩800 × (500단위 × 2시간) = ₩800,000
고정제조간접원가 조업도차이 = 예산액 − 배부액 = ₩1,000,000 − ₩800,000
= ₩200,000U

5.

① 변동제조간접원가 소비차이: 불확실함. 왜냐하면, 가격은 불리하지만 수량은 유리하기 때문임.

② 변동제조간접원가 능률차이: 유리함. 왜냐하면, 배부기준인 직접노무시간을 적게 투입하기 때문임.

③ 고정제조간접원가 예산차이: 무관함. 왜냐하면, 고정원가이므로 실제발생액은 생산량, 배부기준과 무관하기 때문임.

④ 고정제조간접원가 조업도차이: 무관함. 왜냐하면, 배부액은 배부기준 표준수량(SQ)에 기초하므로 배부기준 실제수량과 무관하기 때문임.

Chapter 12

변동원가계산

Cost Accounting

제1절 변동원가계산

1. 의의

원가계산시스템은 원가의 집계방법에 따라 개별원가계산과 종합원가계산, 원가의 측정방법에 따라 실제원가계산과 예정원가계산으로 구분할 수 있음은 앞서 공부한 바와 같다. 지금까지의 원가계산시스템은 제조활동에 투입된 모든 원가를 제품원가에 포함시켰다. 이러한 원가계산을 전부원가계산이라 한다. 전부원가계산(absorption costing)은 직접재료원가, 직접노무원가, 변동제조간접원가, 고정제조간접원가 모두를 제품원가에 포함시키는 원가계산방법으로, 기업이 외부보고 목적의 재무상태표와 손익계산서를 작성할 때는 한국채택국제회계기준(K-IFRS)에 따라 재고자산과 매출원가를 반드시 전부원가계산에 따라 평가해야 한다. 반면에, 변동원가계산(variable costing)은 직접재료원가, 직접노무원가, 변동제조간접원가, 즉 변동제조원가만을 제품원가에 포함시키고 고정제조간접원가는 기간비용으로 처리하는 원가계산방법이다. 결국, 전부원가계산과 변동원가계산의 차이는 고정제조간접원가를 제품원가에 포함시킬 것인가 아니면 기간비용으로 처리할 것인가에 있다.[1]

도표 12-1 | 전부원가계산과 변동원가계산

전부원가계산	제조원가	변동원가계산
제품원가	직접재료원가	제품원가
	직접노무원가	
	변동제조간접원가	
	고정제조간접원가	기간비용

1950년대까지의 원가회계는 주로 제품원가를 정확히 계산하는데 중점을 두었다. 그 당시에는 판매가격은 제품생산과 관련된 모든 원가를 초과해야 하며, 재무제표상의 재고자산과 매출원가는 제조활동에 소비된 모든 원가를 포함해야 한다고 생각했다. 그러나 전부원가계산은 고정제조간접원가를 제품원가에 포함시키기 때문에 생산량 변동에 따라 제품단위당 원가가 달라져서 올바른 경영성과의 파악이나 이익계획이 곤란하였다. 이러한 문제를 해결하고자 1950년대 후반부터 고정제조간접원가를 아예 제품원가에 포함시키지 않는 변동원가계산이 등장한 것이다.

변동원가계산은 제품원가의 측정방법과 관련하여 실제원가계산이나 예정원가계산과 결합될 수 있으나, 여기서는 실제원가에 의한 변동원가계산을 전제로 변동원가계산이 전부원가계산과 재고자산평가나 이익에 있어서 어떠한 차이가 있는지에 중점을 두었다.

2. 전부원가계산과 경영성과

고정제조간접원가는 대부분 설비자산과 관련된 원가로서 원가계산기간 동안 생산량(조업도)에 관계없이 일정하게 발생한다. 이러한 고정제조간접원가를 제품원가에 포함시키는 경우, 경영성과의 파악이나 이익계획에 어떤 문제점이 있는 것일까?

예를 들어, 현대자동차의 스포츠카 사업부는 20×1년 11월부터 제품생산 및 판매를 시작하였으며, 제품단위당 변동제조원가는 ₩100이고 월간 고정제조간접원가는 ₩100,000이라고 하자. 11월중에 1,000대를 생산하여 800대를 단위당 ₩300에 판매한 경우, 전부원가계산과 변동원가계산의 이익은 [도표 12-2]와 같다. 두 방법 모두 판매량에 배부된 변동제조원가를 비용화하는 점에서는 차이가 없다. 그러나 전부원가계산에서는 판매량

1) 판매비와관리비는 제조활동과 관련이 없는 원가이므로 어떤 경우에도 기간비용으로 처리됨을 유의해야 한다.

에 배부된 고정제조간접원가만을 매출원가로 계상하는 반면에, 변동원가계산에서는 고정제조간접원가 전부를 당기비용으로 계상한다.

도표 12-2 | 제품재고가 증가하는 경우

항목	전부원가계산(A)	변동원가계산(B)	차이(A−B)
매출액	₩240,000	₩240,000	−
매출원가 및 비용			
변동제조원가	₩80,000	₩80,000	−
고정제조간접원가	80,000*	100,000	₩(20,000)
이익	₩80,000	₩60,000	₩20,000

* ₩100,000÷1,000×800대=₩80,000

[도표 12-2]는 제품재고가 0대에서 200대로 증가하는 상황으로 전부원가계산 이익이 변동원가계산 이익보다 ₩20,000만큼 크다. 이는 전부원가계산이 변동원가계산에 비하여 기말재고에 포함되어 있는 고정제조간접원가만큼(=₩100,000÷1,000×200대) 비용화가 덜 되어서 발생한 것이다.

12월에는 11월의 기말재고 200대를 감안하여 600대만 생산하였고, 800대를 모두 단위당 ₩300에 판매하였다고 하자. 이때 전부원가계산과 변동원가계산의 이익은 [도표 12-3]과 같다.

도표 12-3 | 제품재고가 감소하는 경우

항목	전부원가계산(A)	변동원가계산(B)	차이(A−B)
매출액	₩240,000	₩240,000	−
매출원가 및 비용			
변동제조원가	₩80,000①	₩80,000①	−
고정제조간접원가	120,000②	100,000	₩20,000
이익	₩40,000	₩60,000	₩(20,000)

① 800대×₩100=₩80,000
② (₩100,000÷1,000대)×200대+₩100,000=₩120,000

[도표 12-3]에서 전부원가계산의 비용화된 고정제조간접원가는 기초재고 200대에 배부된 금액 ₩20,000과 당기 생산량 600대에 배부된 금액 ₩100,000의 합계이다. [도표

12-3]은 제품재고가 200대에서 0대로 감소하는 상황으로, 전부원가계산 이익이 변동원가계산 이익보다 기초재고 200대에 포함되어 있는 고정제조간접원가인 ₩20,000만큼 작게 나타났다.

만일 11월에 800대를 생산하여 800대 모두를 단위당 ₩300에 판매하였다면, 전부원가계산과 변동원가계산의 이익은 [도표 12-4]와 같다. [도표 12-4]에서 전부원가계산의 비용화된 고정제조간접원가 ₩100,000은 당기 생산 및 판매량인 800대에 배부된 금액이다. 이처럼, 생산량과 판매량이 동일해서 재고수량의 변화가 없는 경우에는 전부원가계산과 변동원가계산의 이익이 동일해진다.

도표 12-4 | 제품재고가 동일한 경우

항목	전부원가계산(A)	변동원가계산(B)	차이(A－B)
매출액	₩240,000	₩240,000	－
매출원가 및 비용			
변동제조원가	₩80,000	₩80,000	－
고정제조간접원가	100,000*	100,000	－
이익	₩60,000	₩60,000	－

* 100,000÷800×800대＝₩100,000

[도표 12-5]는 [도표 12-2], [도표 12-3]과 [도표 12-4]를 요약한 것이다. 변동원가계산에서는 매출액이 ₩240,000으로 동일한 상황에서 재고수량이 증가하거나 감소하더라도 이익은 ₩60,000으로 동일하다. 그러나 전부원가계산 이익은 동일한 매출액하에서도 재고수량변동에 의하여 영향을 받는다. 만일, 전부원가계산 이익에 의하여 경영자의 성과를 평가한다면 경영자는 이익을 극대화하기 위해 생산량을 늘림으로써 불필요한 재고를 증가시킬 유인을 갖게 된다. 또한, 이익계획을 수립할 때에도 재고수량변동에 의하여 영향을 받지 않고 오직 판매량(즉, 매출액)에 의해서만 이익이 결정되는 변동원가계산을 이용해야 고정제조간접원가배부로 인한 혼란을 줄일 수 있다.

도표 12-5 | 이익의 비교

상황	생산량	판매량	매출액	전부원가계산 이익(A)	변동원가계산 이익(B)	차이(A－B)
(1) 재고증가	1,000대	800대	₩240,000	₩80,000	₩60,000	₩20,000
(2) 재고감소	600	800	240,000	40,000	60,000	(20,000)
(3) 재고불변	800	800	240,000	60,000	60,000	－

변동원가계산은 개별원가계산이나 종합원가계산, 실제원가계산이나 예정원가계산 어느 것과도 결합하여 사용할 수 있는 원가계산방법이나 한국채택국제회계기준(K-IFRS)에서는 인정하지 않기 때문에 외부보고목적보다는 경영관리목적(성과평가나 이익계획)으로 사용된다.

3. 공헌이익손익계산서

전부원가계산에 의한 손익계산서는 기업회계기준에 의하여 작성되는 비용의 기능적 분류형 손익계산서(기능적 손익계산서: functional income statement)이다.

도표 12-6 | 비용의 기능적 분류형 손익계산서

항목	금액	비고
매출액	××	＝단위당 판매가격×판매량
매출원가	(－)××	＝(단위당 변동제조원가＋ $\frac{\text{고정제조간접원가}}{\text{생산량}}$)×판매량
매출총이익	××	
판매비와관리비	(－)××	＝단위당 변동판관비×판매량＋고정판관비
영업이익	××	

* 변동제조원가는 직접재료원가, 직접노무원가, 변동제조간접원가의 합계임.

비용의 기능적 분류형 손익계산서(즉, 기능적 손익계산서)는 영업활동에 소비된 원가를 매출원가와 판매비와관리비로 구분한다. 여기서 매출원가는 판매된 제품의 변동제조원가와 고정제조간접원가를 포함하며, 판매비와관리비도 판매 및 일반관리 기능과 관련된 변동판관비와 고정판관비를 합한 금액이다. 아래에서 보는 바와 같이 기능적 손익계산서의 매출총이익은 생산량과 판매량에 의하여 영향을 받기 때문에 판매량의 증가가 정확하게 얼마만큼의 매출총이익을 증가시키는지를 알려주지 못한다.

$$\text{매출총이익} = (\text{단위당 판매가격} - \text{단위당 변동제조원가} - \frac{\text{고정제조간접원가}}{\text{생산량}}) \times \text{판매량}$$

[도표 12-7]은 단위당 판매가격이 ₩300, 단위당 변동제조원가가 ₩100, 월간 고정제조간접원가는 ₩100,000이고, 800대를 판매한 경우에 여러 생산량수준에서의 매출총이익을 보여주고 있다. 즉, 생산량이 1,000대일 경우 매출총이익은 ₩80,000이고, 생산량이 500대일 때 매출총이익은 ₩0이 되어, 800대 판매에 대한 이익이 생산량에 의하여 영향을 받는다.

도표 12-7 | 생산량과 매출총이익

생산량	단위당 고정제조간접원가	판매량	매출총이익
1,000대	₩100	800대	₩80,000①
800	125	800	60,000②
500	200	800	0③

① (₩300 − 100 − 100,000 ÷ 1,000대) × 800대 = ₩80,000
② (₩300 − 100 − 100,000 ÷ 800대) × 800대 = ₩60,000
③ (₩300 − 100 − 100,000 ÷ 500대) × 800대 = ₩0

이익계획을 수립할 때 이익이 생산량이 아닌 판매량에 의해서만 결정되도록 하기 위해서는 원가를 변동비와 고정비,[2] 즉 원가행태별로 구분하여 손익계산서를 작성해야 한다. 이러한 손익계산서가 바로 변동원가계산에서의 공헌이익손익계산서(contribution margin income statement)이다.

도표 12-8 | 공헌이익손익계산서

항목	금액	비고
매출액	××	= 단위당 판매가격 × 판매량
변동비	(−)××	= (단위당 변동제조원가 + 단위당 변동판관비) × 판매량
공헌이익	××	
고정비	(−)××	= 고정제조간접원가 + 고정판관비
영업이익	××	

2) 이하에서는 변동제조원가와 변동판관비를 합하여 변동비, 고정제조간접원가와 고정판관비를 합하여 고정비라고 한다.

공헌이익손익계산서에서 공헌이익(contribution margin)은 매출액에서 변동비를 차감한 잔액으로 고정비를 회수하고 영업이익을 창출하는데 공헌한 금액을 의미한다. 공헌이익은 판매량에 의해서만 영향을 받기 때문에 이익계획에 유용하다.

공헌이익 = (단위당 판매가격 − 단위당 변동비) × 판매량

* 단위당 변동비 = 단위당 변동제조원가 + 단위당 변동판관비

[도표 12-7]의 자료를 이용하여 공헌이익과 영업이익을 계산한 결과가 [도표 12-9]에 나타나 있다. [도표 12-9]에서 보듯이 공헌이익은 생산량에 의하여 영향을 받지 않고 오로지 판매량에 의해서만 결정됨을 알 수 있다.

도표 12-9 | 공헌이익과 영업이익

생산량	판매량	공헌이익	영업이익
1,000대	800대	₩160,000①	₩60,000②
800	800	160,000	60,000
500	800	160,000	60,000

① (₩300 − 100) × 800대 = ₩160,000
② ₩160,000 − 100,000 = ₩60,000

또한, 공헌이익은 판매량의 증가가 정확하게 얼마만큼의 영업이익을 증가시키는지 알려주기 때문에 관리적 의사결정에 유용한 정보를 제공해 준다. [도표 12-10]에 의하면 판매량이 500대에서 501대로 1대 증가할 때 공헌이익과 영업이익은 단위당 공헌이익인 ₩200만큼 증가한다. 따라서, 판매량이 500대에서 800대로 300대만큼 증가한다면 공헌이익과 영업이익은 모두 ₩60,000(= ₩200 × 300대)만큼 증가함을 알 수 있다.[3)]

3) 판매량이 800대일 때 영업이익은 ₩60,000(= ₩200 × 800대 − 100,000)이므로, 500대일 때의 영업이익(₩0)에 비하여 ₩60,000만큼 증가한다.

도표 12-10 | 판매량 변화와 공헌이익

구분	판매량		
	500대	501대	단위당 증가
매출액	₩150,000	₩150,300	₩300
변동비	50,000	50,100	100
공헌이익	₩100,000	₩100,200	₩200
고정비	100,000	100,000	–
영업이익	₩0	₩200	₩200

예제 12-1

(주)건국은 금년 1월에 영업을 개시하였으며 단일제품을 생산·판매하고 있다. 금년 한 해 동안 10,000단위를 생산하여 8,000단위를 판매하였다. 제품 단위당 판매가격은 ₩500이며, 당기의 원가자료는 다음과 같다.

구분	단위당 변동비	고정비
직접재료원가	₩120	–
직접노무원가	60	–
제조간접원가	20	₩1,000,000
판관비	50	700,000

| 물음 |

전부원가계산과 변동원가계산을 각각 적용하여,

1. 기말제품재고액을 계산하시오.
2. 손익계산서를 작성하시오.

| 해답 |

1. 기말제품재고액

(1) 단위당 제품원가

	전부원가계산	변동원가계산
직접재료원가	₩120	₩120
직접노무원가	60	60
변동제조간접원가	20	20
고정제조간접원가	100*	–
계	₩300	₩200

* ₩1,000,000 ÷ 10,000단위 = ₩100

(2) 기말제품재고액

제품 – 물량

기초재고	–	판매	8,000
당기생산	10,000	기말재고	2,000
	10,000		10,000

가. 전부원가계산: 2,000단위×₩300=₩600,000

나. 변동원가계산: 2,000단위×₩200=₩400,000

2. 손익계산서

(1) 전부원가계산(기능적 손익계산서)

매출액(8,000단위×₩500)		₩4,000,000
매출원가(8,000단위×₩300)		2,400,000
매출총이익		₩1,600,000
판관비		
변동비(8,000단위×₩50)	₩400,000	
고정비	700,000	1,100,000
영업이익		₩500,000

(2) 변동원가계산(공헌이익손익계산서)

매출액(8,000단위×₩500)		₩4,000,000
변동비		
매출원가(8,000단위×₩200)	₩1,600,000	
판관비(8,000단위×₩50)	400,000	2,000,000
공헌이익		₩2,000,000
고정비		
제조간접원가	₩1,000,000	
판관비	700,000	1,700,000
영업이익		₩300,000

제2절 영업이익의 비교

전부원가계산과 변동원가계산의 유일한 차이점은 고정제조간접원가의 회계처리에 있다. 전부원가계산은 고정제조간접원가를 포함한 모든 제조원가를 제품에 할당한 후에 제품이 판매되었을 때 매출원가로 비용화하고, 변동원가계산은 고정제조간접원가를 발생시점에서 전액 비용으로 처리한다. 전부원가계산과 변동원가계산의 주요 차이점을 요약하면 [도표 12-11]과 같다.

도표 12-11 | 전부원가계산과 변동원가계산의 비교

구분	전부원가계산	변동원가계산
목적	외부보고목적 (재무제표 작성)	내부관리목적 (의사결정과 원가통제)
제품원가	직접재료원가 직접노무원가 변동제조간접원가 고정제조간접원가	직접재료원가 직접노무원가 변동제조간접원가 –
기간비용	– 변동판매비와관리비 고정판매비와관리비	고정제조간접원가 변동판매비와관리비 고정판매비와관리비
손익계산서	기능적 손익계산서 (원가기능 강조)	공헌이익손익계산서 (원가행태 강조)

이처럼 고정제조간접원가에 대한 회계처리가 다르기 때문에 재고수준의 변동에 따라 두 방법에 의하여 계산되는 영업이익의 수치가 다르게 나타난다.

1. 생산량이 판매량보다 많은 경우

생산량이 판매량보다 많아서 제품재고가 증가하게 되면 전부원가계산 이익은 변동원가계산 이익보다 크게 된다. 이는 앞서 [도표 12-2]에서 살펴본 바 있다. [도표 12-2]의 전부원가계산에서는 고정제조간접원가 중 ₩20,000(=₩100,000÷1,000×200대)이 기말제품에 포함되어 판매되는 시점까지 비용(매출원가)처리가 이연되지만, 변동원가계산에서는 당기에 발생한 고정제조간접원가 전액이 비용으로 계상된다. 따라서, 전부원가계산 이익이 변동원가계산 이익보다 크다.

기초제품이 없는 상황에서 기말제품이 증가할 때에는 전부원가계산 영업이익에서 기말제품에 배부된 고정제조간접원가 ₩20,000을 차감함으로써 변동원가계산 영업이익으로 조정이 가능하다.

도표 12-12 | 영업이익 차이조정 I

전부원가계산 영업이익	₩80,000
(−)기말제품에 배부된 고정제조간접원가	(−)20,000
변동원가계산 영업이익	₩60,000

예제 12-2

[예제 12-1]의 자료를 이용한다.

| 물음 |

전부원가계산과 변동원가계산의 영업이익차이를 조정하시오.

| 해답 |

전부원가계산 영업이익	₩500,000
(−)기말제품에 배부된 고정제조간접원가	(−)200,000*
변동원가계산 영업이익	₩300,000

* 2,000단위 × ₩100 = ₩200,000

2. 판매량이 생산량보다 많은 경우

판매량이 생산량보다 많아서 제품재고가 감소하게 되면 전부원가계산 이익은 변동원가계산 이익보다 작게 된다. 이 경우도 앞서 [도표 12-3]에서 살펴본 바 있다.

[도표 12-3]의 전부원가계산에서는 기초제품에 배부되었던 고정제조간접원가 ₩20,000 (=₩100,000÷1,000×200대)과 당기의 고정제조간접원가 ₩100,000이 모두 당기비용(매출원가)으로 처리된다. 반면에, 변동원가계산에서는 기초제품에 고정제조간접원가가

배부되어 있지 않으므로 당기에 발생한 고정제조간접원가만이 전액 비용으로 처리된다. 따라서, 전부원가계산 이익이 변동원가계산 이익보다 작다. 기초제품이 당기에 모두 판매되고 기말제품이 없는 상황에서는 전부원가계산 영업이익에서 기초제품에 배부된 고정제조간접원가 ₩20,000을 더함으로써 변동원가계산 영업이익으로의 조정이 가능하다.

도표 12-13 | 영업이익 차이조정 Ⅱ

전부원가계산 영업이익	₩40,000
(+)기초제품에 배부된 고정제조간접원가	(+)20,000
변동원가계산 영업이익	₩60,000

예제 12-3

[예제 12-1]의 자료에서 (주)건국은 내년에 10,000단위를 생산하여 12,000단위를 판매하였다고 하자. 단, 내년도 제품판매가격과 원가자료는 금년과 동일하다고 가정한다.

| 물음 |

1. 전부원가계산과 변동원가계산에 의한 손익계산서를 작성하시오.
2. 두 방법의 영업이익차이를 조정하시오.

| 해답 |

내년의 제품 물량흐름은 다음과 같다.

제품－물량

기초재고	2,000	판매	12,000
당기생산	10,000	기말재고	–
	12,000		12,000

1. 손익계산서

(1) 전부원가계산

매출액(12,000단위×₩500)		₩6,000,000
매출원가(12,000단위×₩300)		3,600,000
매출총이익		₩2,400,000
판관비		
변동비(12,000단위×₩50)	₩600,000	
고정비	700,000	1,300,000
영업이익		₩1,100,000

(2) 변동원가계산

매출액(12,000단위×₩500)		₩6,000,000
변동비		
매출원가(12,000단위×₩200)	₩2,400,000	
판관비(8,000단위×₩50)	600,000	3,000,000
공헌이익		₩3,000,000
고정비		
제조간접원가	₩1,000,000	
판관비	700,000	1,700,000
영업이익		₩1,300,000

2. 영업이익차이 조정

전부원가계산 영업이익	₩1,100,000
(+)기초제품에 배부된 고정제조간접원가	(+)200,000*
변동원가계산 영업이익	₩1,300,000

* 2,000단위×₩100=₩200,000

3. 생산량과 판매량이 동일한 경우

생산량과 판매량이 동일하게 되어 제품재고 수량의 변동이 없으면 전부원가계산 이익과 변동원가계산 이익은 동일해진다. 이미 살펴본 [도표 12-4]에서도 두 방법 간에 비용화되는 고정제조간접원가의 차이가 없으므로 이익의 차이가 없었다.

예제 12-4

[예제 12-1]의 자료에서 (주)건국은 내년에 10,000단위를 생산하여 10,000단위를 판매하였다고 하자. 단, 내년도 제품판매가격과 원가자료는 금년과 동일하다고 가정한다.

| 물음 |

전부원가계산과 변동원가계산에 의한 손익계산서를 작성하시오.

| 해답 |

내년의 제품 물량흐름은 다음과 같다.

제품 – 물량

기초재고	2,000	판매	10,000
당기생산	10,000	기말재고	2,000
	12,000		12,000

1. 전부원가계산 손익계산서

매출액(10,000단위×₩500)		₩5,000,000
매출원가(10,000단위×₩300)		3,000,000
매출총이익		₩2,000,000
판관비		
변동비(10,000단위×₩50)	₩500,000	
고정비	700,000	1,200,000
영업이익		₩800,000

2. 변동원가계산 손익계산서

매출액(10,000단위×₩500)		₩5,000,000
변동비		
매출원가(10,000단위×₩200)	₩2,000,000	
판관비(10,000단위×₩50)	500,000	2,500,000
공헌이익		₩2,500,000
고정비		
제조간접원가	₩1,000,000	
판관비	700,000	1,700,000
영업이익		₩800,000

전부원가계산 영업이익과 변동원가계산 영업이익이 동일하므로 이익차이를 조정할 필요가 없다.

4. 영업이익차이의 조정

전부원가계산 이익은 기말에 약간의 수정을 통하여 변동원가계산 이익으로 조정할 수 있다. 따라서, 외부보고목적을 위하여 전부원가계산을 적용하는 회사는 성과평가목적의 변동원가계산을 위하여 별도의 회계기록을 유지할 필요가 없다. 여기서는 전부원가계산에서 산출된 영업이익을 변동원가계산 영업이익으로 전환하는 과정을 살펴본다. [도표 12-12]와 [도표 12-13]을 종합하면 전부원가계산 이익은 다음과 같이 변동원가계산 영업이익으로 전환된다.

도표 12-14 | 영업이익 차이조정 Ⅲ

전부원가계산 영업이익	××
(+)기초제품에 배부된 고정제조간접원가	(+)××
(−)기말제품에 배부된 고정제조간접원가	(−)××
변동원가계산 영업이익	××

기초제품에 배부된 고정제조간접원가와 기말제품에 배부된 고정제조간접원가의 차이는 기말제품수량에서 기초제품수량을 차감한 재고수량변동에 단위당 고정제조간접원가를 곱한 금액과 일치하므로 [도표 12-14]는 다음과 같이 다시 쓸 수 있다. 여기서, 단위당 고정제조간접원가는 고정제조간접원가 총액을 생산량으로 나누어 계산한 것이다.[4)]

> 전부원가계산 영업이익
> − (기말제품수량 − 기초제품수량)×단위당 고정제조간접원가
> = 변동원가계산 영업이익

4) 기초제품에 배부된 고정제조간접원가는 기초제품수량에 전기의 단위당 고정제조간접원가 $\left(=\frac{\text{전기의 고정제조간접원가}}{\text{전기 생산량}}\right)$를 곱한 것이고, 기말제품에 배부된 고정제조간접원가는 기말제품수량에 당기의 단위당 고정제조간접원가$\left(=\frac{\text{당기의 고정제조간접원가}}{\text{당기 생산량}}\right)$를 곱한 것이다. 따라서, 위와 같은 식으로 나타낼 수 있으려면 전기의 단위당 고정제조간접원가와 당기의 단위당 고정제조간접원가가 동일하다는 가정이 필요하다.

예제 12-5

(주)건국은 영업개시 첫해인 금년에 7,000단위를 생산하여 5,000단위를 판매하였으며, 내년에는 7,000단위를 생산하여 8,000단위를 판매할 계획이다. 단위당 판매가격은 ₩350이고, 금년과 내년의 원가는 다음과 같이 동일하다고 가정한다.

구분	단위당 변동비	고정비
직접재료원가	₩20	–
직접노무원가	30	–
제조간접원가	50	₩700,000
판매관리비	20	400,000

| 물음 |

1. 전부원가계산과 변동원가계산에 의하여 내년도 예상영업이익을 계산하시오.
2. 두 방법의 내년도 예상영업이익차이를 조정하시오.

| 해답 |

내년의 제품물량흐름은 다음과 같다.

제품 – 물량

기초재고	2,000①	판매	8,000
당기생산	7,000	기말재고	1,000②
	9,000		9,000

① 7,000단위 − 5,000 = 2,000단위
② 9,000단위 − 8,000 = 1,000단위

1. 예상영업이익

(1) 전부원가계산

매출액(8,000단위 × ₩350)		₩2,800,000
매출원가(8,000단위 × ₩200*)		1,600,000
매출총이익		₩1,200,000
판관비		
변동비(8,000단위 × ₩20)	₩160,000	
고정비	400,000	560,000
영업이익		₩640,000

* ₩20 + 30 + 50 + (₩700,000 ÷ 7,000단위) = ₩200

(2) 변동원가계산

매출액(8,000단위×₩350)		₩2,800,000
변동비		
매출원가(8,000단위×₩100*)	₩800,000	
판관비(8,000단위×₩20)	160,000	960,000
공헌이익		₩1,840,000
고정비		
제조간접원가	₩700,000	
판관비	400,000	1,100,000
영업이익		₩740,000

* ₩20+30+50=₩100

2. 예상영업이익 차이조정

전부원가계산 영업이익	₩640,000
(+)기초제품에 배부된 고정제조간접원가	(+)200,000①
(−)기말제품에 배부된 고정제조간접원가	(−)100,000②
변동원가계산 영업이익	₩740,000

① 단위당 고정제조간접원가는 ₩100(=₩700,000÷7,000단위)이므로, 2,000단위×₩100=₩200,000. 금년과 내년의 원가가 동일하다고 하였으므로, 두 기간 동안 제품단위당 고정제조간접원가도 ₩100으로 동일하다.

② 1,000단위×₩100=₩100,000

참고로,

전부원가계산 영업이익		₩640,000
기초제품수량	2,000단위	
기말제품수량	1,000	
증(감)	1,000단위	
단위당 고정제조간접원가	×₩100	100,000
변동원가계산 영업이익		₩740,000

예제 12-6

(주)건국의 당해연도 변동원가계산 영업이익은 ₩600,000이고, 전부원가계산 영업이익은 ₩700,000이다. 또한, 변동원가계산에 의한 기말제품원가는 ₩60,000이고, 전부원가계산에 의한 기초제품원가는 변동원가계산에 의한 기초제품원가보다 ₩25,000 많다고 한다.

| 물음 |

전부원가계산에 의한 기말제품원가를 계산하시오.

| 해답 |

전부원가계산하에서 기말제품에 배부된 고정제조간접원가를 구하는 것이 이 예제의 핵심이다.

기말제품에 배부된 고정제조간접원가(x)
= 전부원가계산 영업이익
(−)변동원가계산 영업이익
(+)기초제품에 배부된 고정제조간접원가

x = ₩700,000 − 600,000 + 25,000
= ₩125,000

따라서,

전부원가계산에 의한 기말제품원가
= 변동원가계산에 의한 기말제품원가
(+)전부원가계산 하에서 기말제품에 배부된 고정제조간접원가

이므로,

전부원가계산에 의한 기말제품원가
= ₩60,000 + 125,000
= ₩185,000

제3절 변동원가계산에 대한 주요 논쟁

변동원가계산은 그 유용성에도 불구하고 아직도 많은 논란이 제기되고 있다. 먼저, 변동원가계산을 지지하는 논거를 정리해 보면 다음과 같다.

첫째, 변동원가계산은 전부원가계산에 비하여 많은 정보를 제공해 준다. 변동원가계산 손익계산서에는 변동비와 고정비가 분리되고 공헌이익이 보고되는데 이러한 정보는 이익계획 및 의사결정 목적에도 유용하다. 둘째, 변동원가계산에서는 고정제조간접원가가 기간비용으로 처리되기 때문에 전부원가계산에서처럼 이를 어떻게 제품에 배부할 것인가 하는 문제가 발생하지 않는다. 셋째, 변동원가계산 이익은 판매량에 의해서만 영향을 받지만 전부원가계산 이익은 판매량과 생산량에 의하여 영향을 받는다. 따라서, 전부원가계산에서는 제품재고수준을 증가시키거나 감소시킴으로써 이익을 높이거나 낮출 수 있지만, 변동원가계산에서는 이와 같은 이익의 조작이 불가능하게 된다.

한편, 변동원가계산을 반대하는 근거는 다음과 같다.

첫째, 수익·비용 대응의 원칙에 부합되지 않는다. 변동원가계산에서는 미래의 수익(매출)에 대응되는 제품원가가 변동제조원가뿐이며 고정제조간접원가는 제품생산에 소비된 원가임에도 불구하고 발생한 기간에 전부 비용으로 처리한다. 둘째, 변동원가계산은 변동비와 공헌이익에 중점을 둠으로써 고정비를 경시하기 쉽다. 특히, 변동원가계산에 의하여 가격을 결정할 경우 장기적으로 고정비를 회수하지 못할 위험이 있다. 셋째, 변동원가계산을 적용하기 위해서는 모든 원가를 변동비와 고정비로 구분해야 하지만 이를 구분하는 것이 현실적으로 쉽지 않다. 또한, 조직변경이나 설비투자 등은 원가행태에 영향을 미칠 수 있기 때문에 변동비와 고정비의 구분은 분석시점에 따라 달라질 수 있다.

전부원가계산과 변동원가계산 중 어느 방법이 우월한가의 판단은 특정한 상황에서 어느 방법이 경영자에게 보다 유용한 정보를 제공할 수 있는가의 관점에서 평가되어야 할 것이다.[5)]

---

5) 제조원가에서 고정원가가 차지하는 비중이 증가함에 따라, 최근에는 이익계획 및 성과평과 목적으로 직접재료원가만을 제품원가에 포함시키고, 나머지 제조원가(직접노무원가, 변동제조간접원가, 고정제조간접원가)는 모두 기간비용으로 처리하는 방식으로 원가계산을 수행하기도 한다. 이를 초변동원가계산(supervariable costing) 또는 쓰루풋원가계산(throughput costing)이라고 한다. 자세한 내용은 관리회계 교재를 참고하기 바란다.

연습 문제

| 객관식 문제 |

01. 변동원가계산에 관한 다음 설명 중 옳은 것은?

① 고정제조간접원가는 매출원가에 포함된다.
② 기간손익이 재고수준의 변동에 영향을 받는다.
③ 단기적인 계획과 통제에 유용하지 못하다.
④ 기업의 외부보고목적의 재무제표 작성할 때 인정되지 않는다.
⑤ 과세소득의 산출을 위한 유용한 자료를 얻을 수 있다.

02. 변동원가계산과 전부원가계산에 대한 다음 설명 중 옳지 않은 것은?

① 기초재고량과 기말재고량이 동일할 때 전부원가계산에 의한 영업이익은 변동원가계산에 의한 영업이익과 같다.
② 기초재고량이 기말재고량보다 클 때 전부원가계산에 의한 영업이익은 변동원가계산에 의한 영업이익보다 크다.
③ 두 원가계산의 차이는 고정제조간접원가를 제품원가에 포함시킬 것인가 아니면 기간비용으로 처리할 것인가에 있다.
④ 두 원가계산에서 변동제조원가는 모두 제품원가로 처리한다는 점에서는 차이가 없다.
⑤ 두 원가계산에서 변동판매관리비와 고정판매관리비는 모두 기간비용으로 처리한다는 점에서는 차이가 없다.

[03~04] (주)한국의 단위당 제조원가는 전기와 당기에 있어서 동일하다. 단위당 변동제조원가는 ₩20이고 단위당 고정제조간접원가는 ₩10이다. 기초재고수량이 500단위, 당기판매수량이 2,000단위, 기말재고수량이 1,000단위이다. 기타 자료는 다음과 같다.

- 단위당 판매가격: ₩40
- 단위당 변동판매관리비: ₩2
- 고정판매관리비: ₩7,000

회사는 실제원가계산시스템을 채택하고 있으며 선입선출법에 의해 재고자산을 평가한다.

03. 전부원가계산에 의한 (주)한국의 당기영업이익은 얼마인가?

① ₩4,200 ② ₩6,200 ③ ₩7,000 ④ ₩8,200 ⑤ ₩9,000

04. 변동원가계산에 의한 (주)한국의 당기영업이익은 얼마인가?

① ₩3,100 ② ₩4,000 ③ ₩7,100 ④ ₩7,300 ⑤ ₩10,100

[05~06] (주)대한은 실제원가계산시스템을 채택하고 있으며 선입선출법에 의해 재고자산을 평가한다. 20×1년 5월 및 6월의 영업활동관련 자료는 다음과 같다. 단, 5월초 재고수량은 없었다.

구분	5월	6월
단위당 판매가격	₩50	₩50
당월생산량	12,000단위	10,000단위
당월판매량	9,000단위	12,000단위
단위당변동제조원가	₩25	₩25
단위당변동판매관리비	₩2	₩2
총고정제조간접원가	₩100,000	₩100,000
총고정판매관리비	₩50,000	₩50,000

05. 변동원가계산에 의한 (주)대한의 20×1년 5월 영업이익은 얼마인가?

① ₩57,000 ② ₩64,000 ③ ₩75,000 ④ ₩82,000

06. 전부원가계산에 의한 (주)대한의 20×1년 6월말 제품 재고자산에 배부된 고정제조간접원가는 얼마인가?

① ₩8,333 ② ₩10,000 ③ ₩25,000 ④ ₩30,000

07. (주)명지는 월 생산량을 일정하게 유지하고 있다. 20×1년 7월의 월초재고수량은 200단위이고 생산량은 900단위이다. 20×1년 7월 판매량은 전달보다 증가하여 1,050단위이다. 그런데 20×1년 7월의 전부원가계산에 의한 영업이익이 변동원가계산에 의한 영업이익보다 ₩19,500 작게 나타났다. 20×1년 7월 (주)명지의 제품단위당 고정제조간접원가는 얼마인가?

① ₩18.6 ② ₩97.5 ③ ₩130 ④ ₩390

08. (주)경기는 실제원가로 제품원가를 계산하고 있다. (주)경기는 20×1년 1월초에 개업하였으며, 20×1년과 20×2년의 제품생산량과 판매량, 원가자료는 다음과 같다.

구분	20×1년	20×2년
생산량	10,000개	14,000개
판매량	8,000개	15,000개
고정제조간접원가	₩240,000	?
고정판매관리비	₩180,000	₩230,000

20×2년의 전부원가계산에 의한 영업이익은 ₩500,000이고, 변동원가계산에 의한 영업이익은 ₩528,000이었다. 20×2년에 발생된 고정제조간접원가는 얼마인가? 단, 20×1년과 20×2년의 기초재공품 및 기말재공품은 없으며, 물량 및 원가흐름은 선입선출법을 가정한다.

① ₩200,000 ② ₩220,000 ③ ₩240,000
④ ₩260,000 ⑤ ₩280,000

| 객관식 문제 해답 및 해설 |

01. ④

① 변동원가계산은 고정제조간접원가를 기간비용으로 처리한다.
② 변동원가계산을 적용할 경우 기간손익이 재고수준의 변동에 영향을 받지 않는다.
③ 전부원가계산에 의한 영업이익은 판매량뿐만 아니라 재고변동에 의해서도 영향을 받는 반면, 변동원가계산의 영업이익은 판매량에 의해서만 영향을 받는다. 따라서 변동원가계산을 적용하는 경우 단기적인 계획과 통제에 유용하다.
⑤ 과세소득의 산출은 일반적으로 인정된 회계원칙인 전부원가계산에 근거한다.

02. ②

제품재고가 감소하는 경우, 전부원가계산에서는 기초제품에 배부되었던 고정제조간접원가와 당기의 고정제조간접원가가 모두 당기비용(매출원가)으로 처리된다. 반면에, 변동원가계산에서는 기초제품에 고정제조간접원가가 배부되어 있지 않으므로 당기에 발생한 고정제조간접원가만 전액 당기비용으로 처리된다. 따라서, 전부원가계산에 의한 영업이익이 변동원가계산에 의한 영업이익보다 작게 나타난다.

03. ⑤

매출액	2,000×₩40=		₩80,000
매출원가			(−)60,000
기초제품재고액	500×(₩20+10)=	₩15,000	
당기제품제조원가	2,500×(₩20+10)=	75,000	
기말제품재고액	1,000×(₩20+10)=	(−)30,000	
매출총이익			₩20,000
판매관리비			(−)11,000
변동판관비	2,000×₩2=	₩4,000	
고정판관비		7,000	
영업이익			₩9,000

04. ②

전부원가계산에 의한 영업이익	₩9,000
(+)기초제품에 배부된 고정제조간접원가(₩10×500단위)	5,000
(−)기말제품에 배부된 고정제조간접원가(₩10×1,000단위)	(10,000)
변동원가계산에 의한 영업이익	₩4,000

매출액	2,000×₩40=			₩80,000
변동비				(−)₩44,000
변동매출원가			₩40,000	
기초제품재고액	500×₩20=	₩10,000		
당기제품제조원가	2,500×₩20=	50,000		
기말제품재고액	1,000×₩20=	(−)20,000		
변동판매관리비	2,000×₩2=		4,000	
공헌이익				₩36,000
고정비				(−)₩32,000
고정제조간접원가	2,500×₩10=		₩25,000	
고정판매관리비			7,000	
영업이익				₩4,000

05. ①

매출액(9,000×₩50)	₩450,000
변동매출원가(9,000×₩25)	(−)225,000
변동판매관리비(9,000×₩2)	(−)18,000
공헌이익	₩207,000
고정제조원가	(−)100,000
고정판매관리비	(−)50,000
영업이익	₩57,000

06. ②

- 20×1년 6월 제품 단위당 고정제조간접원가

$$=\frac{₩100,000}{10,000단위}=₩10$$

- 20×1년 6월말 제품재고에 배부된 고정제조간접원가

=₩10×1,000단위* =₩10,000

* 6월말 제품재고수량 = 월초제품재고수량 + 당월생산량 − 당월판매량
= 3,000단위 + 10,000 − 12,000 = 1,000단위

07. ③

기말재고수량=(200단위+900단위)−1,050단위=50단위

재고감소수량=200단위−50단위=150단위

제품단위당 고정제조간접원가=₩19,500/150단위=₩130

08. ⑤

20×1년 단위당 고정제조간접원가: ₩240,000/10,000개=₩24/개

20×2년 단위당 고정제조간접원가: r

20×2년 전부원가계산에 의한 이익	₩500,000
(+) 기초제품에 배부된 고정제조간접원가2,000개×₩24	(+)48,000
(−) 기말제품에 배부된 고정제조간접원가1,000개×r	(−) Ⓐ
20×2년 변동원가계산에 의한 이익	₩528,000

여기서, ₩500,000+48,000−Ⓐ=₩528,000, Ⓐ=₩20,000

따라서, 1,000개×r=20,000, r=₩20/개

그러므로,

20×2년에 발생한 고정제조간접원가: 20×2년 생산량×20×2년 단위당 고정제조간접원가(r)

=14,000개×₩20=₩280,000

| 주관식 문제 |

01. 영업이익차이와 재고자산평가

(주)건국은 당기에 판매가격이 ₩100인 제품을 10,000단위 생산하여 8,000단위를 판매하였으며, 이에 대한 원가자료는 다음과 같다.

구분	단위당 변동비	고정비
직접재료원가	₩20	–
직접노무원가	12.5	–
제조간접원가	7.5	₩110,000
판매관리비	10	70,000

| 물음 |

전부원가계산과 변동원가계산에 의한 (1) 기말제품재고액과 (2) 영업이익을 구하시오.

| 풀이 |

1. 단위당 제품원가

	전부원가계산	변동원가계산
직접재료원가	₩20	₩20
직접노무원가	12.5	12.5
변동제조간접원가	7.5	7.5
고정제조간접원가	11*	–
계	₩51	₩40

* ₩110,000 ÷ 10,000단위 = ₩11

2. 기말제품수량

   10,000단위 − 8,000 = 2,000단위

(1) 기말제품재고액

   가. 전부원가계산

      2,000단위 × ₩51 = ₩102,000

   나. 변동원가계산

      2,000단위 × ₩40 = ₩80,000

(2) 영업이익

   영업이익을 계산하기 위하여 각각의 손익계산서를 작성할 수도 있으나, 여기서는 변동원가계산 영업이익을 먼저 계산한 후에 전부원가계산 영업이익은 변동원가계산 영업이익으로부터 역산하는 방법을 이용한다.

가. 변동원가계산 영업이익＝공헌이익－고정비
　　＝(₩100－40[①]－10[②])×8,000단위－(₩110,000＋70,000)
　　＝₩220,000
　　① 변동제조원가
　　② 변동판매관리비

나. 전부원가계산 영업이익
　　＝변동원가계산 영업이익－기초제품에 배부된 고정제조간접원가
　　　＋기말제품에 배부된 고정제조간접원가
　　＝₩220,000－0단위×₩11＋2,000단위×₩11
　　＝₩242,000

02. 재고자산 평가

(주)건국은 내부보고목적으로는 변동원가계산을, 외부보고목적으로는 전부원가계산을 사용하고 있다. 당기의 생산 및 원가자료는 다음과 같다.

구분	물량단위	전부원가계산에 의한 금액
기초제품	2,000	₩1,600,000
생산	25,000	
판매	(－)20,000	
기말제품	7,000	₩6,300,000

당기의 고정제조간접원가는 ₩10,000,000이었고, 고정판매관리비는 ₩7,500,000이었다. 회사는 선입선출법을 적용하고 있으며 제품의 특성상 재공품은 없다.

| 물음 |

변동원가계산에 의한 기말재고자산 금액은 얼마인가?

| 풀이 |

선입선출법에 의하여 제품원가를 계산하고 있으므로 기말제품은 모두 당기발생원가로 구성되어 있다.

전부원가계산에 의한 기말제품원가	₩6,300,000
기말제품에 배부된 고정제조간접원가	(－)2,800,000
$(₩10,000,000\times\frac{7,000}{25,000단위})$	
변동원가계산에 의한 기말제품원가	₩3,500,000

03. 영업이익차이 조정(1)

당기중 명지회사의 제품단위당 변동제조원가는 ₩700, 고정제조간접원가는 ₩55,000,000이었다. 기초제품재고는 30,000단위이었고, 550,000단위를 생산하였으며, 기말제품재고는 40,000단위이었다. 제품단위당 판매가격은 ₩1,000, 단위당 변동판관비는 ₩200이고, 고정판관비는 ₩24,000,000이었다. 전기와 당기의 제품단위당 고정제조간접원가는 동일하였다.

| 물음 |

1. 전부원가계산과 변동원가계산에 의한 영업이익을 계산하시오.
2. [물음 1]에서 전부원가계산과 변동원가계산에 의해 계산된 영업이익 차이는 얼마이며, 그 차이가 발생한 원인을 설명하시오.

| 풀이 |

가. 단위당 제품원가

	전부원가계산	변동원가계산
변동제조원가	₩700	₩700
고정제조간접원가	100*	–
계	₩800	₩700

* ₩55,000,000÷550,000단위=₩100

나. 제품재고수량

제품－물량

기초재고	30,000	판매	540,000*
당기생산	550,000	기말재고	40,000
	580,000		580,000

* 580,000단위－40,000＝540,000단위

1. 영업이익의 계산

(1) 전부원가계산

매출액(540,000단위×₩1,000)		₩540,000,000
매출원가(540,000단위×₩800)		(－)432,000,000
매출총이익		₩108,000,000
판관비		
변동비(540,000단위×₩200)	₩108,000,000	
고정비	24,000,000	(－)132,000,000
영업이익		(－)₩24,000,000*

* 이익이 음수(−)이므로 손실이 발생하였다.

(2) 변동원가계산

매출액(540,000단위×₩1,000)		₩540,000,000
변동비		
매출원가(540,000단위×₩700)	₩378,000,000	
판관비(540,000단위×₩200)	108,000,000	(−)486,000,000
공헌이익		₩54,000,000
고정비		
제조간접원가	₩55,000,000	
판관비	24,000,000	79,000,000
영업이익		(−)₩25,000,000*

* 손실

2. 영업이익차이 조정

전부원가계산 영업이익	(−)₩24,000,000
(+)기초제품에 배부된 고정제조간접원가	(+)3,000,000①
(−)기말제품에 배부된 고정제조간접원가	(−)4,000,000②
변동원가계산 영업이익	(−)₩25,000,000

① 30,000단위×₩100=₩3,000,000
② 40,000단위×₩100=₩4,000,000

04. 영업이익차이 조정(2)

성신회사는 20×1년에 영업을 개시하였으며, 최근 2년간 생산 및 원가자료는 다음과 같다. 제품단위당 판매가격은 2년간 ₩70으로 일정하였다. 회사의 재고자산 평가방법은 선입선출법이다.

연도	생산량	판매량	고정제조원가	단위당 변동제조원가
20×1년	12,000단위	11,000단위	₩210,000	₩35
20×2년	14,000	15,000	210,000	40

| 물음 |

1. 전부원가계산과 변동원가계산에 의한 20×2년 영업이익을 계산하시오.
2. [물음 1]의 20×2년 영업이익차이를 조정하시오.

| 풀이 |

이 문제는 전기와 당기의 제품단위당 고정제조간접원가가 서로 다른 경우를 다루고 있다.

가. 단위당 제품원가

	20×1년		20×2년	
	전부원가계산	변동원가계산	전부원가계산	변동원가계산
변동제조원가	₩35	₩35	₩40	₩40
고정제조원가	17.5①	–	15②	–
계	₩52.5	₩35	₩55	₩40

① $\frac{₩210,000}{12,000단위}$ = ₩17.5

② $\frac{₩210,000}{14,000단위}$ = ₩15

나. 제품재고수량

20×1년 제품－물량

기초재고	0	판매	11,000
당기생산	12,000	기말재고	1,000
	12,000		12,000

20×2년 제품－물량

기초재고	1,000	판매	15,000
당기생산	14,000	기말재고	0
	15,000		15,000

1. 20×2년 영업이익

(1) 전부원가계산

매출액(15,000단위×₩70)		₩1,050,000
매출원가		(－)822,500
기초재고(1,000단위×₩52.5)	₩52,500	
제조원가(14,000단위×₩40＋210,000)	770,000	
기말재고	(－)0	
영업이익		₩227,500

(2) 변동원가계산

매출액(15,000단위×₩70)		₩1,050,000
변동비(매출원가)		
기초재고(1,000단위×₩35)	₩35,000	
제조원가(14,000단위×₩40)	560,000	
기말재고	(－)0	(－)595,000
공헌이익		₩455,000
고정비(고정제조원가)		(－)210,000
영업이익		₩245,000

2. 이익차이 조정

전부원가계산 영업이익	₩227,500
(+)기초제품에 배부된 고정제조간접원가	(+)17,500*
(−)기말제품에 배부된 고정제조간접원가	(−)0
변동원가계산 영업이익	₩245,000

* 1,000단위×₩17.5=₩17,500

05. 영업이익차이 조정(3)

서울공업은 20×1년 1월에 영업을 개시하였으며 선입선출법에 의한 실제원가계산을 적용하여 제품원가를 계산하고 있다. 제품단위당 판매가격은 ₩1,000이며, 영업개시 후 2개월간의 생산 및 원가자료는 다음과 같다.

	20×1년 1월	20×1년 2월
판매량	5,000단위	6,000단위
생산량	7,000	5,000
제조원가		
변동원가	₩700,000	₩500,000
고정원가	700,000	700,000
판관비		
변동비	₩100,000	₩120,000
고정비	400,000	400,000

| 물음 |

1. 전부원가계산과 변동원가계산에 의한 월별 영업이익을 계산하시오.
2. 두 방법의 영업이익차이를 조정하시오.

| 풀이 |

특히 전부원가계산에서의 재고자산 원가흐름에 주의할 필요가 있다.

가. 단위당 원가

	1월	2월
변동제조원가	₩100①	₩100
고정제조원가	100②	140③
변동판관비	20④	20

① ₩700,000÷7,000단위=₩100
③ ₩700,000÷5,000단위=₩140
② ₩700,000÷7,000단위=₩100
④ ₩100,000÷5,000단위=₩20

변동원가는 월별로 차이가 없으나, 고정제조원가는 생산량에 따라 월별 차이가 발생하게 된다.

나. 전부원가계산에서의 월별 매출원가

① 물량흐름

	20×1년 1월	20×1년 2월
기초재고	–	2,000단위
당기생산	7,000단위	5,000
판매	(–)5,000	(–)6,000
기말재고	2,000단위	1,000단위

② 매출원가(선입선출법)

	20×1년 1월	20×1년 2월
기초재고	–	₩400,000
당기생산	₩1,400,000	1,200,000
기말재고	(–)400,000[①]	(–)240,000[②]
매출원가	₩1,000,000	₩1,360,000

① 2,000단위×(₩100+100)=₩400,000

② 1,000단위×(₩100+140)=₩240,000

1. 영업이익

(1) 전부원가계산

	20×1년 1월	20×1년 2월
매출액	₩5,000,000	₩6,000,000
매출원가	(–)1,000,000	(–)1,360,000
매출총이익	₩4,000,000	₩4,640,000
판관비		
변동비	(–)100,000	(–)120,000
고정비	(–)400,000	(–)400,000
영업이익	₩3,500,000	₩4,120,000

(2) 변동원가계산

	20×1년 1월	20×1년 2월
매출액	₩5,000,000	₩6,000,000
변동비		
매출원가	(－)500,000①	(－)600,000②
판관비	(－)100,000	(－)120,000
공헌이익	₩4,400,000	₩5,280,000
고정비		
제조원가	(－)700,000	(－)700,000
판관비	(－)400,000	(－)400,000
영업이익	₩3,300,000	₩4,180,000

① 5,000단위×₩100＝₩500,000
② 6,000단위×₩100＝₩600,000

2. 영업이익차이 조정

(1) 고정제조원가의 흐름(선입선출법)

	20×1년 1월	20×1년 2월
기초재고	–	₩200,000
당기생산	₩700,000	700,000
기말재고	(－)200,000①	(－)140,000②
매출원가	₩500,000	₩760,000

① 2,000단위×₩100＝₩200,000
② 1,000단위×₩140＝₩140,000

(2) 영업이익차이 조정

	20×1년 1월	20×1년 2월
전부원가계산 영업이익	₩3,500,000	₩4,120,000
(＋)기초제품에 배부된 고정제조원가	(＋) –	(＋)200,000
(－)기말제품에 배부된 고정제조원가	(－)200,000	(－)140,000
변동원가계산 영업이익	₩3,300,000	₩4,180,000

부 록

원 가 회 계
Cost Accounting

1. 한국채택국제회계기준(K-IFRS)

Cost Accounting

한국회계기준원 회계기준위원회
의결 2011. 11. 18.

목적

1 이 기준서의 목적은 재고자산의 회계처리를 정하는 데 있다. 재고자산 회계에서 중요한 주제는 자산으로 인식하고 이와 관련된 수익이 인식될 때까지 장부에 표시하는 원가 금액을 적절하게 결정하는 것이다. 이 기준서는 재고자산의 원가결정 및 순실현가능가치로 감액하는 것을 포함한 후속적 비용인식에 대한 지침을 제공한다. 또한 재고자산의 원가를 배분하는 원가공식에 대한 지침을 제공한다.

적용

한2.1 **이 기준서는 '주식회사의 외부감사에 관한 법률'에서 정하는 한국채택국제회계기준 의무적용대상 주식회사의 회계처리에 적용한다. 또한 이 기준서는 재무제표의 작성과 표시를 위해 한국채택국제회계기준의 적용을 선택하거나 다른 법령 등에서 적용을 요구하는 기업의 회계처리에도 적용한다.**

적용범위

2 **이 기준서는 다음을 제외한 모든 재고자산에 적용한다.**

(1) 건설계약 및 건설공사와 직접적으로 관련된 용역제공계약에서 발생하는 미성공사(기업회계기준서 제1011호 '건설계약' 참조)

(2) 금융상품(기업회계기준서 제1032호 '금융상품: 표시' 및 제1039호 '금융상품: 인식과 측정' 참조)

(3) 농림어업활동과 관련된 생물자산과 수확시점의 농림어업 수확물(기업회계기준서 제1041호 '농림어업' 참조)

3 이 기준서는 다음 경우에 해당하는 재고자산의 측정에는 적용하지 않는다.

(1) 생산자가 해당 산업의 합리적인 관행에 따라 순실현가능가치로 측정하는 농림어업과 삼림 제품, 수확한 농림어업 제품 및 광물자원과 광업 제품. 이 경우 순실현가능가치의 변동분은 변동이 발생한 기간의 손익으로 인식한다.

(2) 순공정가치(공정가치에서 매각부대원가를 차감한 금액)로 측정한 일반상품 중개기업의 재고자산. 이 경우 순공정가치의 변동분은 변동이 발생한 기간의 손익으로 인식한다.

4 문단 3(1)에 해당하는 재고자산은 생산과정 중 특정시점에 순실현가능가치로 측정된다. 예를 들어, 곡물이 수확되거나 광물이 추출되었는데 선도계약이나 정부의 보증으로 매출이 확실시 되거나, 활성시장이 존재하여 판매되지 않을 위험이 무시할 수 있을 정도로 작은 경우이다. 이러한 재고자산에는 이 기준서의 측정부분만 적용이 제외되는 것이다.

5 중개기업은 타인을 위하여 또는 자기의 계산으로 일반상품을 매입하거나 매도한다. 문단 3(2)에 해당하는 재고자산은 주로 단기간 내에 매도하여 가격변동이익이나 중개이익을 얻을 목적으로 취득한다. 이러한 재고자산을 순공정가치로 측정할 때, 이 기준서의 측정부분만 적용이 제외되는 것이다.

용어의 정의

6 이 기준서에서 사용하는 용어의 정의는 다음과 같다.

재고자산: 다음의 자산을 말함

(1) 정상적인 영업과정에서 판매를 위하여 보유중인 자산

(2) 정상적인 영업과정에서 판매를 위하여 생산중인 자산

(3) 생산이나 용역제공에 사용될 원재료나 소모품

순실현가능가치: 정상적인 영업과정의 예상 판매가격에서 예상되는 추가 완성원가와 판매비용을 차감한 금액

공정가치: 측정일에 시장참여자 사이의 정상거래에서 자산을 매도하면서 수취하거나 부채를 이전하면서 지급하게 될 가격(기업회계기준서 제1113호 '공정가치측정' 참조).

7 순실현가능가치는 정상적인 영업과정에서 재고자산의 판매를 통해 실현할 것으로 기대하는 순매각금액을 말한다. 공정가치는 측정일에 재고자산의 주된 (또는 가장 유리한) 시장에서 시장참여자 사이에 일어날 수 있는 그 재고자산을 판매하는 정상거래의 가격을 반영한다. 전자는 기업특유가치이지만, 후자는 그러하지 아니하다. 재고자산의 순실현가능가치는 순공정가치와 일치하지 않을 수도 있다.

8 재고자산은 외부로부터 매입하여 재판매를 위해 보유하는 상품, 토지 및 기타 자산을 포함한다. 또한 재고자산은 완제품과 생산중인 재공품을 포함하며, 생산에 투입될 원재료와 소모품을 포함한다. 문단 19에서 설명하듯이, 용역제공기업의 재고자산에는 관련된 수익이 아직 인식되지 않은 용역원가가 포함된다(기업회계기준서 제1018호 '수익' 참조).

재고자산의 측정

9 **재고자산은 취득원가와 순실현가능가치 중 낮은 금액으로 측정한다.**

재고자산의 취득원가

10 **재고자산의 취득원가는 매입원가, 전환원가 및 재고자산을 현재의 장소에 현재의 상태로 이르게 하는 데 발생한 기타 원가 모두를 포함한다.**

매입원가

11 재고자산의 매입원가는 매입가격에 수입관세와 제세금(과세당국으로부터 추후 환급받을 수 있는 금액은 제외), 매입운임, 하역료 그리고 완제품, 원재료 및 용역의 취득과정에 직접 관련된 기타 원가를 가산한 금액이다. 매입할인, 리베이트 및 기타 유사한 항목은 매입원가를 결정할 때 차감한다.

전환원가

12 재고자산의 전환원가는 직접노무원가 등 생산량과 직접 관련된 원가를 포함한다. 또한 원재료를 완제품으로 전환하는데 발생하는 고정 및 변동 제조간접원가의 체계적인 배부액을 포함한다. 고정제조간접원가는 공장 건물이나 기계장치의 감가상각비와 수선유지비 및 공장 관리비처럼 생산량과는 상관없이 비교적 일정한 수준을 유지하는 간접 제조원가를 말한다. 변동제조간접원가는 간접재료원가나 간접노무원가처럼 생산량에 따라 직접적으로 또는 거의 직접적으로 변동하는 간접제조원가를 말한다.

13 고정제조간접원가는 생산설비의 정상조업도에 기초하여 전환원가에 배부하는데, 실제조업도가 정상조업도와 유사한 경우에는 실제조업도를 사용할 수 있다. 정상조업도는 정상적인 상황에서 상당한 기간동안 평균적으로 달성할 수 있을 것으로 예상되는 생산량을 말하

는데, 계획된 유지활동에 따른 조업도 손실을 고려한 것을 말한다. 생산단위당 고정제조간접원가 배부액은 낮은 조업도나 유휴설비로 인해 증가되지 않으며, 배부되지 않은 고정제조간접원가는 발생한 기간의 비용으로 인식한다. 그러나 비정상적으로 많은 생산이 이루어진 기간에는, 재고자산이 원가 이상으로 측정되지 않도록 생산단위당 고정제조간접원가 배부액을 감소시켜야 한다. 한편, 변동제조간접원가는 생산설비의 실제 사용에 기초하여 각 생산단위에 배부한다.

14 연산품이 생산되거나 주산물과 부산물이 생산되는 경우처럼 하나의 생산과정을 통하여 동시에 둘 이상의 제품이 생산될 수도 있다. 이 경우, 제품별 전환원가를 분리하여 식별할 수 없다면, 전환원가를 합리적이고 일관성 있는 방법으로 각 제품에 배부한다. 예를 들어, 각 제품을 분리하여 식별가능한 시점 또는 완성 시점의 제품별 상대적 판매가치를 기준으로 배부할 수 있다. 한편 대부분의 부산물은 본래 중요하지 않은데, 이 경우 부산물은 흔히 순실현가능가치로 측정하며 주산물의 원가에서 차감된다. 따라서 주산물의 장부금액은 원가와 중요한 차이가 없다.

기타 원가

15 기타 원가는 재고자산을 현재의 장소에 현재의 상태로 이르게 하는 데 발생한 범위내에서만 취득원가에 포함된다. 예를 들어 특정한 고객을 위한 비제조 간접원가 또는 제품 디자인원가를 재고자산의 원가에 포함하는 것이 적절할 수도 있다.

16 재고자산의 취득원가에 포함할 수 없으며 발생기간의 비용으로 인식하여야 하는 원가의 예는 다음과 같다.

(1) 재료원가, 노무원가 및 기타 제조원가 중 비정상적으로 낭비된 부분
(2) 후속 생산단계에 투입하기 전에 보관이 필요한 경우 이외의 보관원가
(3) 재고자산을 현재의 장소에 현재의 상태로 이르게 하는데 기여하지 않은 관리간접원가
(4) 판매원가

17 기업회계기준서 제1023호 '차입원가'는 차입원가가 재고자산의 취득원가에 포함되는 제한된 상황을 규정하고 있다.

18 재고자산을 후불조건으로 취득할 수도 있다. 계약이 실질적으로 금융요소를 포함하고 있다면, 해당 금융요소(예: 정상신용조건의 매입가격과 실제 지급액 간의 차이)는 금융이 이루어지는 기간 동안 이자비용으로 인식한다.

용역제공기업의 재고자산 취득원가

19 용역제공기업이 재고자산을 가지고 있다면, 이를 제조원가로 측정한다. 이러한 원가는 주로 감독자를 포함한 용역제공에 직접 관여된 인력에 대한 노무원가 및 기타원가와 관련된 간접원가로 구성된다. 판매와 일반관리 인력과 관련된 노무원가 및 기타원가는 재고자산의 취득원가에 포함하지 않고 발생한 기간의 비용으로 인식한다. 일반적으로 용역제공기업이 가격을 산정할 때 고려하는 이윤이나 용역과 직접 관련이 없는 간접원가는 재고자산의 취득원가에 포함하지 아니한다.

생물자산에서 수확한 농림어업 수확물의 취득원가

20 기업회계기준서 제1041호에 따라 생물자산에서 수확한 농림어업 수확물로 구성된 재고자산은 순공정가치로 측정하여 수확시점에 최초로 인식한다. 당해 그 금액이 최초인식시점에 이 기준서에 따른 해당 재고자산의 취득원가이다.

원가측정방법

21 표준원가법이나 소매재고법 등의 원가측정방법은 그러한 방법으로 평가한 결과가 실제 원가와 유사한 경우에 편의상 사용할 수 있다. 표준원가는 정상적인 재료원가, 소모품원가, 노무원가 및 효율성과 생산능력 활용도를 반영한다. 표준원가는 정기적으로 검토하여야 하며 필요한 경우 현재 상황에 맞게 조정하여야 한다.

22 소매재고법은 이익률이 유사하고 품종변화가 심한 다품종 상품을 취급하는 유통업에서 실무적으로 다른 원가측정법을 사용할 수 없는 경우에 흔히 사용한다. 소매재고법에서 재고자산의 원가는 재고자산의 판매가격을 적절한 총이익률을 반영하여 환원하는 방법으로 결정한다. 이때 적용되는 이익률은 최초판매가격 이하로 가격이 인하된 재고자산을 고려하여 계산하는데, 일반적으로 판매부문별 평균이익률을 사용한다.

단위원가 결정방법

23 **통상적으로 상호 교환될 수 없는 재고자산항목의 원가와 특정 프로젝트별로 생산되고 분리되는 재화 또는 용역의 원가는 개별법을 사용하여 결정한다.**

24 개별법은 식별되는 재고자산별로 특정한 원가를 부과하는 방법이다. 이 방법은 외부 매입이나 자가제조를 불문하고, 특정 프로젝트를 위해 분리된 항목에 적절한 방법이다. 그러나 통상적으로 상호교환 가능한 대량의 재고자산 항목에 개별법을 적용하는 것은 적절하지 아니하다. 그러한 경우에는 기말 재고로 남아있는 항목을 선택하는 방식을 이용하여 손익을 자의적으로 조정할 수도 있기 때문이다.

25 **문단 23이 적용되지 않는 재고자산의 단위원가는 선입선출법이나 가중평균법을 사용하여**

결정한다. 성격과 용도 면에서 유사한 재고자산에는 동일한 단위원가 결정방법을 적용하여야 하며, 성격이나 용도 면에서 차이가 있는 재고자산에는 서로 다른 단위원가 결정방법을 적용할 수 있다.

26 예를 들어, 동일한 재고자산이 동일한 기업내에서 영업부문에 따라 서로 다른 용도로 사용되는 경우도 있다. 그러나 재고자산의 지역별 위치나 과세방식이 다르다는 이유만으로 동일한 재고자산에 다른 단위원가 결정방법을 적용하는 것이 정당화될 수는 없다.

27 선입선출법은 먼저 매입 또는 생산된 재고자산이 먼저 판매되고 결과적으로 기말에 재고로 남아 있는 항목은 가장 최근에 매입 또는 생산된 항목이라고 가정하는 방법이다. 가중평균법은 기초 재고자산과 회계기간 중에 매입 또는 생산된 재고자산의 원가를 가중평균하여 재고항목의 단위원가를 결정하는 방법이다. 이 경우 평균은 기업의 상황에 따라 주기적으로 계산하거나 매입 또는 생산할 때마다 계산할 수 있다.

순실현가능가치

28 다음의 경우에는 재고자산의 원가를 회수하기 어려울 수 있다.

(1) 물리적으로 손상된 경우

(2) 완전히 또는 부분적으로 진부화 된 경우

(3) 판매가격이 하락한 경우

(4) 완성하거나 판매하는 데 필요한 원가가 상승한 경우

재고자산을 취득원가 이하의 순실현가능가치로 감액하는 저가법은 자산의 장부금액이 판매나 사용으로부터 실현될 것으로 기대되는 금액을 초과하여서는 아니 된다는 견해와 일관성이 있다.

29 재고자산을 순실현가능가치로 감액하는 저가법은 항목별로 적용한다. 그러나 경우에 따라서는 서로 유사하거나 관련있는 항목들을 통합하여 적용하는 것이 적절할 수 있다. 이러한 경우로는 재고자산 항목이 유사한 목적 또는 용도를 갖는 동일한 제품군과 관련되고, 동일한 지역에서 생산되어 판매되며, 실무적으로 동일한 제품군에 속하는 다른 항목과 구분하여 평가할 수 없는 경우를 들 수 있다. 그러나 예를 들어 완제품 또는 특정 영업부문에 속하는 모든 재고자산과 같은 분류에 기초하여 저가법을 적용하는 것은 적절하지 아니하다. 용역제공기업은 일반적으로 용역대가가 청구되는 용역별로 원가를 집계한다. 그러므로 그러한 각 용역은 별도의 항목으로 취급되어야 한다.

30 순실현가능가치를 추정할 때에는 재고자산으로부터 실현가능한 금액에 대하여 추정일 현재 사용가능한 가장 신뢰성 있는 증거에 기초하여야 한다. 또한 보고기간 후 사건이 보고

기간말 존재하는 상황에 대하여 확인하여주는 경우에는, 그 사건과 직접 관련된 가격이나 원가의 변동을 고려하여 추정하여야 한다.

31 순실현가능가치를 추정할 때 재고자산의 보유 목적도 고려하여야 한다. 예를 들어 확정판매계약 또는 용역계약을 이행하기 위하여 보유하는 재고자산의 순실현가능가치는 계약가격에 기초한다. 만일 보유하고 있는 재고자산의 수량이 확정판매계약의 이행에 필요한 수량을 초과하는 경우에는 그 초과 수량의 순실현가능가치는 일반 판매가격에 기초한다. 재고자산 보유 수량을 초과하는 확정판매계약에 따른 충당부채나 확정매입계약에 따른 충당부채는 기업회계기준서 제1037호 '충당부채, 우발부채 및 우발자산'에 따라 회계처리한다.

32 완성될 제품이 원가 이상으로 판매될 것으로 예상하는 경우에는 그 생산에 투입하기 위해 보유하는 원재료 및 기타 소모품을 감액하지 아니한다. 그러나 원재료 가격이 하락하여 제품의 원가가 순실현가능가치를 초과할 것으로 예상된다면 해당 원재료를 순실현가능가치로 감액한다. 이 경우 원재료의 현행대체원가는 순실현가능가치에 대한 최선의 이용가능한 측정치가 될 수 있다.

33 매 후속기간에 순실현가능가치를 재평가한다. 재고자산의 감액을 초래했던 상황이 해소되거나 경제상황의 변동으로 순실현가능가치가 상승한 명백한 증거가 있는 경우에는 최초의 장부금액을 초과하지 않는 범위 내에서 평가손실을 환입한다. 그 결과 새로운 장부금액은 취득원가와 수정된 순실현가능가치 중 작은 금액이 된다. 판매가격의 하락 때문에 순실현가능가치로 감액한 재고항목을 후속기간에 계속 보유하던 중 판매가격이 상승한 경우가 이에 해당한다.

비용의 인식

34 **재고자산의 판매시, 관련된 수익을 인식하는 기간에 재고자산의 장부금액을 비용으로 인식한다. 재고자산을 순실현가능가치로 감액한 평가손실과 모든 감모손실은 감액이나 감모가 발생한 기간에 비용으로 인식한다. 순실현가능가치의 상승으로 인한 재고자산 평가손실의 환입은 환입이 발생한 기간의 비용으로 인식된 재고자산 금액의 차감액으로 인식한다.**

35 자가건설한 유형자산의 구성요소로 사용되는 재고자산처럼 재고자산의 원가를 다른 자산계정에 배분하는 경우도 있다. 이처럼 다른 자산에 배분된 재고자산 원가는 해당 자산의 내용연수 동안 비용으로 인식한다.

공시

36 **재무제표에 다음 사항을 공시한다.**

(1) 재고자산의 단위원가 결정방법 등 재고자산을 측정하는 데 적용된 회계정책

(2) 재고자산의 총 장부금액과 적절한 분류별 장부금액

(3) 순공정가치로 보고하는 재고자산의 장부금액

(4) 당기에 비용으로 인식한 재고자산의 금액

(5) 문단 34에 따라 당기에 비용으로 인식한 재고자산 평가손실 금액

(6) 문단 34에 따라 당기에 비용으로 인식한 재고자산 금액의 차감액으로 인식한 재고자산 평가손실환입액

(7) 문단 34에 따라 재고자산 평가손실환입을 초래한 상황이나 사건

(8) 담보로 제공된 재고자산의 장부금액

37 재고자산의 분류별 장부금액과 기중 증감액에 대한 정보는 재무제표이용자에게 유용하다. 일반적으로 재고자산은 상품, 소모품, 원재료, 재공품, 제품 등으로 분류한다. 용역제공기업의 재고자산은 재공품으로 분류할 수 있다.

38 당기에 비용으로 인식하는 재고자산 금액은 일반적으로 매출원가로 불리우며, 판매된 재고자산의 원가와 배분되지 않은 제조간접원가 및 제조원가 중 비정상적인 부분의 금액으로 구성된다. 또한 기업의 특수한 상황에 따라 물류원가와 같은 다른 금액들도 포함될 수 있다.

39 일부 기업은 당기에 비용으로 인식하는 재고자산원가 대신에 다른 금액을 공시하는 손익계산서 양식을 채택하고 있다. 이러한 손익계산서 양식에서는 비용의 성격별 분류방식에 기초한 비용 분석을 표시한다. 그러한 경우에는 당기의 재고자산 순변동액과 함께 비용으로 인식한 원재료 및 소모품, 노무원가와 기타원가를 공시한다.

시행일

40 [한국회계기준원 회계기준위원회가 삭제함]

한40.1 이 기준서는 2011년 1월 1일 이후 최초로 개시하는 회계연도부터 적용한다. 다만, 2009년 1월 1일 이후 개시하는 회계연도부터 적용할 수 있다.

40A [국제회계기준위원회에 의해 삭제됨]

40B[1]

40C 2011년 12월에 발표된 기업회계기준서 제1113호에 따라 문단 6의 공정가치 정의와 문단 7이 개정되었다. 이러한 개정내용은 기업회계기준서 제1113호를 적용할 때 적용한다.

기준서 등의 대체

41 [한국회계기준원 회계기준위원회가 삭제함]

42 [한국회계기준원 회계기준위원회가 삭제함]

1) 2011년 12월 31일 현재 IFRS 9 'Financial Instruments'에 대응되는 (가칭) 기업회계기준서 제1109호 '금융상품'은 공표되지 않은 상태이므로 이 문단은 반영하지 아니함.

기업회계기준서 제1002호 '재고자산'의 결론도출근거

이 결론도출근거는 기업회계기준서 제1002호에 첨부되지만, 이 기준서의 일부를 구성하는 것은 아니다.

기업회계기준서 제1002호는 IASB(또는 IASC)가 제·개정한 IAS 2에 대응하는 기준서이다. 한국회계기준원 회계기준위원회는 IAS 2에 근거하여 기업회계기준서 제1002호를 제·개정하면서 IAS 2에 관한 IASB(또는 IASC)의 결론도출근거를 고려하였다. 참조를 위해 첨부한 IASB(또는 IASC)의 결론도출근거에 언급되는 국제회계기준의 개별 기준서에 각각 대응되는 한국채택국제회계기준의 개별 기준서는 다음과 같으며, 이러한 대응관계와 IAS 2의 결론도출근거를 배경으로 기업회계기준서 제1002호를 이해하여야 한다.

국제회계기준		한국채택국제회계기준	
IAS 1	Presentation of Financial Statements	제1001호	재무제표 표시

도입

BC1 IASB가 2003년에 IAS 2를 개정하기 위해 결론을 도출하는 과정에서 고려한 사항을 이 결론도출근거에서 요약한다. IASB 위원들은 개인에 따라 일부 사항을 다른 사항들보다 더 비중있게 고려하였다.

BC2 2001년 7월 IASB의 최초 의제의 하나로서 IAS 2를 포함한 일부 기준서의 개선 과제를 수행할 것이라고 발표하였다. 이 과제는 증권감독기구, 전문 회계사 및 기타 이해관계자들이 기준서와 관련하여 제기한 질문과 비판을 고려하여 수행되었다. 이러한 '개선 과제'의 목적은 대체적 회계처리, 중복되는 사항 및 기준서 간에 상충되는 내용을 감소시키거나 제거하고, 정합화 문제를 다루며, 그 밖의 사항을 개선하는 데 있었다. 2002년 5월 IASB는 2002년 9월 16일을 외부검토의견제출 마감일로 하여 IAS 연차개선(Improvements to International Accounting Standards) 공개초안을 발표하였고 공개초안과 관련하여 160여 개의 외부검토의견서를 받았다.

BC3 IASB의 의도는 IAS 2가 정한 재고자산의 회계처리에 대한 근본적인 접근방법을 재고하는 것은 아니었으므로, 이 결론도출근거에서는 IAS 2와 관련하여 IASB가 재고하지 않은 규정에 대해서는 논의하지 않는다.

적용범위

역사적원가제도의 언급

BC4 개정 전 IAS 2의 목적과 적용범위에서 '역사적원가제도하의 재고자산에 대한 회계처리'가 언급되었다. 일부는 이와 같은 문구를 단지 역사적원가제도에서만 기준서가 적용되고, 다른 측정기준(예: 공정가치)의 적용선택을 허용한다는 의미로 해석하였다.

BC5 IASB는 이와 같은 문구가 선택을 허용하는 것으로 보일 수 있어 기준서가 일관성 없이 적용될 수 있다는 데 동의하였다. 따라서 IASB는 이 기준서에서 적용이 면제되지 않는 한 모든 재고자산에 대해 이 기준서가 적용됨을 명확히 하기 위해 '재고자산을 회계처리함에 있어 역사적원가제도의 맥락에서'라는 문구를 삭제하였다.

중개기업의 재고자산

BC6 공개초안은 농림어업제품(또는 삼림제품) 및 광물광석의 비생산자 재고자산이 해당 산업의 합리적인 관행에 따라 순실현가능가치로 측정되는 경우 기준서의 범위에서 제외할 것을 제안하였다. 그러나 일부 의견제출자들은 다음의 이유로 적용 면제에 동의하지 않았다.

(1) 중개기업의 모든 형태의 재고자산에 적용이 면제되어야 한다.

(2) 중개기업의 경우 순실현가능가치로 재고자산을 평가하는 것보다 시가평가 방식을 따르는 것이 합리적인 관행이다.

(3) IAS 2의 순실현가능가치에 대한 지침은 중개기업 재고자산의 평가에 적합하지 않다.

BC7 IASB는 이러한 의견이 설득력이 있다고 판단하였다. 따라서 IASB는 다음과 같은 재고자산의 측정에는 이 기준서가 적용되지 않아야 한다고 결정하였다.

(1) 농림어업 제품과 산림제품, 수확시점 이후의 농림어업 수확물 및 광물자원과 광업제품의 생산자가 재고자산을 순실현가능가치로 측정하는 경우(개정 전 IAS 2와 동일)

(2) 일반상품 중개기업의 재고자산이 순공정가치로 측정되는 경우

BC8 또한 IASB는 재고자산이 당기손익에 미치는 영향의 측정은 그러한 적용 면제가 허용되는 재고자산의 측정 속성과 일관되어야 한다고 결정하였다. 따라서 (1)과 (2)에서 적절한 처리가 되도록, 재고자산으로 인식된 금액의 변동이 당기손익에 포함될 것을 요구하고 있다. 중개기업은 가격의 변동과 거래 차익을 통해 이윤을 추구하므로 IASB는 이러한 사항이 특히 일반상품 중개기업의 경우에 적절하다고 생각한다.

단위원가 결정방법

BC9 개정 전 IAS 2와 국제회계기준해석 제1호(SIC 1) '재고자산에 대한 서로 다른 원가결정방

법의 일관성(Consistency-Different Cost Formulas for Inventories)'을 통합하면서 선입선출법(FIFO)이나 가중평균법(표준적 회계처리방법) 그리고 후입선출법(LIFO)(대안적 회계처리방법)간의 선택이 허용되었다. IASB는 후입선출법을 사용하는 대안적 회계처리방법을 삭제하기로 결정하였다.

BC10 후입선출법은 재고자산 중 가장 최근의 품목이 우선 판매된 것으로 처리하여 결과적으로 재고자산에 남아있는 품목은 가장 오래된 것처럼 인식한다. 일반적으로 이러한 방식은 실제의 재고자산흐름을 신뢰성 있게 표시하지 않는다.

BC11 후입선출법은 전통적인 회계 모형에서 인식되었던 결함(과거의 가격에 관련지어 매출원가를 측정하고 반면에 매출은 현행 가격으로 측정함)에 대응하기 위한 시도이다. 후입선출법은 비현실적인 원가 흐름을 가정하여 그러한 결함을 해결하려하고 있다.

BC12 재무보고에서 후입선출법은 매출총이익을 결정할 때에 가장 최근의 가격을 적용한 매출원가가 수익에서 차감되도록 하기 때문에 절세 목적으로 사용된다. 후입선출법은 인상된(인하된) 가격이 판매된 재고자산의 대체원가에 미치는 효과를 반영하는 방향으로 이익을 감소시킨다(증가시킨다). 그러나 이러한 영향은 가장 최근에 취득한 재고자산의 가격과 당기말 현행대체원가와의 관계에 좌우된다. 따라서 후입선출법은 가격변동이 이익에 미치는 영향을 결정하는 정확히 체계적인 방식은 아니다.

BC13 후입선출법을 사용하면 재고자산의 최근 원가 수준과 거의 관련이 없는 금액으로 대차대조표에 재고자산을 인식하는 결과를 초래한다. 그래도 후입선출법은 손익을 왜곡할 수 있는데, 특히 재고자산이 대폭 줄어 '오래 유지되어 온' 재고자산 '층'이 사용된 것으로 가정할 때 그러하다. 그런데 이와 같은 상황에서는 증가된 수요를 충족하기 위해 비교적 새로운 재고자산이 사용될 가능성이 더 크다.

BC14 일부 의견제출자들은 후입선출법이 가격변동 효과로 인한 손익을 부분적으로나마 조정해주기 때문에 후입선출법의 사용은 특정 환경에서 강점이 있다고 주장하였다. IASB는 대차대조표 목적의 재고자산 측정과 일관성이 없는 기간 손익을 측정하게 하는 방식을 허용하는 것은 부적합하다고 결론지었다.

BC15 다른 의견제출자들은 석유와 가스 산업과 같은 특정 산업에서는 재고자산 수준이 안전재고 수준을 고려하여 결정되고 종종 최소한 90일의 매출분에 상당한다고 주장하였다. 그들은 이와 같은 산업에서 안전재고로 보유하고 있는 재고자산은 운전자본이라기 보다는 장기성 자산에 가깝기 때문에 후입선출법의 사용이 기업실체의 경영성과를 더욱 잘 나타낸다고 주장하였다.

BC16 IASB는 이와 같은 안전재고가 후입선출법 계산상의 역사적 계층과 일치하지 않기 때문에 이와 같은 주장을 수용하지 않았다.

BC17 다른 의견제출자들은 예를 들어 석탄 더미, 철 더미나 금속 조각 등을 측정하는 경우(재고 저장소가 '위에서 부어서' 채워지는 경우)에, 후입선출법이 재고자산의 실제 물량 흐름을 반영한다고 주장하였다.

BC18 IASB는 이와 같은 재고자산의 평가는 실제 물량 흐름이 직접원가와 대응하는 직접원가접근법(direct costing approach)을 따르며, 이는 후입선출법과는 다른 방법이라고 결론지었다.

BC19 IASB는 후입선출법이 재고자산 흐름을 충실하게 표현하고 있지 못하기 때문에 이를 삭제하기로 결정하였다. 이와 같은 결정은 후입선출법과 유사하게 재고자산 흐름을 반영하는 특정한 원가결정방법들을 배제하는 것은 아니다.

BC20 IASB는 일부 국가에서 후입선출법이 회계목적으로 사용된 경우에만 세무목적으로도 사용될 수 있다고 알고 있다. 그러나 세무상 고려사항이 적절한 회계처리 방법을 선택하는 충분한 개념적 근거를 제공하지 못하며, 특정 국가에서 단지 세법과 세무에서의 이점 때문에 열등한 회계처리를 허용하는 것은 수용할 수 없다고 결론지었다. 이 사항은 특정 국가의 세무 당국에 의해 논점이 될 수 있다.

BC21 IAS 2는 상호대체 가능한 재고자산에 대해 선입선출법과 가중평균법의 사용을 계속적으로 허용한다.

당기에 비용으로 인식한 재고자산 원가

BC22 공개초안은 개정 전 IAS 2에서 당기에 비용으로 인식한 재고자산 원가의 공시를 요구하던 문단을 삭제하였다. 왜냐하면 이와 같은 공시항목은 IAS 1에서 요구하고 있기 때문이다.

BC23 일부 의견제출자는 IAS 1에서는 기능별로 분류한 비용분석내용을 표시할 때 당기에 비용으로 인식한 재고자산 원가의 공시를 특별히 요구하지 않는 점에 주목하였다. 이들은 이 정보가 재무제표를 이해하는 데 중요하다고 주장하였다. 따라서 IASB는 이 공시사항을 IAS 2에서 요구하기로 결정하였다.

2. 일반기업회계기준 제7장 재고자산

한국회계기준원 회계기준위원회
의결 2010. 10. 8.
2009. 11. 27.

목적

7.1 이 장의 목적은 재고자산의 회계처리와 공시에 필요한 사항을 정하는 데 있다. 재고자산 회계에 있어서 가장 중요한 과제는 보고기간말 현재 재고자산의 장부금액을 적절하게 결정하는 것이다.

적용범위

7.2 이 장은 다음을 제외한 모든 재고자산의 회계처리에 적용된다.

(1) 건설형 공사계약에서 발생하는 진행중인 건설공사

(2) 금융상품

(3) 농림어업활동과 관련된 생물자산과 수확시점의 농림어업 수확물

재고자산의 정의

7.3 '재고자산'은 정상적인 영업과정에서 판매를 위하여 보유하거나 생산과정에 있는 자산 및 생산 또는 서비스 제공과정에 투입될 원재료나 소모품의 형태로 존재하는 자산을 말한다.

재고자산의 장부금액 결정

7.4 재고자산은 취득원가를 장부금액으로 한다. 다만, 시가가 취득원가보다 낮은 경우에는 시가를 장부금액으로 한다(이하 '저가법'이라 한다).

취득원가의 측정

7.5 재고자산의 취득원가는 매입원가 또는 제조원가를 말한다. 재고자산의 취득원가에는 취득에 직접적으로 관련되어 있으며, 정상적으로 발생되는 기타원가를 포함한다.

매입원가

7.6 재고자산의 매입원가는 매입금액에 매입운임, 하역료 및 보험료 등 취득과정에서 정상적으로 발생한 부대원가를 가산한 금액이다. 매입과 관련된 할인, 에누리 및 기타 유사한 항목은 매입원가에서 차감한다. 성격이 상이한 재고자산을 일괄하여 구입한 경우에는 총매입원가를 각 재고자산의 공정가치 비율에 따라 배분하여 개별 재고자산의 매입원가를 결정한다.

제조원가

7.7 제품, 반제품 및 재공품 등 재고자산의 제조원가는 보고기간말까지 제조과정에서 발생한 직접재료원가, 직접노무원가, 제조와 관련된 변동 및 고정 제조간접원가의 체계적인 배부액을 포함한다.

7.8 고정제조간접원가는 생산설비의 정상조업도에 기초하여 제품에 배부하며, 실제 생산수준이 정상조업도와 유사한 경우에는 실제조업도를 사용할 수 있다. 단위당 고정제조간접원가 배부액은 비정상적으로 낮은 조업도나 유휴설비로 인하여 증가하여서는 아니된다. 그러나, 실제조업도가 정상조업도보다 높은 경우에는 실제조업도에 기초하여 고정제조간접원가를 배부함으로써 재고자산이 실제원가를 반영하도록 한다. 변동제조간접원가는 생산설비의 실제 사용에 기초하여 각 생산단위에 배부한다.

7.9 단일 생산공정을 통하여 여러 가지 제품을 생산하거나 주산물과 부산물을 동시에 생산하는 경우에 발생한 공통원가는 각 제품을 분리하여 식별할 수 있는 시점이나 완성한 시점에서의 개별 제품의 상대적 판매가치를 기준으로 하여 배부한다. 다만, 경우에 따라 생산량기준 등을 적용하는 것이 더 합리적이라고 판단될 때에는 그 방법을 적용할 수 있다. 중요하지 않은 부산물은 순실현가능가치를 측정하여 동 금액을 주요 제품의 제조원가에서 차감하여 처리할 수 있다.

7.10 재고자산 원가에 포함할 수 없으며 발생기간의 비용으로 인식하여야 하는 원가의 예는 다

음과 같다.

(1) 재료원가, 노무원가 및 기타의 제조원가 중 비정상적으로 낭비된 부분

(2) 추가 생산단계에 투입하기 전에 보관이 필요한 경우 외의 보관비용

(3) 재고자산을 현재의 장소에 현재의 상태로 이르게 하는 데 기여하지 않은 관리간접원가

(4) 판매원가

7.11 서비스기업의 재고자산 원가는 서비스의 제공에 직접 종사하는 인력의 노무원가와 기타 직접 관련된 재료원가와 기타원가로 구성된다. 서비스 제공과 직접 관련이 없는, 판매 및 일반관리 업무에 종사하는 인력의 노무원가와 기타원가는 재고자산 원가에 포함되지 않으며 발생한 기간의 비용으로 인식한다.

재고자산의 원가결정방법

7.12 통상적으로 상호 교환될 수 없는 재고항목이나 특정 프로젝트별로 생산되가를 식별할 수 있는 때에는 개별법을 사용하여 원가를 결정한다. 그러나 이 방법을 상호 교환 가능한 대량의 동질적인 제품에 대해서 적용하는 것은 적절하지 아니하다.

7.13 문단 7.12가 적용되지 않는 재고자산의 단위원가는 선입선출법이나 가중평균법 또는 후입선출법을 사용하여 결정한다. 성격과 용도 면에서 유사한 재고자산에는 동일한 단위원가 결정방법을 적용하여야 하며, 성격이나 용도 면에서 차이가 있는 재고자산에는 서로 다른 단위원가 결정방법을 적용할 수 있다.

표준원가와 소매재고법에 의한 원가 결정

7.14 표준원가법이나 소매재고법 등의 원가측정방법은 그러한 방법으로 평가한 결과가 실제 원가와 유사한 경우에 편의상 사용할 수 있다. 표준원가는 정상적인 재료원가, 소모품원가, 노무원가 및 효율성과 생산능력 활용도를 반영한다. 표준원가는 정기적으로 검토하여야 하며 필요한 경우 현재 상황에 맞게 조정하여야 한다.

7.15 소매재고법은 판매가격기준으로 평가한 기말재고금액에 구입원가, 판매가격 및 판매가격 변동액에 근거하여 산정한 원가율을 적용하여 기말재고자산의 원가를 결정하는 방법이다. 이 방법은 실제원가가 아닌 추정에 의한 원가결정방법이므로 원칙적으로 많은 종류의 상품을 취급하여 실제원가에 기초한 원가결정방법의 사용이 곤란한 유통업종에서만 사용할 수 있다. 다만, 유통업 이외의 업종에 속한 기업이 소매재고법을 사용하는 예외적인 경우에는 소매재고법의 사용이 실제원가에 기초한 다른 원가결정방법을 적용하는 것보다 합리적이라는 정당한 이유와 소매재고법의 원가율 추정이 합리적이라는 근거를 주석으로 기재하여야 한다. 소매재고법은 이익률이 유사한 동질적인 상품군별로 적용한다. 따라서 이익

률이 서로 다른 상품군을 통합하여 평균원가율을 계산해서는 아니된다.

저가법의 적용

7.16 재고자산의 시가가 취득원가보다 하락한 경우에는 저가법을 사용하여 재고자산의 장부금액을 결정한다. 다음과 같은 사유가 발생하면 재고자산 시가가 원가 이하로 하락할 수 있다.

(1) 손상을 입은 경우

(2) 보고기간말로부터 1년 또는 정상영업주기 내에 판매되지 않았거나 생산에 투입할 수 없어 장기체화된 경우

(3) 진부화하여 정상적인 판매시장이 사라지거나 기술 및 시장 여건 등의 변화에 의해서 판매가치가 하락한 경우

(4) 완성하거나 판매하는 데 필요한 원가가 상승한 경우

7.17 재고자산을 저가법으로 평가하는 경우 재고자산의 시가는 순실현가능가치를 말한다. 생산에 투입하기 위해 보유하는 원재료의 현행대체원가는 순실현가능가치에 대한 최선의 이용가능한 측정치가 될 수 있다. 다만, 원재료를 투입하여 완성할 제품의 시가가 원가보다 높을 때는 원재료에 대하여 저가법을 적용하지 아니한다.

7.18 재고자산 평가를 위한 저가법은 항목별로 적용한다. 그러나 경우에 따라서는 서로 유사하거나 관련있는 항목들을 통합하여 적용하는 것이 적절할 수 있다. 이러한 경우는 재고항목이 유사한 목적 또는 용도를 갖는 동일한 제품군으로 분류되고, 동일한 지역에서 생산되어 판매되며, 그리고 그 제품군에 속하는 다른 항목과 구분하여 평가하는 것이 사실상 불가능한 경우를 말한다. 재고자산의 평가에 있어서 저가법을 서로 유사하거나 관련있는 항목들을 통합하여 적용하는 경우에는 계속성을 유지하여야 한다. 저가법은 총액기준으로 적용할 수 없다. 저가법을 적용하여 소매재고법을 사용하는 경우에는 원가율을 계산할 때 가격인하를 매출가격에 의한 판매가능액에서 차감하지 아니한다.

7.19 시가는 매 회계기간말에 추정한다. 저가법의 적용에 따른 평가손실을 초래했던 상황이 해소되어 새로운 시가가 장부금액보다 상승한 경우에는 최초의 장부금액을 초과하지 않는 범위 내에서 평가손실을 환입한다. 재고자산평가손실의 환입은 매출원가에서 차감한다.

비용의 인식

7.20 재고자산은 이를 판매하여 수익을 인식한 기간에 매출원가로 인식한다. 재고자산의 시가가 장부금액 이하로 하락하여 발생한 평가손실은 재고자산의 차감계정으로 표시하고 매출

원가에 가산한다. 재고자산의 장부상 수량과 실제 수량과의 차이에서 발생하는 감모손실의 경우 정상적으로 발생한 감모손실은 매출원가에 가산하고 비정상적으로 발생한 감모손실은 영업외비용으로 분류한다.

분류와 공시

7.21 재고자산은 총액으로 보고하거나 상품, 제품, 재공품, 원재료 및 소모품 등으로 분류하여 재무상태표에 표시한다. 서비스업의 재고는 재공품으로 분류할 수 있다.

7.22 재고자산과 관련된 다음의 사항은 재무제표의 주석으로 기재한다.

(1) 재고자산의 원가결정방법

(2) 재고자산을 총액으로 보고한 경우 그 내용

(3) 재고자산의 저가법 적용기준 및 평가 내용

(4) 담보로 제공한 재고자산의 종류와 금액

7.23 후입선출법을 사용하여 재고자산의 원가를 결정한 경우에는 대차대조표가액과, 선입선출법 또는 평균법에 저가법을 적용하여 계산한 재고자산평가액과의 차이를 주석으로 기재한다.

7.24 후입선출법을 사용하여 재고자산의 원가를 결정할 때 기초재고의 전부 또는 일부가 판매된 경우(기초재고청산)에는 판매된 기초재고자산의 수량에 당 회계기간 중 평균취득단가를 곱한 금액과 판매된 기초재고자산의 장부상 원가와의 차액을 주석으로 기재한다.

3. 원가계산준칙

Cost Accounting

제정 1998. 4. 1.
개정 1999. 12. 8.

제1장 총 칙

제1조(목적) 이 준칙은 기업회계기준 제90조의 규정에 의하여 회사가 재무제표를 작성하기 위하여 제품의 원가를 산정함에 있어 준거해야 할 세부사항에 관하여 정함을 목적으로 한다.(개정 1999. 12. 8)

제2조(적용범위) 이 준칙은 회사가 제품의 생산과 관련하여 발생한 원가(이하 "제조원가"라 한다)를 산정하는데 적용한다.

제3조(원가계산제도의 확립 등) ① 회사는 제조원가를 계속적으로 수집·측정·배분·보고하기 위한 계산절차로서 실제원가계산제도 또는 표준원가계산제도를 확립하여야 한다.

② 회사가 채택한 원가계산제도는 매기 계속하여 적용하여야 하며, 정당한 이유없이 이를 변경하여서는 아니된다.

제4조(제조원가의 범위) ① 제조원가는 제품의 생산과 관련하여 소비된 경제적 자원의 가치만을 포함한다.

② 비정상적으로 발생한 경제적 자원의 소비는 제조원가에 포함하지 아니한다.

제5조(원가계산기간) 원가계산기간은 회사의 회계연도와 일치하여야 한다. 다만, 필요한 경우에는 월별 또는 분기별 등으로 세분하여 원가계산을 실시할 수 있다.

제6조(원가계산의 일반원칙) 제조원가의 계산은 다음 각호에 따른다.

1. 제조원가는 일정한 제품의 생산량과 관련시켜 집계하고 계산한다.
2. 제조원가는 신뢰할 수 있는 객관적인 자료와 증거에 의하여 계산한다.
3. 제조원가는 제품의 생산과 관련하여 발생한 원가에 의하여 계산한다.

4. 제조원가는 그 발생의 경제적 효익 또는 인과관계에 비례하여 관련제품 또는 원가부문에 직접 부과하고, 직접부과가 곤란한 경우에는 합리적인 배부기준을 설정하여 배부한다.

제7조(제조원가요소의 분류) ① 제조원가요소는 재료비, 노무비 및 경비로 분류하거나, 회사가 채택하고 있는 원가계산방법에 따라 직접재료비, 직접노무비 및 제조간접비 등으로 분류할 수 있다.

② 제조원가요소와 판매비와 일반관리비요소는 구분하여 집계한다. 다만, 그 구분이 명확하지 아니한 경우에는 발생원가를 비목별로 집계한 후, 일정한 기준에 따라 제조원가와 판매비와 일반관리비로 구분하여 배부할 수 있다.

제 2 장 실제원가계산제도

제8조(실제원가계산의 절차) 실제원가계산은 원가요소의 실제발생액을 비목별 계산을 거쳐 원가부문별로 계산한 후 제품별로 제조원가를 집계한다.

제9조(재료비의 계산) ① 재료비는 기초재료재고액에 당기재료매입액을 가산하고 기말재료재고액을 차감하여 계산한다.

② 재료의 소비수량은 계속기록법에 의하여 계산하며 필요한 경우에는 실지재고조사법 또는 역산법에 의하여 계산할 수 있고, 2 이상의 방법을 병행하여 적용할 수 있다.

③ 재료의 소비가격은 취득원가에 의하여 계산하며, 동일재료의 취득원가가 다를 경우에는 개별법・선입선출법・후입선출법・이동평균법 또는 총평균법 등의 방법을 적용하여 계산한다.

제10조(노무비의 계산) ① 노무비는 그 지급기준에 기초하여 당해기간에 실제로 발생한 비용을 집계하여 계산한다.

② 작업시간 또는 작업량에 비례하여 발생하는 노무비는 실제작업시간 또는 실제작업량에 임률을 곱하여 계산한다. 이 경우 임률은 개별임률 또는 평균임률에 의한다.

③ 상여금 또는 특별수당 등과 같이 월별・분기별로 지급금액 또는 지급시기가 일정하지 아니한 노무비는 회계연도 중의 원가계산기간에 안분하여 계산한다.

제11조(경비의 계산) ① 경비는 제조원가 중 재료비와 노무비를 제외한 모든 비용을 포함하고 그 내용을 표시하는 적절한 세부과목으로 구분하여 기재한다.

② 경비는 당해기간에 실제로 발생한 비용을 집계하여 계산한다.

③ 시간 또는 수량에 비례하여 발생하는 경비는 실제시간 또는 실제수량에 단가를 곱하여 계산한다.

제12조(외주가공비의 계산) ① 당기제품제조와 관련하여 발생한 외주가공비는 당해기간에 실제로 발생한 비용을 집계하여 계산한다.

② 외주가공비는 그 성격에 따라 재료비 또는 경비에 포함하여 계상할 수 있으며, 그 금액이 중요한 경우에는 별도의 과목으로 기재할 수 있다.

제13조(예정가격 등의 적용 특례) 제8조의 규정에 불구하고 제조원가는 재료의 가격, 임률 및 경비를 예정가격 또는 예정액으로 계산할 수 있으며, 제조간접비는 예정배부율을 적용하여 계산할 수 있다.

제14조(원가부문별 계산) ① 원가계산은 원가의 발생을 관리하고 제품원가의 계산을 정확히 하기 위하여 부문별로 계산할 수 있다. 이 경우 원가의 비목별 계산에서 집계된 원가요소는 그 전부 또는 일부를 다시 원가부문별로 집계한 후, 이를 다시 제품별로 배분할 수 있다.

② 원가부문은 원가요소를 분류·집계하는 계산상의 구분으로서 제조부문과 보조부문으로 구분한다.

③ 제조부문은 직접 제조작업을 수행하는 부문을 말하며 제조활동 등에 따라 세분할 수 있다.

④ 보조부문은 직접 생산활동을 수행하지 아니하고 제조부문을 지원·보조하는 부문으로서 그 수행하는 내용에 따라 세분할 수 있다.

제15조(부문비 계산의 절차) ① 원가의 부문별 계산은 원가요소를 제조부문과 보조부문에 배부하고, 보조부문비는 직접배부법·단계배부법 또는 상호배부법 등을 적용하여 각 제조부문에 합리적으로 배부한다.

② 제조부문에 집계된 원가요소는 필요에 따라 그 부문의 소공정 또는 작업단위별로 집계할 수 있다.

제16조(부문개별비와 부문공통비) ① 원가요소는 발생한 원가의 직접적인 집계가능성여부에 따라 부문개별비와 부문공통비로 구분한다.

② 부문개별비는 원가발생액을 당해 발생부문에 직접부과하고, 부문공통비는 인과관계 또는 효익관계 등을 감안한 합리적인 배부기준에 의하여 관련부문에 배부한다.

제17조(원가의 제품별 계산방법) 원가의 제품별 계산은 원가요소를 제품단위에 집계하여 단위 제품의 제조원가를 산정하는 절차를 말하며, 이는 생산형태에 따라 개별원가계산방식과 종합원가계산방식 등으로 분류한다.

제18조(개별원가계산) ① 개별원가계산은 다른 종류의 제품을 개별적으로 생산하는 생산형태에 적용하며, 각 제조지시서별로 원가를 산정한다.

② 제조간접비의 제품별 배부액은 각 제조부문별·소공정별 또는 작업단위별로 예정배부율 또는 실제배부기준에 의하여 배부한다. 다만, 필요한 경우에는 제조부문에 배부하지 않고 직접 제품에 부과할 수 있다.

제19조(종합원가계산) ① 종합원가계산은 동일 종류 또는 다른 종류의 제품을 연속하여 반복적으로 생산하는 생산형태에 적용한다.

② 종합원가계산의 단위당원가는 발생한 모든 원가요소를 집계한 당기총제조비용에 기초재공품원가를 가산한 후 그 합계액을 완성품과 기말재공품에 안분계산함으로써 완성품총원가를 계산하고, 이를 제품단위에 배분하여 산정한다.

③ 종합원가계산에 있어서 완성품원가와 기말재공품원가는 완성품환산량에 의하여 선입선출법·후입선출법 또는 총평균법 등 기타 합리적인 방법을 적용하여 계산한다.

④ 기말재공품의 완성품환산량은 재료의 투입정도 또는 가공정도 등을 고려하여 직접재료비와 가공비로 구분하여 산정할 수 있다.

⑤ 종합원가계산은 생산되는 제품의 형태 및 공정에 따라 공정별원가계산, 조별원가계산, 등급별원가계산 및 연산품원가계산 등으로 분류한다.

제20조(공정별원가계산) ① 공정별원가계산은 제조공정이 2 이상의 연속되는 공정으로 구분되고 각 공정별로 당해 공정제품의 제조원가를 계산할 경우에 적용한다.

② 전공정에서 다음 공정으로 대체되는 제조원가는 전공정대체원가로 하여 다음 공정의 제조원가에 가산한다.

③ 재료가 최초 공정에 전량 투입되고 다음 공정 이후에는 단순히 가공비만이 발생하는 경우 완성품총원가는 각 공정별로 가공비를 집계하고 여기에 재료비를 가산하여 계산할 수 있다.

제21조(조별원가계산) ① 조별원가계산은 다른 종류의 제품을 조별로 연속하여 생산하는 생산형태에 적용한다.

② 조별원가계산에서는 당해기간의 제조원가를 조직접비와 조간접비로 구분하여 조직접비는 각 조에 직접부과하고, 조간접비는 일정한 배부기준에 의하여 각 조별로 배부하여 조별총제조원가를 산출한다.

제22조(등급별원가계산) ① 등급별원가계산은 동일 종류의 제품이 동일공정에서 연속적으로 생산되나 그 제품의 품질등이 다른 경우에 적용한다.

② 등급품별단위당원가는 각 등급품에 대하여 합리적인 배부기준을 정하고, 당해 기간의 완성품총원가를 동 배부기준에 따라 안분하여 계산한다.

③ 등급품별로 직접원가를 구분하는 것이 가능할 경우 직접원가는 당해 제품에 직접부과하고 간접원가는 제2항의 배부기준에 따라 배부할 수 있다.

제23조(연산품원가계산) ① 연산품원가계산은 동일재료로 동일공정에서 생산되는 다른 종류의 제품으로서 주산물과 부산물을 명확히 구분하기 곤란한 경우에 적용한다.

② 연산품원가계산은 제22조제2항 및 제3항의 규정을 준용한다.

제24조(부산물과 작업폐물의 평가) ① 부산물은 제22조의 규정을 준용하여 평가하거나, 다음 각호의 방법에 의하여 그 가액을 산정하여 이를 발생부문의 주산물 총원가에서 안분하여 차감한다.

1. 부산물을 그대로 외부에 매각할 수 있는 경우에는 추정매각가격에서 판매비와 일반관리비 및 정상이윤을 공제한 가액
2. 부산물로서 추가가공후 매각하는 경우에는 가공제품의 추정매각가격에서 추가가공비, 판매비와 일반관리비 및 정상이윤을 공제한 가액
3. 부산물을 그대로 자가소비하는 경우에는 그 추정매입가격
4. 부산물로서 추가가공후 자가소비하는 것은 그 추정매입가격에서 추가가공비 발생액을 공제한 가액

② 부산물의 추정매각가격 또는 추정매입가격은 최근의 거래가격 또는 권위있는 물가조사기관의 물가조사표에 의한 시가를 적용한다.

③ 판매비와 일반관리비 및 정상이윤은 유사제품의 최근 평균매출원가율을 적용하여 계산한다.

④ 작업폐물은 제1항 내지 제3항의 규정을 준용하여 평가하고, 이를 발생부문의 제조원가에서 차감하거나 필요에 따라 당해 제품의 제조원가에서 차감할 수 있다.

제25조(공손비의 계산) ① 공손비는 다음 각호에 따라 계산하여 당해 제품의 제조원가에 부과하거나 원가발생부문의 간접비용으로 한다. 다만, 비정상적인 공손비는 영업외비용으로 한다.

1. 공손이 보수에 의하여 회복될 경우 공손비는 그 보수비용으로 한다.
2. 공손이 보수로서 회복되지 않고 그 전부를 다시 생산할 경우 공손비는 기발생된 공손품 제조원가에서 공손품의 평가액을 차감한 가액으로 한다.
3. 공손이 보수로서 완전 회복되지 않고 그 일부를 다시 생산할 경우 공손비는 추가적으로 발생하는 제조원가에서 공손품의 평가액을 차감한 가액으로 한다.

② 제1항 제2호 및 제3호의 규정에 의한 공손품의 평가는 제24조의 규정을 준용한다.

제3장 표준원가계산제도

제26조(표준원가계산의 적용) ① 표준원가계산은 사전에 객관적이고 합리적인 방법에 의하여 산정한 원가(이하 "표준원가"라 한다)를 이용하여 제조원가를 계산하는 경우에 적용한다.

② 표준원가는 회사의 제반사정을 고려하여 현실적으로 달성가능하도록 설정한다.

제27조(표준원가의 산정) ① 표준원가는 직접재료비, 직접노무비 및 제조간접비에 대하여 산정하고, 다시 제품원가에 대하여 설정한다.

② 원가요소의 표준은 수량과 가격에 대하여 각각 설정한다.

제28조(표준직접재료비) ① 표준직접재료비는 직접재료의 종류별로 재품단위당 표준소비수량과 표준소비가격을 설정하고, 이 양자를 곱하여 산정한다.

② 표준소비수량은 과학적·통계적 조사에 의하여 제품의 생산에 필요한 각종 재료의 종류, 품질, 가공방법 등을 고려하여 정한다. 이 경우 표준소비수량에는 정상적인 공손 및 감손을 포함한다.

③ 동일한 기능을 수행하는 여러 종류의 재료가 대체적으로 사용되는 경우 표준직접재료비는 각 재료의 표준배합비율을 설정하고, 이에 각 재료의 표준소비수량과 표준소비가격을 곱하여 산정한다.

④ 표준소비가격은 과거 및 현재의 시장가격과 장래에 예측되는 가격동향이나 거래관습 등 제반 경제적 여건을 고려하여 정한다.

제29조(표준직접노무비) ① 표준직접노무비는 직접작업의 구분마다 제품단위당 표준작업시간과 표준임율을 설정하고, 이 양자를 곱하여 산정한다.

② 표준작업시간은 과학적·통계적 조사에 의하여 작업의 종류, 사용기계공구, 작업방식, 노동의 등급 등을 고려하여 정한다.

③ 표준임률은 과거 및 현재의 임률과 장래에 예측되는 변동 등 제반 여건을 고려하여 정한다.

제30조(제조간접비의 표준) ① 제조간접비의 표준은 부문별 또는 작업단위별로 일정기간에 발생할 제조간접비의 예정액으로 산정한다.

② 부문별 제조간접비 표준의 산정방법은 제14조 내지 제16조의 규정을 준용한다.

제31조(표준원가의 수정) 표준원가는 생산의 조건 등에 변화가 있는 경우 이를 적절히 수정한다.

제32조(원가차이의 산정) 표준원가와 실제발생원가와의 차액(이하 "원가차이"라 한다)은 원가계산기간별로 산정한다. 이 경우 실제발생원가의 산정은 제8조 내지 제16조의 규정에 의한다.

제33조(원가차이의 회계처리) ① 원가차이는 일정한 기준에 따라 회계연도의 매출원가와 기말재고자산에 배부하며, 원가차이의 배부를 보다 정확히 하기 위하여 원가요소별로 다른 배부기준을 적용할 수 있다.

② 비정상적으로 발생한 원가차이는 영업외수익 또는 영업외비용으로 한다.

③ 실제원가계산제도에 있어서 원가의 일부를 예정가격 등으로 계산할 경우 발생한 원가차이는 제1항 및 제2항의 규정을 준용하여 처리한다.

제4장 보 칙

제34조(준용규정) 이 준칙은 제조업 이외의 업종을 영위하는 회사가 원가계산을 함에 있어서도 이를 준용할 수 있다.

부 칙

제1조(시행일) 이 준칙은 1998년 4월 1일부터 시행한다.

제2조(종전준칙의 폐지 및 이에 따른 경과조치) ① 종전 증권관리위원회의 원가계산준칙(이하 "종전준칙"이라 한다)은 이 준칙 시행일부터 이를 폐지한다.

② 이 준칙 시행 전에 종전준칙에 의하여 회계처리한 경우에는 이 준칙을 적용한 것으로 본다.

제3조(다른 규정과의 관계) 이 준칙 시행당시 다른 규정에서 종전준칙을 인용하고 있는 경우에 이 준칙 중 그에 해당하는 규정이 있는 경우에는 종전준칙에 갈음하여 이 준칙 또는 이 준칙의 해당규정을 인용한 것으로 본다.

부 칙

이 준칙은 1999년 12월 9일부터 시행한다.

찾아보기

ㅈ

| 저자약력 |

이석영

서울대학교 경영학과 졸업
미국 미네소타대학교 경영학박사
미국 공인회계사
미국 뉴욕시립대학교 회계학과 조교수
공인회계사시험, 세무사시험 출제위원
보험계리인, 손해사정인시험 출제위원 및 선정위원
현재, 성신여자대학교 경영학과 교수

유상열

고려대학교 경영학과 졸업
고려대학교 대학원 경영학과 졸업(경영학석사 및 박사)
공인회계사, 세무사
KPMG 산동회계법인 근무
공인회계사시험, 세무사시험 출제위원
현재, 건국대학교 경영학과 부교수

정휘영

고려대학교 경영학과 졸업
고려대학교 대학원 경영학과 졸업(경영학석사 및 박사)
고려대학교 기업경영연구원 책임연구원
현재, 명지전문대학 세무회계학과 교수

K-IFRS를 반영한 **원가회계**

2016년 2월 25일 1판 1쇄 발행
2021년 9월 10일 1판 4쇄 발행

저　　자 | 이석영 · 유상열 · 정휘영
발 행 인 | 이수영
발 행 처 | 도서출판 청람
서울시 마포구 독막로 288(대흥동, 세양상가 109호)
전　　화 | 02) 3272-2601~2
팩　　스 | 02) 3272-2603
홈페이지 | http://www.crbooks.co.kr
이 메 일 | crbooks@daum.net
등　　록 | 2000년 8월 26일 제6-0509호

ISBN 978-89-5972-521-2 93320 [정가 28,000원]